劳动者福祉

[美]所罗门 · W.波拉切克◎主编
(SOLOMON W. POLACHEK)

范泽思◎译

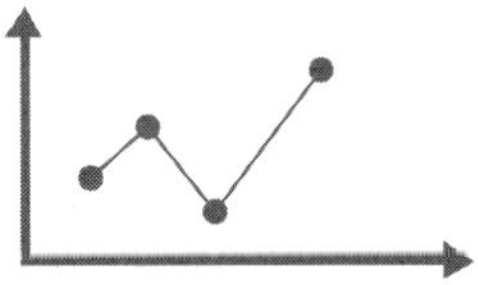

WORKER WELL-BEING

中国工人出版社

撰稿人名单

卡斯滕·阿尔伯塞克　哥本哈根大学经济学院

约瑟夫·G. 阿尔托尼　西北大学经济和政策研究学院

丽塔·阿斯普伦德　芬兰经济研究院

苏珊·L. 阿维莱特　拉法耶特学院经济和商务系

艾琳·巴尔斯　奥斯陆社会研究院和特罗姆瑟大学

斯提格·布伦姆斯克格　南斯德哥尔摩大学和瑞典社会研究院

艾立森·L. 布兹　埃塞克斯大学社会与经济研究所

约翰·邦德　密歇根大学经济系

德博拉·A. 科博－克拉克　澳大利亚国立大学社会科学经济项目研究学院

埃尔查南·科恩　南卡罗莱纳大学经济系

斯蒂芬·丹宁格　哥伦比亚大学经济系

小威廉·达里蒂　北卡罗来纳大学经济系

保罗·J. 德弗卢　加州大学洛杉矶分校经济系

斯特拉特福德·道格拉斯　西弗吉尼亚大学经济系

马尔科·弗朗西斯科尼　埃塞克斯大学社会与经济研究所

亚瑟·H. 戈德史密斯　华盛顿与李大学经济系

比约恩·伦纳尔·顾蒙德逊　冰岛财政部和冰岛国家经济协会

亚伦·L. 古斯特曼　达特茅斯学院经济系

大卫·A. 耶格　纽约城市大学亨特学院经济系

埃里克·约翰逊　南卡罗莱纳大学经济系

威菲尔·卡尔逊　冰岛大学商业管理学院

佛罗里安·克劳斯　德国法兰克福 A. C. Nielsen Gmbh 公司

埃里克·斯特洛耶·麦德森　丹麦阿尔胡斯商学院经济系

米歇尔·C. 麦克伦南　乌尔辛纳斯学院经济和商业系

雅各布·明塞尔　哥伦比亚大学经济系

吴英珠　香港浸会大学经济系

帕特里克·A. 普哈尼　瑞士圣加仑大学瑞士国际经济与应用经济研究所

大卫·C. 罗斯　密苏里大学圣路易斯分校经济系

维克托·斯泰纳　德国曼海姆欧洲经济研究中心（ZEW）

托马斯·L. 斯泰因迈尔　得克萨斯科技大学经济系

斯蒂芬·斯特恩　弗吉尼亚大学经济系

佩特拉·托德　宾夕法尼亚大学经济系

乔纳森·R. 毛姆　弗吉尼亚麦克莱恩联邦住房贷款抵押公司

霍华德·J. 沃尔　圣路易斯联邦储备银行研究部

艾立森·J. 惠灵顿　伍斯特学院经济系

安妮·E. 温克勒尔　密苏里大学圣路易斯分校经济系

梅根·扬　拉法耶特学院经济和商业系

前言

在过去的几十年里发生的诸多变化给经济带来了冲击，其中最大的变化就是“信息革命”。这种科技转型大大提高了劳动者的平均生产率，但同时并未对所有经济部门产生同等影响。重污染行业在20世纪60年代之前的鼎盛时期就较少受到“高科技”的新“信息”部门的影响。因此，并非所有人都可以从科技变革中获得相同的利益。事实上，有证据表明，熟练劳动者从信息科技中获得的收益远远超过非熟练劳动者，使得二十多年来教育回报率达到最高水平。教育的高回报率扩大了总体的收入差距，使富人更加富裕。与此同时，尽管企业裁员的趋势有所增加，但失业率仍处于30年来前所未有的低位。同时，通货膨胀相对温和。在第一篇论文中，斯蒂芬·丹宁格和雅各布·明塞尔研究了近期的科技变化（通过劳动者所体现的人力资本来衡量）对就业率、失业率以及通货膨胀的影响。他们利用收入动态（Paned Study of Income Dynamics，PSID）和时间序列数据的横截面面板研究发现，近期科技的发展可以解释为何美国失业率下降了一半以上，以及为何美国通胀下降了约2/3。

在第二篇中，埃尔查南·科恩、埃里克·约翰逊和吴英珠指出，全球化和科技变革导致了“技能匹配”的失衡。确切地讲，他们认为科技的结构性变化改变了对各类劳动力的需求，冲击了劳动力市场的需求和供给。这种冲击会导致学历偏高和偏低的发生，形成劳动力市场的不匹配。利用美国当前人口调查（Current Population Survey，CPS）和中国香港的人口普查数据，他们进行了一项比较研究，概述了中国香港和美国的学历偏高和学历偏低现象。

丹宁格、明塞尔、科恩和吴强调了教育回报率对学生的影响，但是科技促进供给变化的关键在于回报率（Rate of Return，ROR）的变化对不同种族的影响。

在第三篇中，苏珊·L. 阿维莱特、米歇尔·C. 麦克伦南和梅根·扬发现回报率的增长会显著提高高校入学率，但不同种族受到的影响不同。地区的教育回报率对黑人有影响，白人则并非如此，或许说明白人感受更多的是国家层面的劳动力市场，而黑人感受到的劳动力市场更偏向本地。因此，科技实施的区域差异可能对科技变革受益者的种族差异产生重要影响。实际上，这些差异可以解释近期高校入学率在黑人和白人间的差异以及收入差距的发展趋势。

鉴于学校教育对理解整个经济趋势的重要性，必须准确衡量学校教育对收入的影响（以及学校教育对劳动力市场所有其他方面的影响）。社会科学家通常通过相关类型分析来获得这些指标并推断因果关系，但是这种相关性不仅不能得出因果关系，而且它们通常会产生有偏差的参数估计。因为即使是复杂的非线性多元方程最大可能性面板数据估计，实际上也只是一种复杂的相关性。许多经济学家和其他社会科学家也在寻求用不同的方法来梳理推论，其中一种方法采用“自然实验”，即其中人口样本随机归入特定类别，创建两个真正独立的比较组，然后研究人员就能够评估该类别的影响。彼时义务教育法律存在一个漏洞，使年初出生的学生在辍学时完成的学业少于年底出生的学生。约书亚·安格里斯特和艾伦·克鲁伊格在一篇重要的论文中利用了这个漏洞，[1] 通过假设母亲在几月怀孕与孩子是否有意利用这个漏洞无关，发现当前的 OLS 对教育回报率的估计几乎不产生偏差。在第四篇中，约翰·邦德和大卫·A. 耶格展示了证据，质疑了安格里斯特和克鲁伊格分析中的一个关键假设，从而暗示他们的自然实验可能存在偏差。

仅靠人力资本并不能完全解释劳动力市场的成功，心理变量也同样重要。[2] 在第五篇中，亚瑟·戈德史密斯、乔纳森·毛姆和小威廉·达里蒂进一步模拟了心理学家 J. 罗特的中心观点：用控制观衡量并研究影响劳动力市场福祉的激励因素。[3] 潜在的心理学理论是指内化者（具有更强内部控制观的个体）重视自己在取得成功方面付出的努力，因此在面对困难时会更加努力。

鉴于当时人们已可接触到J. 罗特在国家长期追踪调查项目（National Longitudinal Survey，NLS）中使用的方法，戈德史密斯、毛姆和达里蒂便对这一假设进行了验证，发现这种激励因素可以提升收入、劳动参与度、在职培训和工作满意度，大大降低了分工程度。

自从早期开展研究以来，我就意识到家庭内部的分工经常会导致专业化，使夫妻俩在终身人力资本投资和收入方面产生差异和分化。[4]在过去的几十年中，家庭的专业化水平随着初婚年龄的增长以及夫妻双方教育水平差异和年龄差异的缩小而急剧降低。因此我们发现，妻子的职业生涯经常优先于丈夫的职业生涯。在第六篇中，安妮·温克勒尔和大卫·罗斯利用威斯康星大学人口与生态学中心收集的全国家庭与住户调查（Nation Survey of Families and Households，NSFH）新数据来研究家庭收入随着某配偶职业生涯较另一方获得优先权而发生的变化。

由于原始数据一般表明女性的离职率高于男性，因此许多人认为工作变化会对女性工资产生不利影响。在第七篇中，艾立森·布兹和马尔科·弗朗西斯科尼通过英国住户面板调查（British Households Panel Survey，BHPS）的数据，研究了1991年和1996年英国全职劳动者的离职率。不同于“相较于男人，女人辞职更频繁，升迁机会更少”的流行观点，他们发现，若个人及其工作特征不变，性别差异就会消失。然而，虽然男女劳动者的平均离职率类似，但是布兹和弗朗西斯科尼发现，在工龄长短、是否有小孩抚养、工会报销比例、婚姻情况和职业类型不同的情况下，男女劳动者的平均离职率会发生变化。此外，他们还发现对由劳动者引起的工作变动（辞职）和由公司引起的工作变动（裁员）加以区分是很重要的。

并非所有的工作变动或地域流动都出于人们渴望更好的工作机会。相反，许多人换工作的目的是提高生活质量、改善生活水平。在第八篇中，斯特拉特福德·道格拉斯和霍华德·沃尔将移民流量数据的横向概率与收入指标结合起来，从而推断出加拿大特定省份的生活质量指标。他们通过残差分析来评估省级非金钱便利设施发现，不列颠哥伦比亚、阿尔伯塔省和新斯科舍省生活标准始终处于高水平，并且不列颠哥伦比亚省以及滨海省份拥有最高的舒适度。

至此，本书每一章都涉及人力资本吸纳对获得工作和谋生的影响。但是，获得的工作类型有助于确定一个人积累财富的能力，这反过来会影响人们退休的决定。

在第九篇中，亚伦·古斯特曼和托马斯·斯泰因迈尔将雇主提供的养老金方案详细描述与国家长期追踪调查项目—成人女性（National Longitudinal Survey of Mature Women，NLS－MW）和健康退休调查（Health Retirement Survey，HRS）的调查数据相结合，以确定最近退休的或接近退休年龄的个体的养老金财富水平。古斯特曼和斯泰因迈尔发现，来自退休金的住户财富在过去 20 年中增长了 20% ~25%。虽然男女养老金现值之比超过 2 比 1，但女性的福利收入比率（即平均收益现值与平均累积收入的比率）高于男性。此外，由于女性的平均工作期限低于男性，因此她们的养老金价值增长速度超过男性。

如上所述，养老金的资产价值可以让人下定决心更早退休，但制度因素对此也有影响。在第十篇中，斯蒂芬·斯特恩和佩特拉·托德指出，爱德华·拉泽尔的强制退休模式有两重含义：(1) 所有强制性退休计划均应依据提前退休条文；(2) 面临强制退休的劳动者在强制退休年龄前不应再面临（或面临更小的）退休的可能性。接着，他们用历史数据检测第一个含义，用国家长期追踪调查项目中成人男性的检验数据检测第二个含义。斯特恩和托德发现了前者的正确性，但他们坚决否定后者。如果这是正确的，那么这些结果可能会使长期合同与终身收入的人力资本模型的有效性受到影响。

公共工程项目可以帮助失业者在人力资本上投资。佛罗里安·克劳斯、帕特里克·普哈尼和维克托·斯泰纳在其计量经济学分析中检测了 1990 年两德统一后东德地区上马的公共工程项目是否提升了再就业的概率。在第十一篇中他们使用双方程半参数模型来比较那些参加公共工程项目（Public Works Program，PWP）者的结果与他们仍然失业的反事实结果，其中选择性和未观察到的异质性是不变的。他们发现在再就业前景方面，公共工程项目的普通参与者的表现比没有参加这种“培训”项目的失业人员更糟糕，但他们没有发现任何证据表明，这些人在参加公共工程项目培训时会因为他人声称培训可能带来高薪而不愿选择一般的工作。他们猜测，这只是因为这些项目的参与者较于传统失业者对于找工作没有那么热衷。

政府政策经常给制定者带来意想不到的效果。现在一个很重要的社会问题是有关医保覆盖普及的。现在大概80%参保的美国人是通过雇主获得医疗保险的。若可以享受到国民医疗保险，人们对雇主的依赖可能会降低，从而导致劳动力参与率下降。

为了解决这个问题，艾立森·惠灵顿和德博拉·科博－克拉克估计了外部保险对劳动力供给的影响，方法是估计劳动力供应对通过配偶获得医疗保险的意义。在第十二篇中，他们借助1993年3月美国当前人口调查年度人口统计文件，研究了劳动力参与度和工作时长所受的影响。他们发现对于享有配偶医保的女性而言，参加工作的可能性平均降低19.5%，工作时间平均减少7.1～14.8小时。对于享有配偶医保的男性而言，参加工作的可能性平均降低4.1%～9.1%，工作时间平均减少3.6%。惠灵顿和科博－克拉克就此总结道，医保覆盖普及会导致劳动力参与度降低3.3%，并将平均工作时间减少46小时。劳动力参与度和平均工作时间的双减少将导致劳动力供应总体减少6.2%。

一篇有关地区工资和失业水平的新文献正在逐渐形成。布兰奇弗劳尔和奥斯瓦尔德称之为“工资曲线”，他们提供了大量国际证据，说明高失业率地区的劳动者工资水平较低。[5] 诚然，若年龄、性别、种族、学龄、“固定效应”等个人特征不变，那么失业与工资之间的弹性似乎都为－0.1。在第十三篇中，卡斯滕·阿尔伯塞克等人使用北欧国家数据进行仔细的实证研究，其结论至少与“工资曲线”结果存在部分不一致。虽然他们发现，从长期看来，地区失业率与实际工资存在显著的负相关关系，但在考虑到地区固定效应时，他们发现北欧劳动力市场各地区之间没有稳定的负相关关系。因此，这些结果可能会影响宏观经济。

如前几卷一样，我希望本书囊括的文章学术含量高，并且着眼于重要的问题。如果读者朋友已经准备好符合标准的稿件，我鼓励您投稿，这样您的稿件也可能会出现在之后的书卷内。在此鸣谢帕特里夏·安德森、丹·布莱克、格伦·布洛姆奎斯特、查理·布朗、罗伯特·克拉克、珍妮特·居里、斯蒂芬·戴维斯、雪莉·德、罗纳德·多尔、埃里克·艾德、巴里·哈珀、乔尼·赫谢尔、伊丽莎白·希尔、罗伯特·赫琴斯、玛丽亚·欧布莱恩·希尔顿、罗伯特·凯斯特纳尔、舒拉米特·卡恩、凯文·朗、迈克尔·勒迟纳、菲利普·莱文、奥黛丽·莱特、肯尼斯·麦克劳林、丹尼尔·米切尔、戴维·纽马克、安德鲁·纽威尔、罗布·奥尔森、马库斯·潘内伯格、莱斯利·帕珀克、斯蒂夫·里夫金、约翰·罗伯斯特、霍顿·斯坦纳、莱斯利·斯特拉顿、弗朗西斯·维拉、爱德华·维塔希尔、乔纳森·华德沃茨和詹姆斯·兹利亚克对本书提出的深刻编辑建议。特别感谢约翰·罗布斯特和詹妮弗·范圭尔德尔在行政和编辑方面的辛勤帮助。

所罗门·W. 波拉切克

美国纽约州立大学宾厄姆顿分校经济学杰出教授

纽约宾厄姆顿 13902－6000

注释

1. J. D. 安格里斯特和 A. B. 克鲁伊格（1991），《义务教育是否影响受教育程度和收入?》，《经济学季刊》，106（4），979～1014 页。

2. G. J. 邓肯和 R. 邓尼丰（1998），《软技能与长期劳动力市场成功》，《劳动经济学研究》，17，123～149 页。

3. 见 J. 罗特（1966），《内部与外部控制强化的普遍期望》，《心理学专著》，80（1），1～28 页。

4. 例如，S. 波拉切克（1975），《衡量男女歧视的潜在偏差》，《人力资源杂志》，10（2），205～229 页。

5. 见 D. G. 布兰奇弗劳尔和 A. J. 奥斯瓦尔德（1990），《工资曲线》，《斯堪的纳维亚经济学杂志》，92（2），215～235 页；D. G. 布兰奇弗劳尔和 A. J. 奥斯瓦尔德（1994），《工资曲线》，剑桥：麻省理工学院出版社；D. G. 布兰奇弗劳尔和 A. J. 奥斯瓦尔德（1995），《工资曲线简介》，《经济观点杂志》，9（3），153～167 页。

目 录

科技、失业和通货膨胀*

斯蒂芬·丹宁格　雅各布·明塞尔 1

概　论

我们研究了新科技传播引发的技能导向型变化对就业（失业）的技能级差的影响，并发现失业的技能级差与工资的技能级差至少部分相同。两数增大从最初发生到接近5年时间后会下降，因为其间带动者培训、学习和内化了新科技。

从微观角度看待收入动态的横截面，我们发现级差的出现与科技定义的部门差异相关。在总体时间序列中，相对失业率由教育引发的失业差异定义。我们发现，失业率差距的变化速度和转变速度是工资差距的两倍。显然，招聘和培训的响应速度快于工资的响应速度。

我们还在时间序列中观察到科技的进步速度在短期内对总体失业率没有明显影响，但从长远来看似乎会降低总体失业率。除了科技因素，劳动力的成熟和国际贸易的增长同样会降低失业率，也会显著降低短期和长期的通货膨胀。

考虑到这些因素在20世纪90年代初的实际变化，我们能够预测失业率和通货膨胀率在1986～1990年这5年内应当分别下降约50%和70%。

---

* 《劳动者福祉》，Emerald出版社，2000年，1～28页。

2 一、简介：最近的研究

最近的研究将工资技能结构的大部分变化归因于新信息科技及其相关（New Information and related technologies，NIT）的发展和增长。有证据表明，经济中的高科技部门比其他部门更多地利用人力资本（受过教育和培训的劳动者），并且这些部门中教育程度更高的劳动者能获得更高的相对工资（巴尔特尔和赛克文，1998）。其他调查结果显示，在这些部门中劳动者接受的培训和学习的内容能让他们获得更大收益，因此其工资状况变化更为显著（巴尔特尔和赛克文，1999；明塞尔，1998）。高科技行业熟练劳动者的相对人数和相对工资的上升说明了对技能需求有所增强，补充这种新科技的形式大部分都体现在新的资本商品中。这种互补性成为人们近几十年来广泛接受的假设基础，"对技能偏向型劳动力的需求增长"，后者的重要性随着总资本设备的新信息科技成分而逐渐增长，即从20世纪70年代的个位比例增长到20世纪90年代后期的接近1/3（《美国总统经济报告》，2000）。

若将劳动者技能增长定义为受过高等教育的劳动者每年工时占总工时的比例，那么这一数据几乎翻了一番：男性劳动者技能增长从1970年的28%增至1995年的53%，女性劳动者技能的增长甚至更明显，从1970年的20%增至1995年的54%。就业岗位中，女性占据的百分比从1970年的37%增至1995年的47%。[1] 此外，根据美国劳动力统计局（BLS）1985年和1992年的数据，技能提升型[2] 职业培训的发生率从1983年的29%增加到1991年的38%。

新科技的发展和新技能的发展之间存在因果关系：新科技增加了对技能的需求，这又进一步增加了（相对）技能工资级差。在20世纪70年代后期，学龄每增加一年，工资级差（百分比）便下降5%左右。这一数据在20世纪80年代后期上升到接近15%。"工资溢价"是衡量教育回报率的近似指标，其增长可以提升入学率。在校学习以及新手期将人力资本的大幅提高推迟到了20世纪90年代。

最近的一则研究分析了工资溢价和入学率与对培训的投资之间的关系（明塞尔，1998）。技能供给的增加比技能需求的增加晚8～10年，最终趋向于降低技能工资级差。20世纪80年代末90年代初，工资溢价达到顶峰，20世纪90年代中后期出现了转机。“工资差距”的隐性下降是否会继 3
续？这取决于人力资本积累的速度与科技传播速度间的关系。

很多人认为技能工资级差的增长或者熟练度不同的劳动者间的“工资差距”会逐渐加大社会割裂的危险，但是这种观点忽视了该差距的下述工具性质：一种在经济中建立人力资本社会存量的激励因素。因此，在20世纪七八十年代，工资溢价几乎增加了两倍，导致受过高等教育的劳动者比例翻了一番，他们的收入前景相应地更高；工资溢价的增长也使高中肄业者（低收入者）占劳动力的比例从1975年的1/3降低至1997年的将近10%（1997年美国劳动力报告）。人力资本供应随着需求的增加而增加，因科技迅猛发展而上升的工资溢价在长期看来将恢复到较低水平。实际上，科技浪潮在不断推动着人力资本增长，说明经济增长除了改变收入进而影响作为消费的教育之外，还会使人力资本增长（明塞尔，1996）。新科技会创造更多劳动力和更高的资本生产力，人力资本供应的增加反过来会凭借其与新科技的互补性来促进经济增长。

二、科技和失业

在过去关于科技对劳动力市场影响的讨论中，提到最多的问题是“科技导致的失业”。这个问题在失业率很低时引不起人们太大的兴趣，因为失业率问题已经过去了十多年（除了1989～1991年短暂的经济衰退）。对该问题进行总结（西尔特和莫厄里，1987）得出的结论是，科技导致的失业更有可能在短期内出现，而不会长期持续。但在最近，由于失业率在高科技经济蓬勃发展之时保持低位却不触发通货膨胀，一些研究再次着眼于研究失业[3]，以探索难以捉摸的“自然失业率（NAIRU）”。低失业率和低通货膨胀并存，以及大众收入普遍因生产力复苏而增长的事实，让科技看上去似乎不是一个“幽灵”而是一个福音。无论如何解决自然失业率难题，都应当换一种方式看待科技与就业（失业）之间的关系。我们试图在横截面和时间序列数据中寻找实证证据。

4 对于成本降低和产品创新增强带来的劳动力需求变化，分析通常着眼于：如果长期内的价格和收入弹性较高，那么短期内的低收入和产品需求的价格弹性会导致衍生劳动力需求的短期下降和长期需求的复苏。这种方法虽然有用，却忽略了技能导向型假设的核心：劳动力的异质性。在这种情况下，就业动态应当与之前描述的工资动态相似。相对需求和供给的调整对技能型就业级差的影响应随着工资级差的变化而变化，但其发生时间可能不同。人力资本供给的诱导式增长降低了离职率和失业率。我们预计，技能的需求增加会扩大工资分布结构，扩大就业（失业）级差。技能培训中的供应调整随后会减少就业（失业）级差。

巴尔特尔和赛克文（1998）记录到，培训会影响失业率。人力资本理论表明，科技会增大相关培训强度，可能使离职率下降。原则上，离职率的下降与公司或行业在技能培训方面的专长相关。培训会增加技能供应和降低离职率，从而降低失业率，减小失业技能级差。

通过培训习得的技能可能会迅速过时，从而降低劳动者投资培训的积极性，因此在某种程度上，科技的快速发展可能会阻碍人们去接受培训。然而，公司必须坚持适应科技以保持竞争力。某种程度上，这种适应因公司而异，那么最初招聘科技能力较强且受过良好教育的劳动者后，公司可能会承担大部分的劳动者培训费用。这一过程意味着，在公司缩减非熟练且未受培训人员的人数（增加解雇人数或减少招聘人数）之时或之后，受过培训的劳动者面临的裁员概率会更小。从长远来看，科技的传播和简化应使培训更加普遍，变得通用且容易转移，使离职率恢复到正常水平。

我们探讨了此分析中产生失业的实证含义。

1. 科技水平较高的经济部门提供的培训过程减少了离职率，也可能减少了失业率，因此在横截面中，应观察到这些部门的失业率较低。需要注意，一段时间内失业的发生率或概率为：

$$P(u) = P(s)P(u \mid s)$$ 5

$P(s)$是离职率或离职的概率，$P(u \mid s)$是离职即失业的条件概率。如果培训影响的是公司裁员而不是员工辞职，那么后者很可能会减少。这会发生在承担了大部分培训费用的公司。

2. 虽然科技引发的相对失业影响在不同部门的横截面上可见，但是规模小或处于静态的新科技部门可能不会在总时间序列中产生影响，因此其时间序列中的情况可能不够明显。实际上，新信息科技仅在过去十年中才开始从最初的低水平显著增长到了相当大的规模。

3. 我们试图在总时间序列中探讨两个问题：一是如果相对失业率（或就业率）随科技发展而产生变化，那么总体失业率水平是否也会这样变化？二是影响失业率的因素是否也会影响通胀？如果存在这种情况，那么后者的答案对于“自然失业率”的变动是有意义的。

在解释实证研究结果时，有两个问题使我们的解释模棱两可。一个问题是，新科技进步的衡量方法在某种程度上说是随意的。合理的指标可以衡量全要素生产率（Total Factor Productivity，TFP）受到的影响、研发（Research and Development，R&D）投资或新型资本的深化，如每个劳动者的计算机设备量（Computers per Worker，C/W）或计算机设备与总设备数量之比（Capital Equipment，C/E）。我们将所有这些因素用作时间序列中的替代要素，但在部门分析中仅使用其中两个（全要素生产率和每个劳动者的计算机设备量）。我们没有 2 位数级别的行业分类的研发信息，而且在不同部门使用计算机设备与总设备数量之比也不合适，因为数量较大的指标（总资本设备）可能包括更小的指标，由此可能产生误导效果。

另一个问题是，趋势变量的时间序列中固有的多重共线性。虽然我们使用的因果假设可能隐含共同趋势，但结果的解释并不确定。然而，随着新数据的积累，该报告可以进行改进，因此它具有一定关注价值。

三、横截面分析：微观数据

我们转向收入动态小组研究，寻找可以区分（38 个）2 个区域的微观数据。我们利用两个来自外部资源的科技指标[4]，劳动者就业的 38 个部门的全要素生产率和每个劳动者的计算机设备量。

6 其他影响失业率要素的变量会增强经验模型的效果，以此估计科技进步的净效应。因变量（失业因素）和大多数自变量是由 1980 ~ 1993 年每年的收入动态小组研究微观数据构建的。$P(u)$的完整等式，即失业率，为：

$$P(u) = f(Tech, X, X^2, Ed, NW \mid Mar, NU, EG, Union) \tag{1}$$

失业的其他要素是 $P(s)$ 一年中离职的概率，$P(u \mid s)$ 离职后失业的条件概率和 D 当年处于失业状态的星期数。每个因素都使用两个方程：一个包括了前 5 个自变量的较短（核心）方程，一个包括了方程（1）中全部因素的扩展方程。核心变量是科技指标 Tech、经验 X、受教育程度 Ed，以及一个虚拟变量：非白人 NW。其他变量是：（虚拟变量）已婚状态 MAR、全国失业率 NU、该部门年度就业增长 EG，以及（虚拟变量）工会会员身份。

失业因素的乘积等于失业率（u）。[5] 因为 u 不能单独计算，所以我们关注作为横截面中 u 的主要成分 $P(u)$。

全要素生产率这一科技变量是乔根森系列的 5 年滑动平均值。根据表格，科技指标的滞后时间在 0 ~ 9 年。

我们接下来仅对男性劳动力进行横截面分析。女性失业的因素受劳动力市场与不参加工作现象带来的高离职率影响。这需要使用不太充分的数据进行详细的增强分析。[6] 由于女性的总体失业率与男性[7] 的非常接近并且随着时间的推移而同步发展，因此男性失业率的横截面分析应该足以满足我们的目的。估计结果基于线性概率模型，以便粗略估计效应的大小。我们还进行了具有单个随机效应的Logit估计，并获得了相同的定性结果。

表 1　科技对失业的影响。男性，1980～1993 年，收入动态面板调查横截面

TFP，核心方程		P(u)	P(s)	P(u|s)	D	C/W，核的方程		P(u)	P(s)	P(u|s)	D
滞后	0	-0.31 (2.2)	n. s.	-1.36 (2.1)	-47.2 (2.1)	滞后	0	-0.76 (4.0)	-0.86 (3.5)	n. s.	n. s.
	3	-0.38 (2.6)	n. s.	n. s.	n. s.		3	incr.	incr.	n. s.	n. s.
	5	41.34 (2.2)	41.49 (2.5)	n. s.	n. s.		5	incr.	incr.	n. s.	n. s.
	7	-0.39 (2.4)	n. s.	n. s.	n. s.		7	-1.2 (3.3)	-2.2 (4.6)	n. s.	n. s.
	9	n. s.	n. s.	n. s.	n. s.		9	1.4 (3.1)	2.4 (4.1)	n. s.	
TFP，拓展方程		**P(u)**	**P(s)**	**P(u|s)**	**D**	**C/W，拓展方程**		**P(u)**	**P(s)**	**P(u|s)**	**D**
滞后	0	n. s.	n. s.	n. s.	n. s.	滞后	0	-0.58 (2.9)	-1.02 (4.1)	n. s.	n. s.
	3	41.33 (2.3)	-0.45 (2.4)	-1.72 (2.0)	n. s.		3	incr.	incr.	n. s.	n. s.
	5	-0.47 (2.9)	-0.36 (1.8)	n. s.	n. s.		5	incr.	incr.	n. s.	n. s.
	7	-0.59 (3.5)	n. s.	n. s.	n. s.		7	incr.	-2.2 (4.7)	n. s.	n. s.
	9	-0.46 (2.6)	n. s.	n. s.	n. s.		9	1.2 (2.6)	-2.4 (4.2)	n. s.	n. s.

注释：t－统计数字在括号中。n. s. ＝不显著。incr. ＝随滞后时间增长。

核心公式包含 Tech、X、X^2、Ed、NW 等变量。扩展公式包含 MAR、NU、EG 和工会会员虚拟变量。

未在表 1 中显示：

对于年轻劳动者（$X \leqslant 12$），P（u｜s）受到的影响不显著；若 $X \geqslant 12$：该值为 -2.6（2.5）。

若滞后 5 年，对于教育程度较低 $ED < 12$ 的群体，D 受到的影响为 n. s.，对于教育程度较高的群体（ed > 12）D 受到的影响较强：-101.3（2.4）。

若滞后 3 年，对于教育程度较低（$X \leqslant 12$）的群体，P（u）受到的影响为 n. s.，但对于 $X \geqslant 12$，则为 -0.89（3.9）。

P（u｜s）所受影响对于教育程度较低的劳动者（ed ≤ 12）和 $X \geqslant 12$ 的劳动者呈负值：分别是 -2.9（2.4）和 -3.0（2.4）。

表1 上半部包含了核心方程中科技变量的效果（参数）。若令科技进步的推移时间最长达到9 年，那么可发现失业要素的年度数据（1980 ~ 1993 年）因科技的进步而下降。

核心方程（上半部）和拓展方程（下半部）显示，全要素生产率增长和每个劳动者的计算机设备量对离职率 P（s）和失业率 P（u）具有负面影响，该影响峰值的出现比全要素生产率的增长晚3 ~5 年，而其与每个劳动者的计算机设备量的变化之间则相差更多时间。条件型失业率变量 P（$u \mid s$）对于每个劳动者的计算机设备量的影响并不显著，但是对于全要素生产率则在同时期具有显著的负面影响。这与承担大部分培训费用的雇主减少裁员是一致的。

7 仅在核心方程中，失业持续时间（D）受全要素生产率的影响而减少，除此之外未观察到显著影响。

附录中的表 A 显示了拓展方程（1）中除科技之外的所有 8 个变量产
8 生的影响。若不考虑科技组成，参数的估计值在核心方程和拓展方程中非常相似。结果显示，工作经验和教育抑制了 P（u）和 P（s）乃至影响婚姻状况和工会会员资格。其他变量对失业因素的影响各不相同，但却合理。

就科技的总体影响而言，失业率的降低与“高科技”行业离职率降低及条件失业率降低或不受影响是一致的，且这种影响在 3 ~5 年后达到最大。这和我们的调查结果一致：通过培训让人掌握新科技和通过经验学习都需要时间。

四、宏观经济对新科技的影响

横截面调查结果提出了一个问题，即它们是否可以推广到总体经济。除了相对工资的变化（工资溢价）之外，相对技能需求变化的另一个含义是相对失业率随技能一同变化。

在任何时候，熟练劳动者的失业率都低于非熟练劳动者的失业率。例如，若通过教育确定技能，失业率则随技能的提升而单调下降。非熟练劳动者（$ed < 12$）的失业率是熟练劳动者（$ed \geq 16$）失业率的四倍。[8] 考虑到工资溢价由教育定义，我们可以使用学龄作为技能的指标，检验技能型变化对就业率的影响。

1. 第一个问题是科技进步产生的影响是否扩大了相对失业率差异，以及随后的供应调整是否会最终逆转这种影响。

2. 第二个问题是相对失业的调查结果是否会变成总体失业率的（绝对）行为。需注意，如果科技部门的影响很小或是静止不变的，我们就不应期待结论会得到印证或清晰可见。当然，总失业率非但没有一成不变，而且还变得相当大，但这主要发生在过去的十年中。另需注意，技能—失业结构（使用百分比级差表示）的扩大可能导致失业率的下降与技能的提升不成比例，或导致非熟练劳动者的失业率上升而熟练劳动者的失业率降低。

因此，即使能观察到技能对失业率的相对影响，它对总失业率的影响 9
也并不明显。

3. 如果科技会影响总失业率，那么科技对通货膨胀的影响这个类似的问题也值得探讨。将科技进步视为提高经济产能的方式意味着有一种力量在抑制通货膨胀，即使人们认为通货膨胀实现了资源的充分利用。如果存在自然失业率，则此分析应有助于理解其随时间变化的性质。

（一）相对失业率

图 1 和图 2 显示了相对工资和相对失业率的时间序列。二者都通过教育程度来定义技能。相对工资的时间序列模式也是类似的，无论对于教育水平较高还是较低的群体。图 1 是基于大学毕业生和高中毕业生的工资之比。失业率之比是 $ed \leq 12$ 的群体与高中毕业后继续受教育的群体（$ed > 12$）的失业率之比。科技对上述工资之比和失业率之比有类似影响，这使二者时间序列形成的线条倾向平行。根据定义，较高的相对工资和相对失

业率源于对技能需求的增加。当技能供给发生调整，那么长期而言，受教育/培训的程度就均会下降。

由相对工资导致的学校教育供给的变化在 8～10 年后才能达到最大效果，而同样由其导致的培训供给的变化反而会更快产生效果，在 5 年后即产生失业率级差的缩小。因此，相对失业率极值的出现（图 2）比相对工资极值的出现早若干年（图 1）。

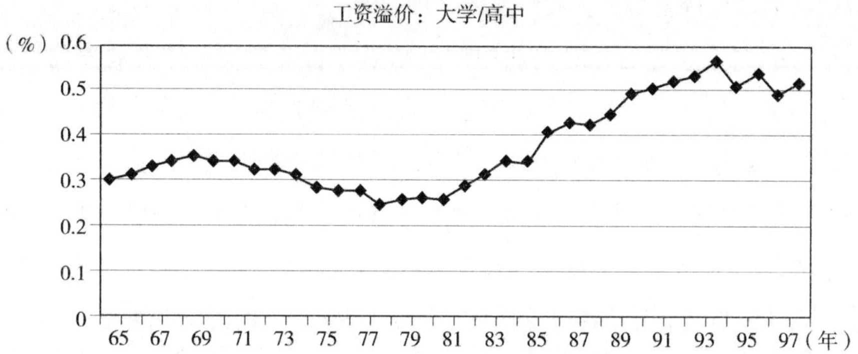

图 1　1965～1998 年相对工资

资料来源：美国当前人口调查。

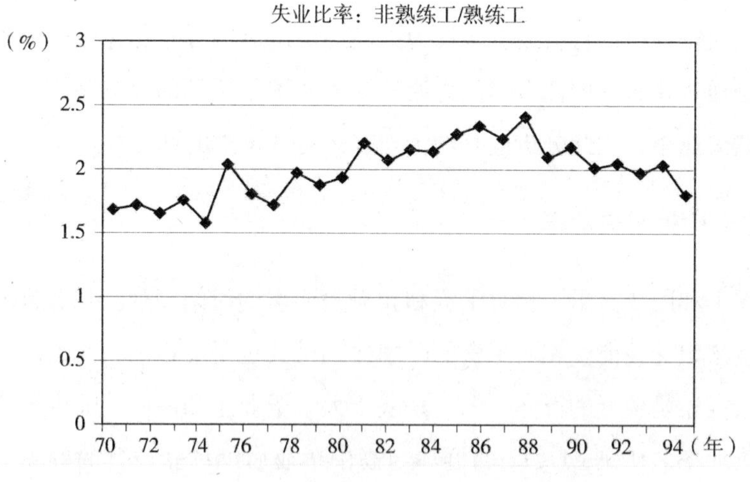

图 2　1970～1995 年非熟练工/熟练工失业率之比

资料来源：《美国劳动力报告》，美国劳动力统计局。

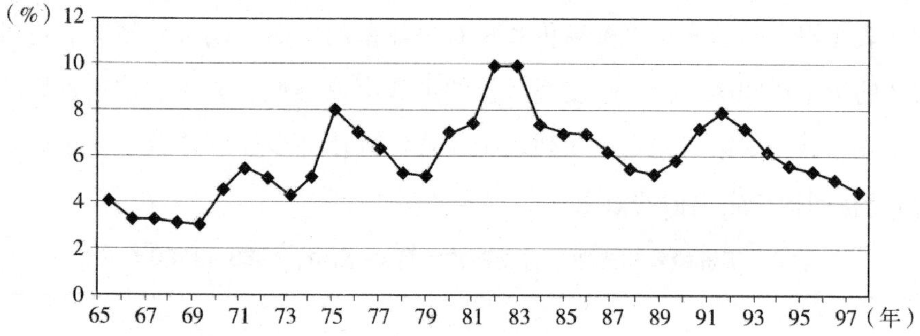

图3 男性失业率

资料来源：《2000年美国总统经济报告》。

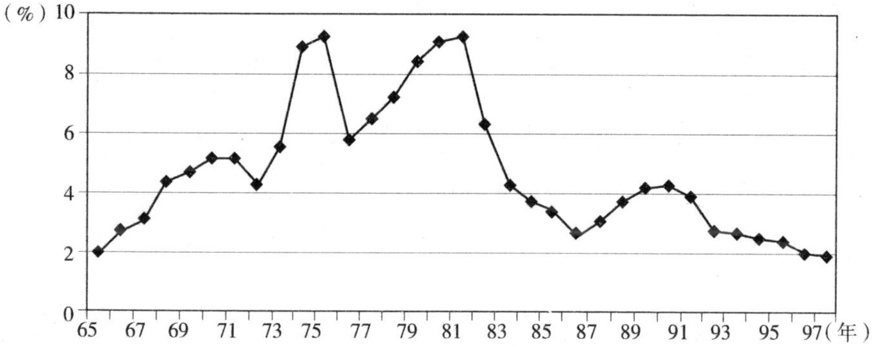

图4 国内生产总值－通货膨胀率

资料来源：《2000年美国总统经济报告》。

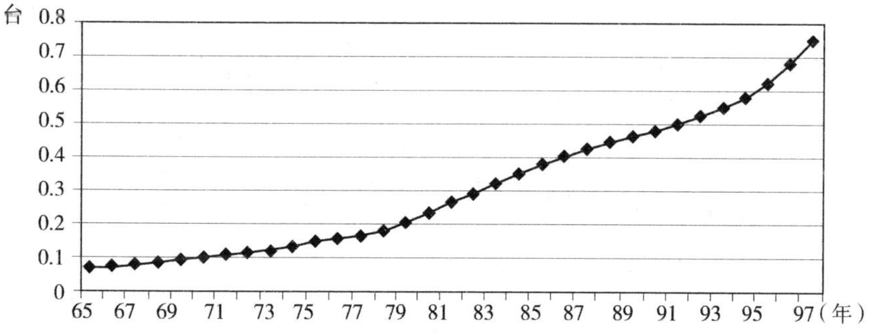

图5 每位劳动者计算机拥有量

资料来源：《2000年美国总统经济报告》和美国经济分析局。

失业动态先于工资变化，这通常发生在劳动力市场收紧或放松之时。

表2提出了一个对工资溢价和相对失业率的短期（同步）研究。比较表2的第1栏和第3栏，会发现科技的进步会以类似的方式影响工资级差和失业率级差。第2列和第3列表明，若将科技进步换成其后果（工资溢价），将同样产生类似的效果。

表2　工资级差和失业率，受高校教育 vs 高中，1968～1986年

变量	工资溢价	失业率之比	
截距	-4.1 (4.6)	1.56 (4.0)	1.24 (2.5)
全国失业率		0.035 (2.3)	0.045 (3.1)
教育	-0.8 (3.0)	1.90 (3.7)	1.82 (3.5)
工资溢价		3.23 (2.6)	
每位劳动者研发投入	2.4 (12.3)		1.2 (3.5)
服务业就业与商品制造业就业人数之比	0.04 (3.5)		
R^2	0.91	0.73	0.74

注释：t统计数字在括号中。
R^2是用于确定的系数。

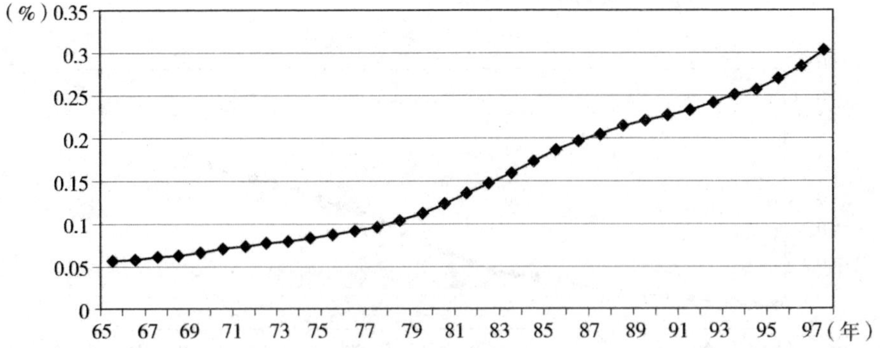

图6　计算机设备与总设备数量之比

资料来源：美国经济分析局。

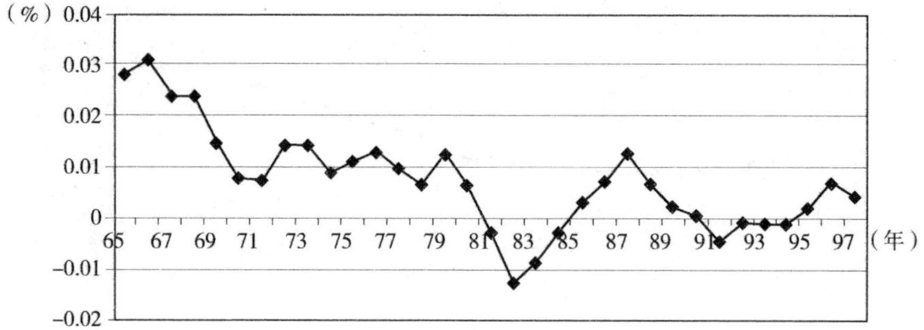

图7 全要素生产率——5年滑动平均值

资料来源：乔根森等人。

工资溢价分析（表2，第1栏）表明，除了科技，在分析相对失业率时同样需要考虑可能不受科技影响的趋势和周期：国家失业率显示，经济衰退扩大了工资级差（图3）。服务业与商品制造业的就业人数之比，以及教育程度，都呈线性上升态势（图11和图12）。二者的积极效果也许令人费解，又或者他们可能只是截取了其他变量未能解释的因变量的上升趋势。

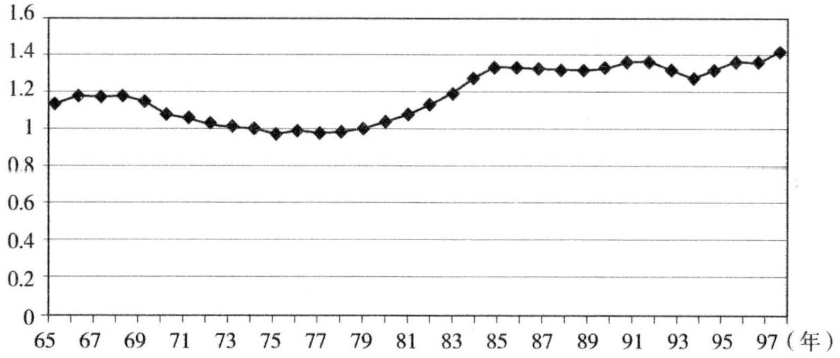

图8 每位劳动者研发开支

资料来源：美国国家科学基金会、美国劳动力统计局和《2000年美国总统经济报告》。

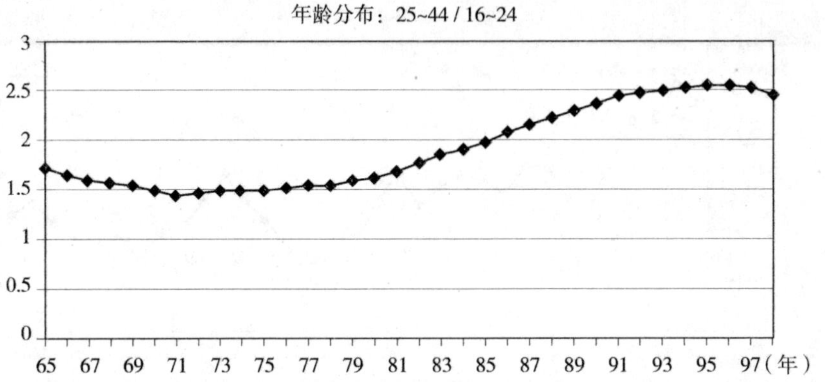

图 9　美国劳动年龄人口的年龄分布

资料来源：《2000 年美国总统经济报告》。

科技的替代衡量指标（图 5 ~ 图 8）是：全要素生产率、人均计算机拥有量、计算机设备与总设备数量之比每位劳动者（真实）研发开支［Research and Development（real）Expenditures per Worker，RDE］。横截面上未提供最后一个跨部门变量。计算机设备与总设备数量之比也是一个变量，但正如先前指出的，这一变量对于跨部门的横截面没有意义。这些包含 5 年后结果的测量结果（表 3）与因变量（失业率）一同显示，用于推测供给调整的结果。这一时间滞后在横截面的时间研究结果中有所体现。

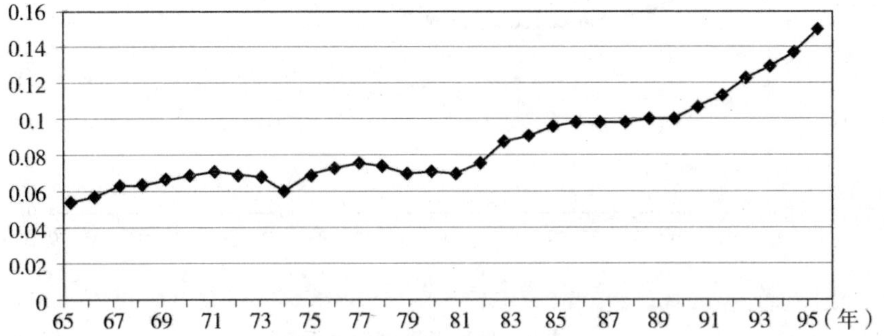

图 10　真实进口量占国内生产总值之比

资料来源：《2000 年美国总统经济报告》。

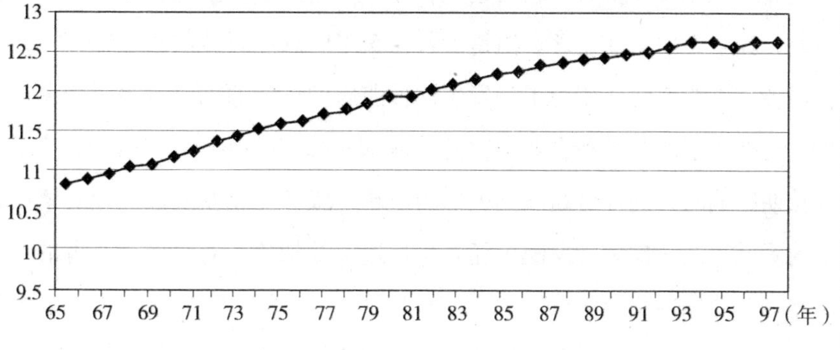

图 11　平均学龄

资料来源：美国当前人口调查。

表3[①] 显示了4种替代科技的措施对失业率之比的同步影响（表3a）和科技在5年后的影响（表3b）。级差的同步扩大在5年后缩小。估算的科技参数明显从正转负。因为可能会影响失业率，其他自变量也包括在内，虽然它们可能无法影响失业率之比。表3与表2相关地将制造业产能利用率衡量用全国失业率替代，即商业周期的一个接近的指标。线性趋势可以取代或代表具有线性上升趋势的教育变量，服务业就业与商品制造业就业人数的比率也呈线性上升趋势。

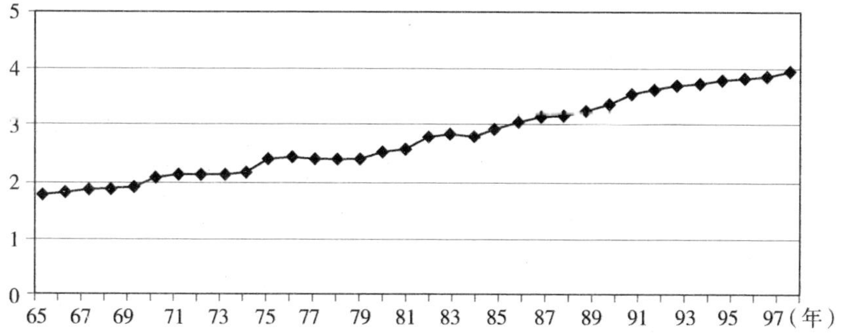

图 12　就业比例：服务业－商品制造业

资料来源：《2000年美国总统经济报告》。

① 编者注：即表3a与表3b。

17 表3利用了4种替代科技措施，显示出所有这些措施都扩大了失业技能级差，其中3项增加显著。但是，若在5年前观测科技的进步，其效果发生了逆转：失业率之比变小了。发生这种滞后的可能原因是进行供应调整，培训活动降低了离职率和失业率，尤其是ed≤12那一组。在区分受教育的短期和长期影响时，同样可观测到类似的逆转。服务业就业人数的相对增长在短期内降低了这一比率，反映出随着科技进步的加速，对服务劳动者的需求有所增加。短期内工资溢价（表2，第1栏）与3年后科技（RDE）发展的效果相同。工资调整则需要更长的时间才能扭转这样的迹象。当增加的自变量呈现出表3a中所示的（线性）趋势和周期（容量利用率）时，也能观察到供给效应导致的失业率下降。这里的趋势取代了以下两个变量：教育和服务业与商品制造业从业人数之比。

表3a 1970～1995年失业率

TFP	Cap	Ed	RSG	R^2	TFP_{-5}	Cap	Ed	RSG	R^2
0.23	−0.02	1.12	0.08	0.28	−14.6	−0.017	−0.065	0.04	0.52
n.s.	(1.5)	n.s.	n.s.		(3.2)	(1.8)	n.s.	n.s.	
RDE	Cap	Ed	RSG		RDE_{-5}	Cap	Ed	RSG	
2.0	−0.018	4.0	−0.71	0.63	−2.4	0.016	−5.0	1.15	0.67
(4.4)	(2.2)	(3.5)	(3.4)		(5.0)	(1.5)	(3.3)	(4.8)	
C/W	Cap	Ed	RSG		C/W_{-5}	Cap	Ed	RSG	
4.4	−0.31	1.38	−1.24	0.49	−9.6	0.031	−2.18	2.73	0.48
(2.9)	(3.0)	(1.3)	(2.6)		(2.8)	(1.5)	(1.3)	(2.8)	
C/E	Cap	Ed	RSG		C/E_{-5}	Cap	Ed	RSG	
12.3	−0.033	1.64	−1.4	0.65	−26.6	0.04	−2.92	3.2	0.54
(4.7)	(3.8)	(1.8)	(4.2)		(3.4)	(2.0)	(1.9)	(3.5)	

注释：t统计数字在括号中。

n. s. =不显著。

表 3b　1970～1995 年失业率

TFP	Cap	Trend	R^2	TFP_{-5}	Cap	Trend	R^2
3.13 n.s.	−0.23 (1.8)	0.019 (3.3)	0.4	−12.7 (2.9)	−0.018 (2.0)	0.006 n.s.	0.56
RDE	Cap	Trend		RDE_{-5}	Cap	Trend	
0.64 n.s.	−0.017 (1.7)	0.006 n.s.	0.44	−0.85 (3.0)	−0.011 n.s.	−0.027 (5.4)	0.56
C/W	Cap	Trend		C/W_{-5}	Cap	Trend	
−1.84 n.s.	−0.020 (2.0)	0.059 (1.8)	0.43	−3.03 (3.5)	−0.011 n.s.	0.072 (4.5)	0.61
C/E	Cap	Trend		C/E_{-5}	Cap	Trend	
0.26 n.s.	−0.02 (1.9)	0.015 n.s.	0.39	−7.2 (3.6)	−0.011 n.s.	0.072 (n.s.)	0.62

注释：t 统计数字在括号中。

（二）科技和失业率

将导致失业的技能差异排除在外后，我们现在探讨科技对总体失业率的影响。按百分数计算，经济衰退时非熟练工的失业率明显高于熟练工的失业率，因此二者失业率之比变大。而在经济发展时，二者失业率之比则变小。同样因为这一原因，作为周期性失业的反向指数（如表 2 所示）的能力变量在失业率之比的方程中是负值（如表 3 所示）。总的来说，若这一结构的变化与失业率的变化具有相同趋势，那么在表 3 中的比率方面，我们应该得到和总体失业率类似的结果。

这种概括因实质性解释而不那么确定，在短期内，科技进步的加速增加了对熟练劳动力的需求，从而使他们本身较低的失业率更低，而非熟练劳动力失业率则有可能上升（但这并不一定发生）。因此，该比率可能会扩大，但总失业率不会显示显著变化。

长期看来，当培训向熟练度较低的群体渗透时，总失业率（图 3）就 18

应当降低。在表 4 中，我们发现短期内科技具有负面效应，但只对 4 个科技变量中的两个影响显著；从长期来看（5 年后），科技的负面影响将比短期内的影响更强：对 4 个估计参数中的 3 个来说影响显著。

影响失业的其他独立变量（见图 9 ~ 图 12）是年龄分布、进口量与国内生产总值的比率、一种代表线性受教育趋势的线性趋势变量，以及服务业劳动者和商品生产劳动者人数之比。趋势变量也有助于去除多重线性的自变量的趋势。

“婴儿潮一代”群体的逐渐成熟，这体现在年龄为 25 ~ 44 岁的劳动者与 16 ~ 24 岁年轻人之间的比例在不断增大。有经验的劳动者失业率低于更年轻的劳动者，因为他们因人力资本吸纳和地点依恋而流动性较差。

进口增加（按 GDP 比率衡量）会减少对导致短期性失业的竞争性产品和服务的需求。但增加出口和增加实际收入（这都与进口更廉价相关）都会增加就业，特别是从长远来看，二者会抵消甚至压倒进口对各部门失业率的影响。表 4 中的所有关于进口的 8 个变量均为负值，但其中 5 个数值并不大。

表 4　影响失业率的因素，1970 ~ 1995 年

TFP	Age	Imp	Trend	R^2	TFP_{-5}	Age	Imp	Trend	R^2
−46.4	0.15	−49.7	0.13	0.35	n.s.	n.s.	−70.0	0.20	0.56
(2.2)	n.s.	(1.8)	(2.0)				(2.6)	(3.4)	
RDE	Age	Imp	Trend		RDE_{-5}	Age	Imp	Trend	
−5.6	0.94	−62.6	0.24	0.44	6.8	−1.6	−20.8	0.25	0.56
(2.6)	n.s.	(2.5)	(4.4)		(4.0)	(1.9)	n.s.	(5.0)	
C/W	Age	Imp	Trend		C/W_{-5}	Age	Imp	Trend	
−9.8	−5.1	n.s.	n.s.	0.43	−37.8	−5.1	n.s.	0.43	0.61
n.s.	(3.1)				(3.3)	(3.1)		(5.2)	
C/E	Age	Imp	Trend		C/E_{-5}	Age	Imp	Trend	
−69.3	−4.1	−49.5	0.56	0.39	−83.5	−4.3	−4.8	0.44	0.62
n.s.	n.s.	n.s.	(2.5)		(3.2)	(2.5)	n.s.	(5.1)	

注释：t－统计数字在括号中。

短期看来，年龄变量对于失业率在很大程度上并不显著，但从长期来看则 19
非常负面且显著。最后，该趋势变量似乎是正向的，因为失业率在20世纪70年代到80年代中期呈上升趋势。

总之，科技、年龄分布和进口对失业率的短期影响通常是负面的，但其一半指标通常不显著，而且长期看来其负面影响则非常显著。5年后科技可以降低失业率，而相反的效果（即科技导致失业）即使在短期内也不会出现。科技导致的失业似乎是一个虚幻的故事。

（三）科技和通货膨胀：什么引发了失业率?

科技对经济能力的贡献在于降低成本和创新产品。因此，这些发展理应对价格施加下行压力。表5使用如表4的相同公式，显示了科技对通货膨胀率的影响（图4）。其他非趋势因素预计会降低通货膨胀率，因为较成熟的年龄段具有较高的劳动生产率，以及实际和潜在的进口导致价格面临下行压力。同时，科技具有更强的影响力，一年后总体失业的负面影响同样更强（这里用作周期性指数）。进口在短期和长期都会降低物价水平。劳动力的成熟在一定时间之后会降低通货膨胀，这很可能是因为在工作中学习可以提高生产率。通胀变量是隐含的GDP紧缩指数，核心消费者价格指数亦会产生类似的结果。

在20世纪90年代后半期，失业率和通货膨胀率大幅下降。根据我们 20
的分析，导致这些变化的主要因素是新的信息科技、人口结构变化和贸易全球化。这些因素的定量意义在20世纪80年代末和90年代初期变得非常重要。在表6b中，我们总结了1970～1995年我们方程中一个标准差的变化对失业率和通货膨胀（以百分点和以标准差单位表示）的影响。表6a列出了变量的均值和标准差。

当科技的定义不同时，科技、年龄和进口中的一个标准偏差变化就具有不同影响。在科技的4个定义中，科技上一个标准差的增加导致失业率平均降低了0.75%，通货膨胀平均降低了0.8%。年龄的一个σ变化导

表5　1970～1995 年影响通货膨胀率（dp）的因素

TFP	Age	Imp.	Trend	U_{-5}	R^2	TFP_{-5}	Age	Imp.	Trend	U_{-1}	R^2
−4.9	−5.3	−89.4	−0.33	−0.31	0.83	−4.8	−5.2	−116.7	−0.43	−0.37	0.79
(2.7)	(7.8)	(3.6)	(5.3)	(2.3)		n.s.	(6.7)	(4.6)	(7.4)	(2.3)	
RDE	Age	Imp.	Trend	U_{-1}		RDE_{-5}	Age	Imp.	Trend	U_{-1}	
−10.7	−3.8	−106.8	0.51	−0.55	0.94	−4.9	−6.4	−92.7	0.5	−0.62	0.81
(8.6)	(8.5)	(7.8)	(5.5)	(6.6)		(2.0)	(6.9)	(3.5)	(7.8)	(3.2)	
C/W	Age	Imp.	Trend	U_{-1}		C/W_{-5}	Age	Imp.	Trend	U_{-1}	
−14.6	−3.2	−91.6	0.58	−0.38	0.79	17.4	−7.5	−143.8	0.31	−0.2	0.80
n.s	(1.8)	(2.4)	(3.1)	(2.5)		n.s.	(3.4)	(4.1)	(2.5)	n.s.	
C/W	Age	Imp.	Trend	U_{-1}		C/W_{-5}	Age	Imp.	Trend	U_{-1}	
−142.0	2.8	−73.3	1.2	−0.45	0.87	22.8	−6.3	−131.2	0.36	−0.47	0.79
(4.5)	n.s.	(3.3)	(6.9)	(3.8)		n.s.	(3.3)	(3.9)	(2.9)	(1.9)	

注释：t－统计数字在括号中。

致失业率下降 1.25%，通货膨胀率下降 2.5%。进口的一个 σ 变化导致失业率下降 1.3%，通货膨胀率下降 3.7%。如果三个变量各变化 1 个 σ，那么 5 年内失业率将总共降低 3.3%，通货膨胀率降低 5.0%。

这样的影响非常可观，而 20 世纪 80 年代末之前的实际变化则相当小。在1990～1995 年的 5 年期间，科技、年龄和进口的标准差分别增长了 1/3、1/4 和 1/3。根据预计，这些变化在 1995～2000 年使失业率降低略大于 1%，通货膨胀率的下降也与其类似。实际上，失业率下降 1.8%，通货膨胀率下降 1.5%。表 7 显示，基于 5 年后受科技影响的变量在 20 世纪 90 年代后半期使失业率实际下降 56%，使通货膨胀率实际下降 71%。

这些估计基于估计范围相对狭窄的科技变量平均值。即便全要素生产率更有可能带来测量误差，我们也没有办法判断哪种衡量科技的指标更优越。

放弃使用全要素生产率则会导致其他 3 个科技变量衡量的失业率和通货膨胀率的实际/预测值的百分比提高约 5%，分别增至 62% 和 76%。

表 6a 各变量的均值（M）和标准差（σ） 21

	u	dp	TFP	RDE	C/W	C/E	年龄比	进口比
M	6.0	4.3	0.01	1.1	0.21	0.11	1.9	0.08
σ	1.5	2.5	0.012	0.22	0.18	0.07	0.40	0.03

注释：t－统计数字在括号中。

表 6b 各个自变量一个标准差的变化对失业率和通货膨胀的影响

效果测度	TFP	Age	Imp.	RDE	Age	Imp.	平均影响 Tech	Age	Imp.
u^1	−0.5	0	−2.1	−1.2	−0.65	−1.9	−0.76	−1.24	−1.35
$\sigma(u)^2$	0.3	0	1.4	0.8	0.4	1.2	0.5	0.8	0.9
	C/W	Age	Imp.	C/E	Age	Imp.			
u^1	−0.75	−2.6	0	−0.6	−1.7	−1.5			
$\sigma(u)^2$	0.5	1.7	0	0.4	1.1	1.0			
	TFP	Age	Imp.	RDE	Age	Imp.	Tech	Age	Imp.
dp^1	−0.65	−2.1	−3.5	−1.5	−2.5	−3.2	−0.8	−2.5	−3.7
$\sigma(dp)^2$	0.25	0.8	1.4	0.6	1.0	1.3	0.32	1.0	1.6
	C/W	Age	Imp.	C/E	Age	Imp.			
dp^1	0	−3.0	−4.3	−1.0	−2.5	−3.8			
$\sigma(dp)^2$	0	1.2	1.7	0.4	1.0	1.5			

注释：1. 失业率所受影响都滞后，且用百分点测量。
2. 用标准差衡量的效果。

表 7 失业率和通货膨胀率的实际和预测变化

时期	Tech	Age	Imp.	ΔU_{t-1}	Sum	实际下降	预测/实际下降之比
1990～1994σ 单位的观测变化	1/3	1/4	1/3	6/5			
1995～1999u 的预测变化	−0.25	−0.31	−0.45		−1.01	−1.8	56%
1995～1999dp 的预测变化	−0.27	−0.60	−1.28	1.08	−1.07	−1.50	71%

22 表7显示，如果科技提升，劳动力成熟化和贸易增长均停止，失业率将下降1.8%，通货膨胀率上升1.08%。触发通货膨胀和失业率净下降的因素会被实际经济增长抵消掉。这些因素（以及隐藏在剩余部分中的因素）的未来变化将决定失业率和通货膨胀的变化。如果在低失业率的情况下效果变成了非线性的，那么我们使用的参数估计并非最优选。

五、概论和结论

新科技（信息、通信和生物技术）的发展和传播在经济增长、生产力和劳动力市场研究中受到越来越多的关注。科技在劳动力市场中似乎是技能导向的：短期内它仅会提高熟练劳动者的工资，但由于充足的时间会让教育和培训影响技能供给，在较长时期内科技可以更广泛地扩大劳动者的收入。这种供应效应最终可以停止和扭转熟练劳动者和非熟练劳动者之间工资差距的扩大。数据显示，二者的工资差距在20世纪80年代扩大，到了20世纪90年代则进入平台期并首次缩小。

在本章中，我们探讨了技能导向型劳动力需求带来的平行就业（失业）的动态变化。需求和供给引起的工资变化会改变技能熟练度不同的劳动者的就业（失业）情况。当培训给处理新科技创造了时间，失业率差异的初步扩大应当被扭转。对供给反应的研究表明，若"高科技"部门的劳动者接受更多培训，那么这些部门的离职率和失业率会降低。实证证据显示了1978～1993年收入动态面板调查微观数据横断面的部门失业差异：5年之后，熟练度不同的劳动者的失业率差异确实减少了。

虽然在表示部门差异的横截面上能够观测到科技带来的相对失业效应，但总时间序列中的情况则通过劳动者的技能表示，而衡量劳动者技能的工具是教育程度。

我们发现对于学龄不超过12年的劳动者与受过高等教育的劳动者来
23 说，科技的进步先导致其失业率之比上升，再在大约5年后下降。其失业率差距的变化与工资差距的变化类似，但速度快了一倍。这个结果并不令人奇怪：学校教育对供给的反应相对滞后，导致调整工资所花的时间长于人员招聘和人员留存政策调整所花的时间。

我们的实证分析定义了几种衡量科技进步的替代方式，并利用了一些对我们所研究的变化有影响的其他变量。

我们在总时间序列中探讨了另外两个问题：科技进步对总体失业率的影响是否会与对相对失业率的影响类似？影响失业率的因素是否也会影响通货膨胀？

第一个问题的答案是“正确”：科技进步在短期内对失业率的影响不明显，但从长远来看似乎会降低失业率。除科技进步外，劳动力的成熟与进口增长从长远来看也会降低失业率。但是所有这些变量在短期内的统计学影响都比较弱。

用一年后受失业率影响而增加的相同自变量来分析通货膨胀率受到的影响（隐性 GDP 紧缩指数），我们发现科技具有强烈的负面影响，一年后的失业率同样。类似的负面影响作用于劳动力的成熟和进口，并且其影响无论从短期或长期看来都很显著。

科技、人口结构和贸易带来的影响非常重大：三者的一个标准差变化就会将失业率降低约 1%。通货膨胀带来的影响更大，特别是在受到人口结构和进口的影响之时。

鉴于在过去十年中的后 5 年失业率和通货膨胀的实际下降以及前 5 年 3 个变量的实际增长，我们发现失业率的预期下降仅为实际下降的一半多，前者是后者的 70%。

该通货膨胀方程式包括一年以后的失业变量。正如（菲利普）预计的那样，这个变量值为负，其下降增加了通货膨胀，但其他变量的影响却被通货膨胀和失业所减轻，掩盖了前者这一变化。简言之，如果科技进步、劳动力成熟化和进口增长均停止，那么观察到的失业率下降将相应地导致通货膨胀增长超过 1%。此外，失业率下降可能尚未实现。只要估计的参数仍然有效，未来这些因素的变化也将像近期一样决定失业和通货膨胀的过程。

致谢

我们感谢布拉德利基金会的支持，感谢埃利奥特·祖普尼克的有益评论。

24

注释

1. 来源表 16 和表 17，1997 年美国劳工部美国劳动力报告。

2. 美国劳工部，《美国劳动力统计局简报》《劳动者如何接受培训》，1985；在美国劳动力统计局 2407 简报中有更新版，1992。

3. 见 1997 年冬季经济展望期刊研讨会。卡茨和克鲁伊格，《布鲁金斯经济活动论文》，1999。

4. 全要素生产率的来源由乔根森（1987）更新，每个劳动者的计算机拥有量的数据来源于美国经济分析局（BEA）和美国当前人口调查（CPS）（见附录）。

5. 关于这一方程的求得和限定条件，参见明塞尔（1993a）。在时间序列数据中我们使用的宏观失业率不包括失业率因素，或者说不包括现成的失业率因素。

6. 关于 NLS - MW 数据中的女性失业率因素解构，请参阅明塞尔（1993b）。

7. 见《美国总统经济报告》，2000 年。

8. 见《美国劳动力报告》，第 33 页，1997 年。关于对这些差异的分析，见明塞尔（1993a）。

参考文献

Allen, S. (1996). *Technology and the Wage Structure*. NBER Working Paper No 5534, April.

Bartel, A., & Sicherman, N. (1998). Technological Change and Skill Acquisition of Young Workers. *Journal of Labor Economics, 16*(4), 718–755.

Bartel, A., & Sicherman, N. (1999). Technological Change and Wages: An Interindustry Analysis. *Journal of Political Economy, 107*(2), 285–325.

Berman, E., Bound, J., & Griliches, Z. (1994). Changes in the Demand for Skilled Labor within U.S. Manufacturing Industries: Evidence from the Annual Survey of Manufacturing. *Quarterly Journal of Economics*, May.

Bound, J., & Johnson, G. (1992). Changes in the Structure of Wages in the 1980s:An Evaluation of Alternative Explanations. *American Economic Review*, June.

Bureau of Labor Statistics (1997). *Report on the American Work Force*. Washington DC.

Council of Economic Advisors (2000). *Economic Report of the President*. Washington DC.

Cyert, R., & Mowery, D. (1988). *The Impact of Technological Change on Employment and Economic Growth*. Ballinger Publishing Company, Cambridge MA.

Diebold, F., Neumark, D., & Polsky, D. (1997). Job Stability in the United States. *Journal of Labor Economics, 15*(2).

Farber, H. S. (1996). *The Changing Face of Job Loss in the United States, 1981–1993*. NBER Working Paper No. 5596.

Katz, L., & Murphy, K. (1992). Changes in Relative Wages 1963–1987: Supply and Demand Factors. *Quarterly Journal of Economics*, February.

Katz, L., & Krueger, A. (1998). The High-Pressure U.S. Labor Market of the 1990s. *Brooking Papers in Economic Activity, 0*(1), 1–65.

Jorgenson, D., Gallop, F., & Fraumeni, B. (1987) updated. *Productivity and U.S. Economic Growth*. Harvard University Press.

Mincer, J. (1998). Investments in U.S. Education and Training as Supply Responses. *Research in Labor Economics, 17*, 277–304.

Mincer, J. (1997). Changes in Wage Inequality 1970–1990. *Research in Labor Economics, 16*, 1–18.

Mincer, J. (1996). Economic Development, Human Capital, and Wage Dynamics. *Journal of Economic Growth, 1*.

Mincer, J. (1993a). Education and Employment. In: J. Mincer, *Studies in Human Capital*. E. Elgar.

Mincer, J. (1993b). Education and Employment of Women. In: J. Mincer, *Studies in Human Capital*. E. Elgar.

Mincer, J. (1991). *Human capital responses to technological change*, reprinted in J. Mincer. *Studies in Human Capital*, E. Elgar, 1993.

Mincer, J. (1991). *Human capital, technology, and the wage structure: What do time series show?* NBER WP 3581, published as Chapter 13 in J. Mincer, *Studies in Human Capital*, E. Elgar, 1993.

Murphy, K., & Topel, R. (1987). *The Evolution of Unemployment in the United States: 1968–1985, in Macroeconomic Annual, 1987*. MIT Press, Cambridge MA.

Neal, D. (1995). Industry Specific Human Capital: Evidence from Displaced Workers. *Journal of Labor Economics, 13*, October.

U.S. Department of Labor, BLS Bulletin (1985). *How Workers get their Training*. Updated in BLS Bulletin 2407, 1992.

附 录

1. 变量的缩写

变量名称	描述
横截面	
P（u）	一年前失业发生率
P（s）	一年前离职发生率
P（u| s）	一年前失业的条件发生率
D	按星期计算的一年前失业时间
X	经验年数
ED	学龄
NW	虚拟的非白人
Mar	已婚
Nat' l U	全国失业率
EG	行业就业率年度增长
Union	虚拟的工会会员
u	全国失业率
dp	通货膨胀率，隐含的国内生产总值
Wage Premium	受大学/高中教育的男性工资比例
Unemployment Ratio	非熟练劳动者（$ED<12$）与熟练劳动者失业率（$ED>12$）之比
RDE	每个劳动者的研发支出
C/W	每个劳动者的计算机设备
C/E	计算机设备与总设备数量之比
TFP	全要素生产率（乔根森）增长率
RSG	服务业与商品生产业从业人数比率
Cap	制造业产能使用情况
Age	25~44 岁人口与 16~24 岁人口之比
Imp	进口占国内生产总值之比

2. 变量定义和来源

P（u），P（s），P（u| s），D

建设：在未来一年的调查期内，报告失业率、离职率、离职即失业率和失业持续星期数。资料来源：收入动态面板调查。

Nat' lU，u

全国失业率。资料来源：《美国总统经济报告》，2000 年。

EG

建设：年度行业就业增长率百分比。资料来源：美国劳动力统计局。

Wage Premium

建设：大学毕业的全职男性工资与高中毕业的男性工资比例。资料来源：美国当前人口调查，三月。

Unemployment Ratio

建设：学龄 <12 劳动者的失业率与受过高等教育的劳动者（ed >12）失业率之比。资料来源：《美国劳动力报告》美国劳动力统计局。

Age 27

人口年龄：25 ~44 岁对比 16 ~24 岁。资料来源：《美国总统经济报告》，2000 年。

Imp

建设：年度真实总进口量占国内生产总值的比例。资料来源：《美国总统经济报告》，2000 年。

dp

年度国内生产总值隐含的通货膨胀率。资料来源：《美国总统经济报告》，2000 年。

RDE

每个劳动者个人实际研发支出和联邦实际研发支出。资料来源：国会预算办公室根据国家科学基金会的数据，国家研发数据来源结构：1997 年更新版。

C/W

建设：实际年度计算机设备支出与总就业人数对比。资料来源：美国经济分析局 NC－0229：固定和可再生的有形财富 1925 ~1997 年。《美国总统经济报告》，2000 年。

C/E

建设：实际年度计算机设备支出与总非固定设备对比。资料来源：美国经济分析局NC－0229：固定和可再生的有形财富 1925～1997 年。

TFP

建设：全要素生产率增长时间系列的 5 年平均变化。横截面仅提供了 35 个行业的信息。资料来源：乔根森全要素生产率。

RSG

建设：《美国总统经济报告》定义的服务业与商品生产部门年度总就业人数的比率。资料来源：《美国总统经济报告》，2000 年。

3. 横截面中的自变量

表 A. 1 中仅显示了一个科技小组，因为表 A. 1 中的参数估计对于按每位劳动者计算机拥有量或全要素生产率测量的科技水平来说是相同的。此外，核心变量的系数估计在扩展方程中保持不变。

这些变量对离职率 P（s）和失业率的影响在意料之中：经验（X）和教育（Ed）降低了离职率。

28 种族（NW）则提升了失业发生率，即便离职率系数略小于零。这是因为黑人劳动者的条件失业概率 P（u｜s）更高。很大部分黑人（与白人相比）在离职时即失业，即使黑人离职的比例略小一些。条件失业率和失业持续时间并未显著受到经验的影响。

表 A. 1　除了科技外，其他自变量的影响，1980～1993 年男性收入动态面板调查

TFP	X	X^2	Ed	NW	Mar.	Nat'lU	EG	Union
P（u）	－0. 01	＋0. 00	－0. 01	0. 02	－0. 03	0. 01	0. 01	－0. 02
	（8. 0）	（4. 2）	（15. 6）	（2. 6）	（5. 6）	（4. 0）	n. s.	（3. 1）
P（s）	－0. 01	＋0. 00	－0. 01	－0. 02	－0. 06	－0. 00	0. 01	－0. 08
	（11. 0）	（6. 3）	（7. 5）	（1. 7）	（7. 7）	（2. 1）	n. s.	（12. 0）
P（u｜s）	n. s.	n. s.	－0. 04	0. 12	－0. 03	0. 04	0. 15	0. 11
	（8. 1）	（2. 9）	n. s.	（4. 4）	（2. 5）	（3. 2）		
D	n. s.	n. s.	－0. 50	2. 9	n. s.	1. 2	－1. 5	3. 8
	（3. 6）	（2. 9）	（5. 1）	n. s.	（4. 9）			

注释：t 统计数据在括号中。＋0. 00 为＜0. 005。

学历偏高和学历偏低的发生率及其对收入的影响*

——以美国和中国香港为例

29

埃尔查南·科恩　埃里克·约翰逊　吴英珠

概　论

我们使用了美国当前人口调查（CPS）的数据、1986 年中国香港中期人口普查数据和 1991 年中国香港人口普查数据以研究以下问题：第一，1986～1991 年，两地学历适当、学历偏高和学历偏低的发生率如何？是否发生了变化？第二，学历适当、学历偏高和学历偏低现象对于工资的影响是什么？这种影响是否随时间变化？此外，这些结果是否受到工作经验的影响？

一、简介

（一）1986～1991 年的中国香港劳动力市场

20 世纪 80 年代中期后，在中国香港劳动力市场上出现了缺乏有经验的劳动力这一问题，其原因有四：

---

* 本章的部分内容基于科恩和吴英珠（2000）的文献。沙希娜·汗参与制定了本研究的早期版本。

《劳动者福祉》，Emerald 出版社，2000 年，29～61 页。

30 第一，中国香港在1980年取消了“抵垒政策”，导致来自中国内地的非法移民数量急剧下降，而他们是半熟练或非熟练劳动力的主要供应来源（邱，1996；林和刘，1995）。第二，20世纪80年代，与其他发达国家和地区一样，中国香港的人口自然增长率一直在下降（林和刘，1995）。第三，20世纪80年代，当普及九年义务教育成为一种制度并且高等教育逐渐扩大规模，男女的劳动参与度均发生了下降（周，1993）。第四，1984年《中英联合声明》签署后政治不确定性的上升导致了移民海外的人数增加。据估计，移民至海外的人数从1985年的22,000人增至1990年的60,000人（林和刘，1995，表5）。到了1987年，劳动力短缺问题变得很严峻，年失业率由1983年的4.5%降至1989年的1.1%（政府数据）。

中国香港政府颁布了引入外劳的政策，以解决劳动力短缺问题。1989年5月，中国香港仅为17个行业的3000名熟练劳动者批准了入境配额（林和刘，1995）；而在20世纪90年代，中国香港减少了对引入外劳的限制。因此，与20世纪90年代相比，20世纪80年代半熟练和非熟练岗位的劳动力短缺更加严峻（邱，1996）。

与劳动力短缺问题相对应，中国香港经济在20世纪80年代经历了重组。[1] 经济结构调整导致就业结构从制造业转向服务业。1987～1992年，中国香港的行业结构变化率超过新加坡、韩国和日本等国。孙（1995）认为，中国香港在1976～1981年、1981～1986年和1986～1991年的经济转型率分别为9.01%、8.51%和10.20%。

（二）1985～1995年间的美国劳动力市场

列维和默南（1992）以及戈特沙尔克和斯米丁（1997）就20世纪80年代后半期美国劳动力市场经历的有趣变化进行了详尽的讨论。中国香港的劳动力市场在20世纪80年代经历了劳动力短缺，而在美国，受过高等教育、特别是从大学毕业的劳动者的供给增长同样低于20世纪70年代，某种程度上这是因为教育溢价在20世纪70年代发生了下降

（弗里曼，1980；科恩和休斯，1994），以及受较少正规教育的移民人数有所增加。

两地劳动力市场另一个相同特征是，制造业外包行为在20世纪80年 31
代急剧增加。

美国对熟练劳动者的需求有所增加，其原因是科技水平的技能导向型变化（卡茨和墨菲，1992；约翰、墨菲和皮尔斯，1993；克鲁伊格，1993）对熟练度不同的岗位并非一视同仁：教育程度更高的劳动者得到了更多需求，部分原因可能是外贸增长（其他观点请见戈特沙尔克和斯米丁，1997，第647～649页）。有人还指出，以制造业减少为代表的“去工业化”增加了对熟练劳动者的需求。同样，制造业外包的日益频繁使美国的主要产业转向了市场和金融，而这两种业务传统上是由受过大学教育的劳动者进行的。最终，以技能溢价和熟练度急剧增加为代表的“市场力量的变化”表明“需求的变化快过供给的变化”（戈特沙尔克和斯米丁，1997，第647页）。

（三）劳动者实际学历和岗位要求学历间的不匹配

供需侧变化可能会使工作的技能匹配失衡。就劳动力市场的整体表现而言，中国香港的劳动力短缺导致劳动力市场极度紧张，失业率一直低于3%；美国的失业率尽管在20世纪80年代出现了下降趋势，但仍高于5%。到了1991年，经济活动走弱使美国失业率上升至6.7%。

随着中国香港经济的结构性变化和持续的劳动力短缺，其对不同劳动力的需求在20世纪80年代中期至20世纪90年代初期产生了迅速的变化，而美国也受到了劳动力市场的供需冲击，因此两个市场都可能出现大量工作的技能匹配失衡情况。相应地，我们预计在两个劳动力市场中，学历偏高和学历偏低的发生率也有所变化。人们可能认为学历偏高、学历偏低和学历适当的回报率同样会变化，这将是我们下面讨论的内容。

研究结果表明，若想全面地分析决定工资的因素，那么工资方程中不

32 仅要包括劳动者实际完成的学业（SCHOOL），还要包括劳动者的学业水平与其岗位要求的适当学历间的“不匹配”（学历偏高或偏低）程度。按照这一方法，研究者们已经在美国（例如，邓肯和霍夫曼，1981；伦伯格，1987；肖基，1989；弗杜戈和弗杜戈，1989；赛克文，1991；赫尔谢，1991；科恩和汗，1995 年；罗布斯特，1995；达利、布切尔和邓肯，2000）、英国（斯隆、巴图和希曼，1996；格鲁特和范登布林克，1997；多尔顿和维尼奥尔斯，2000）、加拿大（瓦伊，2000）、德国（达利、布切尔和邓肯，2000）、中国香港（科恩和吴，2000）、荷兰（哈托格和斯特贝克，1998；格鲁特，1993；范斯穆安伯格和范德费尔登，2000）、葡萄牙（凯克、桑托斯和德奥利维拉，1997；德奥利维拉、桑托斯和凯克，2000）、西班牙（阿尔瓦－拉米雷斯，1993）等国家和地区进行了研究。哈托（2000）对近来的文献进行了很好的综述，格鲁特和马森·范登布林克（2000）则提供了关于学历偏高和偏低的几项研究的汇总分析。典型结果是，在自身学历偏高的岗位上额外工作一年带来的经济回报为正，但该回报小于在自身学历合适的岗位上额外工作一年的回报；在学历偏低的岗位上额外工作一年，其经济回报通常为负。相比之下，劳动者在学历偏高的岗位上获得的工资往往低于在学历适当的岗位上获得的工资，劳动者在自身学历偏低的岗位上获得的工资往往高于在学历适当的岗位上获得的工资。

学历偏高和学历偏低除了影响收入，还可能影响劳动者的生产率和工作满意度。鲁姆伯格（1987）、曾（1987）、曾和列文（1985）以及曾、鲁姆伯格和列文（1991）的研究提到了学历偏高和学历偏低对劳动者的生产率和工作满意度的影响。主要研究结果支持这样一种观点：学历偏高的劳动者，其工作满意度往往较低，导致生产率下降、离职率上升。

职业流动性理论认为，学历偏高的劳动者有可能被调至更高级别的工作岗位或得到晋升（罗森，1972；赛克文和盖勒，1990），因此学历偏高对于某些人来说可能代表暂时的工作不匹配。但是瑟罗（1975）提出的工作竞争模型和斯宾塞（1973）讨论的工作筛选模型都表明，学历偏高或是一种持久性现象，不仅不利于劳动者的生产率，还可能导致劳动力市场资源的分配不当。

工作竞争模型和赛克文（1991）的研究有另一个含义：学历偏高/偏低和其他形式的人力资本投资（如经验）之间存在一种权衡，如果劳动者能够用经验来弥补学历的不足，那么劳动力市场上人力资源的分配就尚不完美。

达利、布切尔和邓肯（2000）指出，在不同国家和地区间比较劳动力 33
市场的学历偏高和学历偏低现象非常重要。例如，他们认为，人们可能想要研究劳动力市场在不同劳动力市场条件下“适应和利用教育程度更高的劳动力”的程度。如前所述，美国和中国香港的劳动力市场在1986～1991年经历了截然不同的变化和调整，因此采用类似的数据和模型来研究两地学历偏高/偏低现象来进行平行分析将是有意义的。两地虽然存在一些相似之处（例如，都具有强大的市场经济特征），但是在规模、地理位置、文化、传统、治理和其他变量方面仍存在着巨大的差异。从这种对比中，我们能够研究不同经济情况和体制内学历偏高和学历偏低给劳动力市场带来的影响，从而让我们的研究更有意义。

具体而言，提出以下几个问题：

（1）两地在1986年和1991年各自的学历偏高和学历偏低的发生率是否存在差异？

（2）1986年和1991年两地在学历偏高和学历偏低的发生率方面是否存在差异？

（3）1986年和1991年两地学历偏高/偏低发生率的变化是否存在差异？

此外，还应验证以下假设：

（1）1986年和1991年，两地各自的工资结构相同。

（2）1986年和1991年，两地在工资结构方面没有差异。

（3）1986年和1991年，两地学历适当、学历偏高和学历偏低的回报率没有变化。

（4）如果假设2答案为否，那么1986年和1991年两地的工资结构没有发生趋同。

（5）学历适当、学历偏高和学历偏低的回报率不受潜在经验的影响。

本章将继续在第二节中描述我们采用的方法，在第三节中描述数据，在第四节中讨论学历偏高和学历偏低的发生率，在第五节中提供学历偏高和学历偏低对收入影响的回归结果。在第六节中研究两地劳动力市场环境
34 并对研究结果进行进一步讨论，在第七节中给出简要总结和总结性意见。

二、研究方法

本文采用了“主观”和“客观”两种主要方法，将人群分类为学历偏高和学历偏低两种。我们使用主观方法观察劳动者对满足岗位表现要求的适当学历或技能的自我评估。将个人实际学历与对学历要求的自我评估进行比较，以确定劳动者的学历是否偏高或偏低。

当无法采集到岗位要求的学历数据时，我们便采用客观方法。这种研究方法可以在弗杜戈和弗杜戈（1989）的文献和其他几项研究中找到。为了判定学历偏高和学历偏低，我们采用了2型或3型工作类型中工作的人士学龄（用SCHOOL表示）。在弗杜戈和弗杜戈的方法中，当个人的SCHOOL处于职业平均值的一个正负标准差区间内时，我们就认为此人学历适当；SCHOOL比某一职业平均要求高一个标准差的人被定义为学历偏高，而SCHOOL比某一职业平均要求低一个标准差的人被定义为学历偏低。

凯克、桑托斯和奥利维拉（1997）提出了另一种衡量学历偏高/偏低的方法。凯克等人没有采取上述方法来定义学历适当（Adequate Schooling，ADSCH），而是指出ADSCH等于每个职业常见的SCHOOL值，即如果一个

人的SCHOOL等于其职业常见值，那么他的学历就是适当的。SCHOOL 高于其职业常见值的个体属于学历偏高，低于其职业常见值的个体属于学历偏低。由于我们的数据仅允许使用客观方法，因此使用客观方法（常见值）进行本研究显示的所有计算。[2]

我们使用明塞尔标准工资方程的一个变体，来研究学历偏高/偏低对收入的影响。根据赛克文（1991）的文献，本研究中使用两种基本规范，即

$$\ln INC_{it} = X_{it}\beta + \alpha_1 ADSCH_{it} + \alpha_2 OVERSCH_{it} + \alpha_3 UNDERSCH_{it} + \mu_{it} \quad (1)$$

35

和

$$\ln INC_{it} = X_{it}\delta + Y_1 SCHOOL_{it} + Y_2 OSCH_{it} + Y_3 USCH_{it} + \epsilon_{it} \quad (2)$$

其中 INC_{it}是某人在某时 t 的月劳动收入 i 的自然对数；X 是包括了经验、经验的平方、婚姻状况、行业虚拟变量等自变量的行矢量；[3] ADSCH 是根据上面讨论的客观方法定义的某工作的适当学龄；SCHOOL 是某人的实际学龄；OVERSCH 是学历偏高的年数，即 OVERSCH = SCHOOL − ADSCH，其中 SCHOOL > ADSCH；UNDERSCH 是学历偏低的年数，即 UNDERSCH = ADSCH − SCHOOL，其中 SCHOOL < ADSCH。

在第二个规范中，我们为学历偏高/偏低设置了虚拟变量，并用 SCHOOL 替代 ADSCH。若 OVERSCH >0，则 OSCH（学历偏高）的值为1，否则为0。类似地，若 UNDERSCH >0，则 USCH（学历偏低）值为 1，否则为 0。

我们还试图研究学历偏高/偏低的工资效应是否会与经验产生相互作用。因此添加了经验（EXP）和学龄变量的交互项，这样就有了：

$$\begin{aligned} \ln INC_{it} = {} & X_{it}\beta + \alpha_1 ADSCH_{it} + \alpha_2 OVERSCH_{it} + \alpha_3 UNDERSCH_{it} \\ & + \alpha_4 (ADSCH \cdot EXP)_{it} + \alpha_5 (OVERSCH \cdot EXP)_{it} \\ & + \alpha_6 (UNDERSCH \cdot EXP)_{it} + \mu_{it}. \end{aligned} \quad (3)$$

和

$$\ln INC_{it} = X_{it}\delta + Y_1 SCHOOL_{it} + Y_2 OSCH_{it} + Y_3 USCH_{it} + Y_4(SCHOOL \cdot EXP)_{it} + Y_5(OSCH \cdot EXP)_{it} + Y_6(USCH \cdot EXP)_{it} + \epsilon_{it} \quad (4)$$

为了验证 1986 年和 1991 年的工资结构之间是否存在显著差异，我们从每地汇集了两个观察样本。年份、虚拟变量、T91（在 1991 年的样本中值为 1，否则为 0）等所有原始变量都包含在新的收益回归中。这两年的因变量（ln INC）以中国香港和美国样本的常数（1990）美元表示。我们进行了周式检验，测量两地在两年中的收入结构方程是否不同。

36

三、数据

（一）中国香港

如前所述，此研究使用了 1986 年香港中期人口普查和 1991 年香港人口普查的数据。我们的分析样本只包括了除农业、渔业、采矿业和采石业的劳动者以及未报告主要工作月收入的劳动者以外的 15～60 岁的雇员。由于学龄（SCHOOL）信息无法获取，因此学龄数据来自人们所报告的最高教育程度，如 5 年级（相当于美国的 11 年级）或技术/理工学院的文凭/证书课程。[4] 潜在经验的计算方法为：年龄 - 学龄 - 6（EXP = Age - SCHOOL - 6）。

中国香港人口普查的早期研究表明工作小时数的偏差微小。因此，中国香港人口普查没有收集工作时间的数据。由于我们不可能把月薪转化为时薪，因此此处工资方程的因变量是劳动者主要职业月收入的自然对数（ln INC）。其他自变量包括：行业虚拟变量（如建筑业 CONSTR、批发业 WHOLES、交通运输业 TRANSP、金融业 FINANCE、服务业 SERVICE，制造业为对照组）和婚姻状况（MAR）。[5]

（二）美国

为方便比较中国香港与美国，我们获取了 1987 年和 1992 年美国当前人口调查（CPS）的数据变化。[6] 我们用受访者对收入、行业和职业等可追溯问题的回答，建立 1986～1991 年的个人数据，并计算不同职业中常见的教育水平。我们对美国的受访者也采用了与对中国香港受访者使用相似的限制标准：16～65 岁，是户主或者其配偶，每年工作至少超过 500 小时，其数据可获得（年龄、完成的学业、职业和年劳动收入等），不是个体经 37
营者（包括那些声称自己既是个体经营者也是雇员的人），不从事农耕或私家工作者，工作行业不属于农业、林业、渔业、采矿业或公共管理业。从业类别不属于任何一类的人员则被列入“其他行业”类别。受访者月收入的计算方式是：年收入/12。与在中国香港类似，我们对美国的受访者使用年龄和学龄两个变量，计算其潜在的经验。各变量的定义请见附录表 A，样本的统计数据请见附录表 B。

四、学历偏高和学历偏低的发生率

（一）学历适当、学历偏高和学历偏低的发生率

表 1 显示了我们用先前所述的凯克等人的客观方法变式测量的 1986 年和 1991 年中国香港和美国学历适当（ASCH）、学历偏高（OSCH）和学历偏低（USCH）的人口分布。我们发现 1986～1991 年两地内部学历偏高和学历偏低的发生率很稳定。在中国香港，女性学历适当的发生率大于男性，而且女性学历偏高和学历偏低的发生率均小于男性。在美国，男性和女性学历偏高和学历偏低的发生率均很类似。至于两地的比较，美国男性学历适当的发生率大于中国香港男性，学历偏高/偏低的发生率均小于中国香港男性；1986 年美国女性学历适当的发生率大于中国香港女性，学历偏高/偏低的发生率均小于中国香港女性，但是 1991 年中国香港女性的各项数据则与美国女性的数据类似。在任何地区/年份/性别的情况下，学历偏高的发生率均高于学历偏低的发生率。

表 1　学历适当、学历偏高和学历偏低人口的百分比分布

	中国香港				美国			
	1986 年		1991 年		1986 年		1991 年	
	男性[a]	女性	男性	女性	男性	女性	男性	女性
ASCH	35	44	35	44	45	48	44	43
OSCH	38	32	37	31	31	29	30	31
USCH	28	24	28	25	24	23	26	26

注释：变量定义见附录表 A。

[a]由于四舍五入，百分比总和不为 1。

38 以上发生率的统计表明，第一个问题“两地在 1986 年和 1991 年各自的学历偏高和学历偏低的发生率是否存在差异?”，中国香港在这两年的情况并未变化，而美国则发生了较小的变化：1991 年女性学历偏高的发生率略高于 1986 年；1991 年无论男女，其学历偏低的发生率同样略高于 1986 年。

第二个问题“1986 年和 1991 年两地在学历偏高和学历偏低的发生率方面是否存在差异?”的答案是肯定的。两地的统计数据在这两年具有不同的分布。然而有趣的是，1986 ~ 1991 年两地在各项数据上差异有所减小。除了男性学历偏高的发生率外，两地的情况更加趋于一致，说明第三个问题“两地学历偏高/偏低发生率的变化是否存在差异”的答案也是肯定的。

（二）基本统计数据：实际学龄、学历适当、学历偏高、学历偏低、年龄、经验

1. 美国①

表 2 提供了上述变量在美国的平均值和标准差数据，数据按组分类（ASCH、OSCH 和 USCH）。我们发现，在学历偏高的劳动者当中，男性学

① 译者注：以下内容根据语境，会将 individual 也译为“劳动者”，以和全书内容相匹配。

历偏高的年数高于女性，并且在1986～1991年略有下降。与预期相同，这个群体的实际平均学龄相当高（大约15年），表明对于至少读过大学的劳动者来说，学历偏高现象很普遍。同样地，在学历偏低的劳动者当中，男性学历偏低的年数高于女性。这个群体的平均实际学龄为10～11年，表明学历偏低在高中肄业群体中更普遍。

我们还注意到，随着时间的推移，学历适当的平均值（ADSCH）对于学历偏高/偏低/适当的男女劳动者来说都在上升，表明1986～1991年就业岗位的学历要求普遍上升。在学历偏高/偏低的类别中，男性劳动者平均比女性劳动者年长约一岁并且具有更多经验。值得注意的是，相对于学历偏高/适当的劳动者而言，学历偏低的劳动者更加年长、经验更丰富，这与赛克文的教育/经验替代假设是一致的。

2. 中国香港 40

对表3中中国香港的相关数据，评论如下：第一，男性学历偏高的年数低于女性，而且基本保持稳定，这与美国的情况不同；但是学历偏高的男性实际平均学龄很高，约为13年，这与美国的情况类似。第二，女性学历偏低的年数高于男性，这与美国的情况不同；学历偏低的女性实际学龄低很多，约为8年，这与美国的情况类似。第三，学历适当女性的ADSCH平均值增长了1年，学历适当男性的ADSCH平均值增长了2/3年，说明中国香港就业岗位的教育要求（特别是对于女性来说）有普遍提高，这与美国的情况不同。第四，男性劳动者一般比女性劳动者年长，特别是在学历偏低/适当的群体中；同样地，1991年的劳动者样本也比1986年的劳动者样本年长；学历偏低的劳动者比学历偏高/适当的劳动者都要年长，这与美国的情况类似；男性比女性拥有更多工作经验（特别是在学历适当这一群体中）；学历偏低的劳动者拥有更多工作经验，这与美国的情况类似。第五，1991年美国和中国香港学历偏高方面的数据差异比1986年更加显著，而学历偏低方面数据的差异则有所减小，反映了两地趋同的现象。

表2 美国的基本数据

	学历偏高者				学历偏低者				学历适当者			
	1986 年		1991 年		1986 年		1991 年		1986 年		1991 年	
	男性	女性	男性	女性	男性	女性	男性	女性	男性	女性	男性	女性
OVERSCH	2.73	2.42	2.03	1.94	—	—	—	—	—	—	—	—
	(1.49)	(1.36)	(1.34)	(1.27)	—	—	—	—	—	—	—	—
UNDERSCH	—	—	—	—	3.11	2.93	3.60	3.38	—	—	—	—
	—	—	—	—	(2.03)	(1.82)	(1.93)	(1.75)	—	—	—	—
ADSCH	12.46	12.53	12.63	12.56	13.56	14.19	14.13	14.69	12.99	12.69	13.35	13.16
	(1.28)	(1.35)	(1.43)	(1.34)	(2.29)	(2.40)	(2.26)	(2.23)	(2.00)	(1.64)	(2.12)	(1.96)
SCHOOL	15.19	14.94	14.66	14.49	10.45	11.27	10.53	11.31	12.99	12.69	13.35	13.16
	(1.71)	(1.69)	(1.95)	(1.87)	(3.09)	(2.91)	(3.06)	(2.78)	(2.00)	(1.64)	(2.12)	(1.96)
AGE	37.06	35.07	37.06	35.96	39.06	37.99	39.11	38.72	36.71	36.71	37.81	38.22
	(11.12)	(11.06)	(10.99)	(11.29)	(13.76)	(13.05)	(12.92)	(12.24)	(11.91)	(12.06)	(11.41)	(11.52)
EXP	15.87	14.13	16.39	15.47	22.61	20.72	22.58	21.41	17.72	18.02	18.45	19.06
	(10.85)	(10.90)	(10.63)	(10.02)	(14.53)	(13.78)	(13.40)	(12.77)	(11.79)	(12.18)	(11.22)	(11.68)
N	10951	8770	10709	9567	8883	6827	9797	8243	15924	14300	15900	13460

注释:标准差在括号中。

表 3　中国香港的基本数据

	学历偏高者				学历偏低者				学历适当者			
	1986 年		1991 年		1986 年		1991 年		1986 年		1991 年	
	男性	女性	男性	女性	男性	女性	男性	女性	男性	女性	男性	女性
OVERSCH	3. 37	3. 75	3. 29	3. 68	—	—	—	—	—	—	—	—
	(1. 75)	(2. 36)	(1. 74)	(2. 21)								
UNDERSCH	—	—	—	—	3. 92	4. 16	3. 77	4. 02				
					(2. 44)	(2. 99)	(2. 42)	(2. 71)				
ADSCH	9. 14	8. 98	9. 74	10. 09	12. 03	11. 79	11. 93	11. 65	11. 22	11. 15	11. 85	12. 15
	(2. 30)	(4. 22)	(2. 47)	(2. 63)	(3. 54)	(3. 01)	(2. 98)	(3. 05)	(3. 51)	(3. 71)	(3. 41)	(2. 69)
SCHOOL	12. 50	12. 73	13. 03	13. 77	8. 11	7. 63	8. 18	7. 63	11. 22	11. 15	11. 85	12. 15
	(2. 66)	(3. 34)	(2. 80)	(2. 78)	(4. 11)	(4. 64)	(3. 87)	(4. 57)	(3. 51)	(3. 71)	(3. 41)	(2. 69)
AGE	30. 86	30. 69	33. 79	32. 41	39. 04	35. 37	38. 98	36. 84	34. 25	29. 88	35. 42	31. 29
	(9. 59)	(9. 70)	(9. 85)	(8. 59)	(11. 85)	(12. 09)	(11. 62)	(11. 66)	(10. 36)	(9. 41)	(10. 32)	(8. 89)
EXP	12. 35	11. 96	1. 4. 76	12. 65	24. 93	21. 73	24. 80	23. 21	17. 02	12. 73	17. 57	13. 14
	(9. 55)	(10. 66)	(10. 12)	(9. 22)	(14. 06)	(15. 24)	(13. 69)	(14. 76)	(11. 40)	(11. 63)	(11. 58)	(10. 15)
N	62795	32456	67103	37050	46126	24861	50560	30704	57728	45377	62226	53023

注释：标准差在括号中。

（三）通过经验界定的学历偏高和学历偏低的分布

表4 提供了通过潜在经验年限界定的、有关中国香港和美国学历偏高/偏低的分布。数据显示，两地大多学历偏高的劳动者经验水平均为中等（20 年以下），仅有一少部分学历偏高的劳动者经验水平很高。通常，经验越丰富，学历偏高的劳动者占总人口数的比例越低。我们还观察到，在经验水平高的群体（21 年或以上）且特别是在经验水平最高的群体（36 年或以上）中，两地学历偏低男女劳动者的比例高于学历偏高者。同样，中国香港经验水平较低（0 ~ 15 年）且学历偏低的男性劳动者比例低于同等学历的女性比例。尽管随着时间的推移我们观察到一些微小的变化，但 1986 年和 1991 年通过经验界定的学历偏高和学历偏低现象分布是非常相似的。

43 五、学历偏高和学历偏低对收入的影响

（一）1986 年和 1991 年数据汇总

为了验证假设 1 “1986 年和 1991 年，两地各自的工资结构相同”，我们汇总了两地的两个横截面，并运行了表 5 ~ 表 8 中所示的回归，增加了时间相互作用这一虚拟变量（每个相关变量乘以 T91，其中设 T91 在 1991 年为 1，1986 年为 0）。为了节省版面，这里不再示意回归（可以根据要求从作者处获得）。

为了验证“对于两地、每个模型/规范，1986 年和 1991 年模型对不同性别会产生相同的系数”这一原假设，我们进行了一系列的周式（F）检验。结果表明，所有的原假设在 5% 的水平时都被否定，表明应当对 1986 年和 1991 年运用单独的公式。因此，接下来的两个部分分别为每个年份和每个国家提供工资方程的回归结果。

表 4 通过经验界定的学历偏高和学历偏低的百分比分布

工作经验年数	中国香港								美国							
	1986 年				1991 年				1986 年				1991 年			
	男性		女性		男性		女性		男性		女性		男性		女性	
	Over	Under	Over	Under	Over	Under	Over	Under	Over	Under	Over	Under	Over	Under	Over	Under
0 ~ 5	28. 22	7. 43	34. 68	14. 84	20. 43	7. 88	25. 34	12. 39	19. 08	13. 30	25. 48	16. 34	18. 07	10. 93	22. 87	11. 72
6 ~ 10	23. 30	10. 66	22. 91	15. 24	19. 59	8. 81	23. 64	11. 82	17. 46	12. 51	18. 55	11. 97	15. 77	10. 47	14. 94	11. 41
11 ~ 15	16. 93	12. 54	12. 65	13. 21	18. 40	11. 38	17. 66	11. 46	17. 41	12. 47	16. 43	11. 90	15. 41	13. 33	15. 51	13. 62
16 ~ 20	11. 94	13. 40	9. 11	11. 32	14. 04	13. 12	12. 13	11. 36	16. 18	10. 52	13. 66	11. 71	15. 98	14. 13	14. 64	13. 01
21 ~ 25	8. 31	10. 55	7. 47	8. 94	10. 91	14. 06	9. 88	11. 89	10. 10	9. 30	9. 16	11. 47	14. 74	11. 57	12. 45	13. 81
26 ~ 30	5. 32	8. 51	5. 24	6. 97	7. 74	11. 36	6. 54	10. 38	7. 58	9. 14	6. 47	9. 94	8. 94	9. 45	8. 75	11. 01
31 ~ 35	3. 44	8. 47	3. 61	6. 36	5. 01	8. 40	3. 11	7. 61	5. 39	8. 67	4. 91	8. 88	5. 44	9. 32	5. 18	8. 97
36 +	2. 54	28. 44	4. 33	23. 12	3. 88	24. 99	1. 70	23. 09	6. 77	24. 05	5. 31	17. 76	5. 62	20. 76	5. 61	16. 41
N	62795	46126	32456	24861	67103	50560	37050	30704	10916	8881	8706	6814	10641	9795	9471	8236

注释：Over 指被归入学历偏高类的人。Under 指被归入学历偏低类的人。

（二）美国

学历适当、学历偏高和学历偏低者工作数年的回报率。关于美国，表5中显示模型1的结果在许多方面与早先研究获得的结果相似（例如，邓肯和霍夫曼，1981；赛克文，1991；科恩和可汗，1995）。其结果表明，男女劳动者在学历适当和学历偏高的情况下工作数年都会得到可观的回报；在学历偏低的情况下，回报率为负但绝对值较小。此外，在学历适当的情况下工作数年的回报率也相当高（在14%～18%），而且1991年男女劳动者的回报率均高于1986年。[7] 这样的结果说明，科恩和休斯（1994）和麦克马洪（1991）记载的教育回报率的普遍提升似乎持续到了20世纪90年代早期。[8]

表5中的模型2回归因学校教育和经验的相互作用变量而得到增强，但不会改变上一段的结论。我们发现，在1986年和1991年，无论对男女劳动者，经验与学历适当/偏高/偏低之间都存在显著的相互作用系数。学历适当—经验相互作用和学历偏高—经验相互作用的系数为负，表明无论学历适当还是学历偏高的劳动者，只要其经验更丰富，都将面临回报率下降。以1986年女性劳动者的数据为例，并使用方程 $\partial r/\partial(ADSCH)=0.22-0.003\times EXP$，则无工作经验、学历适当的女性劳动者的预计回报率为22%，而有30年工作经验、学历适当的女性劳动者的预计回报率则为13%。同样地，我们发现在1991年，没有工作经验、学历偏高的男性劳动者的回报率为11%，而有30年经验、学历偏高的男性劳动者的回报率为5%。我们发现学历偏低—经验间相互作用系数为正，表明若学历偏低的人增加一年的工作经验，其工资劣势就会减小。以1986年女性的估计值为例，学历偏低的人增加一年的工作经验后，原本没有经验的劳动者将得到－20%的回报，而若他原本具有30年的经验，这一回报仅为－8%。

学历偏高和学历偏低的回报。表6中的结果显示了在学历偏高和学历

表 5　ln INC 的选取回归系数和 t 比率（在括号内）：美国在 1986 和 1991[a] 两年的替代模型

自变量	1986 年				1991 年			
	模型 1		模型 2		模型 1		模型 2	
	男性	女性	男性	女性	男性	女性	男性	女性
ADSCH	0.14	0.16	0.19	0.22	0.16	0.18	0.20	0.23
	(56.79)	(57.29)	(42.49)	(47.23)	(69.57)	(70.98)	(42.55)	(48.59)
OVERSCH	0.11	0.11	0.12	0.14	0.09	0.08	0.11	0.11
	(38.32)	(28.80)	(20.84)	(21.81)	(22.37)	(18.54)	(15.12)	(13.96)
UNDERSCH	-0.095	-0.10	-0.20	-0.20	-0.09	-0.09	-0.18	-0.176
	(-32.94)	(-28.45)	(-32.16)	(-27.77)	(-34.46)	(-30.79)	(-31.44)	(-26.94)
ADSCH * EXP	—	—	-0.003	-0.003	—	—	-0.002	-0.003
	—	—	(-13.45)	(-14.17)	—	—	(-8.38)	(-11.83)
OVERSCH * EXP			-0.001	-0.002			-0.002	-0.002
	—	—	(-2.54)	(-5.65)	—	—	(-4.75)	(-4.04)
UNDERSCH * EXP	—	—	0.004	0.004	—	—	0.003	0.003
	—	—	(19.02)	(15.75)	—	—	(16.95)	(14.23)
R^2（调整后）	0.39	0.27	0.41	0.29	0.40	0.31	0.41	0.32
N	33550	28754	33550	28754	34113	29963	34113	29963

注释：[a] 这些方程的控制变量还包括工作经验、工作经验的平方、婚姻状况的虚拟变量和一位数的行业代码。

表 6　ln INC 的选取回归系数和 t 比率（在括号内）：美国在 1986 和 1991[a] 两年的替代模型

自变量	1986				年 1991 年			
	模型 1		模型 2		模型 1		模型 2	
	男性	女性	男性	女性	男性	女性	男性	女性
SCHOOL	0. 12	0. 14	0. 18	0. 21	0. 14	0. 15	0. 19	0. 21
	(55. 33)	(53. 48)	(46. 12)	(49. 59)	(64. 89)	(63. 96)	(46. 03)	(49. 70)
OSCH	−0. 08	−0. 10	−0. 23	−0. 24	−0. 14	−0. 14	−0. 26	−0. 29
	(−7. 20)	(−8. 70)	(−11. 48)	(−12. 05)	(−13. 88)	(−12. 83)	(−13. 06)	(−14. 55)
USCH	−0. 04	0. 04	−0. 20	−0. 10	0. 11	0. 21	−0. 10	0. 07
	(−3. 42)	(3. 50)	(−9. 72)	(−4. 48)	(8. 88)	(17. 41)	(−4. 140)	(2. 93)
SCHOOL * EXP	—	—	−0. 003	−0. 003	—	—	−0. 002	−0. 003
	—	—	(−17. 31)	(−18. 17)	—	—	(−13. 61)	(−15. 98)
OSCH * EXP	—	—	0. 006	0. 006	—	—	0. 005	0. 008
	—	—	(6. 68)	(5. 88)	—	—	(5. 21)	(7. 94)
USCH * EXP	—	—	0. 008	0. 006	—	—	0. 010	0. 006
	—	—	(8. 50)	(5. 89)	—	—	(9. 86)	(6. 00)
R^2（调整后）	0. 39	0. 27	0. 41	0. 28	0..39	0. 29	0. 40	0. 30
N	33550	28754	33550	28754	34113	29963	34113	29963

注释：[a] 这些方程的控制变量还包括工作经验、婚姻状况的虚拟变量和一位数的行业代码。

偏低的情况下实际学历的回报。科恩（1992）强调，该表的结果不应用于计算学历偏高和学历偏低的回报率。相反，正如赛克文（1991）指出的那样，人们可以从这些回归中确定，学历偏高或偏低的劳动者若在学历适当的岗位上工作，其工资是更低还是更高。

使用模型 1 得出的结果通常与其他研究一致（例如，弗杜戈和弗杜戈，1989；赛克文，1991；科恩和可汗，1995）：学历偏高者的工资低于在学历适当的岗位上获得的工资，而学历偏低者通常工资更高，只有 1986 年男性劳动者的数据例外。包括了与经验的相互作用的模型 2 回归表明与学历偏高或偏低者的工资差异与其工作经验息息相关。学历偏高或偏低的劳动者都会因经验增加而获得工资溢价（超出所包括的经验的二次方控制变量），这表明丰富的工作经验对于学历偏低的劳动者来说是尤为重要的优势。与此同时，工作经验越丰富，学历偏高的劳动者具有的劣势就越小。

（三）中国香港 47

学历适当、学历偏高和学历偏低者工作数年的回报。表 7 的结果类似于表 5 所示的美国数据。模型 1 中，其结果具有类似性质：学历适当者的回报率高（9% ~ 15%），学历偏高者的回报率较低但仍为正数（4% ~ 5%），学历偏低者的回报率为负（ −6% ~ −4%）。所有这些结果以及表中的所有系数都具有很强的统计学意义。需注意，虽然 1986 年和 1991 年的结果非常相似，但对于学历适当的女性，教育回报率从 1986 年的 9% 上升到 1991 年的 15% 。

中国香港在模型 2 中的结果与美国相当类似。第一，经验与学历适当/偏高的相互作用存在负系数，表明对于学历适当/偏高的男女劳动者，更有经验往往意味着回报率更低。个中效果或许比较经典：毕业更晚的学生接受对当前生产更加有用的教育，因此时效性更强的学校教育得到的回报更加可观。而且，关于学历偏高的结果符合“学历偏高或许很好地弥补了

表 7　劳动者主要职业月收入的自然对数（ln INC）的选取回归系数和 t－比例（在括号中）：1986 和 1991 年香港的替代模型[a]

自变量	1986 年				1991 年			
	模型 1		模型 2		模型 1		模型 2	
	男性	女性	男性	女性	男性	女性	男性	女性
ADSCH	0. 11	0. 09	0. 14	0. 14	0. 13	0. 15	0. 17	0. 19
	(254. 24)	(136. 71)	(186. 71)	(121. 98)	(290. 54)	(238. 17)	(202. 63)	(164. 88)
OVERSCH	0. 04	0. 05	0. 11	0. 10	0. 05	0. 04	0. 11	0. 08
	(66. 57)	(56. 04)	(89. 62)	(67. 55)	(75. 76)	(47. 14)	(93. 28)	(63. 02)
UNDERSCH	-0. 04	-0. 06	-0. 13	-0. 10	-0. 04	-0. 05	-0. 12	-0. 14
	(62. 70)	(-72. 42)	(-93. 01)	(-54. 42)	(-58. 54)	(-68. 17)	(-80. 55)	(-82. 00)
ADSCH * EXP	—	—	-0. 001	-0. 003	—	—	-0. 002	-0. 002
			(-38. 03)	(-54. 45)			(-43. 02)	(-35. 94)
OVERS CH * EXP	—	—	-0. 004	-0. 002	—	—	-0. 004	-0. 003
			(-64. 62)	(-38. 36)			(-63. 31)	(-42. 27)
UNDERSCH * EXP	—	—	0. 003	0. 002	—	—	0. 003	0. 003
			(69. 03)	(31. 39)			(58. 80)	(55. 76)
R^2（经调整）	0. 43	0. 36	0. 46	0. 38	0. 44	0. 45	0. 46	0. 47
N	166649	102694	166649	102694	179889	120777	179889	120777

注释：[a] 这些等式还包括了潜在工作经验控制变量、已婚状态虚拟变量和行业编码号为 1 位的职业。

(尤其是)早期参加工作者经验不足这一劣势”这一说法。但是本调查结果则说明，随着学历偏高者经验的累积，其工资优势不断下降。第二，经验和学历偏低间的相互作用存在正系数。学历偏低的负系数会随着经验的累积而变小，表明尽管并不完美，但学校教育对工资的影响可以由经验来替代（为完全抵消 1986 年 UNDERSCH 的负系数，男女劳动者分别需要具备 43.3 年和 50 年的经验；1991 年则分别为 40 年和 46.7 年）。

学历偏高和学历偏低的回报。表 8 中中国香港的结果类似于表 6 中美国的结果，模型 1 的定性结果在两个表中也同样相似。然而，对于中国香港来说，OSCH 和 USCH 系数的绝对值一般都大很多。结果表明，学历偏高者的工资远远低于在学历适当的岗位上获取的工资；反之，学历偏低者的工资远远高于在学历适当的岗位上工作获取的工资。

中国香港在模型 2 中的结果不同于美国的结果。1986 年，女性的学历偏高—经验和学历偏低—经验的相互作用均具有负系数。这些结果的前几项同样意味着前述的：学历偏高者的工资优势随着经验积累而不断下降。令人费解的是，1986 年女性 USCH × EXP 的系数为负，特别是考虑到 1991 年这一数据为正［有趣的是，根据人口普查样本（N = 10,661）的 1% 作为计算的基础，USCH × EXP 的系数在 1986 年和 1991 年为正，且数值很大］。

（四）对各假设的验证

为验证假设 2“1986 年和 1991 年，两地在工资结构方面没有差异”，我们用模型 1 对两地学历适当/偏高/偏低的群体进行系数验证。两年的系数差别（用美国的系数减去中国香港的系数）显示在表 9 中。所有相关系数的标准误差都很小，因此即便是小至 0.5% 的差别在统计学上也非常大，达到了 5%。因此，1986 年和 1991 年的系数差均显著大于零（≥5%），否定了“两地在工资结构方面没有差异”这一原假设。

我们使用 1991 年的数据验证假设 3“1986 年和 1991 年，两地学历适

表 8　劳动者主要职业月收入的自然对数（ln INC）的选取回归系数和 t－比例（在括号中）：1986 和 1991 年中国香港的替代模型[a]

自变量	1986 年				1991 年			
	模型 1		模型 2		模型 1		模型 2	
	男性	女性	男性	女性	男性	女性	男性	女性
SCHOOL	0.09	0.08	0.14	0.13	0.10	0.11	0.17	0.17
	(219.06)	(127.30)	(191.96)	(117.48)	(239.32)	(171.22)	(211.28)	(146.73)
OSCH	-0.19	-0.15	-0.10	-0.08	-0.23	-0.29	-0.17	-0.29
	(-66.18)	(-38.71)	(-21.45)	(-13.34)	(-80.22)	(-80.24)	(-33.92)	(-49.03)
USCH	0.16	0.03	0.03	0.08	0.19	0.12	0.11	0.05
	(50.97)	(6.06)	(5.39)	(11.06)	(55.54)	(28.24)	(17.38)	(7.09)
SCHOOL * EXP	—	—	-0.002	-0.003	—	—	-0.003	-0.003
			(-74.45)	(-54.13)			(-89.44)	(-57.72)
OSCH * EXP	—	—	-0.007	-0.007	—	—	-0.004	-0.003
			(-24.35)	(-19.20)			(-15.89)	(-7.73)
USCH * EXP	—	—	0.005	-0.003	—	—	0.002	0.003
			(19.17)	(-10.50)			(8.80)	(8.23)
R^2（经调整）	0.38	0.35	0.42	0.37	0.38	0.34	0.42	0.37
N	166649	102694	166649	102694	179889	120777	179889	120777

注释：[a] 这些等式还包括了潜在工作经验控制变量、已婚状态虚拟变量和行业编码号为 1 位的职业。

当、学历偏高和学历偏低的回报率没有变化”，验证方法是验证在这两年中各变量的系数差在统计学意义上是否很大、是否大于等于 5%。如同前一个假设，由于标准误差的所有相关系数很小，小至 0.5% 的变化在统计学上也非常大，达到了 5%。在 1991 年的回归中，虽然各系数的差别通常都相当小，但几乎所有系数都明显不同于 1986 年。因此，本假设的答案同样是“否”。

表 9　1986 年和 1991 年美国和中国香港学历适当/偏高/偏低者回报率的差异

	1986 年		1991 年	
	男性	女性	男性	女性
学历适当	3	7	3	3
学历偏高	7	6	4	4
学历偏低	-5.5	-4	-5	-4

资料来源：按表 5 和表 7 中模型 1 的结果计算。

与预期相同，我们发现两地学历适当的回报率都有所上升，原因是两 51
地对熟练工的需求都随着供给增加而增加，而且中国香港的劳动力市场非常紧俏。随着工作年数的增加，学历偏高的美国所有劳动者和中国香港的女性劳动者面临回报率下降。学历偏高劳动者的供给似乎应当比其需求增长更快，但是情况对于中国香港学历偏高的男性劳动者来说则恰恰相反，这表明对此类劳动者的需求比其供给增长更快。最后，两地学历偏低者工作数年后都会有更高的回报率（未记录到中国香港男性的变化，因此将其排除在外），这表明对学历偏低者的需求比其供给增长更快。

假设 4“如果假设 2 答案为否，那么 1986 年和 1991 年两地的工资结构没有发生趋同”的答案仍然是“否”。表 9 显示，在 1986 年回报率的 6 处差异中，只有 2 处差异在 1991 年仍然出现。其他 4 项差异则趋同，而且对于学历偏高的男女劳动者和学历适当的女性劳动者，其回报率趋同度很大。这种趋同可能源于国际竞争的加剧（墨菲 & 韦尔奇，1989、1992）。在 1991 年之后的几年，互联网的影响可能加深了这一趋同度，当然这一问题暂且不表。

根据模型2，表5～表8给出的结果说明，假设5“学历适当、学历偏高和学历偏低的回报率不受潜在经验的影响”的答案同样为“否”。经验和学历适当/偏高/偏低的相互作用系数与0差很多。我们发现，在两地的这两年中，更丰富的工作经验意味着学历适当/偏高者面临更低的回报率，而学历偏低者的回报率更高。

六、讨论

表1的数据表明，中国香港男女学历适当/偏高/偏低的发生率在1986和1991年没有发生显著变化，虽然这两年间学历偏高的劳动者比例略微减少。

52 表3的统计数据按组划分了学历偏高/偏低的发生率。一方面，中国香港在1986～1991年，学历偏低年数的下降与其岗位的学历适当年数的下降同时发生，但是学历偏高的年数同样下降了。[9] 另一方面，在同一时期，学历适当的年数增加了，佐证了“中国香港劳动力市场非常紧俏”这一观点。中国香港经济的重组和劳工短缺，特别是半熟练和非熟练劳动者的短缺，似乎不会影响到熟练度适当的劳动者的供给；而更多接受高等教育的机会可能会提高劳动力的教育水平（见表3中的SCHOOL值）。表4中显示的样本统计信息可进一步佐证这些说法：在经验较少（较年轻）的群体（工作经验不多于10年）中，学历偏高/偏低的劳动者的比例有所下降。事实上，在同一时期，有大学学位的劳动者比例由5%增至7%（见“中国香港统计年鉴”，1990年及1993年）。

相比而言，美国完成高等教育的劳动者比例更高（1986年为22.4%，1991年为23.2%；见美国国家教育统计中心，1993，表8，第17页）。如表1所示，美国的学历偏高/偏低分布在此期间相当稳定。学历偏低男性劳动者的百分比略微升高，而学历适当/偏高男性劳动者的百分比则相应地略微降低；学历偏低/偏高女性劳动者的百分比同样上升，而学历适当的女性劳动者的百分比则下降了5%。

美国工作岗位对技能的要求和高校毕业生增速发生了双降低，因此很自然地，对于学历偏低的男女劳动者，其学历偏低的平均年数在1986~1991年有所上升（表2）。同时，学历偏高者学历偏高的平均年数同样下降，而不同群体学历适当的年数则都有所上升。表4依照经验给人群分组，对比美国劳动者的经验情况，1986~1991年中国香港初入职场者学历偏高/偏低的发生率均出现降低，其中学历偏高者下降的百分比尤为明显。

按组别划分的样本特征差异与美国和中国香港之间科技变化速度的差异是一致的。中国香港工作岗位的技能要求相对较低，这意味着经验可以 53
替代学校教育。20世纪80年代中期以后，美国劳动力市场结构的变化对不同技能水平的岗位产生的影响并不均衡，但教育与经验之间的替代关系却加强了。学龄不同群体的分布也能证明这一论点。如表4所示，在美国经验最少的人群（经验不多于5年）中，学历偏高者的下降比例远低于中国香港的调查者。

关于收入回归（表5~表8），总体而言1986年和1991年两年的结果与文献的结论是一致的。如前所述，学历偏高的回报率低于学历适当的回报率，而哪怕学龄偏低只有一年，也会将结果导向负值。美国对熟练度更高的劳动者的需求相对增加（布莱克本、布鲁姆和弗里曼，1990；卡茨和墨菲，1992），这说明学历偏高的劳动者获得的回报高于学历偏低的劳动者。表5中显示的结果支持了这一假设：1986~1991年，学历偏高（OVERSCH）的回报率有所降低，学历适当的回报率有所上升，学历偏低的回报率则一直稳定。

我们先前称中国香港的劳动力市场可调节度很大，而孙（1995）的实证结论也表明中国香港经济的部门变化没有影响男性劳动者的相对收入。因此很自然地，1986~1991年，对于学历偏高/偏低年数的增加，回报率仍然稳定（表7的模型1）。表8模型1中展现的另一种规格也支持了“中国香港劳动力市场很灵活”这一假设。OSCH 和 USCH 系数绝对值的变化意味着学历偏高的劳动者在 1991 年其劣势多于 1986 年，而学历偏低的劳动者在 1991 年的感受则好于 1986 年。相反，ADSCH 的系数（表 7）和 SCHOOL（表 8）在 1986 ~ 1991 年有所增长，特别是对于女性，这可能反映了女性获得更高学历的机会更多以及她们参与劳动的热情更大。[10]

与美国一样，中国香港女性的学历偏低情况和经验之间也存在强烈的替代效应（模型 2，表 7）。

54 学历适当/偏高者积累的工作经验会降低其回报率。将交互作用项包括在内还表明女性学历偏高/偏低的回报率会随着时间的推移而变化，这点与男性不同。至于程度，学历偏高/偏低的女性也面临更糟糕的情况。虽然中国香港的劳动力市场应该比较灵活，但是 1990 年经济增速放缓则对劳动力市场产生了不均衡的影响。孙（1995）的文献及我们的结论一样：女性更易受到劳动力市场失调或经济情况变化的打击。

我们的结论对个人以及政府政策制定者们来说是有实践意义的。例如，学历偏低的劳动者可以从我们的结论中计算出接受更多教育对其工资的好处，也可以将这些好处与接受更多教育的成本相对比。雇主们若希望帮助学历偏低的劳动者提高教育水平，就可以使用我们的数据估计出激励学历偏低的劳动者返校就读的因素。学历偏高/偏低的劳动者也可以用这些结论计算出调至学历适当的岗位对其工资的影响（不论是为当前的雇主工作还是换一个雇主）。相同地，雇主们也可以用这样的数据确定将雇员调至与其学历匹配的岗位上是否有利于其获得更多工资。政府机构也可以使用这些数据为学校录取、专业和学位要求、经济扶助计划等确定最佳政策，从而提高未来国民收入的现值或实现其他社会目标。

七、概论和结论

本研究的主要目的是：第一，研究 1986 年及 1991 年在中国香港及美国劳工市场学历偏高和学历偏低的发生率；第二，解决学历偏高和学历偏低对收入的影响以及这些影响随时间的变化。

关于第一个目的，结果表明在两地的这两年中，若使用学历适当的客观“模式”定义，我们样本中学历适当的劳动者只有不到一半，而且学历偏高的发生率高于学历偏低的发生率。我们还发现，这两年的学历适当/偏高/偏低劳动者的总体分布虽然有变化，但仍然非常相似。另一个发现是工作经验也会影响学历偏高/偏低的分布。特别是，工作经验不少于36年的劳动者更有可能是学历偏低的，而工作经验较少的劳动者更可能是学 55
历偏高的。

关于学历偏高/偏低对工资的影响，我们发现学历偏高的回报率虽然呈正数，但是低于学历适当的回报率，学历偏低的回报率呈负数。我们还发现1986～1991年，对于学历适当的美国男女劳动者来说，其回报率出现了统计学上的显著增长。一般而言，相较于在适合其学历的岗位上工作，学历偏高的劳动者得到的工资较低，而学历偏低的劳动者获得的工资较高。

中国香港的结果与美国类似，我们发现学历适当/偏高的男女劳动者其回报率随着工作经验累积而下降，而学历偏低的男女劳动者其回报率随之上升。而且，相较于在适合其学历的岗位上工作，学历偏高的劳动者得到的工资显著偏低，而学历偏低的劳动者获得的工资显著偏高。

虽然我们的分析基于优秀的数据来源，但我们认识到所有实证研究结果都受制于调查性质、模型规范、测量误差以及其他遗漏和使用中的潜在错误。特别是，工资方程中可能存在样本选择偏差。如果学历偏高/偏低的劳动者并非随机选择，那么我们得到的回报率可能存在偏颇（奥斯特贝克，1993）。但普通最小二乘分析是否产生必然劣于其他方法的结果，以及哪种解决自我选择、内生性或异质性等问题的方法最好（参见例如曼斯基，1989，1994；维拉，1998），我们还没有定论。研究学历偏高/偏低者分布和回报率的长期变化将会非常有意义。

致谢

本文作者非常感谢香港浸会大学研究委员会对该项目（FRG/96 - 97/Ⅱ - 22）的及时完成所提供的慷慨支持。我们还要致谢赫塞尔·斯特贝克、B. F. 凯克、沙龙·科恩、约翰·洛布斯特以及不知名的推荐人对本文早期版本的宝贵意见。

注释

1. 详细信息请见格林伍德（1990）、吕和邱（1993）和莫（1993）。

2. 学历适当、学历偏高和学历偏低的定义来源于2位数级别的职业代码。我们未从中国香港得到3位数级别的职业分类，但是从美国得到了这一分类。美国数据的所有分析在3位数级别上进行了复制，其结果的差异微乎其微。

3. 为简洁起见，我们省略“it”下标的讨论。关于行业虚拟变量，有人可能会声
56 称行业选择是内源性的。但是，这种省略不会改变各种学历、经验变量的研究结果。

4. 构造的受教育年数大部分与实际受教育年数完全相同，除了那些接受过高等教育的人。

5. 所有变量的定义请参见附录表A。

6. 在本文的早期版本中，美国的数据取自收入动态面板调查的波动。收入动态面板调查和美国当前人口调查的数据存在差异，但是结果总体一致。见科恩、可汗和吴(1998)。

7. 在估计标准模型时，由于明塞尔（1974）在预计美国教育回报数据时只使用受教育年数以代替学历偏高/偏低，因此得出了0.11 ~0.12这样的结果。

8. 亦可参见阿里亚斯和麦克马洪（2001）。

9. 通过职业模式确定的学历适当年数的减少全部适用于男女的学历偏低情况，但是男性学历偏低年数仅有0.05年。

10. 25 ~34岁的女性劳动力参与率在20世纪80年代后期稳步增长（中国香港年度概论的统计数据，1993年）。

参考文献

Alba-Ramírez, A. (1993). Mismatch in the Spanish labor market: overeducation? *Journal of Human Resources*, *28*, 259–278.

Arias, O., & McMahon, W. W. (2001). Dynamic rates of return to education in the U.S. *Economics of Education Review*, *20*, in press.

Blackburn, M. L., Bloom, D. E., & Freeman, R.B. (1990). The declining economic position of less skilled American men. In: G. Burtless (Ed.), *A Future of Lousy Jobs? The Changing Structure of U.S. Wages* (pp. 31–76). Washington, D.C.: The Brookings Institution.

Chau, L.-C. (1993). Labour and employment. In: *The Other Hong Kong Report 1993*. Hong Kong: The Chinese University Press.

Chiu, S. W. K. (1996). The changing labour market and foreign workers in Hong Kong. *International Employment Relations Review*, *2*(1), 55–76.

Cohn, E. (1992). The impact of surplus schooling on earnings: comment. *Journal of Human Resources*, *27*, 679–82.

Cohn, E., & Geske, T. G. (1990). *The Economics of Education* (3rd ed.). Oxford: Pergamon Press. Reprinted. Columbia, SC: Academic Advantage (3112 Dennis Dr., Columbia, SC 29204, USA).

Cohn, E., & Hughes, W. W. (1994). A benefit-cost analysis of investment in college education in the United States: 1969–1985. *Economics of Education Review*, *13*, 109–123.

Cohn, E., & Khan, S. P. (1995). The wage effects of overschooling revisited. *Labour Economics*, *2*, 67–76.

Cohn, E., Khan, S. P., & Ng, Y. C. (1998). *Incidence and wage effects of overschooling and underschooling in the United States and Hong Kong*. Economics Working Paper Series No. B–98–02, Division of Research, The Darla Moore School of Business, University of South Carolina, Columbia, SC.

Cohn, E., & Ng, Y. C. (2000). Incidence and wage effects of overschooling and underschooling in Hong Kong. *Economics of Education Review*, *19*, 159–168.

Daly, M. C., Büchel, F., & Duncan, G. J. (2000). Premiums and penalties for surplus and deficit education. Evidence from the United States and Germany. *Economics of Education Review*, *19*, 169–178.

De Oliveira, M. M., Santos, M. C., & Kiker, B. F. (2000). The role of human capital and technological change in overeducation. *Economics of Education Review*, *19*, 199–206.

Dolton, P., & Vignoles, A. (2000). The incidence and effects of overeducation in the U. K. graduate labour market. *Economics of Education Review*, *19*, 179–198.

Duncan, G. J., & Hoffman, S. D. (1981). The incidence and wage effects of overeducation. *Economics of Education Review*, *1*, 75–86.

Freeman, R. B. (1980). The facts about the declining economic value of college. *Journal of Human Resources*, *15* (Winter), 124–142.

Gottschalk, P., & Smeeding, T. M. (1997). Cross national comparisons of earnings and income inequality. *Journal of Economic Literature*, *35* (June), 633–687.

Greenwood, J. (1990). The changing structure and competitiveness of the Hong Kong economy. *Asian Monetary Monitor*, *14* (Nov.), 21–31.

Groot, W. (1993). Overeducation and the returns to enterprise-related schooling. *Economics of Education Review*, *12*, 299–309.

Groot, W., & Massen van den Brink, H. M. (1997). Allocation and the returns to over-education in the UK. *Education Economics*, *5*, 169–183.

Groot, W., & Massen van den Brink, H. M. (2000). Overeducation in the labor market: a meta analysis. *Economics of Education Review*, *19*, 149–158.

Hartog, J. (2000). Over-education and earnings: where are we, where should we go? *Economics of Education Review, 19*, 131–147.

Hartog, J., & Oosterbeek, H. (1988). Education, allocation and earnings in the Netherlands: overschooling? *Economics of Education Review, 7*, 185–194.

Hersch, J. (1991). Education match and job match. *Review of Economics and Statistics, 73*, 140–144.

Hong Kong Annual Digest of Statistics (1990). Hong Kong: Hong Kong Government.

Hong Kong Annual Digest of Statistics (1993). Hong Kong: Hong Kong Government.

Juhn, C., Murphy, K., & Pierce, B. (1993). Wage inequality and the rise in returns to skill. *Journal of Political Economy, 101*, 410–442.

Katz, L., & Murphy, K. (1992). Changes in relative wages, 1963–1987: supply and demand factors. *Quarterly Journal of Economics, 107*, 35–78.

Kiker, B. F., Santos, M. C., & de Oliveira, M. M. (1997). Overeducation and undereducation: evidence for Portugal, *Economics of Education Review, 16*, 111–125.

Krueger, A. (1993). How computers have changed the wage structure: evidence from microdata, 1984–1989. *Quarterly Journal of Economics, 108*, 33–66.

Lam, K.-C., & Liu, P.-W. (1995). Labour shortage in Hong Kong: causes, consequences and policies. *Asian Economic Journal, 9*(1), 71–87.

Levy, F., & Murnane, R. (1992). U.S. earnings levels and earnings inequality: A review of recent trends and proposed explanations. *Journal of Economic Literature, 30*(3), 1333–1381.

Lui, T. L., & Chiu, S. (1993). Industrial restructuring and labour-market adjustment under positive noninterventionism: the case of Hong Kong. *Environment and Planning A, 25*, 63–79.

Manski, C. F. (1989). Anatomy of the selection problem. *Journal of Human Resources, 24*, 343–360.

Manski, C. F. (1994). The selection problem. In: C. Sims (Ed.), *Advances in Econometrics: Sixth World Congress* (pp. 143–170). Cambridge, England: Cambridge University Press.

McMahon, W. W. (1991). Relative returns to human and physical capital in the U.S. and efficient investment strategies. *Economics of Education Review, 10*, 283–296.

Mincer, Jacob (1974). *Schooling, Experience and Earnings*. New York: Columbia University Press.

Mok, V. (1993). *The Development and Structural Change of the Hong Kong Economy*. Hong Kong: Joint Publishers.

Murphy, K., & Welch, F. (1989). Wage premiums to college graduates: recent growth and possible explanations. *Educational Researcher, 18* (4), 17–26.

Murphy, K., & Welch, F. (1992). The structure of wages. *Quarterly Journal of Economics, 107*, 285–326.

National Center for Education Statistics (1993). *Digest of Education Statistics*. Washington, DC: U.S. Department of Education, Office of Educational Research and Improvement.

Oosterbeek, H. (1993). Evidence on screening: a comment. *Economics of Education Review, 12*, 89–90.

Robst, J. (1995). Career mobility, job match, and overeducation. *Eastern Economic Journal, 21*, 539–550.

Rosen, S. (1972). Learning and experience in the labor market. *The Journal of Human Resources, 7*, 326–342.

Rumberger, R. W. (1987). The impact of surplus schooling on productivity and earnings. *The Journal of Human Resources, 22*, 24–50.

Sicherman, N. (1991). 'Overeducation' in the labor market. *Journal of Labor Economics, 9*, 101–122.

Sicherman, N., & Galor, O. (1990). A theory of career mobility. *Journal of Political Economy, 98*, 169–192.

Shockey, J. W. (1989). Overeducation and earnings: a structural approach to differential attainment in the U.S. labor force (1970–1982). *American Sociological Review, 54*, 856–864.

Sloane, P. J., Battu, H., & Seaman, P. T. (1996). Overeducation and the formal education/experience and training trade-off. *Applied Economics Letters, 3*, 511–515.

Spence, M. (1973). Job market signaling. *Quarterly Journal of Economics, 87*, 355–374.

Suen, W. (1995). Sectoral shifts: impact on Hong Kong workers. *Journal of International Trade and Economic Development, 4* (July), 135–152.

Thurow, L. C. (1975). *Generating Inequality.* New York: Basic Books.

Tsang, M. C. (1987). The impact of underutilization of education on productivity: a case study of the U.S. Bell Company. *Economics of Education Review, 6*, 239–254.

Tsang, M. C., & Levin, H. M. (1985). The economics of overeducation. *Economics of Education Review, 4*, 93–104.

Tsang, M. C., Rumberger, R. W., & Levin, H. M. (1991). The impact of surplus schooling on worker productivity. *Industrial Relations, 30*, 209–228.

U.S. Bureau of the Census (1986). *Statistical Abstract of the United States: 1986* (106th ed.). Washington, DC: U.S. Government Printing Office.

U.S. Bureau of the Census (1992). *Statistical Abstract of the United States: 1992* (112th ed.). Washington, DC: U.S. Government Printing Office.

Vahey, S. P. (2000). The great Canadian training robbery: evidence on the returns to education mismatch. *Economics of Education Review, 19*, 219–227.

van Smoorenburg, M. S. M., & van der Velden, R. K. W. (2000). The training of school-leavers. Complementarity or substitution? *Economics of Education Review, 19*, 207–217.

Vella, F. (1998). Estimating models with sample selection bias: a survey. *Journal of Human Resources, 33*, 127–169.

Verdugo, R. R., & Verdugo, N. T. (1989). The impact of surplus schooling on earnings: some additional findings. *The Journal of Human Resources, 24*, 629–643.

附 录

表 A 变量的定义

变量	定义
SCHOOL	实际学龄
ADSCH	学历适当的年数：某岗位（2 位数人口普查职位代码）中最常见的学龄
OVERSCH	学历偏高的年数：超过 ADSCH 的学龄年数，如果 SCHOOL > ADSCH；若否，则结果为 0
UNDERSCH	学历偏低的年数：低于 ADSCH 的学龄年数，如果 SCHOOL < ADSCH；若否，则结果为 0
ASCH	学历适当者的虚拟变量：如果个人的实际学龄等于学历适当的年数则为 1，否则为 0
OSCH	学历偏高者的虚拟变量：如果个人的实际学龄高于学历适当的年数则为 1，否则为 0
USCH	学历偏低者的虚拟变量：如果个人的实际学龄低于学历适当的年数则为 1，否则为 0
LnINC	月收入自然对数
AGE	个人的年龄
EXP	潜在工作经验年数（AGE - SCHOOL - 6）
MAR	虚拟变量：如果此人已婚则为 1，否则为 0
MANUF	虚拟变量：如果此人在制造业工作则为 1，否则为 0（这一类是被忽略的）
CONSTR	虚拟变量：如果此人在建筑业工作则为 1，否则为 0
WHOLES	虚拟变量：如果此人在批发、零售业工作则为 1，否则为 0
TRANSP	虚拟变量：如果此人在交通运输及其他公共设施业工作则为 1，否则为 0
FINANCE	虚拟变量：如果此人在金融、保险、房地产和商业服务行业工作则为 1，否则为 0
SERVICE	虚拟变量：如果此人在个人和社会服务业工作则为 1，否则为 0
MANAG	虚拟变量：如果此人职位是经理或主管则为 1，否则为 0
PROPES	虚拟变量：如果此人岗位是专业劳动者、科技劳动者或类似职业则为 1，否则为 0
CLERK	虚拟变量：如果此人在文职岗位工作则为 1，否则为 0
SALES	虚拟变量：如果此人岗位是销售则为 1，否则为 0
SERVI	虚拟变量：如果此人是服务人员则为 1，否则为 0
PROD	虚拟变量：如果此劳动者的工作与航天器、交通或操作器械有关则为 1，否则为 0

表 B　整个样本的基本统计数据

	中国香港				美国			
	1986 年		1991 年		1986 年		1991 年	
	男性	女性	男性	女性	男性	女性	男性	女性
SCHOOL	10.84	10.80	11.26	11.50	13.03	13.04	12.98	13.08
	(3.84)	(4.30)	(3.89)	(4.05)	(2.83)	(2.42)	(2.82)	(2.48)
AGE	34.30	31.46	35.81	33.05	37.07	36.28	37.58	37.42
	(11.02)	(10.45)	(10.74)	(9.85)	(12.20)	(12.06)	(11.72)	(11.69)
EXP	17.45	14.67	18.56	15.55	18.04	17.25	18.60	18.34
	(12.63)	(12.96)	(12.40)	(12.12)	(12.51)	(12.43)	(11.88)	(11.98)
MAR	0.58	0.49	0.62	0.55	0.67	0.64	0.64	0.60
	(0.49)	(0.50)	(0.49)	(0.50)	(0.47)	(0.48)	(0.48)	(0.49)
MANUF	0.34	0.46	0.28	0.32	0.26	0.16	0.24	0.14
	(0.47)	(0.50)	(0.45)	(0.47)	(0.44)	(0.36)	(0.43)	(0.34)
CONSTR	0.10	0.01	0.11	0.01	0.11	0.01	0.10	0.01
	(0.30)	(0.10)	(0.32)	(0.10)	(0.31)	(0.11)	(0.30)	(0.11)
WHOLES	0.19	0.18	0.19	0.22	0.20	0.23	0.21	0.21
	(0.39)	(0.39)	(0.39)	(0.41)	(0.40)	(0.42)	(0.41)	(0.41)
TRANSP	0.13	0.03	0.15	0.05	0.10	0.04	0.10	0.05
	(0.34)	(0.18)	(0.36)	(0.22)	(0.30)	(0.20)	(0.30)	(0.21)
FINANCE	0.07	0.08	0.11	0.12	0.05	0.09	0.05	0.09
	(0.25)	(0.28)	(0.31)	(0.33)	(0.21)	(0.29)	(0.21)	(0.29)
SERVICE	0.17	0.24	0.16	0.28	0.21	0.42	0.22	0.45
	(0.38)	(0.43)	(0.37)	(0.45)	(0.41)	(0.49)	(0.42)	(0.50)
MANAG	0.04	0.01	0.06	0.03	0.12	0.09	0.12	0.11
	(0.19)	(0.12)	(0.24)	(0.17)	(0.32)	(0.28)	(0.32)	(0.31)
PROFES	0.09	0.11	0.16	0.15	0.16	0.20	0.16	0.21
	(0.28)	(0.31)	(0.37)	(0.36)	(0.37)	(0.40)	(0.37)	(0.41)
CLERK	0.12	0.28	0.09	0.31	0.06	0.31	0.07	0.30
	(0.32)	(0.45)	(0.29)	(0.46)	(0.24)	(0.46)	(0.25)	(0.46)
SALES	0.07	0.06	0.03	0.05	0.11	0.12	0.11	0.12
	(0.26)	(0.24)	(0.18)	(0.22)	(0.31)	(0.33)	(0.31)	(0.33)
SERVI	0.19	0.17	0.23	0.23	0.10	0.16	0.11	0.15
	(0.39)	(0.37)	(0.42)	(0.42)	(0.30)	(0.36)	(0.31)	(0.36)
PROD	0.50	0.37	0.43	0.23	0.45	0.12	0.44	0.11
	(0.50)	(0.48)	(0.50)	(0.42)	(0.50)	(0.33)	(0.50)	(0.31)
N	166649	102694	179889	120777	33550	28754	34113	29963

按种族分析高等教育的更高回报是否会鼓励学生深造*

苏珊·L. 阿维莱特　米歇尔·C. 麦克伦南　梅根·扬 63

一、简介

关于大学入学意愿的人力资本投资模式表明：只要入读大学未来附加优势的现值超过当前投资成本的现值，学生就会选择进入大学学习（贝克尔，1975 年）。因此入读大学这个决定取决于入读大学的自付费用（学费扣除经济补助）、入读大学的时间机会成本、大学毕业生和非大学毕业生长期预期收入差异以及入读大学的心理成本和收益（这一点更难确定但也更重要）等要素。本章中我们将研究年轻人如何应对这些因素的变化以及是否随种族而变化。我们尤其关注教育预期回报（该回报的定义：高校毕业生预期薪资高于高中毕业生的百分比）是否以及在多大程度上影响黑人和/或白人入读大学的决定。高等教育的回报率对于黑人和白人可能有不同的影响，因为回报率的水平以及对回报率的反应都可能因种族而异。

我们使用横截面数据调查更高的大学回报率是否会导致更多人入读大
学，以及不同种族对不同的回报率是否有不同反应。我们研究的特别之处 64
在于，针对不同种族单独计算回报率和分析回报率的效果。我们使用具有

* 《劳动者福祉》，Emerald 出版社，2000 年，63～82 页。

全国代表性的样本（美国当前人口调查），按照区域（标准化大都市统计区）计算出入读大学对黑人和白人分别的预期回报率。然后，我们使用单独的国家数据集（国家青年人长期追踪调查项目）估计回报率对青年人决定入读大学的影响。横截面分析基于中学生会使用本种族相应学历的本地男性的薪资，来估计自己高中毕业或大学毕业后的薪资这一想法。本文预设高中学生能准确估计高中毕业生和大学毕业生的当前收入，而不考虑他们在洞察未来工资时能否或是否倾向于免受当前工资的影响，还认为学生主要参考本地的数据来源（第二节将解释这些假设）。

二、相关文献

（一）回报率的变化趋势

虽然黑人和白人大学毕业生的收入一直高于同种族的高中毕业生，但是工资差距幅度以及该幅度是增是减则因种族而异。大学和高中学历的白人间的工资差距在20世纪70年代有所缩小，因此大学的回报率有所降低。由于黑人大学毕业生的工资增长到了与白人相当的水平，并且比高中学历的黑人工资增长更快（弗里曼，1976；霍夫曼，1984），因此大学和高中学历的黑人间的工资差异在20世纪70年代有所增加。20世纪80年代白人的大学回报率显著增加（墨菲和韦尔奇，1989；格洛格和艾德，1995；卡茨和墨菲，1992）。20世纪80年代早期，黑人的大学回报率有所降低，80年代中期这一数据又有所上升[1]（邦德和弗里曼，1990；布莱克本等人，1991）。

总的来说，白人入读大学的工资收益在20世纪70年代有所下降，但在20世纪80年代有所上升。

65 黑人入读大学的工资收益在20世纪70年代有所增长，在20世纪80年代则有增有减，甚至可能在减少。黑人高中毕业生入读大学的比例在20

世纪70年代后期有所增加，又在20世纪80年代早期再次下降，之后总体回升。1996年入读大学的黑人高中毕业生比例为55.3%，而白人高中毕业生的这一比例为65.8%。白人高中毕业生入读大学的百分比在1970～1990年总体上升（《教育统计数据概论》，1997年，表183）。研究人员已有提出，随着时间推移，大学实际回报发生的波动至少部分解释了大学入学率在不同种族中的差异（凯恩，1994；弗里曼，1976）。研究人员还认为家庭收入相同的黑人更可能入读大学，其部分原因是黑人的大学实际回报率更高（凯恩和斯比兹曼，1994；弗里曼，1976）。这些模型支持了我们的假设，而我们的目标是确定大学回报率的增加是否会提高大学入学率。

（二）大学入学率、种族和回报率

“教育回报可能刺激教育投资”这一假设是人力资本理论的核心预测。研究者一般假定未来的大学生会使用当前大学回报率来估计他们自己的未来预期回报（凯恩，1994；弗里曼，1976），还有人则假定学生能完美预见自己未来的收入并以此来构建其预期收益率（威利斯和罗森，1979；阿维莱特和波顿，1996）。

最近几项研究使用了和我们类似的模型，以研究人们入读大学的决定。例如，里夫金（1995）调查研究了高中学历及以上者的种族和性别给其教育决定和就业决定带来的差异，还估计了当地的大学回报率，但是他没有发现回报率会影响入读大学的概率。他估计了学校、工作或不参与工作的多项logit模型，但其模型规格与我们的模型规格略有不同。

洛兹（1994）强调了18岁的人选择上2年大专而非4年大学的可能性。她使用和我们类似的方法计算特定区域的教育回报率，但是该“区域”是美国各州。她发现回报率是预测入读大学的一个重要指标，但没有直接验证黑人和白人对于回报率的反应是否不同。她还发现，一旦将家庭背景纳入研究的考虑范围，黑人比白人更有可能入读大学。

凯恩（1994）检验了回报率分别对白人和黑人入读大学决定的影响。
66 他构建了不因地理区域影响的不同年份和种族的回报率，发现白人确实会对教育回报的增加作出反应，不过他认为这主要是因为回报的提升与入读大学人数的增加同时发生。凯恩没有发现相关证据证明“黑人入读大学的比例会随着教育回报的提升而增加”（凯恩，第 908 页），但确实发现家庭收入和扣除个人经济补助的学费特定近似值会影响入读大学的决定。

萨沃卡（1990）将入读大学的决策模拟为一系列连续决策的结果：申请、录取和入学决策。她由此发现入读大学的成本对入读大学的概率有更大的影响。她还发现，若 SAT 成绩相同，黑人学生比与白人学生更有可能申请到学术水平较高的机构，她推测这可能是因为黑人被录取的可能性更大。曼斯基和怀斯（1983）也发现了类似的结果，提出这可能是因为黑人认为学校教育的回报更高。我们在这项研究中的目标是验证黑人对教育回报的反应是否与白人不同。以前的研究对“入学率是否对回报率敏感”有着不同结论，并且很少有证据表明入读大学的决定对回报率变化的反应存在种族差异。

（三）计算预期回报率

人力资本理论的核心预测是，如果预期收益超过预期成本，那么个人会选择入读大学。但是目前还不清楚学生实际如何计算他们的预期回报率。如前所述，研究者使用了当前和未来的个人实际收入或参考组来代表预期的大学回报率。许多研究都涉及计算本身的问题，强调学生如何确定他们的期望值以及他们的计算是否准确。多米尼茨和曼斯基（1995）发现，学生正确预测大学毕业生拥有高工资与认为高中毕业生与大学毕业生之间工资差距的可能性随经验水平而增长。二人还发现，当前中位数收入高的学生更可能认为自己未来的收入也高，这佐证了“学生们会利用目前的薪资来预测未来的薪资”的想法。

贝茨（1995）研究了学生能否准确地估计当前收入，发现低收入家庭 67 的学生会低估大学回报；但是若考虑收入因素，黑人学生就会高估提高教育水平的回报。斯特鲁弗尔特（1991）在早期的一篇论文中也发现低收入家庭的学生会低估教育回报，并认为收入会给不同家庭分类。

施塔尔曼等人（1993）研究了“经济发展（对特定职业类型的需求）能鼓励人力资本投资”这一假设。他们假设学生对当地劳动力市场需求能作出反应，并利用弗吉尼亚州的数据估计了学生高中毕业后继续深造的可能性，即人们若生活在有更多管理型用人单位的地方就更有可能在高中毕业后深造。他们找到了对这一假设的支持，并得出结论：当学生在国家劳动力市场上得不到信息时，他们将会寻找并使用当地资源。但他们在模型中没有控制种族不变。

我们验证了特定种族和地区的大学回报率分别对白人和黑人男性入读大学的决定造成的影响，拓展了现有的教育选择研究。这些研究表明学生会用熟悉来源的当前信息来估计其预期回报，因而支持了我们的方法。

三、数据和变量

标准人力资本模型表明，是否决定入读大学主要取决于个人期待的大学回报（就增加的收入而言）与付出的成本之间的关系。[2] 我们检验了这个标准模型是否普遍对男性适用，但是研究时我们则特定地对白人男性和黑人男性进行了分别研究。其实证策略是分别估计黑人男性和白人男性入读大学的多元概率比模型。

我们从国家青年人长期追踪调查项目（National Longitudinal Survey of Youth，NLSY）中选取个人数据来构建男性入读大学的模型。该小组调查进行于1979年，采访了12686位14~21岁的青年。1979~1994年，我们每两年重新对受访者进行采访，而且采访者留存率一直很高。这些数据样本包括了黑人、拉美裔和低收入白人群体，可以代表全美。我们收集了有关受访者及其家人的经济和人口统计信息。使用这些数据的一个好处是，黑人的过采样能够保证合理的黑人男性样本容量。

68 此外，该数据集时效性强，包含对受访者能力的衡量标准（这是入读大学的重要决定性因素，但通常不易在国家性的个人数据集中得到）以及一众家庭背景变量。其他研究者（例如，阿维莱特 & 波顿，1996；洛兹，1994）亦使用过这组数据用于研究教育结果。

我们的研究重点是黑人和白人的教育程度。调查中的个体在 1976～1983 年完成了高中学业，因此我们计算了 1979～1983 年的大学回报率，原因是假设这些人中的大多数决定在此时投资大学学业。[3] 入读大学这一变量（受访者是否曾就读大学）是根据 1985 年的调查计算得出的，当时受访者的年龄在 20～27 岁。[4] 我们保证样本中的个体是高中毕业生，而不是同时模拟高中毕业决定入读大学的决定。[5]

大学回报率这一主要利益变量是根据 1979 年、1980 年、1981 年的美国当前人口调查计算的。美国当前人口调查包含一个地理性代码，能够在 44 个标准化大都市统计区（Standard Metropolitan Statistical Areas，SMSAs）中确定住处。我们为每一个标准化大都市统计区构建了回报率变量，对黑人和白人进行了至少 30 次观察。[6] 限于样本规模，样本主要集中在城市。计算回报率的方式是：标准化大都市统计区的受访者中入读大学者相对于高中毕业生工资提升的百分比。具体而言，我们控制潜在经验和教育不变，分别对 18～40 岁的黑人和白人男性工作者估计了工资回归对数值。用于估计的方程是：

$$\log wages_i = \alpha_1 + \alpha_2 EXP_i + \alpha_3 EXP_i^2 + \alpha_4 DROPOUT_i + \alpha_5 SOME\ COLLEGE_i$$

其中 EXP 是潜在经验（计算方法：年龄 - 学龄 - 6），DROPOUT 是显示一个人是否完成高中教育的虚拟变量，SOME COLLEGE 是显示一个人是否完成 12 年以上教育的虚拟变量。[7] 我们的教育分类忽略了高中毕业生。本模型中为SOME COLLEGE估计的系数（α_5）是入读大学的回归所使用的回报率虚拟变量。标准人力资本模型显示，入读大学这一模型的变量系数将为正数，且数值很大。

我们也使用美国当前人口调查数据（1979～1983年），建立其他几个有理论意义的变量。为找到“入读大学的机会成本包括了被录取时放弃的收入”的影响，还纳入了两种变量：衡量高中毕业生平均工资的变量，和衡量受访者的种族在其标准化大都市统计区中的失业率变量。

我们预计如果高中毕业生的工资处于高位（相对于其他地方）或者失业率处于低位，那么入读大学的机会成本将会更高，深造的可能性也就更低（凯恩，1996；施塔尔曼等人，1993）。这些变量也可以反映家庭收入的一些影响（我们也控制这一变量不变），在这种情况下，较高的工资和较低的失业率将与标准化大都市统计区中平均收入较高的家庭有关，因此入读大学的可能性更高。[8] 实际效果只能根据实验证据进行评估。我们还针对不同种族计算了标准化大都市统计区人口中学龄至少为16年的人口百分比（仅对于1980年）。因为它将带来角色模型效应，我们假设该变量的系数是正的。 69

成本和未来收益对于决定入读大学的可能性非常关键。为了计算入读大学时的自付费用，我们在分析中纳入了几个州级变量。其中包括居住州的普通公立高等教育学费[9]、“个人所在州的人均学费补助”[10]，以及该州的公立高等教育机构数量。[11] 虽然学费变量代表了大学的“标价”，但我们纳入了人均学费补助，以试图控制实际学费与学生支付金额之间的差额。凯恩（1994）计算了因“学费减去单独估算的经济补助”而减少的学费以及学费和经济补助的影响，从而估算净学费的影响。他发现，净学费和学费对黑人的大学入学率有显著的负面影响，但经济补助没有。他假设有关经济补助的信息实际上可能不确定，或者黑人本身不确定他们是否有资格获得补助。我们预计人均学费补助系数为正，而学费系数预计为负。如果一个州的公立学习或高校数量很多，我们预计该州入读大学的费用将会降低，而旅徙甚至生活费用可能会减少（卡尔德，1993；凯恩 & 斯比兹曼，1994），因此该州公共机构数量的系数预计为正。我们还纳入了一个虚拟变量，用于衡量受访者是否居住在（该州的）中心城市，这也是地理便利度的指标。

家庭资源、家庭背景和先天能力也是决定大学入学率的重要因素（卡尔德，1993；凯恩和斯比兹曼，1994）。如果学生面临借贷限制（即资本市场不完善），那么目前可用的资源将在他们的决策过程中发挥作用。此外，父母对教育的支持通常会直接降低个人的成本。我们使用受访者可获得的非劳动收入衡量方式以找到这些影响。

70 我们创建了受访者 1978 ~ 1984 年的平均非劳动收入，其中包括除受访者的劳动力市场收入之外的所有收入来源。[12]六年的平均数据提供了一个更现实、更少争议的资金可用性情况，这远优于使用单年的数据。

我们也为受访者建立了邓肯社会经济指数（Duncan Socioeconomic Index，DSEI），即基于某一住户中某成年人职业的经济社会地位指数（赖斯，1961）。我们利用这一方式分设 0 ~ 100，用以帮助获取家庭资源的影响，因为非劳动收入衡量方式可能无法完全获得父母对教育的投入。能获得父亲的职业时，我们使用与之相关的邓肯社会经济指数：如果无法得到该户中父亲的职业，我们会按照该顺序使用母亲的职业或家庭中的另一名成年男/女的职业来计算 DSEI。我们预计 DSEI 和大学入学率之间呈正相关。[13]

受访者父母是否上过大学这一指标也包括在内，以进一步了解家庭的潜在资源以及家庭对教育的态度和感知。有多种原因可能导致这些变量与入读大学的可能性呈正相关。父母教育与家庭收入正相关，其积极影响或许无法用 DSEI 变量或衡量的非劳动收入来完全获取。此外，除了增加的货币资源外，父母的教育程度也可能影响其对教育的态度。即使保持收入不变，受教育程度较高的父母或比其他父母更鼓励孩子入读大学。其他研究者发现父母的教育水平和其是否入读大学之间存在正相关关系（奇西克，1988；洛兹，1994）。教育程度更高的父母更加了解入读大学的成本和收益，因此更愿意付出这种人力资本投资（洛兹，1994）。

一个表示某受访者在14岁时是否与其父母共同居住的虚拟变量，也被用于寻找父母对孩子入读大学和可用家庭资源的正面影响。由于人均和总体的家庭资源都是有限的（奇西克，1988），我们还纳入了兄弟姐妹的数量。最后，我们以受访者在14岁时家中是否有阅读材料作为一个虚拟变量，作为家庭背景和投资教育可能性的进一步信息。我们预计兄弟姐妹数量这一系数为负数，而生活在一个完整的家庭中并且可以获得阅读材料对于入读大学的概率有正面影响。

入读大学带来的自付费用和机会成本因自身能力的不同而不同，能力 71
较强的人将获得更多的奖学金经济补助。此外，能力较强的人在完成学位课程所用的时间和精力的成本都较低。我们将武装部队资格考试（Armed Forced Qualifications Fest，AFQT）的分数作为衡量能力的指标。[14]由于经济补助变量基于全州平均值，因此这种能力测量可能会受到一些经济补助的具体影响。它也可能反映了中学教育的质量差异。较高的武装部队资格考试分数应该与入读大学概率更高相关联。

对于那些准备充分的人来说，完成大学学业的时间和精力成本也可能更低。虽然缺乏关于个别受访者在中学阶段表现的信息，但我们将受访者所在州的中学教师平均薪水纳入了中学的质量的考量因素（卡尔德和克鲁伊格，1992）。我们预计这一变量和入读大学的人数呈正相关。

可行的做法是让黑人不按照其他黑人，而是按照占人口大多数的白人的收入来估计自己的预期收益。回报率的数据缺乏及黑人的回报率可能异常或不可靠，都可能导致黑人根据白人的经验做出决定。[15]为了研究这种可能性，我们使用白人的回报率作为回报率的测量方法来估计黑人入读大学的模型。在此规格中，我们还使用了白人高中毕业生的平均工资和标准化大都市统计区受访者中白人的失业率。

其他研究者发现南方黑人入读大学的可能性较高，可能是因为他们更容易进入有历史的黑人大学（康斯坦丁，1995）。为了获得区域差异，我们还估计了区域与回报率间相互作用的模型。美国当前人口调查的计算结果表明，黑人接受高等教育的概率在不同地区间有很大差异。例如，生活在西部的黑人中有46%称自己在某段时间内入读大学，而其他地区（南部、中部和东北部）只有约30%。南部和西部的黑人大学学业完成率较高。白人入读大学和完成大学学业的地区差异同样存在，但不太明显。由于黑人入读大学的比例和完成大学学业的比例存在相当明显的差异，因此考虑回报率潜在反应的区域差异是非常重要的。

72 四、结果和讨论

我们的实证性分析直截了当。因 Wald 验证已证实这些群体应该分开（耶内，1993），我们对不同种族单独运行单变量多元概率比模型，其中入读大学的比率是因变量。表1列出了按种族和大学出勤率计算的样本。这些未经调整的比较证实了两组之间的一些预期差异。具体来说，白人更有可能入读大学，他们的父母也更有可能上过大学（高中学生的母亲在不同种族之间差异很小，这是一个例外），他们更有可能在14岁时仍与父母同住，他们的 AFQT 分数、非劳动收入和 DSEI 指标均高于黑人。黑人入读大学的平均回报率略低于白人。附录为按种族和标准化大都市统计区计算的回报率列表。

除了黑人和白人之间的差异我们还看到，在同一种族内，是否有大学学位也是导致差异的要素。上过大学的人，其父母更有可能拥有大学学位，而自身可能 AFQT 分数更高、兄弟姐妹更少、家庭收入更高。

表2列出了3种针对黑人和白人的嵌套模型的估算结果。模型1基线回归，我们只控制其中的回报率不变。模型2扩展到包括代表家庭背景、收入、能力、位置、显性和机会成本、中学质量和榜样效应的变量。模型3包括这些变量以及使回报率与区域和中心城市虚拟变量产生相互作用的变量。因为我们对回报率特别感兴趣，所以才嵌套模型进行估计并且想知道其标志、对统计学的意义以及当其他变量添加到模型中时其变化幅度

表1 按种族和教育水平分类的样本平均值 73

变　量	黑人中学	黑人高中	白人大学	白人高中
特点标准化大都市统计区变量:[a]				
一些大学的回报率（%）	20.08	18.50	21.09	20.14
	(6.59)	(6.46)	(6.39)	(6.12)
白人失业率（%）	7.14	6.79	7.25	7.59
	(2.41)	(2.03)	(2.19)	(2.38)
黑人失业率（%）	14.33	13.61	15.31	15.69
	(4.64)	(4.00)	(4.18)	(4.08)
白人大学毕业生的百分比	27.60	27.64	26.60	25.40
	(7.06)	(7.37)	(6.43)	(5.94)
黑人大学毕业生的百分比	11.12	10.78	11.50	11.01
	(6.27)	(5.17)	(6.86)	(5.90)
白人高中毕业生平均工资（$）	5.25	5.10	5.48	5.65
	(1.01)	(0.90)	(0.86)	(0.77)
黑人高中毕业生平均工资（$）	5.20	5.10	5.39	5.50
	(1.07)	(0.93)	(0.93)	(0.83)
家庭背景变量:[b]				
母亲上过大学	0.28	0.15	0.38	0.13
父亲上过大学	0.23	0.08	0.54	0.22
在14岁时家庭完整	0.52	0.52	0.84	0.81
在14岁时能接触到阅读材料	0.95	0.93	0.99	0.97
在本州中心城市居住	0.56	0.57	0.21	0.16
兄弟姐妹数量	3.52	4.53	2.77	3.08
	(2.66)	(2.89)	(I. . 83)	(1.86)
武装部队资格测验分数	36.60	19.16	69.08	44.80
	(24.10)	(16.98)	(22.11)	(23.24)
真实非工作收入（100s 1992 $）	150.59	106.14	231.70	173.94
（1978~1984年间平均值）	(134.44)	(92.69)	(183.81)	(139.60)
1985年年龄	29.04	28.73	29.21	28.97
	(2.14)	(2.10)	(2.33)	(2.17)
邓肯社会经济地位指数	34.62	26.28	53.96	38.56
	(21.41)	(17.67)	(22.79)	(21.34)
各州特定变量:[c]	17029.80	16659.29	17137.84	16974.65
中学教师平均工资（$）	(2607.88)	(2646.87)	(2022.29)	(2035.02)
州立大学的州学费	513.04	497.14	529.27	521.57
（来自凯恩，1994）（1988 $）	(68.88)	(72.43)	(70.32)	(68.90)
人均学费补助	0.26	0.26	0.25	0.26
（经济资助/学生数量）	(0.07)	(0.07)	(0.08)	(0.07)
公立机构数量	59.34	55.94	66.03	60.74
对于高等教育	(35.28)	(34.53)	(37.78)	(33.52)
样本大小	176	268	396	344

注释:[a] 来源于1979~1983年美国目前人口调查的计算。

[b]除非另有注明，否则数据计算均源于NLS－MW于1979年或1980年测量的数据。

[c]除非另有说明，这里按照《教育统计数据概论》（1981）计算。

74 **表2　入读大学的多元概率比模型**

变量	模型1		模型2		模型3	
	黑人	白人	黑人	白人	黑人	白人
大学回报率	0.009**	0.006**	0.017***	-0.003	0.051***	-0.008
(对于特定种族/标准化大都市统计区)	(0.004)	(0.003)	(0.005)	(0.006)	(0.012)	(0.013)
1985年时的年龄			0.019	0.017*	0.024*	0.018*
			(0.012)	(0.010)	(0.013)	(0.010)
母亲上过大学			0.026	0.106*	0.017	0.106*
			(0.071)	(0.054)	(0.072)	(0.054)
父亲上过大学			0.138	0.159***	0.155*	0.159***
			(0.089)	(0.051)	(0.092)	(0.052)
在14岁时家庭完整			0.003	0.017	-0.007	0.016
			(0.054)	(0.059)	(0.056)	(0.059)
14岁时在家能接触到			-0.012	0.057	0.005	0.076
阅读材料			(0.116)	(0.168)	(0.116)	(0.170)
兄弟姐妹数量			-0.017*	0.002	-0.019*	0.001
			(0.010)	(0.012)	(0.010)	(0.012)
非劳动收入(1000s,单位为$)			0.005**	0.004***	0.001**	0.004***
			(0.002)	(0.001)	(0.000)	(0.001)
武装部队资格考试成绩			0.008***	0.009***	0.008***	0.009***
			(0.001)	(0.001)	(0.001)	(0.001)
邓肯社会经济地位指数			0.003*	(0.001)	0.003***	(0.001)
			0.003*	(0.001)	0.003***	(0.001)
在本州中心城市居住			-0.083	0.091*	-0.268	0.053
			(0.061)	(0.054)	(0.189)	(0.184)
居住在南部			-0.013	-0.053	0.626***	-0.263
			(0.124)	(0.127)	(0.218)	(0.403)
居住在西部			-0.117	0.069	0.605***	0.090
			(0.167)	(0.167)	(0.177)	(0.372)
居住在中西部			-0.107	0.104	0.687***	-0.064
			(0.117)	(0.096)	(0.161)	(0.334)
居住州			-0.000	-0.000	0.000	-0.000
中学教师平均薪资(1000's,单位为$)			(0.000)	(0.000)	(0.000)	(0.000)
公立高校数量			-0.001	0.001	0.002	0.001
本州机构数量			(0.001)	(0.001)	(0.002)	(0.001)
州经济补助总量和本州高校学生数			1.23*	0.353	1.839***	0.263
的比例			(0.694)	(0.580)	(0.782)	(0.623)
居住州高校平均州内			0.001	-0.001	0.001	-0.000
学费(100s,单位$)			(0.001)	(0.001)	(0.001)	(0.001)
特定种族/标准化大都市统计区的失业率			-0.005	0.010	-0.018	0.008
			(0.014)	(0.017)	(0.016)	(0.018)

续表

变量	模型 1		模型 2		模型 3	
	黑人	白人	黑人	白人	黑人	白人
特定种族/标准化大都市统计区有高中学历、没有深造的劳动者的平均工资	0.179** (0.058)	-0.112** (0.046)	0.335*** (0.075)	-0.131* (0.067)		
特定种族/标准化大都市统计区具有大学学历者的百分比	-0.000 (0.005)	0.008* (0.005)	0.001 (0.005)	0.007 (0.005)		
城市大学回报率			0.005 (0.010)	0.002 (0.009)		
南部大学回报率			-0.041*** (0.105)	0.008 (0.016)		
西部大学回报率			-0.048*** (0.018)	-0.003 (0.013)		
中西部大学回报率			-0.054*** (0.016)	0.008 (0.014)		
卡方检测统计数据(df)	6.37(1)	4.17(1)	116.06(25)	273.06(25)	131.87(29)	274.15(29)

注释：*** $P<0.01$；** $0.01<P<0.05$；* $0.05<P<0.10$。所有的模型包括一个常量。模型 2 和模型 3 也涵盖以下的变量控制：母亲和/或父亲的教育程度缺失、邓肯社会经济地位指数缺失和武装部队资格考试成绩缺失（邓肯社会经济地位指数缺失和武装部队资格考试成绩缺失由特定种族平均数代替）。系数由 $\partial p/\partial x$ 表示，以样本平均值估算，部分衍生物的标准误差都在括号中。

如何。表中的数字表示为在样本均值中评估的偏导数（详见格林，1993）。对于连续变量，衍生物可以解释为该变量中单位变化对入读大学概率的影响。二元变量表示当从不具有特定特征移动到拥有该特征时（即，当从 0 移动到 1 时），进入高校深造概率的百分点变化。因为系数表示为偏导数，所以尽管所有模型都用截距估算，我们也不记录常数项。括号中记录偏导数的标准误差。

（一）回报率变量

在不控制变量的情况下，大学回报率升高导致白人在模型 1 中的入学率升高。[16]在模型2中，回报率系数甚至设有接近有效值。但对于黑人结果则不同。在模型1和模型2中，回报率是解释入读大学概率的重要因素。对于这些结果，一个可能的解释是：白人对当地回报率没有反应是因为他们更关心国家层面的劳动力市场，而黑人更关心当地的劳动力市场。

在模型3中，我们纳入了与回报率、区域和中心城市居住变量相关联的变量，发现黑人对入读大学回报率有重要且积极的回应。有趣的是，白人入读大学的概率没有显示出地区差异。我们的结果表明，居住在东北部以外地区的黑人更有可能入读大学，他们对回报率的变化反应也较小。

我们还使用白人的回报率、高中学历的工资和失业率变量来估计黑人男性在这些模型中的结果以验证我们的假设，即黑人是否受社会主流群体现状的影响。我们发现，白人的回报率对黑人入读大学的可能性没有显著影响。

76 ### （二）家庭背景和能力的变量

如前文预设，学业能力（AFQT得分）、社会经济地位（DSEI、父母教育）和非劳动收入是预测个体是否入读大学的重要因素。但是，黑人和白人之间存在一些显著差异。对于白人来说，若其家长曾毕业于（或就读过）大学，也会对所有模型中白人入读大学概率造成强烈的积极影响。对于黑人来说，若其家长曾就读过大学，这只会对模型3中黑人入读大学概率造成显著的积极影响（尽管变量在模型2中接近显著水平，其中p值为12%）。兄弟姐妹的数量对白人没有影响，但对黑人有显著的负面影响。其他家庭背景变量，如生活在完整家庭中以及可接触到阅读材料，对于两个种族都不重要。

（三）机会成本、明确的成本和学校质量

度量机会成本的结果在不同种族间有所不同。失业率从来都不是一个显著的影响因素。这与里夫金（1995）的观点形成鲜明对比，他认为当地

较高的失业率会使入学率增长。我们发现，白人高中毕业生的工资对模型2和模型3中的白人青年有显著的负面影响，但对模型2和模型3中的黑人有显著的积极影响。这些结果表明，对于黑人，平均工资变量可能与标准化大都市统计区中的平均家庭收入相关，因此平均工资变量可能比机会成本更能直接地反映家庭收入的影响；对于白人，平均工资可能是衡量机会成本的有效标准。失业率和工资都可能与回报率变量相关，可能会增加其标准误差。然而，在没有包含这些变量的情况下运行的模型，也产生了与表2所示的模型相类似的结果模式。

（四）直接成本

我们在直接成本中囊括了三种计量方式。无论对黑人或白人，学费都不重要。有证据表明，黑人确实对经济补助的激励作出了回应；在学生平均经济补助更高的州，学生更有可能入读大学。我们对经济补助的衡量标准并非针对具体人员，因此国家经济补助对大学学费费率的慷慨程度这一变量可能并未测量，并会使结果产生偏差。白人对经济补助变量没有反应。我们还试图将家庭收入与一个和经济补助相互作用的变量相结合，来验证这一假设：来自低收入家庭的人对经济补助的刺激反应更强烈，但该系数在统计学上始 77
终表现为不显著。一个州的中学教师平均工资和公立高等教育机构的数量不能解释任何种族大学入学率的变化。我们控制的变量基于全州平均水平，可能不足以解释个人大学入学决策的变化。

（五）地域

控制的变量分布在三个地区（南部、西部、中北部，不包括东北部）和各州中心城市。对于白人族群，区域和中心城市变量在解释大学入学率方面微不足道，尽管在模型2中，城市系数为正且接近显著（p值=0.11）。

对于黑人族群，一旦控制回报率与该地区之间的相互作用，那么生活在美国东北部以外的地区便成为黑人进入大学重要且积极的预测因素。此外，相互作用的区域和回报率这两个数据均呈显著负值，表明东北部以外的黑人对回报率的反应较小。居住在中心城市对于黑人进入大学的影响为负，但是影响的估计值不大（p－值＝0.17）。

（六）预测的概率

我们使用模型2中黑人和白人的系数，根据个体的各种特征计算入读大学的概率。使用黑人的系数，我们预测如果黑人表现出黑人受访者的普通特征，那么他们入读大学的可能性为38.3%。如果我们使用白人的系数和黑人的样本均值，则概率下降到仅19.2%。相比之下，白人受访者平均有55.6%的可能性入读大学。如果白人受访者的均值依黑人的系数而变，则入读大学的概率增加至88.2%。这对于其他表明“一旦考虑到个人特征，黑人更有可能入读大学”的研究提供了支持。

五、结论

人力资本理论将入读大学的选择建模并设作教育预期回报的函数。随着时间的推移和大学入学率模式的变化，黑人和白人大学实际回报率的差异导致人们预测和研究前者的变化是否能至少给予后者一部分解释（弗里曼，1976；洛兹，1994；凯恩，1994）。

78 在我们的研究中，我们根据来自本种族和地域的男性受访者的实际经验构建个人的估计回报率，并使用这些回报率的测量方式和丰富的家庭背景数据、能力和当地劳动力市场变量，来预测入读大学的概率。关于白人的实证结果各有不同。一旦对预测大学入学率的重要因素进行控制，白人青年入读大学的概率通常不会因回报率提高而提高，而黑人对回报率回应积极。生活在美国东北部以外地区的黑人表现出更高的入读大学倾向，但其对回报率的反应较小。我们的结果证实了这样的观点，即特定种族的回报率对黑人来说很重要，而白人可能会对更高的国家回报率作出反应。

不出意外，我们发现能力、收入和父母教育是决定两个种族入读大学概率的重要因素。此外，黑人会对经济补助做出反应，白人则不然，这表明经济激励可能在黑人的决策中扮演着更重要的角色。

本文研究有几条可扩展的路径：仅分析变量对高中毕业生入读大学概率的影响，结合是否在完成高中学业后入读大学的选择这一模型（这可能是具有启发性的，因为这种差异在种族间显而易见）、探索完成大学学业的决策的其他重要因素。我们已经提供了实证以说明哪些因素可以鼓励黑人入读大学。但是我们知道，与白人相比，黑人更有可能辍学（《教育统计数据概论》，1997 年，表 310）。大学能够通过系统性地预测哪些黑人可能会辍学，从而找到一些帮助黑人毕业的计划。最后，研究入读两年制与四年制大学的决策区别原因以及那些没有入读大学（出于家庭、工作和非法活动等因素）的人做出的选择，可能会带来一些启发。

致谢

我们要致谢劳拉·阿尔吉斯、杰力·贝尔曼、霍华德·波登霍姆、吉尔·康斯坦丁、艾立森·哈吉、朱莉·霍奇科斯、大卫·纽马克、拉法耶特学院奥林系列研讨会的参与者和不知名的推荐人，感谢其给出的宝贵意见。 80

注释

1. 全国范围内，黑人入读大学的回报率实际上高于白人，但呈下降趋势。

2. 我们考虑了货币成本和收益，而没有考虑入读大学的心理成本和心理收益。

3. 洛兹（1994）在她从国家青年人长期追踪调查项目中摘取的列表中写道，20 岁时已决定上大专的学生比例为 81%，而 20 岁时已决定上四年制大学的学生比例则为 91%。

4. 我们还使用 1990 年关于受访者教育程度的信息来估计该模型，去测试学生是否 79
有更多时间为进入大学学习。其结果没有实质性差异。由于 20 世纪 80 年代教育回报率显著增加，我们不确定在 80 年代初计算的回报率变量是否与 80 年代末的决策相关。出于这个原因，我们用 1985 年教育程度的衡量数据来报告结果。

5. 将样本限制在高中毕业生的一个问题是，少数族裔和来自低收入家庭的人更有可能辍学，只统计高中毕业生则可能会低估大学入学率的阶级和种族差异（平卡斯，1980；洛兹，1994）。

6. 我们还计算了全州的回报率，但没有发现这些对入读大学的概率有显著影响。

7. 我们还计算了接受16年教育（至大学毕业）的回报率，并且发现了类似的结果。若读者有要求，本文作者可提供结果。

8. 凯恩（1994）发现，高中毕业的概率对州失业率敏感，但对制造业工资不敏感。

9. 平均学费金额取自凯恩（1994）的文献。

10. 《高等教育统计数据概论》，1981年。

11. 同上。

12. 理想情况下，我们想得到个体可以用于入读大学的父母收入和/或资源的衡量方式。我们对家庭收入的衡量确实包括一些但不是所有受访者的父母收入。

13. 一部分黑人的社会经济地位信息在此欠缺。对于那些信息欠缺的人，我们对其使用特定种族平均值，并假设其真实值可能低于此平均值，因为可能发生的情况是缺失的变量来自低收入家庭，其父亲很可能不在家庭当中。我们在回归模型中包含了一个缺少此变量的控制变量。

14. 武装部队资格考试由军队在录取前使用，用于衡量人们是否适合入伍，这一考试也对国家青年人长期追踪调查项目中的受访者执行。它是对口头和定量技能的测验，与收入呈正相关。该检验同时衡量先天能力和后天技能。然而，它在不同年龄的个体中执行，因此可以反映先天能力和教育程度。为了减少这种可能性，我们在年龄上对武装部队资格考试进行回归，并在模型中纳入此回归的残差。

15. 1980年，18.4%的白人完成了大学学业，而只有7.9%的黑人完成了大学学业（《教育统计数据概论》，1997年）。

16. 此外，在这里未显示的模型中，对于白人男性的回归，当我们在模型1中控制家庭变量、地域和能力不变，则回报率系数呈正相关且表现显著。一旦纳入反映家庭资源（社会经济地位和非劳动收入）的变量，该系数就变得无关紧要。

参考文献

Averett, S., & Burton, M. (1996). College Attendance and the College Wage Premium: Differences by Gender. *Economics of Education Review, 15*, 37–49.

Becker, G. (1975). *Human Capital*. Chicago: University of Chicago Press.

Betts, J. R. (1995). What Do Students Know About Wages? Evidence from a Survey of Undergraduates. *The Journal of Human Resources, 31*, 27–56.

Blackburn, McKinley L., Bloom, D. E., & Freeman, R. B. (1991). *Changes in Earnings Differentials in the 1980s: Concordance, Convergence, Causes, and Consequences*. National Bureau of Economic Research, Working Paper no. 3901.

Bound, & Freeman (1992). What Went Wrong? The Erosion of Relative Earnings and Employment Among Young Black Men in the 1980s. *The Quarterly Journal of Economics, 2*, 201–231.

Card, D. (1993). *Using Geographic Variation in College Proximity to Estimate the Return to Schooling*. National Bureau of Economic Research, Working Paper No. 4483.

Card, D., & Krueger, A. (1992). Does School Quality Matter? Returns to Education and the Characteristics of Public Schools in the United States. *Journal of Political Economy, 100*, 1–40.

Chiswick, B. R. (1992). Differences in Education and Earnings Across Racial and Ethnic Groups: Tastes, Discrimination, and Investments in Child Quality. *The Quarterly Journal of Economics, 103*, 571–597.

Constantine, J. M. (1995). The Effect of Attending Historically black Colleges and Universities on Future Wages of Black Students. *Industrial and Labor Relations Review, 48*, 531–546.

Dominitz, J., & Manski, C. F. (1996). Eliciting Student Expectations of the Returns to Schooling. *The Journal of Human Resources, 31*, 1–26.

Freeman, R. B. (1976). *The Overeducated American*. New York: Academic Press.

Greene, W. (1993). *Economic Analysis* (3rd ed.). New Jersey, Prentice Hall.

Grogger, J., & Eide, E. (1995). Changes in College Skills and the Rise in the College Wage Premium. *The Journal of Human Resources, 30*, 280–310.

Hoffman, S. D. (1984). Black–White Differences in Returns to Higher Education: Evidence from the 1970s. *Economics of Education Review, 3*, 13–21.

Kane, J., & Spizman, L. M. (1994). Race, Financial Aid Awards and College Attendance: Parents and Geography Matter. *American Journal of Economics and Sociology, 53*, 85–97.

Kane, T. J. (1994). College Entry by Blacks since 1970: The Role of College costs, Family Background, and the Returns to Education. *Journal of Political Economy, 102*, 878–911.

Katz, L. F., & Murphy, K. M. (1992). Changes in Relative Wages, 1963–1987: Supply and Demand Factors. *Quarterly Journal of Economics, 107*, 35–78.

Manski, C. F., & Wise, D. A. (1983). *College Choice in America*. Cambridge, MA: Harvard UP.

Murphy, K., & Welch, F. (1989). Wage Premiums for College Graduates. Recent Growth and Possible Explanations. *Educational Researcher, 18*, 17–26.

National Center for Education Statistics (1997). *Digest of Education Statistics*. Washington, DC: U.S. Department of Health, Education and Welfare.

Pincus, F. L. (1980). The False Promises of Community Colleges: Class Conflict and Vocational Education. *Harvard Educational Review, 50*, 332–61.

Reiss, A. J. (1961). *Occupations and Social Status*. New York: The Free Press.
Rivkin, S. G. (1995). Black/White Differences in Schooling and Employment. *Journal of Human Resources, 30*, 826–852.
Rouse, C. (1994). What to Do After High School: The Two-Year versus Four-Year College Enrollment Decision. In: R. G. Ehrenberg (Ed.), *Choices and Consequences: Contemporary Policy Issues in Education* (pp. 59–88). New York: ILR Press.
Savoca, E. (1990). Another Look at the Demand for Higher Education: Measuring the Price Sensitivity of the Decision to Apply to College. *Economics of Education Review, 9*, 123–134.
Stallmann, J. I., Johnson, T. G., Mwachofi, A., & Flora, J. L. (1993). Labor Market Incentives to Stay in School. *Journal of Agriculture and Applied Economics, 25*, 82–93.
Streufert, P. A. (1991). *The Effect of Underclass Social Isolation on Schooling Choice*. Institute for Research on Poverty Discussion Paper No. 954–91, University of Wisconsin-Madison.
Willis, R. J., & Rosen, S. (1979). Education and Self-Selection. *Journal of Political Economy, 87*, S7–S36.

附录

按标准化大都市统计区分类的黑人和白人回报率

标准化大都市统计区	黑人	白人
纽约	20.93	34.48
洛杉矶	20.04	23.45
芝加哥	19.7	20.14
费城	21.27	21.37
底特律	20.79	20.25
旧金山	11.39	13.55
华盛顿哥伦比亚特区	25.91	31.80
波士顿	32.69	24.46
纽约，拿骚 - 萨福克	21.35	26.42
匹兹堡	20.06	20.58
圣路易斯	13.46	19.95
巴尔的摩	20.85	24.01
克利夫兰	24.31	18.39
休斯顿	19.76	20.71
新泽西，纽瓦克	12.03	13.55
明尼阿波利斯 - 圣保罗（N/A）	43.03	16.26
达拉斯	5.78	22.26
西雅图	-2.25	14.00
阿纳海姆	19.02	24.05
密尔沃基	9.85	16.27
亚特兰大	26.16	26.74
辛辛那提	21.24	18.91
新泽西，帕特森/克利夫顿/帕塞伊克	11.54	27.02
圣迭戈	18.00	16.41
布法罗	-9.03	16.00
迈阿密	5.81	22.00
堪萨斯城	9.38	14.7
丹佛	40.51	24.70
加利福尼亚，圣贝纳迪诺	4.28	7.60
印第安纳，印第安纳波利斯	8.91	21.56
加利福尼亚，圣何塞	14.34	17.38
新奥尔良	20.79	19.75
坦帕 - 圣彼得	14.71	17.15
俄勒冈州，波特兰	21.93	15.28

续表

标准化大都市统计区	黑人	白人
俄亥俄州，哥伦布	18.60	18.40
纽约，罗切斯特	-1.09	18.18
萨克拉门托	34.69	19.62
伯明翰	22.21	19.63
纽约，奥尔巴尼	11.52	24.66
弗吉尼亚，诺福克	17.02	10.14
印第安纳，盖瑞	-4.34	2.23
北卡罗来纳，格林斯博罗	13.4	22.99

义务教育入学法是否足以解释出生季度和收入之间的关联？*

约翰·邦德　大卫·A. 耶格

83

概　论

经济学家已经不愿意将教育程度和收入之间的关系解释为完全的因果关系。安格里斯特和克鲁伊格（Angrist and Krueger）在一篇有影响力的论文中，将出生季度作为工资等式衡量教育程度的工具，并将估计结果解释为教育对收入的因果影响。为支撑这一解释，他们提出义务教育入学法是出生季度和收入间关系的唯一原因。我们在本文中提出的新证据则表明他们的解释可能经不起推敲。我们记录不受义务教育入学法约束群体的出生季度和收入之间的关系。此外我们发现，在更晚出生的群体中，出生季度与教育程度之间的关联较弱，而出生季度和收入之间的关联中则并非如此。安格里斯特和克鲁伊格的估计结果意味着教育对收入存在因果影响，而我们的结果则质疑了这一估计结果的有效性。

教育程度和收入之间具有持久且强有力的关联。然而，经济学家和 84
其他社会科学家一直不愿意将教育和收入之间的关系解释为纯因果关系：教育程度在全体人群中并非随机分布；相反，在校成绩良好或家庭富裕的人更有可能继续深造。一些经济学家的经济模型指出，教育对收入的因果影响不那么重要（格里利谢斯，1977；威利斯，1986），但大多数

* 《劳动者福祉》，Emerald 出版社，2000 年，83 ~ 108 页。

经济学家都认为其观察到的关联实际上夸大了教育程度对收入的因果影响。

尽管人们早已认识到教育程度的内生性，却很难找到合理的工具来估计教育对收入的因果影响。在最近一篇有争议的重要论文《接受义务教育是否会影响教育水平和收入?》中，安格里斯特和克鲁伊格（1991，以下简称 AK）展示了其试图利用出生季度确定教育程度的研究结果。AK 的工具性变量（IV）预测趋向于接近且通常大于其最小二乘法（OLS）估计值。他们称自己的结果“对教育回报的最小二乘法估计值中遗漏变量偏差的重要性提出了质疑”。

这种反直觉的解释具有深远的影响，值得我们仔细探究。若出生季度能有效衡量工资方程式中的教育水平，那么出生季度对教育程度的影响必须是出生季度与收入关联的唯一原因。AK 认为，出生季度和教育程度有关联，完全是因为义务教育入学法的存在。由于义务教育入学法似乎不太可能使出生季度和收入之间产生任何直接关联，因此 AK 的 IV 估计值显得有可信性。

在本文中，我们提出的证据表明义务教育入学法并不是出生季度与教育程度或收入之间关联的唯一原因，因此质疑了用出生季度推测收入等式中的教育程度的有效性[1]。

我们首先在第一节中回顾了 AK 的模型，并在第二节中列出证据，显示出生季度与教育水平和收入间的强力联系不能仅用 AK 所述的义务教育入学法机制来解释。第三节提出的结果表明，出生季度和劳动力市场结果早在美国通过义务教育入学法前就存在联系。

85 我们在第四节中进行了文献综述，这些文献记录了出生季度与可能影响收入的一系列因素之间的联系。最后在第五节中，我们评论了 AK 用以支持“以出生季度确定教育水平”这一论点的有效性。

一、义务教育入学法、出生季度和教育程度

AK 发现在 20 世纪 20 年代、30 年代和 40 年代出生的男性群体中，其出生季度、教育程度和收入之间存在显著关联性。在他们研究的男性当中，出生于第一季度者的教育程度和收入低于出生于同年其他季度者。AK 将出生季度和教育之间的关系归因于义务教育入学法。义务教育入学法一般要求年满 6 岁的学生在该自然年的秋季开始一年级的学习，直到其年满 16 岁。这样，年初出生者通常在近 7 岁时开始其一年级的学习，在年满 16 岁时则正处于十年级期中。出生于第三或第四季度者通常会在年满 6 岁不久就开始一年级的学习，并且在年满 16 岁之前完成十年级的学业。因此义务教育入学法导致的后果是，同一年中出生较晚者比出生较早者能接受更多学校教育。

AK 用几个论点用以支持“义务教育入学法导致了出生季度和教育程度之间的关系”这一说法。首先，不同年份中出生较晚的群体受到该法约束的可能性较小，因此在该群体中观察到的教育程度和出生季度之间的关系较弱。其次，他们发现教育程度较高的人，出生季度与受教育程度之间的关系较弱。最后，研究最近年满 16 岁的人发现，相较于允许学生在年满 16 岁时辍学的州，要求学生在年满 17 岁或 18 岁时仍在校就读的州有更高的入学率。这些发现都与“义务教育入学法导致了出生季度和教育程度之间的关系”的论点一致。

如果 AK 的观点是“义务教育入学法至少是出生季度与教育程度之间相关性的一部分因素”，那么我们便不会质疑他们的研究。然而为证明 AK 的 IV 估计值的有效性，就必须证明出生季度和收入之间不存在直接关联。 86
因此，如果我们认为 AK 的估计显示了教育对收入的因果影响，那么我们就必须确认义务教育入学法是否为导致出生季度和收入之间关联的唯一原因。

二、出生季度、教育和收入间的关系

（一）出生季度和最高升入年级的学业完成率

义务教育入学法通常要求夏季出生的学生读完十年级，同时允许冬季出生的学生在十年级期中退学。如果义务教育入学法是出生季度和教育程度关系的唯一原因，那么我们估计这一关联源于大多的夏季出生的人完成其达到最高年级学业的比例更大。此外，我们预测出生季度和教育程度之间的关联仅适用于受过高中教育及以下的人，但不会预测出生季度与高中以上教育程度之间存在任何关联。[2]

在表1中，我们使用与AK相同的样本，并记录在20世纪20年代、30年代和40年代出生的，没有完成达到最高年级学业的男性比例。[3] 剩余类别包括在人口普查时称正在上学的受访者，以及很少一部分声称自己从未上过学的受访者。我们报告的 x^2 检验针对完整的 4×4 表格，即出生季度×四个季度中的每个人对“能否完成所达到的最高年级的学业”的回答。最高年级学业完成率和出生季度间的关系很薄弱：出生于20世纪20年代和30年代冬季者完成达到的最高年级学业的可能性较低，但与其他季度出生的人相比并无较大差异，因此基本不能解释样本中完成教育的总年数的差别。出生于20世纪40年代冬季的男性实际上更有可能完成其达到最高年级的学业。

20世纪40年代出生的男性应在20世纪50年代末和60年代初进入高
87 中，因此使用1960年人口普查的结果将能直接验证义务教育入学法对这一群体的高中入学模式的影响。以1944年出生（在1960年为16岁）且居住州要求学生在年满16岁仍然继续接受教育的男性为例，计算发现在1960年4月1日年满16岁者当中，有0.894的人当时仍然在读。对于那些还未满16岁者，这一比例更高，为0.930。总之，在学年期间年满16岁者有大约3.5%（标准误差为0.7）的人肄业。3.5%这个百分比太小，无法解释出生于20世纪40年代第一和第三季度的男性之间的教育程度差异（约0.07年）。[4]

表1 出生季度不同者的最高升入年级的学业完成率

出生季度	出生于1920~1929年的男性		出生于1930~1939年的男性		出生于1940~1949年的男性	
	完成	未完成	完成	未完成	完成	未完成
1~3月	0.812	0.177	0.835	0.139	0.806	0.139
4~6月	0.814	0.174	0.837	0.137	0.805	0.138
7~9月	0.816	0.171	0.838	0.136	0.806	0.136
10~12月	0.814	0.174	0.837	0.136	0.801	0.139
x^2	14.439 [0.108]		14.350 [0.110]		42.538 [0.000]	

资料来源：1920~1929年：1970年人口普查，1930~1939年和1940~1949年：1980年人口普查。

注释：未显示从未上学但现已入学的部分学生。x^2(df=8)检验是关于学业的分别完成情况和出生季度 p 在方括号内。1920~1929年出生的男性样本量为245,299；1930~1939年出生的男性样本量为329,509；1940~1949年出生的男性样本量为486,926。

与我们期望的“义务教育入学法是出生季度和教育程度间关联的唯一因素”相反，出生季度和高校教育程度似乎有关联。AK指出，同一年中第一季度出生的人完成大学学业的可能性比当年更晚出生的人低0.4%~0.7%，安格里斯特和伊姆本斯（1995）的文献也表明，第一季度出生者的教育水平整体分布向下移动。[5]

除了这些考量因素之外，如果义务教育入学法是出生季度与教育程度之间关联的唯一原因，那么出生季度影响下的教育程度模式就不一定如我们所期望的那样。我们的预计是义务教育入学法会导致第一季度出生者会获得比第三季度出生者更高的教育水平。然而，至少在1955年，大多数州仍然要求在当年10月让年满6岁的儿童开始一年级的学习（安格里斯特和克鲁伊格，1992）。因此，我们可以预计第四季度出生者的教育程度低于第三季度出生者。

但至少对于AK分析的群体，正确的结论似乎正相反，第四季度出生 88

者的教育程度高于第三季度出生者（参见表2）。

虽然AK提出有关出生季度与教育程度关系的证据以支持“义务教育入学法导致了出生季度与教育程度之间的关联”这一观点，但上述证据使人们对AK坚持认为的“义务教育入学法是这一关系的唯一原因”产生了质疑。正如本文下述，不同于义务教育入学法，许多与出生季度相关的因素也可能合理影响教育程度和收入。因此，义务教育入学法似乎无法完全解释出生季度和教育之间的关联，这使得人们对AK“用IV估计值表示的教育对收入的影响”的有效性产生了质疑。

表2 简化表格：出生季度对每周收入对数和教育程度的影响

出生季度	教育程度			每周收入对数		
	1920~1929年出生的男性	1930~1939年出生的男性	1940~1949年出生的男性	1920~1929年出生的男性	1930~1939年出生的男性	1940~1949年出生的男性
1~3月	-0.062	-0.049	-0.028	-0.004	-0.007	-0.007
	(0.011)	(0.010)	(0.007)	(0.002)	(0.002)	(0.002)
4~6月	-0.047	-0.015	-0.000	-0.003	-0.004	-0.001
	(0.011)	(0.010)	(0.007)	(0.002)	(0.002)	(0.002)
7~9月	0.049	0.020	0.005	0.004	0.005	0.006
	(0.011)	(0.009)	(0.007)	(0.002)	(0.002)	(0.002)
10~12月	0.060	0.045	0.023	0.002	0.005	0.002
	(0.011)	(0.010)	(0.007)	(0.002)	(0.002)	(0.002)
3季度~1季度	0.111	0.069	0.033	0.008	0.012	0.013
	(0.018)	(0.016)	(0.012)	(0.003)	(0.003)	(0.003)
Σ lQil	0.218	0.129	0.056	0.013	0.021	0.016
	(0.024)	(0.020)	(0.015)	(0.004)	(0.004)	(0.003)
F	23.660	13.486	6.256	2.436	7.154	9.661
	[0.000]	[0.000]	[0.000]	[0.063]	[0.000]	[0.000]
N	245,299	329,509	486,926	245,299	329,509	486,926

注释：所有模型用最小二乘法估计。标准误差在括号内，p值在方括号内。出生季度虚拟变量的系数被限制为总和为零。F是出生季度影响的联合意义。年龄用1/4年来衡量。所有模型包括年龄、年龄的平方、种族（1=黑人）、标准大都市统计区域（1=中心城市）、已婚（1=已婚，与配偶共同生活）和8个区域虚拟变量作为控制变量。

资料来源：1920~1929年：1970年人口普查，1930~1939年和1940~1949年：1980年人口普查。

（二）出生季度和收入 89

前文有述，AK 发现出生季度和教育程度之间的关联对于较晚出生的群体弱。如果义务教育入学法是出生季度和收入关联的唯一原因，我们预计其收入模式将与其类似，但情况恰恰相反。

表 2 显示了出生季度对教育程度的影响估计以及 AK 样本中的每周收入对数估计值。[6] 我们将出生季度的系数总和限制为零。因为年龄、教育程度和收入之间存在关联，并且在一个横截面中出生季度和年龄相关，所以在估计出生季度对教育程度或收入的影响时应仔细控制年龄不变。我们似乎可以自然而然地认为收入是一个连续和平稳变化的年龄函数，因此使用年龄多项式来模拟这种效应。[7] 另外，义务教育入学法导致年龄和收入之间的关联，包括某年第四季度出生者和在下一年第一季度出生者之间收入的离散跳跃。事实上，预期影响的模式差异可以单独确定年龄和出生季度对教育程度和收入的影响。[8]

除了对出生季度本身的估计，我们还提出了两个标准，用于衡量出生季度与教育和收入之间关联的总体强度：第三季度和第一季度的系数之差以及所有四个季度出生指标系数的绝对值之和。

表 2 显示的结果与 AK 报告的结果一致，从 20 世纪 20 年代到 20 世纪 40 年代，出生季度和教育程度之间的关联显著减弱，而出生季度和收入之间的关联则有所增强——尽管这里的差异和传统水平相比在统计学上并不显著。图 1 显示了教育程度和每周收入对数的第三季度—第一季度之差，并明确了这些变化的强度与 AK 研究的三个群体的关系。

出生季度与收入之间的关联比较稳定甚至有所加强，这表示在证明出 90
生季度和收入之间的关联方面，一定存在其他非义务教育入学法的重要因素。此外，出生季度与收入之间的关联增强，而出生季度与教育程度之间的关联减弱，这表明出生季度和收入之间可能存在直接关联。[9]

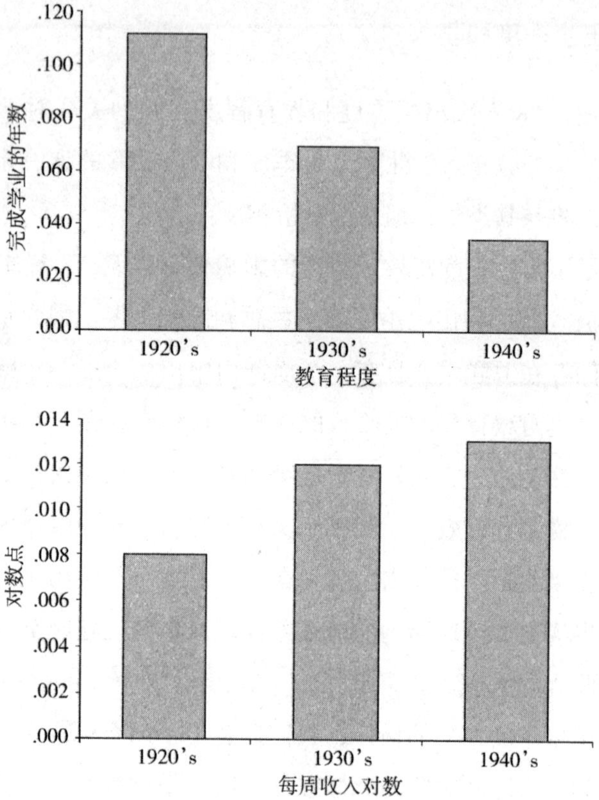

图 1　第三季度－第一季度的简化表格按出生年代展示的出生季度对教育程度和每周收入对数的影响

资料来源：同表 2。

91 ## （三）工具变量对教育回报的估计

与出生季度和收入之间的关系相比，出生季度和教育之间关联的增强更加明显地影响了对教育回报工具变量的估计。特别是对更晚出生的群体，我们发现其教育水平对收入影响的 IV 估计值要大得多。表 3 使用 AK 的三个样本探讨了这个问题。第 1、第 3 和第 6 列包含最小二乘法估计值，而其余列包含各种 IV 规格的结果，包括不同的年龄控制和不同的教育工具。其控制变量与表 2 中的相同。如表 3 所示，第 3、第 5、第 6

和第 8 列重复了 AK 在表 IV ~ VI 中第 5 ~ 8 列报告的估计值。除了教育程度的系数及其标准误差之外，我们还记录了每个 IV 规格中来自第一阶段回归的被排除工具的部分 R_2 和检验被排除工具的统计大小时得出的 F 统计值。

第 2 列中的规格是最简单且最合理的。该模型使用简单的二次方法控制年龄不变，并使用三个出生季度虚拟变量作为被排除的工具。虽然各个群组中任何规格的最小二乘法估计值都相当稳定，但 IV 估计值差异很大，从 20 世纪 20 年代到 40 年代增加了两倍多。出生季度与教育程度之间关系的显著减弱，以及收入与出生季度之间关系的增强可以用来解释估计值的急剧增长。对于 20 世纪 30 年代和 40 年代出生的人群，这种模型的 IV 估计似乎难以置信得大。

一个可能造成这些结果的解释是，从 20 世纪 20 年代到 40 年代，义务教育入学法使选择继续接受教育者的比例越来越高。例如，对更晚出生的人群来说，虽然年平均教育回报率可能并不高，但受义务教育入学法影响的个体，其教育回报率比该群体中其他人高得多。[11]要满足这一点，教育对收入的影响应当存在巨大差异，而且这一影响对于那些在 20 世纪 50 年代 92
末和 60 年代初期（即 20 世纪 40 年代出生的群体）将要辍学的人数应当至少是 20 世纪 30 年代晚期和 20 世纪 40 年代早期（即 20 世纪 20 年代出生的群体）将要辍学的人数的四倍。

我们认为这种对“教育影响收入估计上升”的解释不太合理。一篇篇 93
幅很长的文献记载了这样一个事实：那些辍学的学生往往学业表现不佳，并且很久之前就对学校感到不满（鲁姆伯格，1987）。通过比较那些辍学和不辍学的人的考试成绩，可以获得有关分数的简单证据。我们根据 1988 年国家教育长期追踪调查项目（National Education Longitudinal Survey，NELS）的数据发现，八年级辍学且在 1992 年的调查中尚未返校的学生中，有一半人在 1988 年 NELS 数学考试中的得分处于最差的 25%。相比之下，只有不到 5% 的辍学者得分处于最好的 25%。因此，“教育对这些人的收入影响很大”这一观点似乎不太合理。[12]

表3 教育回报率估计

	(1) OLS	(2) IV	(3) OLS	(4) IV	(5) IV	(6) OLS	(7) IV	(8) IV
				1920~1929年出生的男性				
表(列)			IV(5)		IV(6)	IV(7)		IV(8)
系数	**0.070**	**0.059**	**0.070**	**0.061**	**0.066**	**0.070**	**0.090**	**0.089**
	(0.000)	(0.021)	(0.000)	(0.017)	(0.015)	(0.000)	(0.062)	(0.033)
F		23.660		37.078	4.415		4.171	1.043
部分R^2(×100)		.029		.045	0.054		0.003	0.012
				1930~1939年出生的男性				
表(列)			V(5)		V(6)	V(7)		V(8)
系数	**0.063**	**0.142**	**0.063**	**0.099**	**0.081**	**0.063**	**0.677**	**0.060**
	(0.000)	(0.033)	(0.000)	(0.021)	(0.016)	(0.000)	(1.536)	(0.029)
F		13.486		30.526	4.747		0.088	1.613
部分R^2(×100)		.012		0.028	0.043		0.000	0.014
				1940~1949年出生的男性				
表(列)			VI(5)		VI(6)	VI(7)		VI(8)
系数	**0.052**	**0.201**	**0.052**	**-.073**	**0.039**	**0.052**	**-.116**	**0.078**
	(0.000)	(0.059)	(0.000)	(0.027)	(0.014)	(0.000)	(0.255)	(0.024)
F		6.257		26.315	6.849		0.546	2.736
部分R^2(×100)		0.004		0.016	0.042		0.000	0.016
年龄控制组								
年龄,年龄的平方	×	×				×	×	×
出生虚拟变量,9年			×	×	×	×	×	×
工具								
出生季度		×		×	×		×	×
出生季度×出生年份					×			×

资料来源:1920~1929年:1970年人口普查;1930~1939年和1940~1949年:1980年人口普查。

注释:系数为粗体,标准误差在括号内。F和部分R^2在第一阶段为被排除工具。年龄用1/4年来衡量。所有的规格包括种族(1=黑人)、标准大都市统计区域(1=中心城市)、婚姻状况(1=已婚,与配偶共同生活)以及8个区域虚拟变量,作为控制变量。1920~1929年出生的男性样本量为245,299;1930~1939年出生的男性样本量为329,509;1940~1949年出生的男性样本量为486,926。

AK没有记录第2列的估计值,而是通过使用9年的出生指标或包括这些指标以及年龄的平方来控制年龄对收入的影响。尽管年龄(以1/4年为单位)和出生季度在同年出生人群中是完全线性对应的,但是由于使用出生年虚拟变量并不控制同一年内的年龄变化,仅仅使用出生年份虚拟变量存在问题。虽然这个规格对我们来说似乎不太合理，但为了进行比较，我们依旧在第 4 和第 5 列中提供了该模型的结果。

第 7 列将出生年份虚拟变量加到第 2 列的规格中，因而对系数和标准误差估计产生很大影响。这意味着对第 2 列中系数的识别大多来自出生季度对同年出生人群的影响。将出生季度 × 出生年份的相互作用作为工具（第 8 列）大大提高了估计的精确度。虽然理论上可以纳入这些交互作用项，但我们担心大多数关于教育效果的识别信息都来自它们。此外，这些规格将年龄的平方作为控制变量，因此其标准误差较大，以致 IV 估计值几乎不能区分看似合理的替代点估计。

至少，这些关于教育对收入影响的 IV 估计似乎对所用的规格细节极为敏感。

此外，若根据我们认为最可靠的模型规格进行估算，则 20 世纪 30 年 94
代和 40 年代出生的群体对教育回报的估计难以置信得大。

三、1840 ~ 1875 年出生的男性的出生季度和劳动力市场结果

如果义务教育入学法的确是出生季度与教育和收入之间关联的唯一原因，那么我们认为在义务教育入学法实施前相应的学生群体中将找不到这种关联。[13]大多州颁布第一部义务教育入学法的时间在 1870 ~ 1915 年（艾森伯格，1988），而且最初的义务教育入学法通常要求学生要在年满 14 岁前接受教育。

我们采用 1900 年人口普查的数据验证“在义务教育入学法颁布前受教育的群体中，出生季度和收入或其他劳动力市场结果之间不存在任何关系”这一假设。1900 年人口普查提供了学生的出生年月，且没有关于教育程度和收入的数据，我们便使用 1950 年的职业编码系统来记录样本中的个人工作性质。为了粗略模拟 1900 年的收入，我们计算了 1950 年

人口普查中各职业的每周平均收入记录，将收入数据平均值代入1900年的微观数据，[14]并匹配到1900～1950年职业编码系统的微观数据中。[15]两个普查的样本都仅限于美国出生的白人男性。

表4第1～4列中，显示了4个出生季度虚拟变量（系数总和控制为零）和年龄的二次方（以月为单位）的每周收入对数（计算得出）的简化回归。第2、第4列还包括类似前文所述的人口统计学控制变量：8个居住地区的指标变量、已婚并有配偶、居住在人口超过50,000的城市。[16]前两列估计值使用的样本是出生于1840～1855年、并非在马萨诸塞州或佛蒙特州出生或居住的美国白人。选取马萨诸塞州和佛蒙特州是因为这两个州颁布义务教育入学法的时间早于1870年，因此这一群体中几乎没有人在成长过程中会受到义务教育入学法的约束，然而这一样本群体非常小。在第3和第4列中，我们添加了1856～1875年出生、不受义务教育入学法影响的美国白人男性。[17]由于归集过程在模型的误差项中引起了异方差，我们使用怀特（1980）的方法估计了与异方差一致的标准误差。[18]

尽管1900年人口普查中这两个样本所代表的男性不太可能受到义务教
95 育入学法的影响，但是他们的收入估计值具有独特的季节性模式：夏季出生的人的工资高于冬季出生的人。[19]这种模式类似于20世纪前半叶出生的男性的模式，但是正如总结中指出的那样，对于出生更早的群体来说其影响更加显著。

96 这些样本中有一半以上的人从事农业。出生季度与劳动者从事农业的概率之间的关系某种程度上导致了表4第1～4列的结果。在表4的第5～8列中，我们展示了这两个样本在出生季度和从事农业之间关联的logit估计。结果表明，冬天出生的男性从事农业的概率比其他季节出生的人高10%。

表 4　简化表格：对于在义务教育入学法颁布前受教育的白人男性来说，出生季度对每周收入对数估算值和 I（农业）的影响

出生季度	最小二乘法：每周收入对数估算值				Logit：I（农业）			
	1840 ~ 1855 年出生的男性		1840 ~ 1875 年出生的男性		1840 ~ 1855 年出生的男性		1840 ~ 1875 年出生的男性	
	仅考虑年龄	年龄和人口结构	仅考虑年龄	年龄和人口结构	仅考虑年龄	年龄和人口结构	仅考虑年龄	年龄和人口结构
1 月 ~ 3 月	-0.019	-0.023	-0.050	-0.038	0.043	0.070	0.127	0.115
	(0.026)	(0.022)	(0.016)	(0.014)	(0.070)	(0.080)	(0.044)	(0.051)
4 月 ~ 6 月	0.014	-0.006	0.023	0.005	-0.042	0.016	-0.059	-0.011
	(0.026)	(0.023)	(0.017)	(0.015)	(0.071)	(0.082)	(0.044)	(0.051)
7 月 ~ 9 月	0.049	0.027	0.016	0.021	-0.129	-0.090	-0.046	-0.073
	(0.026)	(0.024)	(0.017)	(0.015)	(0.071)	(0.081)	(0.045)	(0.052)
10 月 ~ 12 月	-0.044	0.002	0.011	0.012	0.128	0.004	-0.021	-0.031
	(0.027)	(0.024)	(0.017)	(0.015)	(0.073)	(0.082)	(0.045)	(0.052)
第三季度 ~	0.068	0.049	0.066	0.058	-0.172	-0.160	-0.173	-0.188
第一季度	(0.042)	(0.037)	(0.027)	(0.024)	(0.115)	(0.131)	(0.072)	(0.083)
$\Sigma \mid Q_i \mid$	0.126	0.058	0.101	0.075	0.342	0.180	0.254	0.229
	(0.060)	(0.078)	(0.039)	(0.029)	(0.164)	(0.161)	(0.087)	(0.101)
χ^2	5.258	1.799	9.522	7.290	5.259	1.545	8.664	5.787
	[0.154]	[0.615]	[0.023]	[0.063]	[0.154]	[0.672]	[0.034]	[0.128]
N	2,464		6,185		2,464		6,185	

注释：1840 ~ 1855 年出生的男性样本不包括出生或居住在马萨诸塞州或佛蒙特州的人。1840 ~ 1875 年出生的样本包括 1840 ~ 1855 年样本的所有人和 1856 ~ 1875 年出生的人，这些人不可能受到本州义务教育入学法的影响（详情请参阅案文）。所有的模型用最小二乘法估计。标准误差在括号内，p 值在方括号内。标准误差和协方差使用怀特（1980）的方法计算。出生季度虚拟变量的系数被限制的总和为零。年龄用月来衡量。所有模型包括年龄和年龄平方。人口控制变量是生活在人口大于等于 50，000 的城市的居民，已婚（1 = 已婚，和配偶生活）和 8 个区域虚拟变量。

资料来源：1900 年人口普查，其中收入使用 1950 年人口普查的数据来估算。

我们没有过度解读 1900 年人口普查的这些结果，原因如下：第一，那些在 19 世纪使劳动力市场结果之间产生关联的因素，在 20 世纪可能不会发挥作用，或不像彼时一样重要。[20]；第二，100 年前的劳动力市场与 1970 年或 1980 年存在相当大的差异。诱导出生季度和劳动力市场的结果之间关联的因素在 1900 年劳动力市场中的作用可能比其在 20 世纪之后的劳动力市场更重要。然而，除非 20 世纪初的工作因素在 20 世纪七八十年代后完全不起作用，否则我们得出的结果将意味着义务教育入学法并非引发出生季度和劳动力市场结果之间关联的唯一因素。

四、出生季度和各种因素之间的关联

我们认为，现有证据足以表明义务教育入学法不是出生季度与教育程度或收入之间关联的唯一原因，然而这些证据也无法证明出生季度和收入之间存在直接关联。即便没有确凿证据说明出生季度对收入的直接影响，但我们认为这种影响很可能存在。对于已知会影响收入或从合理性看可能影响收入的因素，研究人员已经记录了出生季度和这些因素之间的关联。我们在下文简要概述。

在校表现。一些证据表明出生季度与在校表现有关。入学率（卡罗尔，1992），学生被评估为有行为困难的可能性（默尔蒂默尔等，1988），学生被要求接受心理健康服务的概率（塔尔诺斯基等，1990），阅读、写作、算术方面的表现（默尔蒂默尔等，1988；威廉姆斯等，1970，对更早的文献的概括）都因出生季度而异。关于同一年中不同时期出生的孩子智商差异的证据（沃尔顿 & 卡尔恩斯，1981）并不确定。

97 *健康差异*。有大量文献记载道，年初出生者更可能患上精神分裂症[如参见沃森等（1984）、欧卡拉汉等（1991）以及沙姆等（1992）]。出生季度变化导致的其他健康因素还有智力迟钝（诺布洛克 & 帕萨玛尼克，1958）、自闭症（吉尔伯格，1990）、诵读困难（利文斯顿等，1993）、多发性硬化（坦普勒等，1991）和狂躁抑郁症（海尔，1975）。

区域模式。出生季节性具有的明显区域性，显示了南部各州的出生季节性变化明显（林和迈伦，1991）。例如，他们使用 1948 ~ 1986 年佐治亚州白人婴儿出生的数据，发现 9 月的出生率比 5 月高 16%。相比之下，同

一时期的纽约州，9 月出生的白人婴儿比 5 月只多 4%。

种族。林和迈伦（1991）指出，美国的出生季节性具有明确的种族模式，其中黑人出生的季节性变化大于白人。例如，他们发现（全国）白人在 9 月出生的可能性比 5 月高 11%，而非白人的可能性为 16%。[21] 二人在研究具体州时发现种族区别仍然存在，因此该现象产生并非因为美国南部黑人比例更大。

家庭收入。凯斯滕鲍姆（1987）使用 1980 年的人口普查数据记录了简单二元关系，显示高收入家庭子女更有可能在春天出生，而我们在表 5 中确认了他的发现。[22] 该表列出了出生季度虚拟变量的人均家庭收入对数的回归结果，我们限制其系数之和为零。第 2 列、第 4 列和第 6 列将种族和居住区纳入控制变量中。一般来说，我们发现在控制种族和居住区之后，第二季度出生的孩子也往往出生于收入明显高于平均水平的家庭中。

人格。还有一些证据表明，人格特征因出生季节而异。利用国家青年人长期追踪调查项目的数据，哥特马克尔等人（1997）称羞怯与出生月份之间有很强的联系，如春季出生的人极端羞怯的可能性比其他人高出 50%。出生季度和整体幸福之间也可能存在关联：较其他季度出生的人，那些出生于同年第一季度者自称生活幸福的可能性更低。[23]

质疑出生季度和各种社会结果之间存在较强的联系并不合理，但它们对教育回报产生的偏差程度不甚明晰且并非我们考量的所有因素都会作用于同一方向。虽然提到了一些有影响力的证据（如出生季度和精神分裂症之间的关联）是压倒性的，但其他因素的证据只是暗示性的。此外，由于受 98
精神分裂症等现象影响的人并不多，我们不认为这些现象是出生季度和教育、收入之间相关联的主要因素。但出生季度和教育程度非常薄弱的关联可以表明，出生季度和其他季节性因素即便有轻微关联，也可能会对系数估计值产生很大影响（邦德、耶格和贝克尔，1995）。

表5　出生季度不同的儿童家庭人均收入对数的变化

出生季度	1944～1959年出生的男性		1954～1969年出生的男性		1964～1979年出生的男性	
	非控制组	控制组	非控制组	控制组	非控制组	控制组
1～3月	－0.0077	－0.0042	－0.0056	－0.0026	－0.0015	0.0014
	(0.0029)	(0.0026)	(0.0013)	(0.0012)	(0.0014)	(0.0013)
4～6月	0.0116	0.0018	0.0121	0.0055	0.0148	0.0087
	(0.0029)	(0.0026)	(0.0013)	(0.0012)	(0.0014)	(0.0013)
7～9月	－0.0073	－0.0031	－0.0049	－0.0025	－0.0008	－0.0054
	(0.0028)	(0.0025)	(0.0013)	(0.0012)	(0.0013)	(0.0013)
10～12月	0.0034	0.0055	－0.0049	－0.0003	－0.0054	－0.0034
	(0.0028)	(0.0025)	(0.0013)	(0.0012)	(0.0013)	(0.0013)
F	7.757	2.318	29.313	7.100	42.954	18.044
	[0.002]	[0.0731]	[0.0001]	[0.0001]	[0.000]	[0.000]
N	280,324		1,176,484		1,191,536	

注释：样本仅限于白人和黑人。所有模型都用最小二乘法估计。标准误差在括号内，p值在方括号内。出生季度影响的总和限制为零。F是对于出生季度的联合意义。所有的模型包括一个常量。带有控制变量的模型还包括种族（1＝黑人）和8个区域虚拟变量。

资料来源：1944～1959年：1960年人口普查，1954～1969年：1970年人口普查，1964～1979年：1980年人口普查。

99 为说明这点，我们做了一些计算。规格一：将年龄和年龄的平方作为控制变量，同时用3个季度的出生指标衡量教育程度，发现若增加“黑人”虚拟变量，AK的3个样本的教育回报估计便降低0.6%～1.7%。规格二：在规格一的基础上，我们增加了8个出生地区指标，这对教育回报估计的影响在－0.1%～2.2%。

不包含家庭收入时IV估计值受到的影响也可以进行粗略估计。使用表5中的家庭人均收入的季节性模式以及AK的3个出生组中估计的基数规格，通过粗略估计，发现当我们纳入家庭收入时，教育回报的估计值实际上提升了0.1%～6.6%。提升值具体是多少取决于使用哪一个出生组和表5中的哪些结果。[24]

计算表明，上述讨论因素的季节性模式大致可以对教育回报的IV估计产生巨大的影响（如果这个影响不可预测）。这里的教育回报 IV 估计是衡量教育水平的工具。

五、安格里斯特和克鲁伊格关于出生季度外生性的论点

AK 知道，在他们的估计中，教育对收入存在因果效应的前提是出生季度和收入没有直接关联。因此，他们在其论文第三部分中提出了一些论据以支持这一点。

论述中，AK 具体分析了本章第四节中提到的一些因素，特别是他们简要讨论了入学年龄对教育程度的影响，并指出该领域研究薄弱且尚无定论。我们认为在其文献中使用这样的措辞虽然准确，但并不能证明使用出生季度的信息能够衡量教育程度。孩子在 5 ~ 6 岁会成熟很多，因此实际入学年龄（和出生季度）似乎可以影响在校表现，也可能潜在地影响收入。虽然该领域研究薄弱且尚无定论，但并不意味着出生季度对在校表现或收入没有影响，而是意味着我们尚不知晓这种影响的方向和大小。除非我们认定使用出生季度的信息来衡量教育程度的方法是有效的，才能得出有关这种影响的定论。

AK 还讨论了出生季度和父母社会经济地位之间可能的相关性。在讨 100
论这个问题时，AK 总结了（当时）林和迈伦未发表的文章（1987）：

> ……（他们）提出各种证据表明，出生季节与父母的社会经济地位（和其他特征）无关……他们发现，出生的季节性模式在美国各区域以及剧烈经济转型前后的国家内是类似的……（第 1008 页）

他们对林和迈伦文章的总结与我们在第四节中报告的结果相抵触。林和迈伦确实在美国各类人口中找到了夏季出生高峰和冬季出生低谷，但是

（如上所述）这些周期的幅度在整体人口中差异很大。

在第三节末尾，AK 提出了一个看似简单明了的证据，表明出生季度和收入之间没有直接关联。然而，其中一些证据所基于的假设是有问题的。AK 报告说，其样本测算的教育收入回归，出生季度指标系数在统计学上并不显著。[25]此关于排斥限制的有效测试需要出生季度指标在工资方程中成为一个有效的手段，但其前提是教育因素本身是外生的。同样，他们报告说，虽然在各级教育程度的男性样本中，出生季度和收入之间存在关联，但在大学毕业生中则没有这种关联。不过，只要教育是内源性的，给教育分级就是有问题的，会给自我选择的样本估计引入选择偏差。

六、结论

我们已经给出了证据以质疑“义务教育入学法是出生季度和教育程度和收入之间的关联的唯一原因”。对于 20 世纪上半叶出生的男性群体，出生季度和教育程度或收入之间的关联似乎太强大了，无法完全由义务教育入学法来解释。此外，我们发现在义务教育入学法颁布前受教育的群体中，出生季度和劳动力市场结果之间存在关联。

即使义务教育入学法不能解释出生季度和教育程度或收入之间的强大
101 联系，这也不一定意味着出生季度和收入之间有直接联系。同时，我们总结了大量记录有出生季度和各种可能对收入产生直接影响的因素之间强烈关联的文献。此外，教育对收入影响的 IV 估计似乎对所使用的规格细节极为敏感，合理的规格也会带来难以置信的结果。

我们提出的结论中最重要的也许是，出生季度和教育程度之间的关联（在 20 世纪 20 年代出生和在 20 世纪 40 年代出生的群体中）有所减弱，而同时期出生季度和收入之间的关系没有减弱。这与“义务教育入学法是出生季度和收入关联的全部因素”这一说法产生了不一致，并强烈显示了出生季度和收入之间存在不受教育影响的其他关联。

我们的结果并没有决定性地证明出生季度和收入间任何可能的直接关联足以强大到使 AK 的 IV 估计值产生偏差。然而我们认为，这里提供的证据作为一个整体很难让人相信，从工资公式的估计中得出的因果推断是有效的，而在这一公式中，出生季度的信息被用来衡量教育程度。

AK 的研究形成了启发作用，令研究人员开始使用各种方法替代出生季度，从而衡量工资公式中的教育程度（参见卡德 1995a 和 1999 的评论）。[26]布切尔和卡斯（1994）使用了女性的兄弟姐妹的性别构成；埃文斯和蒙哥马利（1994）使用吸烟史；凯恩和劳斯（1993）、卡德（1995b）、康内利和乌斯塔洛（1999）使用与高教机构的距离；马卢齐奥（1999）使用与最近高中的距离；哈蒙和沃克（1995）和伊奇诺和文特尔－厄麦尔（1998）使用群体虚拟变量；伊奇诺和文特尔－厄麦尔（1998），勒米厄、卡德（1998）和杜伏罗（1999）都使用了群体和位置虚拟变量之间的相互作用。令人吃惊的是，教育对收入的影响估计绝大多超过了相应的最小二乘法估计，而且有时超过的值很大。在有效性方面，这些估计与使用出生季度作为教育程度的衡量手段的 AK 的估计方式一样面临着质疑。例如，人力资本外部性的存在意味着，具有发达高等教育体系的区域不仅会产生，而且还会吸引大学毕业生，使其数量不均衡。与此同时，这些外部性意味着一个地区较高的平均教育程度将对该地区的收入产生积极影响。因此，对于基于距离大学远近而得出的估计，有利于人力资本外部性的证据（劳赫，1993；莫雷蒂，1998）质疑这种估计的因果有效性。所有其他情况中的估计看似合理地向上偏移。[27]我们得出结论，认为这篇文献整体上关于教育对收入因果效应的信息很少。

致谢

我们感谢苏珊娜·勒布、罗伯特·马戈和理查德·斯特克尔的有益讨论，查理·布朗、阿莱恩·热罗尼米、克劳迪娅·戈尔丁、拉里·卡茨、加里·索隆、安·霍夫·史蒂文斯、一位不知名的审阅人和来自美国国家经济研究局夏季研究所的参与者们对本文初期草稿给予的评论，以及大卫·布兰奇弗劳尔提供的美国综合社会调查数据表。

102 ## 注释

1. 即使接受 AK“出生季度和收入没有直接关联”为前提，AK 的工具变量方法是否能估计“有趣的经济评估参数”也是存疑的（赫克曼，1997）。我们在本文中提出的观点区别于批评 AK 的工具变量策略的方法论。

2. 义务教育入学法确实使人们年满 16 岁之前在校学习（某些情况为 17 或 18 岁）。因此，我们预计义务教育入学法可以诱导夏季出生者完成在法律未实施时他们本不会完成的那年学业。义务教育入学法也可能会促使一些人在超过义务教育年龄时继续接受教育，包括在义务教育入学法没有实施时他们本不会接受的高等教育。例如，如果高等教育的感知福利（16 岁）高于中学教育的感知福利（15 岁），那么 15 岁将完成某年级学业的人可能会受诱导而接受一些高等教育。不过我们并不认为这种可能的情况是非常合理的。

3. 使用 AK 的附录 1，我们能够完全复制 AK 来自 1980 年人口普查的出生于 1930 ~ 1949 年和 1940 ~ 1949 年的出生群体样本。但是，我们若使用这一附录中的信息，却并无法完全复制来自 1970 年人口普查中他们使用的 1920 ~ 1929 年的出生群体信息。因此样本略小于他们（245，299 对比 247，199）。

4. AK 论文的表 Ⅱ 与之类似。他们估计义务教育入学法对 1944 年出生的群体（包括男性和女性）中大约 4% 的人具有约束力。

5. 如果义务教育入学法不仅诱使夏季出生者完成 10 年级的学业，还能诱使他们继续 10 年级以后的学业，那么 10 年级时，义务教育入学法仍然可以充分解释我们在出生季度不同的群体中观察到的教育程度差异。如上所述，我们并未发现这种影响是非常合理的，但我们不能因此将其排除。然而值得注意的是，如果义务教育入学法没有简单地诱导人们在 16 岁之前一直在校学习，那么对 AK 结果的解释就会受到影响。在“出生季度是一个有效的衡量方式”（即假设出生季度和收入之间没有直接关联）的假设下，AK 提出的估计值是教育对收入影响的加权平均值，其中收入是那些受义务教育入学法诱导而继续受教育的人们的收入，而权重和受教育年数成比例（安格里斯特 & 伊姆本斯，1995）。为了解释 AK 的结果，我们可以假设义务教育入学法略微提高了一年内出生较晚者的教育程度，但却使出生于该年其他时段者的教育程度增长了数年。如果那些受到诱导而接受额外几年教育的人更可能得到更高回报，那么平均影响估计值将对受义务教育入学法影响者因额外一年的教育而得到的实际平均价值被高估。 103

6. 我们在很多分析中使用与 AK 相同的控制变量：黑人、已婚且有配偶、生活在标准大都市统计区域和 8 个居住区域等指标。

7. 我们曾在结果中尝试使用了三次方和四次方，但最终选择了二次方。在任何情况下，囊括这些高次方项都不会对出生季度和教育程度或收入之间估计的关联产生任何重大影响。结果可从作者处获得。

8. 这些估计可以被看作是库克和坎贝尔（1979）关于不连续回归的一个设计例证。

9. 1970 ~ 1980 年，教育的回报率急剧上升，这可以解释表 2 所示出生季度级差的上升。然而我们有充分的理由相信，教育的回报在这一时期实际上已经下降了（弗里曼，1975；卡茨和墨菲，1992）。

10. AK 旨在估计额外一年的教育对那些受义务教育入学法诱导而获得更多教育者施加的影响。如对于大学学历以下的男性，限制最小二乘法回归的样本可能是有意义的。然而，教育回报对于这些样本中的人大致呈线性（除非完成高中或入学教育的人受到了些许的影响），并且这样做对估计值没有什么影响。为了与 AK 的说法进行对比，我们保留了高中学历以上的男性。

11. 近来受 AK 启发而完成的一些方法论论文强调了教育对收入的影响可能存在的异质性（安格里斯特和伊姆本斯，1995；卡德，1995a，1999）。在这方面，IV 估计应被解释为“对于那些处理状况受处理手段影响者的平均因果效应”（安格里斯特和伊姆本斯，1995）。

12. 在贝克尔（贝克尔，1975；卡德，1995a）概述的框架内，人口教育程度的不同是由不同的人力资本投资生产率和获得这种资本的不同成本共同引起的。至于“义务教育入学法的影响是诱导一些人为了获得更高的收入而继续学业”，继续学业的高成本（而非低收益）才使一些人想早早从高中辍学（在年满16岁前），而其他人则不会。考虑到劳动法限制那些16岁以下者就业以及美国高中教育的公共法规，我们发现没有什么理由能够认定有人会在年满16岁前因继续学业的高成本而从学校辍学。对于在校表现不佳者，继续学业的心理成本可能很高，但是若其继续在校念书，其成绩也往往不佳。

13. 这个观点产生于彼得·克里诺和加里·索隆之间的对话。我们致谢加里·索隆
104 的提及。

14. 在1950年人口普查中，只有“样本线”的个人才有收入信息。如果其性别、年龄、种族、收入或职业是随机匹配的或职业数据不明或缺失，其信息并不包括在1950年的样本中。类别收益数据在类别区间的中点处得到赋值。

15. 使用1950年的数据来计算1900年的收入，其有效性可能存疑。然而，若使用这一测量手段发现与出生季度之间的相关性，“若没有义务教育入学法，出生季度和收入之间就没有关联”就可能存疑。

16. 样本只保留了那些出生月份和职业代码有效的人，不包括那些生活在“印第安保留区”或军事保留区的人。

17. 我们根据出生年份、出生州以及1900年的居住州排除样本中那些可能受到义务教育入学法影响的男性。例如，俄亥俄州在1877年颁布了一项法律，要求个人在年满14岁的那一年继续上学，我们便因此排除那些1862年出生在俄亥俄州或1900年在俄亥俄州生活的男性。这个算法排除了许多但并非所有的受义务教育入学法约束的男性。我们的算法不会排除那些在已经颁布义务教育入学法的州长大，但事实上出生于后来才通过义务教育入学法的州并最终在此州定居的男性。然而在19世纪，移民方向主要是从东到西（斯特克尔，1983，1989），中西部各州颁布义务教育入学法的时间往往晚于东北部各州（艾森伯格，1988）。因此，大多数被我们的算法排除在外的男性不太可能受义务教育入学法影响。

18. 虽然根据职业计算收入很常见，但它往往因忽略了职业内的异质性而使回归系数向下偏倚，因而需要将均值回归测量误差引入因变量。与经典的测量误差不同，因变量中的均值回归测量误差往往会使回归系数减小（邦德等，1994）。

19. 由于这些样本的年龄范围很广（特别是1840~1875年出生的群体），我们还特别关注了如何在这些模型中控制年龄。除了参数化控制的年龄与年龄的二次方，我们

还估计了广义加性模型（黑斯蒂和提卜诗拉尼，1990），其中年龄被建模为一个局部加权平滑运行线（Locally – Weighted Running Line Smooth，LOESS），模型中的其他变量则以参数化的方式输入。我们设置了平滑的跨度，使其近似自由度为5。四次方模型和LOESS模型产生的出生季度系数估计与表4中所列的估计几乎相同。

20. 例如，婴儿死亡率的下降会降低选择性生存对劳动力市场结果中季节性模式的解释所具有的说服力。

21. 这些结果适用于1960 ~ 1986年出生的头胎。类似的模式也适用于第二胎。林和迈伦没有报告美国白人和非白人的所有或出生更晚者的结果。 105

22. 人均家庭收入定义为家庭总收入除以家庭人数。收入在1960年和1970年的人口普查中是一个分类变量。在这些数据中，我们使用该类别代表的区间中点。

23. 一个简单的交叉表表明，美国综合社会调查中出生在某年第一季度的受访者称自己不太幸福的可能性（11%）比当年其他时期出生的受访者大约低1%（即12%）。即使控制年龄、教育、出生年份、宗教信仰、家庭收入、婚姻状况和劳动力状况不变，此关联仍然存在。我们致谢大卫·布兰奇弗劳尔为我们提供这一论点。我们使用与布兰奇弗劳尔和奥斯瓦尔德（在传媒界）相似的样本。

24. 在这个计算中，我们假设家庭收入上升1%会使家庭中孩子的每周收入提升0.4%，使其教育程度增加0.014年。0.4%这一数字基于索隆（1992）的发现“家长和孩子之间收入的代际相关性约为0.4”。0.014年这一数字来自索隆（1992）使用相同样本但未报告的结果。

25. 相比之下，我们发现当出生季度指标变量被添加到表3中的最小二乘法规格时，它们的系数在统计学上通常很大。例如，当检验向表3第6列（1940 ~ 1949年出生群体的收益）的规格中加入的两个出生季度指标变量的共同影响时，F的统计数据为5.965。

26. 文献中的另一部分使用了同卵双胞胎之间的比较以估计教育回报率。但是，正如一些作者（格里利谢斯，1979；卡德，1995a；邦德和索隆，1999）讨论的那样，我们没有任何先验理由来相信这种估计值的偏差小于最小二乘法估计值的偏差。

27. 布切尔和卡斯发现在兄弟给姐妹提供的榜样上，有兄弟的女性比只有姐妹的女性接受更多教育。他们对此的解释是，男性榜样的存在会影响女性受教育的愿望（确认），在这个程度上，男性榜样也会自然而然地直接影响女性的劳动力市场愿望。埃文斯和蒙哥马利解释了吸烟和教育在主观时间折现率方面的关联。据推测，不吸烟、理性、有前瞻性的人不仅更有可能只投资于正规教育，而且还会投资于在职培训。他们也有充分的理由担心被发现推卸责任。因此我们有充分的理由认为主观折现率与收益有直接关联。哈尔蒙和沃克尔以及伊奇诺和文特尔－厄麦尔的 IV 估计值过大以致不太可信，但我们有充分的理由相信他们估计的群体效应不仅仅是教育程度的变化（见卡德，1999）。

106 ## 参考文献

Angrist, J. D., & Imbens, G. (1995). Two-Stage Least Squares Estimation of Average Causal Effects in Models with Variable Treatment Intensity. *Journal of the American Statistical Association*, *90*, 431–442.

Angrist, J. D., & Krueger, A. B. (1991). Does Compulsory School Attendance Affect Schooling and Earnings? *Quarterly Journal of Economics*, *106*, 979–1014.

Angrist, J. D., & Krueger, A. B. (1992). The Effect of Age at School Entry on Educational Attainment: An Application of Instrumental Variables with Moments from Two Samples. *Journal of the American Statistical Association*, *87*, 328–336.

Becker, G. S. (1975). *Human Capital: A Theoretical and Empirical Analysis, with Special Reference to Education* (2nd ed.). National Bureau of Economic Research: distributed by Columbia University Press, New York.

Blanchflower, D. G., & Oswald, A. J. (in press). The Rising Well-Being of the Young. In: D. G. Blanflower & R. B. Freeman (Eds), *Youth Joblessness in Advanced Countries*. Chicago: University of Chicago Press.

Bound, J., Brown, C. Duncan, G. J., & Rodgers, W. (1994). Evidence on the Validity of Cross-Sectional and Longitudinal Labor Market Data. *Journal of Labor Economics*, *12*, 345–368.

Bound, J., Jaeger, D. A., & Baker, R. M. (1995). Problems With Instrumental Variables Estimation When the Correlation Between the Instruments and the Endogenous Explanatory Variable is Weak. *Journal of the American Statistical Association*, *90*, 443–450.

Bound, J., & Solon, G. (1999). Double Trouble: On the Value of Twins-Based Estimation of the Return to Schooling. *Economics of Education Review*, *18*, 169–182.

Butcher, K. F., & Case, A. (1994). The Effect of Sibling Composition on Women's Education and Earnings. *Quarterly Journal of Economics*, *109*, 531–563.

Card, D. (1995a). Earnings, Schooling, & Ability Revisited. In: S. W. Polachek (Ed.), *Research in Labor Economics* (pp. 23–48). Greenwich, CT: JAI Press, Inc.

Card, D. (1995b). Using Geographic Variation in College Proximity to Estimate the Return to Schooling. In: L. N. Christofides, E. K. Grant & R. Swidinsky (Eds), *Aspects of Labour Market Behavior: Essays in Honor of John Vanderkamp*. Toronto: University of Toronto Press.

Card, D. (1999). The Causal Effect of Education on Earnings. In: O. Ashenfelter & D. Card (Eds), *Handbook of Labor Economics* (Vol. 3A, pp. 1801–1863). Amsterdam: North-Holland.

Carroll, H. C. M. (1992). Season of Birth and School Attendance. *British Journal of Educational Psychology*, *62*, 391–396.

Conneely, K., & Uusitalo, R. (1999). *Estimating Heterogeneous Treatment Effects in the Becker Schooling Model*. Princeton, NJ: Princeton University, Department of Economics, unpublished draft.

Cook, T. D., & D. T. Campbell (1979). *Quasi-Experimentation : Design and Analysis Issues for Field Settings*. Chicago: Rand McNally College Publishing Company.

Duflo, E. (1999). *Schooling and Labor Market Consequences of School Construction in Indonesia: Evidence from an Unusual Policy Experiment*. Cambridge, MA: Massachusetts Institute of Technology, Department of Economics, unpublished draft.

Eisenberg, M. J. (1988). *Compulsory Attendance Legislation in America, 1870 to 1915*. Ph.D. Dissertation, University of Pennsylvania.

Evans, W. N., & Montgomery, E. (1994). *Education and Health: Where There's Smoke There's an Instrument*. Cambridge, MA: National Bureau of Economic Research Working Paper No. 4949.

Freeman, R. B. (1975). Overinvestment in College Training. *Journal of Human Resources, 10*, 287–311.

Gillberg, C. (1990). Do Children with Autism Have March Birthdays?. *Acta Psychiatrica Scandinavica, 82*, 152–156.

Gortmaker, S. L., Kagan, J. Caspi, A., & Silva, P. A. (1997). Daylength During Pregnancy and Shyness in Children: Results from Northern and Southern Hemispheres. *Developmental Psychobiology, 31*, 107–114.

Griliches, Z. (1977). Estimating the Returns to Schooling: Some Econometric Problems. *Econometrica, 45*, 1–22.

Griliches, Z. (1979). Sibling Models and Data in Economics: Beginnings of Survey. *Journal of Political Economy, 87*(5), Part 2, S37-S64.

Hare, E. H. (1975). Manic-Depressive Psychosis and Season of Birth. *Acta Psychiatrica Scandinavica, 52*, 69–79.

Harmon, C., & Walker, I. (1995). Estimates of the Economic Return to Schooling for the United Kingdom. *American Economic Review, 85*, 1278–1286.

Hastie, T. J., & Tibshirani, R. J. (1990). *Generalized Additive Models*. London: Chapman and Hall.

Heckman, J. J. (1997). Instrumental Variables: A Study of Implicit Behavioral Assumptions in One Widely Used Estimator. *Journal of Human Resources, 32*, 441–462.

Heckman, J. J. (1995). *Instrumental Variables, A Cautionary Tale*. Cambridge, MA: National Bureau of Economic Research Technical Working Paper No. 185.

Ichino, A., & Winter-Ebmer, R. (1998). *The Long-Run Educational Costs of World War II*. European University Institute, unpublished discussion paper.

Kane, T., & Rouse, C. (1993). *Labor Market Returns to Two- and Four-Year Colleges: Is a Credit a Credit and Do Degrees Matter?*. Cambridge, MA: National Bureau of Economic Research Working Paper No. 4268.

Kestenbaum, B. (1987). Seasonality of Birth: Two Findings from the Decennial Census. *Social Biology, 34*, 244–248.

Knoblock H., & Passamanick, B. (1958). Seasonal Variation in the Births of the Mentally Deficient. *American Journal of Public Health, 48*, 1201–1208.

Lam, D., & Miron, J. A. (1987). *The Seasonality of Births in Human Populations*. Population Studies Research Report No. 87–114, University of Michigan.

Lam, D., & Miron, J. A. (1991). Seasonality of Births in Human Populations. *Social Biology, 38*, 51–78.

Lemieux, T., & Card, D. (1998). *Education, Earnings, & the 'Canadian G. I. Bill'*. Cambridge, MA: National Bureau of Economic Research Working Paper No. 6718.

Livingston, R. B., Adam, S., & Bracha, H. S. (1993). Season of Birth and Neurodevelopmental Disorders: Summer Birth is Associated with Dyslexia. *Journal of the American Academy of Child and Adolescent Psychiatry, 32*, 612–616.

Maluccio, J. (1999). *Endogeneity of Schooling in the Wage Function*. Washington, DC: International Food Policy Research Institute, Food Consumption and Nutrition Division Discussion Paper No. 54.

Mayer, S., & Knutson, D. (1996). *Early Education Versus More Education: Does the Timing of Education Matter?*. Harris School, University of Chicago, unpublished draft.

Mortimore, P., Sammons, P., Stoll, L., Lewis, D., & Ecob, R. (1988). *School Matters: The Junior Years*. Somerset, U.K.: Open Books.

Moretti, E. (1998). *Social Returns to Education and Human Capital Externalities: Evidence from Cities*. Berkeley, CA: Institute of Industrial Relations, Center for Labor Economics Working Paper No. 9.

O'Callaghan, E., Gibson, T., Colohan, H. A., Walshe, D., Buckley, P., Larkin, C., & Waddington, J. L. (1991). Season of Birth in Schizophrenia: Evidence for Confinement of an Excess of Winter Births to Patients Without a Family History of Mental Disorder. *British Journal of Psychiatry, 158*, 764–769.

Rauch, J. E. (1993). Productivity Gains from Geographic Concentration of Human Capital: Evidence from the Cities. *Journal of Urban Economics, 34*, 380–400.

Rumberger, R. W. (1987). High School Dropouts: A Review of Issues and Evidence. *Review of Educational Research, 57*, 101–121.

Seiver, D. A. (1985). Trend and Variation in the Seasonality of United States Fertility, 1947–1976. *Demography, 22*, 89–100.

Sham, P. C., O'Callaghan, E., Takei, N., Murray, G. K., Hare, E. H., & Murray, R. M. (1992). Schizophrenia Following Prenatal Exposure to Influenza Epidemics Between 1930 and 1960. *British Journal of Psychiatry, 160*, 461–466.

Solon, G. (1992). Intergenerational Income Mobility in the United States. *American Economic Review, 82*, 393–408.

Staiger, D., & Stock, J. H. (1997). Instrumental Variables Regression with Weak Instruments. *Econometrica, 65*, 557–586.

Steckel, R. H. (1983). The Economic Foundations of East–West Migration during the 19th Century. *Explorations in Economic History, 20*, 14–36.

Steckel, R. H. (1989). Household Migrations and Rural Settlement in the United States, 1850–1860. *Explorations in Economic History, 26*, 190–218.

Tarnowski, K. J., Anderson, D. F., Drabman, R. S., & Kelly, P. A. (1990). Disproportionate Referrals for Child Academic/Behavior Problems: Replication and Extension. *Journal of Consulting and Clinical Psychology, 58*, 240–243.

Templer, D. I., Trent, N. H., Spencer, D. A., Trent, A., Corgiat, M. D., Mortensen, P. B., & Gorton, M. (1991). Season of Birth in Multiple Sclerosis. *Acta Neurologica Scandinavica, 85*, 107–109.

Watson, C. G., Kucala, T., Tilleskjor, C., & Jacobs, L. (1984). Schizophrenic Birth Seasonality in Relation to the Incidence of Infectious Diseases and Temperature Extremes. *Archives of General Psychiatry, 41*, 85–90.

White, H. (1980). Heteroskedasticity-Consistent Covariance Matrix Estimation and a Direct Test for Heteroskedasticity. *Econometrica, 48*, 817–838.

Whorton, J. E., & Karnes, F. A. (1981). Season of Birth and Intelligence in Samples of Exceptional Children. *Psychological Reports, 49*, 649–650.

Williams, P., Davies, P., Evans, R., & Ferguson, N. (1970). Season of Birth and Cognitive Development. *Nature, 228*, 1033–1036.

Willis, R. J. (1986). Wage Determinants: A Survey and Reinterpretation of Human Capital Earnings Functions. In: O. Ashenfelter & R. Layard (Eds), *Handbook of Labor Economics* (pp. 525–602). Amsterdam: North-Holland.

积极性和劳动力市场结果[*] 109

亚瑟·H. 戈德史密斯　乔纳森·R. 毛姆　小威廉·达里蒂

一、简介

本章提出并检验了一个关于人力资本和工资之间关系的理论，明确地说明了积极性如何影响技能利用。此外，我们对积极性（所谓的“软技能”）对工资和一系列劳动力市场结果（劳动力参与、离职、正式在职培训和工作满意度等）的短期影响进行了估计。

经济学家通常认为积极性是一种未观察到的、因人而异的异质性。然而，少数经济学家和社会心理学家已经研究了积极性对劳动力市场结果的影响，探索了积极性对劳动力市场发展的中期（几年后）或长期（很多年后）影响。而本文的研究作为一种补充，证明了积极性对工资和其他劳动力市场结果的短期贡献。

依照我们研究得出的理论，人力资本对工资的影响取决于积极性。若是这样的话，即使现有人力资本投资的工资回报估计是使用固定效应模型得出的，其结果也存在偏差。

心理学家认为，个人积极性的主要决定因素是预期。例如，如果人 110
觉得自己的行为能达到预期结果，那么他就会具有积极性。心理学家称人的控制点（Locus of Control）反映了其预期态度。此外，控制点可以

---

* 《劳动者福祉》，Emerald 出版社，2000 年，109 ~ 146 页。

由雇主来检测并且由调查人员来测量。由于许多雇主对求职者和雇员实行迈尔斯－布里格斯人格清单（Myers－Briggs Personality Inventory）管理，并为此投入一定的资源，由此可以看出员工的心理健康对公司很重要。因能够从国家青年人长期追踪调查项目中得到控制点的衡量方式，所以我们能够使用该调查项目数据研究4个关于积极性影响劳动力市场结果的问题。

第一，人力资本对工资的贡献是否由一个人的积极性水平决定？第二，如果人们忽视了积极性对生产力和工资的贡献，那么对人力资本的工资回报的估计有多不准确？第三，积极性更强的劳动者在短期内是否获得更高的工资？第四，积极性是否会快速引发劳动力市场结果并是其重要的决定因素；在衡量积极性的一年之后，积极性更强者是否更有可能参与劳动、参加正式的在职培训、依赖工作并对工作满意？

本研究的结构如下：第二节构建确定真实工资的模型，明确说明积极性对生产力的贡献；第三节将讨论个人积极性理论的核心——预期的作用，还分析为什么控制点这一性格的运行特征可以用来衡量一个人的积极性；第四节描述了实证过程，包括数据集、积极性测量方法、模型规格以及估计方法；第五节在考虑积极性的情况下估计了更高的个人人力资本储备对工资的贡献；第六节介绍有关积极性对其他4个劳动力市场结果的短期贡献的发现；第七节给出结论。

我们发现，以学校教育、工作经验和学术成就衡量的积极性和人力资本是工资的重要决定因素。有证据表明，人力资本积累对工资的影响取决于积极性。尤其当我们发现所有数据集作为一个整体（包括男性、女性、黑人和西班牙裔等）时，人力资本积累对个人工资的影响取决于其积极性。这种证据与“积极性影响一个人可支配的人力资本”的观点一致。因此，积极性更高的人能够利用更多额外的人力资本，提高人力资本积累的货币利益。因此我们发现，在确定工资时忽略积极性的作用会导致我们低估人力资本投资的工资回报。研究结果最后显示，在短期内积极性更强者更有可能参与劳动、参加在职培训、依赖工作并满意其工作。

二、积极性、人力资本和生产力 111

人类效率理论

积极性是人们为达到一个目标而非常努力的意愿。经济学家金和波拉切克（1994）认识到，积极性因人而异，且很可能会影响人们的生产力。勤劳但技能一般者的表现一贯优于其他能力更强的人，这是为什么？积极性意味着肉体上异常努力或精神上更投入工作，或两者兼而有之。关于精神上的投入，塞利格曼（1975）和塞利格曼和梅尔（1967）发现，积极性更强者倾向于更迅速和准确地进行记忆扫描（即搜索他们的记忆库以获得适当的信息），其认知行为也更周到、更高阶。

传统的经济理论认为，一个人拥有的人力资本储备决定了他们启动和完成任务的能力。然而，一个人调动其技能（人的“有效”人力资本）的程度是由其精神能力控制的，这又取决于他们的积极性。因此，积极性更强者（具有更强的精神能力）能够支配的人力资本存量更多，这提升了他们的有效人力资本及其人力效率。

假设一个利润最大化的公司将向第 i 位劳动者支付实际工资 MP_i。[2] 此外，假设一个人的边际产出取决于他们的“人力效率” HE_i 和资本 K_j，后者由雇用他们的第 j 家公司提供给他们。在我们的模式中，个人的积极性水平 M_i 直接地（通过改变身体的努力水平）和间接地（通过影响一个人的智力水平）影响人的效率 e_i，从而影响其有效人力资本 $e_i * HC_i$。因此，第 i 位劳动者的工资函数可以表示为：表示劳动边际产品、劳动效率和心理熟练度的函数也显示为正向指示，其第一衍生物为正，第二衍生物为负。[3]

112

$$w_i = MP_i(K_j, HE_i) \tag{2.1}$$

$$HE_i = HE_i(M_i, e_i \times HC_i) \tag{2.2}$$

$$e_i = e_i(M_i) \tag{2.3}$$

其中

$$0 \leqslant e_i \leqslant 1$$

为了简洁说明，方程（2.2）可以被指定为一个加性和线性函数。[4] 因此，公式（2.2）变为

$$HE_i = M_i + e_i \times HC_i \tag{2.2'}$$

人力资本积累因扩大人力资本而形成的个人“人力效率” $\frac{\partial(HE_i)}{\partial(HC_i)} = e_i(M_i) > 0$ 会进一步提高其生产力。因此，积极性更强者因动用更大比例的人力资本 $\frac{\partial(e_i)}{\partial(M_i)} > 0$ 而具有更高生产力。因此，人力资本对实际工资的影响取决于积极性 $\frac{\partial\left\{\left(\frac{\partial(HE_i)}{\partial(HC_i)} = e_i(M_i)\right)\right\}}{\partial(e_i)}\left[\frac{\partial(e_i)}{\partial(M_i)}\right] = \frac{\partial(e_i)}{\partial(M_i)} > 0$

更强的积极性能提高生产力 $\frac{\partial(HE_i)}{\partial(M_i)} = 1 + \left\{HC_i \frac{\partial(e_i)}{\partial(M_i)}\right\} > 0$，其原因有二：第一，为特定的人力资本储备付出的更大体力提高了每小时的产出；第二，更强的积极性让人更好地支配其技能，扩大了给定人力资本储备的有效人力资本。后一种间接效应 $\left\{HC_i \frac{\partial(HE_i)}{\partial(M_i)}\right\}$ 对于有更多人力资本的人来说更强。因此，积极性对生产力的影响取决于一个人的人力资本水平，$\frac{\partial\left[\frac{\partial(HE_i)}{\partial(M_i)} = 1 + \left\{HC_i \frac{\partial(e_i)}{\partial(M_i)}\right\}\right]}{\partial(HC_i)} = \frac{\partial(e_i)}{\partial(M_i)} > 0$

三、积极性：理论、测量手段和其对工资的影响 113

（一）衡量积极性：理论和证据

心理学家提出了许多不同的理论来解释积极性的性质和后果。[5] 在积极性理论中，预期理论在心理学家中最广为接受并得到实证验证（罗宾斯，1993；马金斯基，1977）。根据预期理论，人的积极性水平取决于他们认为“劳累、表现和奖励”紧密相连的程度。归因论者（海德，1958；罗特，1966）提出控制点作为人格的一个方面，支配一个人对努力、表现和奖励之间关系的看法。

罗特（1966）将认为“自己是命运的主人，因此对发生在自己身上的事情负有个人责任”的人归为“内部者”。内部者认为对自己人生的控制来源于自身，并将那些认为“自己是命运的棋子，由外部力量控制，自己对外部力量的影响很小”的人称为“外部者”。“外部者”认为自己的个人控制点来自外部而不是内部，对于发生在自己身上的事，他们承担的责任很少或没有。

预期理论预测，具有更大内部控制点的人将比具有外部控制点的同类人更具积极性，因为前者认为自己能够产生期望的结果（斯金纳等，1988）。斯金纳（1995）声称，感知控制主要通过影响积极性而影响结果。班杜拉（1989 年，第 1176 页）称，一个人对自己控制点（即控制事件发生的能力）的信念“决定了他们的积极性水平，这反映在他们将付出多大的努力、面对障碍时会坚持多久”。

有很多直接证据表明控制点会影响积极性。哈特尔（1978）和库尔（1981）的研究表明，当感知控制程度很高时，一个人倾向于接受挑战，制订更有效的行动计划，并在实施过程中付出更多持续性的努力。班杜拉和切尔沃内（1983）发现，更坚定地相信自己具有掌控力，能更努力地把握挑战并坚持努力。此外，控制力更强的人面对最初的不成功时更有可能变得更加努力，并继续尝试实现自己的目标（班杜拉，1989；德维克，1991；雅各布等，1984 年；鲍姆等，1986）。

114 这些发现证实了塞利格曼（1975）的早期发现：一些人在反复面对让自己感到无助和无法控制的事件形成外部观后，会在采取目标导向型行为时变得更消极。斯金纳在总结控制点和行动点之间关系的文献回顾时（1996，第 556 页）指出："当人们认为其控制力强时，他们会努力并开始行动，面对失败和挫折时会坚持下去；他们会表现出兴趣、乐观、持续的注意力、问题解决力和行动导向性。"总之，控制点偏向内部的人更有积极性、生产性更强。

（二）积极性和工资：现有证据

国家长期追踪调查项目和收入动态小组研究的设计者认为，积极性很可能会影响一个人人生的后续发展。因此，邓尼芬和邓肯（1998）称决定在这些小组数据集中添加积极性的衡量方法。正如阿特金森（1964）和后来的积极性理论家（班杜拉，1986）所提出的，他们认为"预期与积极性在实证上是有联系的"，因此他们采取提问题的方式来衡量某人控制点。

积极性更强者预计将从其雇主那里获得更高的工资，这是因为积极性和生产性之间有直接关系。积极性也可能通过提高获得更多正规教育和在职培训的可能性而间接影响（扩大）生产力。因此，正如邓尼芬和邓肯（1998，第 34 页）指出的那样，"激励措施的效果需要过一段时间才能在人的工资中体现"。为了捕捉积极性对生产率的间接影响，现有的实证研究检验了几年后（中期）/多年后（长期）积极性和工资之间的联系。

邓肯和邓尼芬（1998）、赛科尔和塔尔多思（1993）和科佩尔（1981）提供的证据表明，其他条件不变时，拥有更多内部控制点的个人从长远来看会获得更高的工资。[6] 使用从收入动态小组研究的数据，邓尼芬和邓肯（1998）检测了更强积极性特征对 1972 年 21～29 岁的人在 1988～1992 年平均时薪的影响，该积极性特征用1968～1972年测量的个人控制水平表示。他们将标准的一套人口和背景特征以及认知技能作为控制变量，得出结论称，在测量人的积极性水平15～25年后，个人控制水平更高的人赚取的工资明显更高。这些发现证实了赛科尔和塔尔多思（1993）基于收入动态小组研究而形成的发现结果：能够通过“个人控制和对未来的取向”预计21年后的工资提升。科佩尔（1981年）使用国家青年人长期追踪调查的数据报告了个人积极性和工资水平在之后5～10年生命周期中的正相关关系。尽管人们逐渐认为积极性在长期内会产生显著的工资回报，但有关积极性对工资的中期影响，证据则正负参半。

安德利萨尼（1978）分析了来自国家长期追踪调查项目年轻人组和老 115
年人组的数据，发现具有更大内部控制点的人在两年后获得的工资比其他同类人高得多。邓肯和摩根（1981）则使用两个更年轻群体的收入动态小组研究数据重现了安德利萨尼的研究，但没有找到证据能证明控制点与工资之间有直接关系。随后为了更好地观测影响，邓肯和摩根在衡量个人控制点4年后检测工资水平，发现4年后的工资水平和积极性之间存在着明显的正相关关联。然而，希尔等人（1985）使用基本上相同的数据，却发现二者间存在的直接关系是微不足道的，其原因可能是希尔等人采用了不同的模型规格。

我们的理论表明，更具积极性的人总会因为更有效的人力资本而比积极性较弱的同类人具有更强的生产性。因此即使在短期内，若其他条件不变，我们预计更具积极性的人会赚得更高的工资。迄今为止，没有直接证据表明积极性在短期对工资增长有贡献作用。在较早的论文中（戈德史密斯、毛姆和达里蒂，1997），我们使用1980年国家青年人长期追踪调查项目的横截面数据来提供间接证据。我们衡量积极性的方式是人们在1979年“缩减”版罗特（1966）的控制点水平测试中的得分。[7] 我们设计了一个模型，能够同时确定一个人在1980年的工资和自尊水平。我们令一个人的“罗特分数”能直接影响其自尊，并通过自尊对工资的影响间接地促进工资提升。我们的研究结果表明，具有更多内部控制点的人明显对自己持有更高评价。此外，自尊心更强者的工资明显更高。因此，我们发现了在短期内积极性和工资之间的正相关关系的间接证据。然而，我们的文献存在不能证明积极性在短期内能直接促进工资增长的缺陷。

116 四、实证程序：工资、积极性和人力资本

（一）数据

本研究使用的数据来自国家青年人长期追踪调查项目。国家青年人长期追踪调查项目自 1979 年以来每年定期采访12,686名在 1978 年年龄为 14 ~21岁的男性和女性。1979 ~1994 年项目采访周期为一年一次，1994 年之后变成两年一次。国家青年人长期追踪调查项目是一个内容丰富的经济和人口信息的数据集，包括工资和人力资本的多方面数据。

心理学家已经设计了测量控制点的方法，并证明了其有效性。罗特（1966）和皮尔林等人（1981）都各自制定了一个问题清单来衡量人的控制点。其衡量标准由调查答卷中的自发报告评价确定。1992 年，国家青年人长期追踪调查项目纳入了由皮尔林等人（1981）开发的一组构成掌控感尺度的问题，以测量一个人的控制点。[8] 掌控感尺度的得分范围从 0（对每个问题的回答反映了其控制点全部来自外部）到 7（对每个问题的回答反映了其控制点全部来自内部）。掌控感问卷得分高的人（即具有更大内部控制点的人）比得分低的人更具积极性。

（二）模型规格和假设

按照明塞尔的惯例，人的工资函数［下面的等式（4.1）］是由上面的等式（2.1）中的生产力线性函数描述的：

$$w_i = \phi(M_i) + (HC_i)\gamma + (HC_i * M_i)\varphi + (X_i)\beta + \varepsilon_i \quad (4.1)$$

注意，我们提出了一个理论，即有效的人力资本（能够支配的人力资本）$e_i \times HC_i$ 会影响人的效率，进而会影响生产力和工资。根据这一理论，人力资本对工资的影响取决于积极性，也会调节积极性对工资的影响。对生产力函数的这个特点的一种解释方法，是指定一个工资等式，这个工资等式应包括人力资本和积极性的乘积，$M_i * HC_i$。

鉴于此规格：第一，人力资本增加对工资的“总效应”是 $\frac{\partial(w_i)}{\partial(HC_i)} = \gamma + (M_i)\varphi$；第二，如果一个更积极的人调动自己人力资本的比例更大，那么更大的人力资本对工资的影响便取决于积极性 $\frac{\partial\left\{\frac{\partial(w_i)}{\partial(HC_i)}\right\}}{\partial(M_i)} = \varphi > 0$；因此，如果 φ 值为正且在统计学上很大，那我们就有证据表明，人力资本对工资的贡献受到积极性调节；第三，更强的积极性会导致工资增加 $\frac{\partial(w_i)}{\partial(M_i)} = \phi + (HC_i)\varphi$，其中 $(HC_i)\varphi$ 是由于更强的积极性会导致有效人力资本增加；第四，如果 φ 值为正且在统计学上很大，那么随着人力资本的增加，积极性对工资的影响也会变大，$\frac{\partial\left\{\frac{\partial(w_i)}{\partial(M_i)}\right\}}{\partial(HC_i)} = \varphi > 0$ 117

等式（4.1）是通过最小二乘法，使用1993年国家青年人长期追踪调查项目的横截面数据来估计的。等式（4.1）中的因变量 w_i 通过人在1993年的工资水平的自然对数衡量，而 ε_i 是干扰项。积极性在我们的分析中被视为预先确定的变量，其原因有二。首先，社会心理学家（罗特，1966；塞利格曼，1975；班杜拉，1986；勒夫库尔特，1991）认为一个人的控制点很大程度上不因时间而异，类似于一种个人秉性。在他们看来，控制点主要由儿童的早期社会化决定。因此，在我们以前的文章（戈德史密斯、毛姆和达里蒂，1997）中，控制点被视为外生变量，用于检验“自尊和工资被一同确定”的假设。

本节的重点是研究是否有证明积极性和人力资本互动关系的证据。其目标为积极性是工资的外源决定因素提供了第二个理由。该实证操作的结果将检验“积极性如何影响生产力”这一新理论的有效性。我们提出的理论认为，一个人的积极性水平会影响他们能支配的自有人力资源，意味着积极性调节人力资本与工资之间的关系。为检验这一推论，我们设置了一个包含人力资本和积极性关联的工资确定模型。在探讨这一新理论有效性的同时，将积极性视为内生变量（与个人工资水平被一同确定的变量）则不在本文的研究范围内。[9] 此外，在估计等式（4.1）时使用控制点的滞后值，与将积极性作为1993年个体工资的先决或外生决定因素，二者是一致的。因此，积极性（M）是由一个人在1992年的掌控感尺度得分问卷中（即个人控制点）测量的。

118 在继续讨论与本文相关的实证程序之前，我们应找出本研究与我们先前文章（戈德史密斯、毛姆和达里蒂，1997）之间的差异，其中控制点被视为先决变量以探讨自尊和工资之间的关系。尽管控制点是自尊的一个重要决定因素，但我们没能提供一个“人力资本对工资的影响取决于自尊”的理论，我们估计的工资等式也不包含人力资本和自尊之间的关联。因此，即使自尊被认为代表了积极性，我们先前为检验自尊和工资之间的关系而进行的研究也并没有对本文提供和检验的理论（积极性会调节人力资本对工资的影响）提供一个完整的检验。

变量的名称及等式（4.1）估计中所使用的每一变量描述和样本汇总统计表如表1所示。

观察表1可发现，样本中的典型已经完成了13年的正规教育。在1993年从事工作的人当中，大多数已经为其现在的雇主工作了约4年。样本中有50%为女性，30%为黑人。

人们自发报告的掌控感尺度得分通常为5.98，即积极性水平高。1992

年掌控感尺度得分的频率分布见表2。

样本中52%的人在掌控感尺度上获得了7分，即代表最具内部性的分数。另外，25%提供的反馈显示他们在掌控感尺度指数上获得了6分。样本中只有6%的人认为自己的控制点具有很强的外部性。

向量 HC_i 由4个代表人类生产能力的不同元素组成。各种正式的技能由教育程度（EDUC）定义。个人积累的言语和数学技能由武装部队资格考试（AFQT）的分数衡量。一般和具体的工作技能分别按经验（EXP）和任职时间（TEN）衡量。我们预计拥有更多人力资本的人拥有更强的生产力，从而能在同等条件下获得更高的实际工资。

国家青年人长期追踪调查项目以武装部队资格考试作为衡量总学业技能的方式，这令人印象深刻且具有重大科学意义。朱恩·奥尼尔（1990，第32页）将武装部队资格考试描述为“语言和数学技能的成就测试，反映了所受教育的质量以及父母背景的影响”，意即应当控制工资等式中武装部队资格考试的父母影响和个人能力变量。如果奥尼尔是正确的，那么这两者都可能与积极性有正相关关系。

在没有人力资本向量中包含的能力衡量的情况下，对等式（4.1）进行估计存在两个问题。第一，如果将能力视为省略变量，则能力包含在等式（4.1）的误差项中。如果能力与决定工资的教育和积极性等因素相关（这更可能发生），那么估计的系数就相互不一致。第二，积极性和工资之间的正相关关系可以被解释为更有能力获得更高工资的证据。

研究者使用了许多不同的变量来代替以往文献中的能力或学术技能。[10]阿尔通基和斯普莱策（1991）使用SAT测试中高中班级排名和学生的分数，而卡德和克鲁伊格（1990）使用中学教育质量来衡量认知能力。默南、韦列特和列维（1995）在一项评估基本数学概念的掌握程度的测试中使用个人得分来表示一个人的能力水平。梅森（1998）使用人们在收入动态小组研究中包含10个题目的句子填写测试中的分数来衡量认知能力。

119 **表 1　变量名称、定义、均值和标准差**

变量名称	变量定义	均值	标准差
w	受访者 1993 年最近一份工作时薪的自然对数	2.27	0.56
M	受访者对 1992 年皮尔林用于衡量控制点的七个问题的回答之和	5.98	1.35
EDUC	受访者在 1993 年受访时完成的教育年限	12.95	2.40
TENURE	受访者在 1993 年受访时为当时的雇主完成的工作时长（按星期计算）除以 1000 的商	0.21	0.19
EXP	受访者在 1993 年受访时为除当时的雇主外的所有雇主完成的工作时长（按星期计算）除以 1000 的商	0.35	0.20
AFQT	受访者在武装部队资格考试中获得的百分制得分	39.21	28.67
EST SIZE	受访者在 1993 年受访时其雇主的员工总数	0.47	2.01
MUL LOC	若受访者在 1993 年受访时其雇主在其他地方雇用员工，值为 1，否则为 0	0.64	0.48
LG MUL LOC	若受访者在 1993 年受访时其雇主在其他地方的员工总数大于等于 1000，值为 1，否则为 0	0.38	0.48
UNION	若受访者在 1993 年受访时为工会成员，值为 1，否则为 0	0.18	0.38
SMSA	若受访者在 1993 年受访时居住在标准大都市统计区域，值为 1，否则为 0	0.82	0.39
MARRIED	若受访者在 1993 年受访时已婚，值为 1，否则为 0	0.54	0.50
KIDS	受访者在 1993 年受访时育有孩子的数量	1.40	1.31
MALE	若受访者在 1993 年受访时为女性，值为 1，否则为 0	0.48	0.50
BLACK	若受访者在 1993 年受访时为黑人，值为 1，否则为 0	0.30	0.46
HIS PANIC	若受访者在 1993 年受访时为西班牙裔，值为 1，否则为 0	0.19	0.39
LFORCE	若受访者在 1993 年受访时受雇于人，值为 1，否则为 0	0.84	0.37
TRAIN	若受访者在 1993 年受访时接受过公司的在职培训，值为 1，否则为 0	0.11	0.32
JOBSAT	在职业满意度测试（0～4 分，从低满意度到高满意度）中的得分	3.31	0.72
JOBCHG	若受访者在 1994 年受访时已从 1993 年受访时的雇主那里离职，值为 1，否则为 0	0.31	0.46
SELEC-TION	选择纠正项	0.24	0.19
PROFES-SION	若受访者在 1993 年的工作是专业工作，值为 1，否则为 0	0.17	0.38

续表

变量名称	变量定义	均值	标准差
MANAGER	若受访者在 1993 年是管理者，值为 1，否则为 0	0.12	0.33
SALES	若受访者在 1993 年是销售人员，值为 1，否则为 0	0.04	0.20
LABORER	若受访者在 1993 年是蓝领工人，值为 1，否则为 0	0.08	0.27
CLERICAL	若受访者在 1993 年是白领工作者，值为 1，否则为 0	0.19	0.39
OPERATIVE	若受访者在 1993 年的工作是操作性质，值为 1，否则为 0	0.12	0.33
CRAFT	若受访者在 1993 年的工作是手工劳动，值为 1，否则为 0	0.11	0.32
SERVICE	若受访者在 1993 年是服务人员或个体经营者，值为 1，否则为 0	0.16	0.37
AGRINMIN	若受访者在 1993 年工作的行业是农业或采矿业，值为 1，否则为 0	0.03	0.17
CONSTRUC	若受访者在 1993 年工作的行业是建筑业，值为 1，否则为 0	0.07	0.26
MANUFACT	若受访者在 1993 年工作的行业是制造业，值为 1，否则为 0	0.18	0.39
TRANSPORT	若受访者在 1993 年工作的行业是交通业，值为 1，否则为 0	0.07	0.25
WHOLESALE	若受访者在 1993 年工作的行业是批发业，值为 1，否则为 0	0.17	0.38
FINANCE	若受访者在 1993 年工作的行业是金融业，值为 1，否则为 0	0.06	0.24
BUSINESS	若受访者在 1993 年工作的行业是商业，值为 1，否则为 0	0.07	0.26
PERSERV	若受访者在 1993 年工作的行业是个人服务和娱乐，值为 1，否则为 0	0.06	0.23
PROFSERV	若受访者在 1993 年工作的行业是专业服务，值为 1，否则为 0	0.22	0.41
PUBADMIN	若受访者在 1993 年工作的行业是公共行政，值为 1，否则为 0	0.06	0.24
AGCONTR	若受访者在 1993 年工作的行业是制造业/建筑业/交通业，值为 1，否则为 0	0.17	0.38

121 **表2　用于衡量积极性的皮尔林掌控感尺度测试中，分数的频率分布***

分数区间	掌控感尺度	
	频率	百分比
0	5	0
1	26	0
2	96	2
3	178	3
4	371	6
5	728	12
6	1574	25
7	3257	52
n	6235	100

注释：*积极性的测量方式依照一个人在皮尔林等人 1992 年的掌控感尺度而得出。此处的分布关于用于估计 1993 年的工资等式的样本。

布莱克本和纽马克（1993）使用职业倾向综合测验（ASVAB）的学术测试、技术测试和计算测试得分来解释认知才能。赫恩斯坦和默里（1994）、奥尼尔（1994）和尼尔和约翰逊（1996）使用武装部队资格考试作为能力的对照。武装部队资格考试分数是根据职业倾向综合测验的分数子集构建的。特别是，武装部队资格考试包括职业倾向综合测验的数值运算、算术推理、词语知识和段落理解部分。戈德史密斯、达里蒂和毛姆（1999b）估计了一个包含个人的武装部队资格考试得分的工资等式，但他们没有将武装部队资格考试称为能力的衡量方式。所有研究均发现，积累的能力或正式技能与工资之间存在正相关关系。

因为将武装部队资格考试分数纳入确定工资的实证模型变得越来越
122 普遍，所以应当注意到关于武装部队资格考试分数的内涵定义存在意见分歧。赫恩斯坦和默里（1994）认为武装部队资格考试评分是对先天智力的有效测量。尼尔和约翰逊（1996）认为，市场前因素是个体武装部队资格考试分数的主要决定因素。另外，奥尼尔（1994）、罗杰斯和斯普里戈斯（1995）以及戈德史密斯、达里蒂和毛姆（1999）断言武装部队资格考试得分取决于包括学校资源在内的一系列因素。因此，他们认为武装部队资格考试是衡量学术技能积累的指标，能够对应所完成的正规教育。

卡德（1995）对最新研究进行了综述，这些研究在试图清除遗漏变量偏差的估计值后，估计了学校教育对工资的影响。卡德选择的研究使用工具变量方法来对照能力（因人而异的异质性的一个组分）。[12]在这些研究中，如果将能力视为遗漏变量，则额外一年的正规学校教育通常会将一个人的工资增加6%～8%。“更正的”或工具变量估计明显更大。根据卡德（1995，第43页），“所有的IV估计值都比相应的最小二乘法估计值高出至少10%……”。然而，这些研究也存在遗漏变量偏差的问题，因为积极性对工资的影响被忽略了。从实证工资方程中省略积极性的后果是，学校教育影响工资的系数估计的准确性受到了怀疑。在我们的研究中，等式（4.1）对包括积极性、认知能力和父母特征的衡量。因此，我们将积极性和能力视为遗漏变量，从而试图直接避免产生统计和解释问题。

向量 X_i 包含一组标准的工资方程回归量，包括性别、种族、婚姻状 123
况、家属数量和工会会员身份等个人特征。此外，X_i 还包含营业处所或工作地点、企业规模、就业的行业和职业等工作特征。当为了薪酬而工作的个体样本可观测时，选择将修正变量纳入等式（4.1）中。[13]

五、结果

积极性、人力资本和工资

国家青年人长期追踪调查项目的最初参与者有12,686名，其中包括对军人和穷人的过采样，但是对军人和贫困白人的过采样在1984年和1990年的调查之后不再进行。1993年，最初的12,686人中有9,964人仍有资格受访。我们的数据集由 1993 年的 7,424 名受访者组成，本分析提供了关于他们的所有变量信息。[14]这些人中有 84% 在 1993 年仍然处于就业状态。工资确定模型使用整个数据集估算，并按性别和种族/族裔（如白人、黑人、西班牙裔）分别估算。表 3 显示了所使用的每个数据集的全部回归结果。

由于人力资本变量与积极性相互影响，因此仅通过检查表 3 很难分辨出人力资本形式增加对样本中普通人工资的总影响。额外受教育一年（向量 HC 的第一个组分）对工资的总体影响估计对于数据集中的普通人来说是

$$\frac{\partial(w)}{\partial(EDUC)} = \gamma_1 + (\bar{M})\varphi_1 \qquad (5.1)$$

其中（$\overline{M}$）是数据集中个体的平均积极性。对于这些数据集中的每个个体，表 4 报告了每种形式的人力资本和积极性对工资的总影响。

我们检验表 4 后发现，每种形式的人力资本对每个数据集中的普通人的工资水平有显著正向贡献。

127 人力资本—积极性互动条件的估计系数揭示了人力资本对工资的影响是否取决于一个人的积极性水平。总共估计出了 24 个相互作用项系数（6 种数据集的 4 种人力资本）。24 个估计系数中的 6 个值为正且较大，剩余 18 个则不然。因此，关于“人类资本对个人工资的贡献取决于其积极性水平”的假设，我们提供的与之一致的证据力度较弱。

对于整个样本和西班牙裔，教育—积极性（EDUC * M）这一互动项的估计系数值为正且大。因此这些样本中，更有积极性的人其额外教育经历对工资的影响更大。对数据集中的普通人以及男性和黑人，额外经验对工资的影响要大得多。更具积极性的男性和黑人从额外的任职时期中获得比积极性较低的同类人更大的工资回报。

表3 最小二乘法工资估算（r－统计数据在括号内） 124

变量名称	所有数据	男性	女性	白人	黑人	西班牙裔
M	-0.43e-01	-0.14e-01	0.78e-01	0.14e-02	-0.59e-01	-0.12e-01
	(1.25)	(0.24)	(1.43)	(0.03)	(0.91)	(1.75)*
EDUC	0.15e-01	0.40e-01	0.24e-01	0.30e-01	0.17e-01	0.22e-01
	(0.98)	(1.71)*	(1.04)	(1.27)	(0.56)	(0.67)
TENURE	0.71	0.44	0.96	1.08	0.27	0.58
	(4.05)***	(1.74)*	(3.83)**	(3.96)**	(0.97)	(1.41)
EXP	0.26	-0.71e-01	1.39	0.60	0.59	-0.34
	(1.28)	(0.28)	(4.31)***	(1.93)*	(0.18)	(0.68)
AFQT	0.27e-02	0.28e-02	0.76e-02	0.97e-03	0.3% -02	0.45e-02
	(1.98)**	(1.39)	(3.41)***	(3.41)***	(1.12)	(1.13)
M，EDUC	0.47e-02	0.13e-02	0.49e-02	0.27e-02	0.43e-02	0.85e-02
	(1.91)*	(0.36)	(1.40)	(0.72)	(0.87)	(1.66)*
M，TENURE	0.2% -01	0.56e-01	-0.81e-02	-0.26e-01	0.10	0.43e-01
	(1.02)	(1.37)	(0.20)	(0.59)	(2.17)**	(0.65)
M，EXP	0.5le-01	0.9le-01	-0.70e-01	0.65e-02	0.85e-02	0.10
	(1.71)*	(2.07)**	(1.61)	(0.14)	(1.79)*	(1.41)
M，AFQT	-0.40e-04	-0.43e-04	-0.43e-03	0.22e-03	-0.33e-04	-0.47e-03
	(0.19)	(0.14)	(1.35)	(0.71)	(0.06)	(0.77)
ESTSIZE	0.12e-01	0.70e-02	0.19e-01	0.1le-01	0.83e-02	0.26e-01
	(4.34)***	(1.93)*	(4.43)***	(3.16)***	(1.72)*	(2.77)***
MUL LOC	0.27e-01	0.28e-01	0.13e-01	0.35e-01	0.22e-01	0.14e-01
	(1.92)*	(1.47)	(0.61)	(1.77)*	(0.86)	(0.40)
LG MUL LOC	0.35e-01	0.42e-01	0.37e-01	0.23e-01	0.54e-01	0.29e-01
	(2.48)***	(2.28)**	(1.80)*	(1.13)	(2.16)**	(0.85)
UNION	0.13	0.18	0.65	0.14	0.13	0.13
	(8.79)***	(8.79)***	(2.91)***	(6.19)***	(5.38)***	(3.63)***
SMSA	0.16	0.17	0.10	0.16	0.11	0.24
	(10.62)***	(8.30)***	(4.45)***	(8.46)***	(3.95)***	(4.75)***
MARRIED	0.44e-01	0.99e-01	0.81e-01	0.47e-01	0.64e-01	-0.1le-01
	(3.13)***	(4.51)***	(2.97)***	(2.36)***	(2.44)***	(0.33)
KIDS	-0.20e-01	-0.91e-02	-0.91e-01	-0.26e-01	-0.19e-01	0.89e-02
	(2.92)***	(0.79)	(6.13)***	(2.54)***	(1.42)	(0.53)
MALE	0.18			0.20	0.19	0.38e-01
	(7.85)***			(6.30)***	(3.82)***	(0.64)
BLACK	-0.67e-01	-0.93e-01	-0.57e-01			
	(4.39)***	(4.51)***	(2.55)***			
HISPANIC	0.16e- -01	0.16e-01	0.63e-01			
	(1.01)	(0.75)	(2.70)***			
SELECTION	0.22	0.45	1.19	0.35	0.32	-0.49
	(1.91)*	(1.53)	(4.77)***	(1.83)**	(1.45)	(1.77)*
PROFESSION	0.27	0.27	0.28	0.26	0.26	0.30
	(9.38)***	(7.69)***	(4.59)***	(6.27)***	(5.10)***	(4.42)***

续表

变量名称	所有数据	男性	女性	白人	黑人	西班牙裔
MANAGER	0. 28	0. 29	0. 28	0. 27	0. 31	0. 28
	(10. 15)***	(8. 90)***	(4. 45)***	(6. 84)***	(5. 85)***	(4. 17)***
SALES	0. 22	0. 29	0. 14	0. 23	0. 21	0. 10
	(6. 00)***	(6. 48)***	(1. 93)**	(4. 72)***	(2. 96)***	(1. 18)
CLERICAL	0. 93e-01	0. 32e-01	0. 12	0. 33e-01	0. 16	0. 15
	(3. 47)***	(0. 89)	(2. 10)**	(0. 83)	(3. 57)***	(2. 39)***
OPERATIVE	0. 10e-01	0. 12	0. 77e-01	0. 69e-01	0. 13	0. 16
	(3. 81)***	(4. 02)***	(1. 18)	(1. 72)*	(3. 12)***	(2. 43)***
CRAFT	0. 20	0. 19	0. 29	0. 18	0. 23	0. 25
	(7. 74)***	(6. 97)***	(3. 75)***	(4. 66)***	(5. 01)***	(3. 98)***
SERVICE	0. 40e-01	0. 47e-01	0. 53e-01	0. 56e-02	0. 63e-12	0. 14
	(1. 49)	(1. 41)	(0. 87)	(0. 13)	(1. 48)	(2. 15)**
AGRINMIN	-0. 96e-01	-0. 89e-01	-0. 11	-0. 15	0. 14	-0. 12
	(2. 64)***	(2. 20)**	(1. 32)	(2. 92)***	(1. 88)*	(1. 53)
CONSTRUC	0. 10	0. 10	0. 11e-01	0. 85e-01	0. 14	0. 11
	(3. 86)***	(3. 56)***	(0. 13)	(2. 43)***	(2. 98)***	(1. 64)
TRANSPORT	0. 32e-01	0. 78e-02	0. 85e-01	0. 47e-02	0. 90e-01	0. 23e-01
	(1. 30)	(0. 27)	(1. 91)*	(0. 13)	(2. 14)**	(0. 39)
WHOLESALE	-0. 20	-0. 19	-0. 19	-0. 21	-0. 20	-0. 17
	(10. 14)***	(7. 46)***	(5. 79)***	(7. 61)***	(5. 24)***	(3. 46)***
FINANCE	0. 42e-01	0. 61e-01	0. 35e-01	0. 58e-01	0. 36e-01	0. 23e-02
	(1. 54)	(1. 52)	(0. 90)	(1. 57)	(0. 70)	(0. 04)
BUSINESS	-0. 33e-01	-0. 79e-01	0. 49e-01	-0. 17e-01	0. 50e-01	-0. 25e-01
	(1. 35)	(2. 61)**	(1. 17)	(0. 50)	(1. 20)	(0. 40)
PERSERV	-0. 29	-0. 22	-0. 31	-0. 35	-0. 22	-0. 21
	(9. 99)***	(4. 88)***	(7. 50)***	(8. 52)***	(4. 52)***	(2. 83)***
PROFSERV	-0. 78e-01	-0. 13e-01	-0. 42e-01	-0. 79e-01	-0. 75e-01	-0. 73e-01
	(3. 83)***	(4. 25)***	(1. 32)	(2. 82)***	(1. 99)**	(1. 43)
PUBADMIN	0. 40e-01	-0. 13e-01	-0. 10	0. 20	0. 85e-01	-0. 15e-01
	(1. 49)	(0. 36)	(2. 48)***	(0. 51)	(1. 94)*	(0. 23)
INTERCEPT	1. 04	0. 97	-0. 31	0. 71	0. 99	2. 01
	(4. 06)***	(2. 27)**	(0. 64)	(1. 78)*	(2. 02)**	(3. 56)***
观测总量	6235	3275	2960	3353	1726	1156
F	F[36,6198]	F[35,3239]	F[35,2924]	F[34,3318]	F[34,1691]	F[34,1121]
	129. 05***	62. 80***	64. 86***	71. 70***	68. 93***	19. 65***
R^2	0. 43	0. 40	0. 43	0. 42	0. 44	0. 37

注释：* 信心水平为 0. 1 时，该值在统计学上与 0 差值显著。

** 信心水平为 0. 05 时，该值在统计学上与 0 差值显著。

*** 信心水平为 0. 01 时，该值在统计学上与 0 差值显著。

表 4　汇总表：积极性、人力资本和工资（r－统计在括号中）和［F－统计数据在方括号中］ 126

变量名称	所有数据	男性	女性	白人	黑人	西班牙裔
M	−0.43e−01	−0.14e−01	0.78e−01	0.14e−02	−0.59e−01	−0.12e−01
	(1.25)	(0.24)	(1.43)	(0.03)	(0.91)	(1.75)*
EDUC	0.15e−01	0.40e−01	0.24e−01	0.30e−01	0.17e−01	0.22e−01
	(0.98)	(1.71)*	(1.04)	(1.27)	(0.56)	(0.67)
TENURE	0.71	0.44	0.96	1.08	0.27	0.58
	(4.05)***	(1.74)*	(3.83)**	(3.96)***	(0.97)	(1.41)
EXP	0.26	−0.71e−01	1.39	0.60	0.59	−0.34
	(1.28)	(0.28)	(4.31)***	(1.93)**	(0.18)	(0.68)
AFQT	0.27e−02	0.28e−02	0.76e−02	0.97e−03	0.39e−02	0.45e−02
	(1.98)**	(1.39)	(3.41)***	(3.41)***	(1.12)	(1.13)
M * EDUC	0.47e−02	0.13e−02	0.49e−02	0.27e−02	0.43e−02	0.85e−02
	(1.91)*	(0.36)	(1.40)	(0.72)	(0.87)	(1.66)*
M * TENURE	0.29e−01	0.56e−01	−0.81e−02	−0.26e−01	0.10	0.43e−01
	(1.02)	(1.37)	(0.20)	(0.59)	(2.17)**	(0.65)
M * EXP	0.51e−01	0.91e−01	−0.70e−01	0.65e−02	0.85e−02	0.10
	(1.71)*	(2.07)**	(1.61)	(0.14)	(1.79)*	(1.41)
M * AFQT	−0.40e−04	−0.43e−04	−0.43e−03	0.22e−03	−0.33e−04	−0.47e−03
	(0.19)	(0.14)	(1.35)	(0.71)	(0.06)	(0.77)
$\frac{\partial(w)}{\partial(EDUC)}=\gamma_1+(\overline{M})\varphi_1$	0.44e−01	0.48e−01	0.55e−01	0.47e−01	0.41e−01	0.30e−01
	F[1,6198]	F[1,3239]	F[1,2924]	F[1,3318]	F[1,16911]	F[1,1121]
	152***	91***	76***	87***	36***	13***
$\frac{\partial(w)}{\partial(EXP)}=\gamma_2+(\overline{M})\varphi_2$	0.57	0.49	0.96	0.63	0.57	0.28
	F[1,6198]	F[1,3239]	F[1,2924]	F[1,3318]	F[1,3318]	F[1,1121]
	102***	33***	70***	64***	27***	4***
$\frac{\partial(w)}{\partial(TEN)}=\gamma_3+(\overline{M})\varphi_3$	0.89	0.79	0.91	0.92	0.88	0.84
	F[1,6198]	F[1,3239]	F[1,2924]	F[1,3318]	F[1,3318]1	F[1,1121]
	510***	198***	255***	265***	71***	76***
$\frac{\partial(w)}{\partial(AFQT)}=\gamma_4+(\overline{M})\varphi_4$	0.25e−02	0.28e−02	0.51e−02	0.22e−02	0.38e−02	0.16e−02
	F[1,6198]	F[1,3239]	F[1,2924]	F[1,3318]	F[1,1691]	F[1,1121]
	55***	24***	53***	24***	28***	4***
$\frac{\partial(w)}{\partial(M)}=\phi_1+\varphi_1(\overline{EDUC})$	0.06	0.48e−01	0.10	0.45e−01	0.39e−01	0.12e−01
$+\varphi_2(\overline{TEN})+\varphi_3(\overline{EXP})$	F[1,6198]	F[1,3239]	F[1,2924]	F[1,3318]	F[1,1691]	F[1,1121]
$+\varphi_4(\overline{AFQT})$	32***	14***	37***	19***	8***	0.4*
观测总量	6235	3275	2960	3353	1726	1156

注释：* 当信心水平为 0.1 时，该值在统计学上与 0 差值显著。

** 当信心水平为 0.05 时，该值在统计学上与 0 差值。

*** 当信心水平为 0.01 时，该值在统计学上与 0 差值。

积极性和人力资本—工资关系：遗漏变量偏差的证据？

在现有工资确定研究中，积极性是一个遗漏变量，其估计的工资方程形式通常是

$$w_i = (HC_i)\lambda + (X_i)\pi + \varsigma_i \tag{5.2}$$

其中 HC_i 和 X_i 的定义已在前文中给出。根据这一规格，积极性是干扰项ς_i的一个组成部分，而额外的教育积累对工资的影响是

$$\frac{\partial(w)}{\partial(EDUC)} = \lambda_1 \tag{5.3}$$

如果教育积累和当前积极性相关，则积极性对工资的部分影响是源于教育。鉴于我们指定的工资模型，

$$w_i = \phi(M_i) + (HC_i)\gamma + (HC_i \times M_i)\varphi + (X_i)\beta + \varepsilon_i \tag{4.1}$$

γ_1 的估计值（即当 $EDUC * M$ 也出现在工资方程中时 EDUC 的直接系数）可能小于通过估计等式（5.2）生成的 λ_1 的现有估计值，因为积极性在等式（4.1）中直接受到控制，但是并不在等式（5.2）中受到控制。

另外，根据从等式（4.1）导出的等式（5.1），积极性更强者的工资受教育的影响更大。当积极性是一个遗漏变量时，教育对工资的部分贡献$(\bar{M})\varphi_1$被忽略了。因此，通过估计等式（4.1）$\hat{\gamma}_1 + (\bar{M})\hat{\varphi}_1$而得出的教育对工资的总影响可能超过或低于教育对实际工资影响的现有估计$\hat{\lambda}_1$，由于我们预设$\hat{\gamma}_1 < \hat{\lambda}_1$、$(\bar{M})\hat{\varphi}_1 > 0$，这一估计值由估计等式（5.2）产生。

128 若直接衡量积极性，更大的人力资本对一个人实际工资的影响估计将会受到影响。为衡量这一手段的影响，我们重新估算（4.1）时衡量了能力而非积极性，从而估计一个“老一套的”工资等式，如（5.2）。这产生了人力资本形式与工资之间关系的四种基线估计（即$\hat{\lambda}_1, \hat{\lambda}_2, \hat{\lambda}_3, \hat{\lambda}_4$）。一旦将能力纳入卡德（1995）年的研究重点$\hat{\lambda}_1$中时，额外一年正式教育的回报估计对于我们样本中的普通人来说是4%。在1993年，国家青年人长期追踪调查项目的受访者年龄只有28～36岁，这就是我们报告的学校教育回报

相对较低的原因。林奇（1992）和毛姆（1995）利用国家青年人长期追踪调查项目的横截面数据得到的教育回报也相类似。

拥有积极性水平数据后，我们比较了$\hat{\lambda}_1$的估计值和通过公式（4.1）估计产生的总系数$\hat{\gamma}_1+(\bar{M})\hat{\varphi}_1$，$\hat{\gamma}_2+(\bar{M})\hat{\varphi}_2$，其结果在表5中展示。

这一结果非常引人注目：当估算的工资方程中包含一定程度的积极性时，更大的人力资本对实际工资的估计影响几乎都会增加。对于样本中的普通人，如果将积极性对工资的贡献计入$\hat{\gamma}_1+(\bar{M})\hat{\varphi}_1>\hat{\lambda}_1$，则更高的教育水平对实际工资的影响要增大10%。因此可以认为，现有的估计低估了人力资本对工资的贡献。[15]我们认为这说明当使用实证研究来探讨学校教育对与能力相关的个人工资的影响时，研究将继续受到遗漏变量偏差的影响。

对表4的研究表明，每个数据集中的普通人积极性越强，其工资就显著更高。因此，我们提供的证据与经济学家长期以来的怀疑相一致：在其他条件不变的情况下，更具积极性者更具生产力。[16]此外，我们提供了一些证据表明，积极性对实际工资有着显著贡献，对于累积了更多各种形式的人力资本的个体来说，这一贡献更大。

由于数据按性别分类，我们可以提供证据说明更强的积极性引发的工资回报是否对性别敏感。在研究这些研究结果之前有必要扩展工资确定理论模型即等式（5.1），让这一模型涵盖与性别相关的因素。这样，扩展的工资决定模型可以用来产生一个假设，即当男性和女性的积极性提高相同水平时，他们是否可能经历相同的工资增长。

设想一家公司向其工人支付实际工资为w（等于其净预期边际产出NMP^{ε}）。下标M指男性劳动者，而下标F指女性劳动者。无下标的M代表积极性。 129

$$w_M=NMP^{\varepsilon}_M, \quad (5.3)$$

和

$$w_F=NMP^{\varepsilon}_F, \quad (5.4)$$

一个人的NMP^{ε}等于MP^{ε}（他们不受家庭责任干扰的预期边际产出）减去

R^{ε}（雇主认为由于家庭责任限制导致的生产力下降）。

表 5 汇总表：在将积极性作为估计工资方程中的遗漏变量时，和将积极性包括在估计工资方程中时，人力资本对工资的影响

变量名称	估计等式	所有数据	男性	女性	白人	黑人	西班牙裔
EDUC	MOTIVATION OMITTED	0.040	0.043	0.035	0.043	0.039	0.029
	MOTIVATION INCLUDED	0.044	0.048	0.055	0.047	0.041	0.030
	% DIFFERENCE	10%	11.6%	57.1%	9.3%	5.1%	3.4%
	TENURE MOTIVATION OMITTED	0.86	0.77	0.85	0.89	0.85	0.82
	MOTIVATION INCLUDED	0.89	0.79	0.91	0.92	0.88	0.84
	% DIFFERENCE	3.5%	2.5%	7.1%	3.4%	3.5%	2.4%
EXP	MOTIVATION OMITTED	0.43	0.32	0.45	0.49	0.39	0.27
	MOTIVATION INCLUDED	0.57	0.49	0.99	0.63	0.57	0.28
	% DIFFERENCE	32.5%	53.1%	113.3%	28.6%	46.1%	3.7%
AFQT	MOTIVATION OMITTED	0.0021	0.0018	0.0023	0.0016	0.0032	0.0017
	MOTIVATION INCLUDED	0.0025	0.0028	0.0051	0.0022	0.0038	0.0016
	% DIFFERENCE	19%	55.5%	121.7%	37.5%	18.7%	-0.6%

因此，对于第 i 个人差异百分数 =［（包括积极性的总系数）-（不包括积极性的系数）］/（不包括积极性的系数）×100%

130 $$NMP_i^{\varepsilon} = MP_i^{\varepsilon} - R_i^{\varepsilon} \tag{5.5}$$

我们假设劳动力的“无限制”预期边际生产率对不同性别的劳动者是一样的 $MP_M^{\varepsilon} = MP_F^{\varepsilon}$。此外，我们假设雇主认为只有女性员工面临与家庭相关的生产力限制。雇主认为女性在工作期间若遇到打杂、照顾患儿以及家庭管理事务等相关任务需求出现，就会去承担这些任务及与之相关的其他任务 $R_M^{\varepsilon}=0$ 和 $R_F^{\varepsilon}>0$。因此，鉴于这种工资确定的模式以及被施加的社会约束，女性劳动者挣得的工资要低于同等能力男性劳动者 $w_M > w_F$，$R_F^{\varepsilon}>0$，因为：

$$w_M=(NMP^{\varepsilon}_M=MP^{\varepsilon}_M=MP^{\varepsilon}_F) \tag{5.6}$$

$$w_F=(NMP^{\varepsilon}_F=MP^{\varepsilon}_F-R^{\varepsilon}_F) \tag{5.7}$$

更强的积极性预计会将第 i 位劳动者的生产力提高$MP^{\varepsilon'}_i>MP^{\varepsilon}_i$；并且这种提高预计男性和女性劳动者相等，导致$MP^{\varepsilon'}_M>MP^{\varepsilon'}_F$；但是我们猜想，若女性工作者的积极性更强，雇主可能认为她们在传递一种信号[17]：积极性更强的女性员工要么忽视家庭责任，要么将家庭责任转移给配偶、别的家庭成员或她们的雇员$\frac{\partial(R^{\varepsilon}_F)}{\partial(M_F)}<0$。为了简洁说明，假设更强的积极性让雇主打消了“家庭责任似乎降低了生产力”的想法$R^{\varepsilon}_F=0$。

因此，在积极性增长相同程度之后，同等条件的男性和女性工人获得相同的工资

$$w'_M=(NMP^{\varepsilon'}_M=MP^{\varepsilon'}_M=MP^{\varepsilon'}_F) \tag{5.8}$$

$$w'_F=(NMP^{\varepsilon'}_F=MP^{\varepsilon'}_F) \tag{5.9}$$

更强的积极性为男女劳动者带来的时薪增加值是

$$(w'_M-w_M)=(MP^{\varepsilon'}_M-MP^{\varepsilon}_M) \tag{5.10}$$ 131

$$(w'_F-w_F)=(MP^{\varepsilon'}_F-MP^{\varepsilon}_F)+R^{\varepsilon}_F \tag{5.11}$$

因此当积极性提高相同程度时，女性劳动者比男性劳动者获得更高的工资收益，因为与家庭责任相关的预期生产力下降将不会降低她们的工资。

$$(w'_F-w_F)-(w'_M-w_M)=R^{\varepsilon}_F>0 \tag{5.12}$$

更强的积极性给女性带来的工资回报是同等条件男性的两倍（见表 4）。积极性每增强 10%，样本中的普通女性工资便增加 1%，而普通男性工资仅增加 0.5%。因此，我们提供的证据与假设一致，即“由于积极性既提高了生产率，又向雇主发出信号，减弱了雇主‘女性生产力由于家庭责任而较低’的想法，因此女性因积极性而获得的经济回报高于男性”。

如果每个劳动者都表现出更强的积极性，那么普通女性的工资涨幅会

高于普通男性。然而，男女工资差距将持续存在，因为在积极性相同时，样本中的普通女性每小时收入仍比同类男性低18%。

六、积极性和其他劳动力市场结果

参与、满意度、培训、离职和积极性

积极性可能会影响除工资外的种种劳动力市场结果。积极性更强者更不愿加入劳动力队伍，并且即便就业他们也不太可能参加在职培训项目。由于一个人找到理想工作的有效性可能取决于他们的积极性水平，因此积极性更强者更可能对自己的工作表示满意。

一方面，积极性更高者可能会为了进步而“求职”或更频繁地换工作，从而导致高离职率。另一方面，如果积极性更高者对自己的工作倾向于满意态度，他们就有动力留在现任雇主那里。此外，雇主可能会试图留住积极性更高者。因此，尚不清楚更强的积极性是否会刺激或抑制人的离职倾向。

132 为了检验“积极性对劳动力参与、工作满意度、参与工作相关的培训以及更换工作的可能性的影响”这一假设，我们设置了以下模型：

$$OUT_i = \alpha(M_i) + (HC_i)\psi + (X_i)\theta + \mu_i \tag{6.1}$$

因变量向量 OUT_i 由 4 种不同劳动力市场结果的衡量方式组成：目前的劳动力参与度、参加工作相关的培训项目、对工作的满意程度和工作依赖度。

我们对上述 4 种劳动力市场结果中的每一种都单独进行等式（6.1）估算。这 4 个模型用整个数据集估算，然后按性别和种族/族裔分别估算。表6 至表 9 列出了每种估计模型的完整结果。表 10 总结了积极性对除工资以外的劳动力市场结果的影响。

表6 概率单位估计：劳动参与（t统计数据在括号中）

变量名称	所有数据	男性	女性	白人	黑人	西班牙裔
M	0.14	0.22	0.99e-01	0.13	0.15	0.14
	(10.81)***	(10.12)***	(5.77)***	(5.96)***	(7.05)***	(4.71)***
EDUC	0.42e-01	0.54e-01	0.30e-01	0.14e-01	0.97e-01	0.3le-02
	(3.79)***	(2.69)***	(2.19)**	(0.84)	(4.51)***	(0.15)
EXP	0.98	1.27	0.87	0.36	1.80	1.24
	(9.41)***	(7.00)***	(6.33)***	(2.31)**	(9.44)***	(5.28)***
AFQT	0.60e-02	0.66e-02	0.61e-02	0.71e-02	0.61e-02	0.77e-02
	(5.80)***	(3.56)***	(4.68)***	(4.96)***	(2.72)***	(3.18)***
MALE	0.56			0.83	0.19	0.60
	(13.62)***			(12.34)***	(2.75)***	(6.51)***
BLACK	-0.18e-01	-0.39	0.17			
	(0.35)	(4.36)***	(2.51)***			
HISPANIC	0.43e-01	-0.18	0.10			
	(0.77)	(1.80)*	(1.45)			
MARRIED	0.21	0.53	0.61e-01	0.14e-01	0.46	0.28
	(4.95)***	(6.81)***	(1.16)	(0.21)	(5.93)***	(3.16)***
KIDS	-0.13	-0.70e-02	-0.21	-0.17	-0.88e-01	-0.12
	(8.26)***	(0.26)	(10.70)***	(6.76)***	(3.66)***	(3.76)***
SMSA	-0.84e-01	-0.70e-01	-0.9% -01	-0.13	-0.71e-01	-0.7% -01
	(1.65)*	(0.77)	(1.56)	(1.86)*	(0.78)	(0.52)
INTERCEPT	-0.95	-1.13	-0.33	-0.17	-1.91	-0.72
	(6.33)***	(4.36)***	(1.80)*	(0.74)	(6.77)***	(2.28)**
观察案例数	7424	3595	3829	3796	2213	1415
似然函数对数	-2730	-833	-1812	-1156	-943	-555
卡方检验	1070***	492***	476***	424***	446***	237***
[自由度]	[10]	[9]	[9]	[8]	[8]	[8]

注释：* 信心水平为0.1时，该值在统计学上与0差值显著。

** 信心水平为0.05时，该值在统计学上与0差值显著。

*** 信心水平为0.01时，该值在统计学上与0差值显著。

134 表7 概率单位估计：参与在职培训（t统计数据在括号内）

变量名称	所有数据	男性	女性	白人	黑人	西班牙裔
M	0.46e-01	0.75e-01	0.19e-01	0.33e-01	0.49e-01	0.84e-01
	(2.30)**	(2.40)***	(0.70)	(1.21)	(1.26)	(1.70)*
EDUC	0.23e-01	0.34e-01	0.12e-01	0.32e-01	0.20e-01	-0.46e-02
	(1.74)*	(1.77)*	(0.65)	(1.77)*	(0.70)	(0.16)
TENURE	0.48	0.39	0.52	0.22	0.79	0.71
	(2.94)***	(1.58)	(2.26)**	(0.99)	(2.52)***	(1.88)*
EXP	0.22	0.40	0.40	-0.25e-01	0.48	0.46
	(1.33)	(0.16)	(1.69)*	(0.92)	(1.54)	(1.22)
AFQT	0.35e-02	0.49e-02	0.20e-02	0.32e-02	0.34e-02	0.50e-02
	(3.09)***	(3.07)***	(1.18)	(2.08)**	(1.45)	(1.89)*
EST SIZE	0.17e-01	0.90e-02	0.28e-01	0.21e-01	0.11e-01	0.37e-02
	(1.93)*	(0.75)	(2.07)**	(1.96)**	(0.60)	(0.11)
MUL LOC	0.29	0.32	0.24	0.27	0.25	0.46
	(4.55)***	(3.38)***	(2.68)***	(3.11)***	(1.82)*	(3.02)***
LG MUL LOC	0.35	0.39	0.31	0.45	0.33	0.66
	(6.33)***	(5.01)***	(3.94)***	(5.96)***	(2.93)***	(0.52)
UNION	0.13	0.13	0.10	0.21	-0.85e-02	0.11
	(2.17)**	(1.58)	(1.21)	(2.54)***	(0.82)	(0.80)
SMSA	-0.59e-01	-0.14	0.16e-01	-0.10	0.93e-01	-0.13e-01
	(0.95)	(1.63)	(0.18)	(1.38)	(0.63)	(0.07)
MARRIED	0.97e-01	0.17	0.26e-01	0.12	0.78e-01	0.49e-01
	(1.98)**	(2.29)**	(0.38)	(1.76)*	(0.85)	(0.43)
KIDS	0.51e-02	-0.14e-01	0.34e-01	0.16e-02	0.28e-01	0.12e-03
	(0.25)	(0.48)	(1.16)	(0.06)	(0.76)	(0.00)
MALE	-0.47e-01			0.16e-01	-0.63e-01	-0.21e-01
	(0.93)			(0.23)	(0.64)	(1.67)*
BLACK	0.89e-01	0.11	0.60e-01			
	(1.41)	(1.22)	(0.67)			
HISPANIC	0.95e-01	0.32	0.14			
	(1.49)	(0.34)	(1.53)*			
PROFESSION	0.39	0.22	0.50	0.33	0.30	1.25
	(3.06)***	(1.45)	(1.81)*	(1.81)*	(1.31)	(2.85)***
MANAGER	0.42	0.36	0.41	0.40	0.46	1.00
	(3.34)***	(2.41)***	(1.47)*	(2.23)***	(2.03)**	(2.26)**
SALES	0.42	0.43	0.34	0.39	0.24	1.26
	(2.71)***	(2.29)**	(1.09)	(1.85)*	(0.80)	(2.56)***
CLERICAL	0.27	0.21	0.28	0.37	-0.17e-01	0.94
	(2.23)**	(1.32)	(1.02)	(2.06)**	(0.08)	(2.17)**

续表

变量名称	所有数据	男性	女性	白人	黑人	西班牙裔
OPERATIVE	0.12e-01	0.25e-01	-0.33e-01	0.11	-0.32	0.69
	(0.09)	(0.17)	(0.11)	(0.58)	(1.50)	(1.54)
CRAFT	0.22	0.17	0.56	0.34	-0.33	0.87
	(1.74)*	(1.18)	(1.73)*	(1.92)*	(1.29)	(2.00)**
SERVICE	0.33	0.46	0.18	0.38	0.28e-1	1.16
	(2.58)***	(2.98)***	(0.65)	(2.01)**	(0.14)	(2.64)***
AGCONTR	0.14e-01	0.13e-01	0.14	0.10e-2	0.72e-1	-0.10
	(0.17)	(0.13)	(0.89)	(0.01)	(0.43)	(0.49)
WHOLESALE	-0.17	-0.43	0.30	-0.92e-01	-0.37	-0.29
	(2.04)**	(0.39)	(2.14)**	(0.84)	(1.87)*	(1.38)
FINANCE	0.15	0.49	0.29	0.23	0.13	40.16
	(1.45)	(0.32)	(1.99)**	(1.77)*	(0.59)	(0.62)
BUSINESS	0.17e-1	0.13	0.16	0.54e-2	-0.28	0.21
	(0.16)	(0.90)	(0.98)	(0.04)	(1.24)	(0.87)
PERSERV	0.22	-0.31	-0.12	-0.12	-0.35	-0.40
	(1.56)	(1.34)	(0.64)	(0.64)	(1.24)	(1.21)
PROFSERV	0.57e-01	0.40e-01	0.77e-01	0.90e-01	0.11e-01	-0.59e-01
	(0.70)	(0.34)	(0.62)	(0.84)	(0.07)	(0.30)
PUBADMIN	0.23	0.25	0.23	0.20	0.22	0.23
	(2.39)***	(1.90)*	(1.46)	(1.42)	(1.15)	(0.98)
INTERCEPT	-2.89	-3.19	-2.62	-2.86	-2.73	-3.39
	(11.70)***	(8.97)***	(6.46)***	(8.26)***	(5.62)***	(5.16)***
观察案例数	6235	3275	2960	3353	1726	1156
似然函数对数	-2000	-970	-1007	-1093	-518	-360
卡方检验	443***	280***	201***	240***	162***	97***
[自由度]	[29]	[28]	[28]	[27]	[27]	[27]

注释：* 信心水平为 0.1 时，该值在统计学上与 0 差值显著。

** 信心水平为 0.05 时，该值在统计学上与 0 差值显著。

*** 信心水平为 0.01 时，该值在统计学上与 0 差值显著。

观察表 6 可发现，积极性更强者更有可能参加工作。在劳动力参与等式中纳入积极性，证实了拥有更多人力资本的人更有可能参加工作。当积极性不变时，有孩子需要抚养的人更可能会去工作或寻找工作。

积极性变强的劳动者和人力资本较多者更有可能参加正式的在职培训项目（表 7）。随着教育、任职时间或学术知识积累（武装部队资格考试）

136 **表8 概率单位估计：离职（t－统计数据在括号中）**

变量名称	所有数据	男性	女性	白人	黑人	西班牙裔
M	－0.43e－01	－0.55e－01	－0.28e－01	－0.24e－01	－0.43e－01	－0.86e－01
	(2.88)***	(2.56)***	(1.28)	(1.13)	(1.53)	(2.52)**
EDUC	－0.84e－02	－0.82e－02	－0.89e－02	－0.75e－02	－0.28e－01	0.68e－02
	(0.76)	(0.52)	(0.56)	(0.50)	(1.17)	(0.29)
TENURE	－3.15	－3.29	－2.99	－3.03	－3.83	－2.71
	(21.90)***	(15.58)***	(14.57)***	(15.25)***	(13.38)***	(8.25)***
EXP	－0.96	－1.02	－0.91	－0.94	－1.09	－0.79
	(7.87)***	(5.66)***	(5.10)***	(5.41)***	(4.81)***	(2.77)***
AFQT	－0.11e－02	－0.28e－02	－0.94e－03	－0.16e－02	－0.15e－02	0.57e－03
	(1.10)	(2.14)**	(0.66)	(1.29)	(0.74)	(0.25)
EST SIZE	－0.14e－01	－0.11e－02	－0.34e－01	－0.28e－01	0.26e－02	0.30e－02
	(1.19)	(0.07)	(1.69)*	(1.49)	(0.12)	(0.09)
MUL LOC	－0.82e－01	－0.44e－01	－0.11	－0.83e－01	－0.48e－01	－0.12
	(1.78)*	(0.69)	(1.60)	(1.32)	(0.53)	(1.15)
LGMUL LOC	－0.13	－0.12	－0.13	－0.87e－01	－0.25	－0.93e－01
	(2.69)***	(1.74)*	(1.94)*	(1.28)	(2.72)***	(0.84)
UNION	－0.12	－0.13	－0.11	－0.14	－0.71e－01	－0.14
	(2.32)**	(1.79)*	(1.43)	(1.68)*	(0.79)	(1.19)
SMSA	0.13	0.16	0.11	0.69e－01	0.39	－0.51e－01
	(2.72)***	(2.33)***	(1.54)	(1.15)	(3.82)***	(0.32)
MARRIED	－0.13	－0.18	－0.57e－01	－0.18	0.21e－01	－0.16
	(3.26)***	(3.25)***	(1.02)	(3.35)***	(0.28)	(1.84)*
KIDS	0.19e－01	0.11e－01	0.38e－01	0.15e－01	0.15e－01	0.34e－01
	(1.21)	(0.52)	(1.61)	(0.61)	(0.53)	(0.99)
MALE	－0.68e－01			－0.48e－01	－0.15	－0.55e－01
	(1.60)			(0.81)	(1.84)*	(0.54)
BLACK	0.72e－01	0.18e－02	0.14			
	(1.43)	(0.03)	(1.95)*			
HISPANIC	－0.24e－01	－0.42e－01	－0.13e－02			
	(0.45)	(0.58)	(0.02)			
PROFESSION	－0.20	－0.16	－0.15	－0.15	－0.67e－01	－0.46
	(2.14)**	(1.33)	(0.75)	(1.14)	(0.37)	(2.12)**
MANAGER	－0.92e－01	－0.11	0.69	－0.17e－01	－0.14	－0.15
	(1.02)	(1.05)	(0.35)	(0.14)	(0.73)	(0.72)
SALES	－0.11	－0.16	0.76e－01	－0.11	0.29	－0.24
	(0.98)	(1.08)	(0.34)	(0.71)	(1.16)	(0.89)
CLERICAL	－0.15	－0.63e－01	－0.81e－01	－0.21e－01	－0.15	－0.34
	(1.71)*	(0.51)	(0.44)	(0.17)	(0.99)	(1.74)*

续表

变量名称	所有数据	男性	女性	白人	黑人	西班牙裔
OPERATIVE	-0.18	-0.20	-0.44e-01	-0.82e-01	-0.32	-0.22
	(2.15)**	(2.09)**	(0.22)	(0.64)	(2.23)**	(1.13)
CRAFT	-0.15	-0.13	-0.14	-0.33e-01	-0.22	-0.26
	(1.76)*	(1.40)	(0.57)	(0.28)	(1.39)	(1.37)
SERVICE	-0.72e-02	-0.39e-02	-0.20e-02	0.87e-01	-0.12	-0.24
	(0.83)	(0.35)	(0.01)	(0.67)	(0.83)	(1.19)
AGCONTR	-0.52e-01	-0.23e-01	-0.15e-01	-0.96e-01	-0.81e-01	-0.19
	(0.80)	(0.30)	(1.16)	(1.08)	(0.64)	(1.22)
WHOLESALE	0.35e-01	0.26e-01	0.3% -01	0.77e-02	0.62e-01	0.62e-02
	(0.52)	(0.30)	(0.36)	(0.09)	(0.46)	(0.04)
FINANCE	-0.19	-0.20	-0.20	-0.22	-0.39	0.15e-02
	(2.09)**	(1.44)	(1.55)	(1.77)*	(2.05)**	(0.01)
BUSINESS	0.11	0.65e-01	0.19	0.12	0.63e-01	0.69e-01
	(1.42)	(0.64)	(1.44)	(1.12)	(0.42)	(0.36)
PERSERV	-0.40e-01	0.65e-01	0.24e-01	-0.43e-01	-0.86e-01	0.31
	(0.43)	(0.44)	(0.18)	(0.33)	(0.49)	(1.36)
PROFSERV	-0.17	-0.93e-01	-0.20	-0.52e-01	-0.36	-0.28
	(2.41)***	(0.89)	(1.89)*	(0.56)	(2.63)***	(1.66)*
PUBADMIN	-0.74	-0.83	-0.65	-0.64	-0.86	40.86
	(6.66)***	(5.27)***	(4.06)***	(3.99)***	(4.51)***	(3.16)***
INTERCEPT	-1.13	1.23	-0.79	0.97	1.46	1.32
	(6.17)***	(4.88)***	(2.58)***	(3.69)***	(3.99)***	(3.25)***
观察案例数	6102	3199	2903	3293	1690	1119
似然函数对数	-3200	-1634	-1554	-1687	-890	-594
卡方检验	1138***	621***	538***	524***	440***	196***
[自由度]	[29]	[28]	[28]	[27]	[27]	[27]

注释：* 信心水平为 0.1 时，该值在统计学上与 0 差值显著。

** 信心水平为 0.05 时，该值在统计学上与 0 差值显著。

*** 信心水平为 0.01 时，该值在统计学上与 0 差值显著。

的增加，数据集中的普通人参加正式在职培训项目的可能性同样显著增加。因此，我们提供的证据与“人力资本更多的人更有可能接受培训”这一观点一致。

使用白人雇员的工会会员资格作变量有一个明显的好处：他们更可能通过正式的工作相关培训项目而获得技能。一个引人注目的发现是，受雇于经营场所多的大公司雇员更有可能参加正式的在职培训项目。通过正式的在职培训项目，黑人和西班牙裔员工与同等白人员工具有学习技能的同等可能性。

样本中积极性更强的普通人对工作的依赖程度更高（表8）。积极性更强的男性或西班牙裔员工更依赖于他们当前工作。然而，样本整体中黑人或西班牙裔工人对其工作的平均依赖程度与普通白人雇员相同。同等条件的男女员工从当前工作中离职的可能性相同。在当前工作或其他工作中就职时间更长的劳动者、隶属工会的劳动者以及在经营场所多的大公司就职
133 的劳动者从当前工作中离职的可能性更低。

在就业人员中，积极性更强者反馈的工作满意度显著高于积极性较低的同类人（表9）。

拥有更多经验和任职时间以及积累了更多学术知识的劳动者，对工作的满意度要高于那些人力资本较少的劳动者。一个有趣的现象是，拥有工会会员身份的工作者对工作的满意度低于无工会会员身份的同等工作者。对此一个可能的解释是，工会提高了未获得会员身份者对工作质量的期望。

七、结论

本文提出积极性控制着人们获取人力资本的效率。因此，人力资本对生产率和工资的影响应该取决于积极性。如果这个假设是有效的，那么人力资本对工资贡献的现有估计（在数据导致限制条件下，计量经济学家观察不到积极性）可能存在偏差。使用国家青年人长期追踪调查项目的数据和心理学家提出的基于理论预测的积极性衡量方法，我们发现人力资本的工资回报取决于积极性，而这一回报在之前却被低估了。此外，我们提供的证据表明，积极性更强者获得的收入远远超过积极性较弱的同等条件的同事。我们还发现更强的积极性可以让人更愿意参与劳动、参加正式的在职培训、对工作依赖并对工作满意（这些影响的概论见表10）。

表 9　有序概率单位估计：工作满意度（t－统计数据在括号中） 138

变量名称	所有数据	男性	女性	白人	黑人	西班牙裔
M	0. 85e -01	0. 75e -01	0. 95e -01	0. 13	0. 38e -01	0. 65e -01
	(6. 98)***	(4. 36)***	(5. 52)***	(7. 34)***	(1. 69)*	(2. 32)**
EDUC	0. 60e -02	0. 22e -01	0. 55e -02	0. 33e -02	0. 11e -01	0. 22e -01
	(0. 67)	(1. 83)*	(0. 42)	(0. 27)	(0. 58)	(1. 16)
TENURE	0. 26	0. 37	0. 21	0. 31	0. 81e -01	0. 46
	(2. 47)***	(2. 44)***	(1. 43)	(2. 13)**	(0. 42)	(1. 85)*
EXP	0. 49	0. 57	0. 45	0. 52	0. 55	0. 39
	(4. 77)***	(3. 76)***	(3. 02)***	(3. 60)***	(2. 95)***	(1. 61)*
AFQT	0. 34e -02	-0. 47e -02	-0. 21e -02	-0. 30e -02	-0. 42e - -02	-0. 41e -02
	(4. 42)***	(4. 48)***	(1. 85)*	(3. 02)***	(2. 62)***	(2. 22)**
EST SIZE	0. 46e -02	-0. 45e -02	0. 16e -01	0. 51e -02	0. 64e -02	0. 37e -02
	(0. 61)	(0. 46)	(1. 30)	(0. 52)	(0. 46)	(0. 15)
MUL LOC	-0. 13	-0. 18	-0. 68e -01	-0. 17	0. 87e -02	-0. 18
	(3. 35)***	(3. 49)***	(1. 20)	(3. 23)***	(0. 12)	(2. 02)**
LG MUL LOC	0. 45e -01	0. 11	-0. 15e -01	0. 94e -01	-0. 37e -01	0. 71e -01
	(1. 19)	(2. 05)**	(0. 27)	(1. 78)*	(0. 51)	(0. 79)
UNION	-0. 13	-0. 13	-0. 13	-0. 14	-0. 94e -01	-0. 12
	(3. 17)***	(2. 31)**	(2. 16)**	(2. 27)**	(1. 35)	(1. 27)
SMSA	-0. 71e -01	-0. 56e -01	-0. 98e -01	-0. 63e -01	-0. 19	0. 23
	(1. 81)*	(1. 03)	(1. 70)*	(1. 31)	(2. 24)**	(1. 78)*
MARRIED	0. 13	0. 80	0. 17	0. 14	0. 11	0. 11
	(4. 12)***	(1. 76)*	(3. 66)***	(3. 07)***	(1. 80)*	(1. 50)
KIDS	0. 22e -01	0. 15e -01	0. 29e -01	0. 72e -01	-0. 14e -01	-0. 20e -01
	(1. 74)*	(0. 85)	(1. 50)	(3. 76)***	(0. 61)	(0. 72)
MALE	0. 36e -01			0. 54e -01	0. 86e -01	-0. 94e -01
	(1. 05)			(1. 14)	(1. 35)	(1. 12)
BLACK	-0. 74e -01	-0. 70e -01	43. 58e -01			
	(1. 80)*	(1. 23)	(0. 97)			
HISPANIC	0. 83e -01	0. 31e -01	0. 16			
	(1. 96)**	(0. 53)	(2. 50)***			
PROFESSION	0. 31	0. 31	0. 19	0. 35	0. 47	0. 16
	(4. 10)***	(3. 30)***	(1. 15)	(3. 25)***	(3. 13)***	(0. 92)
MANAGER	0. 38	0. 43	0. 22	0. 39	0. 32	0. 52
	(5. 00)***	(4. 73)***	(1. 33)	(3. 80)***	(2. 11)**	(2. 93)***

续表

变量名称	所有数据	男性	女性	白人	黑人	西班牙裔
SALES	0.54e-01	-0.86e-01	0.97e-01	0.12	-0.11	0.12
	(0.57)	(0.71)	(0.52)	(0.95)	(0.51)	(0.51)
CLERICAL	0.73e-01	-0.18e-01	-0.30e-01	0.19	0.10	-0.12
	(1.02)	(0.18)	(0.19)	(1.86)*	(0.78)	(0.75)
OPERATIVE	-0.89e-01	0.13e-01	-0.38	-0.12	0.37e--01	-0.22
	(1.27)	(0.16)	(2.20)**	(1.18)	(0.31)	(1.34)
CRAFT	0.20	0.24	0.67e-01	0.19	0.31	0.16
	(2.80)***	(3.20)***	(0.32)	(1.93)*	(2.31)**	(0.97)
SERVICE	0.47e-01	0.11	-0.13	0.14	0.77e-01	-0.11
	(0.66)	(1.23)	(0.80)	(1.28)	(0.62)	(0.64)
AGRINMIN	0.13	0.42e-01	0.47	0.20	0.23	0.15e-01
	(1.36)	(0.38)	(2.01)**	(1.55)	(1.03)	(0.08)
CONSTRUC	0.16	0.14	0.23	0.21	0.19	0.77
	(2.32)***	(1.83)*	(1.01)	(2.30)**	(1.35)	(0.45)
TRANSPORT	0.22	0.21	0.18	0.24	0.17	0.29
	(3.32)***	(2.59)***	(1.47)	(2.53)***	(1.42)	(1.91)*
WHOLESALE	0.37e-01	0.36e-02	0.33e-01	0.75e-01	-0.82e-01	0.80e-01
	(0.70)	(0.05)	(0.38)	(1.07)	(0.75)	(0.63)
FINANCE	0.11	0.29	-0.24e-01	0.15	0.29e-01	0.60e-01
	(1.53)	(2.60)***	(0.23)	(1.60)	(0.19)	(0.35)
BUSINESS	0.82e-01	0.15e-01	0.16	0.26e-01	0.30e-01	0.38
	(1.24)	(0.18)	(1.44)	(0.28)	(0.25)	(2.27)**
PERSERV	0.26	0.27	0.26	0.15	0.36	0.48
	(3.37)***	(2.19)**	(2.41)***	(1.42)	(2.43)***	(2.46)***
PROFSERV	0.28	0.25	0.26	0.26	0.26	0.37
	(5.02)***	(3.05)***	(3.09)***	(3.54)***	(2.33)***	(2.75)***
PUBADMIN	0.20	0.25	0.12	0.36	-0.57e-01	0.42
	(2.73)***	(2.54)***	(1.02)	(3.37)***	(0.45)	(2.40)***
观察案例数	6235	3275	2960	3353	1726	1156
似然函数对数	-6096	-3147	-2922	-3209	-1758	-1073
卡方检验	337***	177***	205***	219***	99***	92***
[自由度]	[31]	[30]	[30]	[29]	[29]	[29]

注释：* 信心水平为 0.1 时，该值在统计学上与 0 差值显著。

** 信心水平为 0.05 时，该值在统计学上与 0 差值显著。

*** 信心水平为 0.01 时，该值在统计学上与 0 差值显著。

表 10　汇总表：积极性对劳动力市场结果的影响（t 统计数据在括号中）（*） 140

	劳动力市场结果			
	劳动参与度	在职培训	离职	工作满意度
所有数据	0.14	0.46e-01	-0.43e-01	0.85e-01
	(10.81)***	(2.30)**	(2.88)***	(6.98)***
男性	0.22	0.75e-01	-0.55e-01	0.75e-01
	(10.12)***	(2.40)***	(2.56)***	(4.36)***
女性	0.99e-01	0.19e-01	-0.28e-01	0.95e-01
	(5.77)***	(0.70)	(1.28)	(5.52)***
白人	0.13	0.33e-01	-0.24e-01	0.13
	(5.96)***	(1.21)	(1.13)	(7.34)***
黑人	0.15	0.49e-1	-0.43e-01	0.38e-01
	(7.05)***	(1.26)	(1.56)	(1.69)*
西班牙裔	0.14	0.84e-1	-0.86e-01	0.65e-01
	(4.71)***	(1.70)**	(2.52)***	(2.32)***

注释：（*）表 10 显示了我们对积极性对 4 种不同劳动力市场结果的影响的估计：目前劳动参与度、参加工作相关的培训项目、对工作的满意程度和工作依赖。报告的系数来自我们估算的方程，用于解释表 6～表 9 中给出的结果，并在本文的第 6 节中讨论。

** 信心水平为 0.05 时，该值在统计学上与 0 差值显著。

*** 信心水平为 0.01 时，该值在统计学上与 0 差值显著。

致谢 143

作者非常感谢托尼·霍尔和斯图亚特·拳在讨论本文的各种观点时提供的宝贵意见和建议。我们还要感谢迈克尔·帕尔金，他对本文早期手稿提供的详尽评论使本文的呈现方式有了彻底的改变。本文的研究得益于劳动经济学研究的审稿人提出的建议。朱莉亚·莱恩也提供了有用的评论。戈德史密斯最初起草本研究时是澳大利亚黄金海岸邦德大学和新西兰惠灵顿维多利亚大学的经济学客座教授。这项研究得到了华盛顿和李大学的 R. E. 李夏季研究基金的支持。最后，本文观点仅代表作者，并不反映房地美（Freddie Mac）① 的政策或观点。

① 编者注：Freddie Mac，即联邦住房贷款抵押公司。

注释

1. 然而，有证据表明（戈德史密斯、毛姆和达里蒂，1996）自尊作为一种替代的心理结构对工资有直接影响。

2. 工资和边际产出之间存在分歧的原因有多种，包括歧视和回报增加。但是，我
141 们忽略了这些因素，使对标准边际主义理论的修正清晰。

3. 描述劳动、人类效率和心理熟练程度的边际产出的函数有良好的结果，其第一衍生物为正，第二衍生物为负。

4. 如果等式（2.2）由具有正交叉部分效应的一般形式指定，则我们将得到相同的定性结果。然而，线性化等式（2.2）以两种方式简化了这种表达方式。首先，它以更简单、更容易解释的方式显示了人力资本和积极性对工资的影响。其次，也是更重要的是，这些表达更加清晰地显示了人力资本的工资影响取决于积极性。

5. 有理论称积极性取决于需求的满足（马斯洛，1954）、目标设定（洛克，1968）、公平（亚当，1965）和期望（弗鲁姆，1964）。经济学家萨默斯（1988）、夏皮罗和斯蒂格利茨（1984）以及耶伦（1984）都认为，薪酬和“对失业的恐惧”会带来工作积极性。

6. 邓肯和邓尼芬（1998）论文的理论重点是关于“软技能”重要性的不断增长以及这些技能如何影响一个人的生产性。邓尼芬和邓肯（1998）在进行其概念性讨论时，将重点放在导致个人积极性的因素和衡量积极性的替代性心理测量方法的特点。这些文章中的实证研究使用了相同的数据，因此其结构类似。因此，我们选择简要讨论邓尼芬和邓肯（1998）的结论。

7. 国家青年人长期追踪调查项目的设计者在“简化版”的罗特试验中纳入了衡量个人控制力的项目。

8. 许多经济学家都对“将调查问题收到的个人估计结果构建成一种度量方法，这种度量方法可以准确地衡量积极性等心理结构”持怀疑态度。心理学家通过检测程度的3个特征来评估该程度的有效性，以测量控制点等心理结构：聚合效度、可靠性和稳定性。聚合效度与“一个替代的、用于衡量相同结构的尺度是否会产生类似的评估结果”相关联。当构成某一尺度的问题都能探究个人构成的类似或相关的特征时，这一尺度才是可靠的。只有通过在未来短时间内管理相同的尺度来产生类似的评估，才能认为尺度是稳定的。皮尔林等人（1981）发现掌控感尺度与其他用于测量控制点的

尺度密切相关。除了满足聚合效度的标准外，他们还发现这一尺度显示为内部一致，并且随着时间推移始终保持稳定。有关掌控感尺度有效性的详细讨论，请参见西曼（1991，第304～306页）。经济学家也倾向于厌恶使用自我报告的评估来进行人际比较（伊斯特林，1974）。有关经济学家提出的衡量方式和关于比较的问题的详细讨论，以及可以采取的解决这些问题的程序，请参阅达里蒂和戈德史密斯（1996a）和戈德史密斯、毛姆和达里蒂（1996b）。

9. 阿科尔洛夫（1982）、夏皮罗和施蒂格利茨（1984）以及耶伦（1984）等效率工资理论家都质疑“积极性可以被视为一个人工资方程中的外生变量”这一假设。效率工资假设认为，积极性和工资增加会互相影响，因此这种积极性是内生的。相对工资假设则表明，企业能够通过向工人支付工资溢价（对同等劳动支付比其他公司更高的工资）而提高其生产力。我们在戈德史密斯、毛姆和达里蒂（1999b）的文献中探讨了这个问题，其中我们估计了一个共同确定工资和积极性的模型。本文设计的劳动者积极性等式包括了劳动者收到的效率工资，这一效率工资的衡量方法是比较人们实际获得的工资与他们根据个人特征而预期获得的工资之间的差额。指定工资等式包含了人在皮尔林的掌控感尺度中的分数这一劳动者积极性衡量方式。我们发现，无论积极性是作为外生变量还是内生变量，其都是工资的重要决定因素。

10. 哈努谢克（1986）对关于个人能力测量及其对工资影响的文献进行了精彩的综述。 142

11. 参见戈德伯格和曼斯基（1995）对赫恩斯坦和默里（1994）的评估，特别是使用武装部队资格考试作为先天能力的测量。

12. 对于布莱克本和纽马克（1993）使用工具变量方法而对个人在工作周期的不同时刻的工资回报率进行估算的研究，卡德没有进行讨论。

13. 按照黑克曼（1979）的提议，我们运行了初步回归以解释“为了赚钱而工作”的可能性。该等式被估计为概率模型，并且所得系数用于构造（选择），即逆米尔斯比率。由于所有被认为是影响工作概率的变量也出现在工资等式中，因此我们依靠函数形式的差异来确定工资等式中的（选择）等式（4.1）。

14. 92%的离职是由于以下因素：离职后工资（406）、就业规模（358）、就业工资（298）、失业（145）、掌控感尺度（157）以及在过去开始或终止就业的日期（95）。最后一点需要用在计算任职时间的计算中。

15. 有证据表明$\hat{\gamma}<\hat{\lambda}$。例如，对于 EDUC 来说，

变量名称	所有数据	男性	女性	白人	黑人	西班牙裔
$\hat{\lambda}_1$	0.040	0.043	0.035	0.043	0.039	0.029
$\hat{\gamma}_1$	0.015	0.040	0.024	0.030	0.017	0.020

16. 我们的结论是，内部控制点更大的人（即更有积极性的个人）获得更高的工资，这与心理学家报告的“拥有更多内部控制点的人生产力更强”的证据一致。黑克豪森（1991）和库尔（1984）发现，控制力更强的人能够更好地专注于任务，这会增加他们对工作记忆的支配，并让他们在遇到障碍时更能坚持。克莱恩等（1976）也发现，由于认知缺陷，控制感低的人在解决问题时表现不佳。班杜拉（1989）和德维克（1991）报告说，具有更强控制感的人在策略选择、假设检验、问题解决和一般分析思维的模式上更有效。

17. 有关对于行动、信号和生产力的讨论，请参见斯宾塞（1973）。

参考文献

Adams, J. (1965). Inequity in social exchanges. In: L. Berkowitz (Ed.), *Advances in Experimental Social Psychology*. New York: Academic Press.

Akerlof, G. (1982). Labor contracts as partial gift exchange. *Quarterly Journal of Economics*, *97*(4), 543–569.

Altonji, J., & Spletzer, J. (1991). Worker characteristics, job characteristics, & the receipt of on-the-job training. *Industrial and Labor Relations Review*, *45*(1), 58–79.

Andrisani, P. (1978). *Work attitudes and labor market experience*. New York: Praeger.

Atkinson, J. (1964). *An Introduction to motivation*. Princeton: Van Nostrand.

Bandura, A. (1989). Human agency in social cognitive theory. *American Psychologist*, *44*(9), 1175–1184.

Bandura, A. (1986). *Social foundations of thought and action*. Englewood Cliffs, NJ: Prentice-Hall.

Bandura, A., & Cervone, D. (1983). Self-evaluative and self-efficacy mechanisms governing the motivational effects of goal systems. *Journal of personality and social psychology*, *45*(5), 1017–1028.

Baum, A., Fleming, R., & Reddy, D. (1986). Unemployment, stress, loss of control, reactance and learned helplessness. *Social Science Medicine*, *22*(5), 509–516.

Blackburn, M., & Neumark, D. (1993). Omitted-ability bias and the increase in the return to schooling. *Journal of Labor Economics*, *11*(3), 521–545.

Card, D. (1995). Earnings, schooling, and ability revisited. In: S. Polachek (Ed.), *Research in Labor Economics* (Vol. 14). Greenwich, CT: JAI Press.

Card, D., & Krueger, A. (1992). School quality and black-white relative earnings: a direct assessment. *Quarterly Journal of Economics*, *107*(1), 151–200.

Duncan, G., & Dunifon, R. (1998). Soft-Skills and Long-Run Labor Market Success. In: S. Polachek (Ed.), *Research in Labor Economics* (Vol. 17). Greenwich, CT: JAI Press.
Duncan, G., & Morgan, M. (1981). Sense of efficacy and changes in economic status – a comment on andrisani. *Journal of Human Resources, 16*(3), 649–657.
Dunifon, R., & Duncan, G. (1998). Long-run effects of motivation on labor-market success. *Social Psychology Quarterly, 61*(1), 33–48.
Dweck, C. (1990). Self-Theories and Goals: Their Role in Motivation, Personality, & Development. In: R. A. Dienstbier (Ed.), *Nebraska Symposium on Motivation*. Lincoln: University of Nebraska Press.
Easterlin, R. (1974). Does economic growth improve the human lot? some empirical evidence. In: P. A. David & M. W. Reder (Eds), *Nations and Households in Economic Growth – Essays in Honor of Moses Abramovitz*. New York: Academic Press.
Goldberger, A., & Manski, C. (1995). Review article: the Bell Curve by Herrnstein and Murray, *The Journal of Economic Literature, 33*(2), 762–776.
Goldsmith, A., Veum, J., & Darity, W., Jr. (1999a). Working hard for the money?: Efficiency wages and worker effort. *The Journal of Economic Psychology*, Forthcoming.
Goldsmith, A., Darity, W., Jr., & Veum, J. (1999b). Race, cognitive skills, psychological capital and wages. *The Review of Black Political Economy*, Forthcoming.
Goldsmith, A., Veum, J., & Darity, W., Jr. (1997). The impact of psychological and human capital on wages. *Economic Inquiry, 35*(4), 815–829.
Goldsmith, A., Veum, J., & Darity, W., Jr. (1996). The impact of labor force history on self-esteem and its component parts, anxiety, alienation and depression. *The Journal of Economic Psychology, 17*(2), 183–220.
Hanushek, E. (1986). The economics of schooling: production and efficiency in public schools. *Journal of Economic Literature, 24*(3), 1141–1177.
Harter, S. (1978). Effectance motivation reconsidered: toward a developmental model. *Human Development, 21*(1), 36–64.
Heckhausen, H. (1991). *Motivation and Action*. Berlin: Springer-Verlag.
Heckman, J. (1979). Sample selection bias as a specification error. *Econometrica, 47*(1) 153–162.
Heider, F. (1958). *Psychology of Interpersonal Relations*. New York: John Wiley.
Herrnstein, R. & Murray, C. (1994). *The Bell Curve: Intelligence and Class Structure in American Life*. New York: Basic Books.
Hetherington, E. (1972). Effects of father absence on personality development in adolescent daughters. *Developmental Psychology, 7*(3), 313–326.
Hill, M., Augustyniak, S., Duncan, G., Gurin, G., Gurin, P., Liker, J., Morgan, J., & Ponza, M. (1985). *Motivation and Economic Mobility*. Ann Arbor: Institute for Social Research.
Jacobs, H., Prentice-Dunn, S., & Rogers, R. (1984) Understanding persistence: an interface of control theory and self-efficacy theory. *Basic and Applied Social Psychology, 5*(4), 333–347.
Johnson, B., & Kilmann, P. (1975). Locus of control and perceived confidence in problem solving abilities. *Journal of Clinical Psychology, 31*(1), 54–55.
Kiefer, N., & Smith, S. (1977). Union impact and wage discrimination by region. *Journal of Human Resources, 12*(4), 521–534.
Kim, M., & Polachek, S. (1994). Panel estimates of male-female earnings functions, *Journal of Human Resources, 29*(2), 406–428.
Klein, D., Ellen, F., & Seligman, M. (1976). Learned helplessness, depression, and the attribution of failure. *Journal of Personality and Social Psychology, 33*(5), 508–516.
Koppel, R. (1981). *The Role of Social Psychological Variables in the Status Attainment of Young Men*. Ph.D.dissertation, Temple University.
Krueger, A., & Summers, L. (1988). Efficiency wages and the inter-industry wage structure. *Econometrica, 56*(2), 259–293.

Krueger, A., & Summers, L., (1986). *Efficiency Wages and the Wage Structure*. Working Paper No. 1952, National Bureau of Economic Research.
Kuhl, J., (1984). Volitional aspects of achievement motivation and learned helplessness: toward a comprehensive theory of action control. In: B. A. Maber (Ed.), *Progress in Experimental Personality Research*. New York: Academic Press.
Kuhl, J. (1981). Motivational and functional helplessness: the moderating effect of state versus action orientation. *Journal of Personality and Social Psychology, 40*(1), 155–170.
Lefcourt, H., (1991). Locus of control. In: J. Robinson, P. Shaver & L. Wrightsman (Eds.), *Personality and Social Psychological Attitudes*. Boston: Harcourt Brace Jovanovich.
Leibenstein, H. (1957). The Theory of underemployment in densely populated backward areas. In: H. Leibenstein (Ed.), *Economic Backwardness and Economic Growth*. New York: Wiley.
Leonard, J. (1987). Carrots and sticks: pay, supervision, & turnover. *Journal of Labor Economics, 5*(4), S136–S152.
Locke, E. (1968). Toward a theory of task motivation and incentives, *Organizational Behavior and Human Performance, 14*(2), 157–189.
Lynch, L. (1992). Private-sector training and the earnings of young workers. *American Economic Review, 82*(1), 299–312.
Maddala, G. (1983). *Limited Dependent and Qualitative Variables in Econometrics*. Cambridge: Cambridge University Press.
Maier, S., & Seligman, M. (1976). Learned helplessness: theory and evidence. *Journal of Experimental Psychology: General, 105*(1), 3–46.
Maslow, A. (1954). *Motivation and Personality*. New York: Harper and Row.
Mason, P. (1998). Race, culture and skill: interracial wage differences among african americans, latinos and whites. *The Review of Black Political Economy*, Forthcoming.
McArthur, L. (1970). Luck is alive and well in new haven. *Journal of Personality and Social Psychology, 16*(2), 316–318.
Mincer, J. (1962). On-the-job-training: costs, returns, & some implications. *Journal of Political Economy*, Part 2, 50–79.
Muchinsky, P. (1977). A comparison of within- and across-subjects analyses of the expectancy-valence model for predicting effort. *Academy of Management Journal, 2*(1), 154–158.
Murnane, R., Willett, J., & Levy, F. (1995). The growing importance of cognitive skills in wage determination. *The Review of Economics and Statistics, 77*(2), 251–266.
Neal, D. (1995). Industry-specific human capital: evidence from displaced workers. *Journal of Labor Economics, 13*(4), 653–677.
Neal, D., & Johnson, W. (1996). The role of premarket factors in black-white wage differences. *The Journal of Political Economy, 104*(5), 869–895.
O'Neill, J. (1990). The role of human capital in earnings differences between black and white men. *The Journal of Economic Perspectives, 4*(4), 25–45.
Pearlin, L., Lieberman, M., Menaghan, E., & Mullan, J. (1981). The stress process. *Journal of Health and Social Behavior, 22*(4), 337–356.
Robbins, S. (1993). *Organizational Behavior: Concepts, Controversies, & Applications* (6th ed.). Englewood Cliffs: Prentice Hall, 1993.
Rodgers, W., & Spriggs, W., (1995). *What does AFQT really measure: race, wages, schooling and the AFQT score*. Working Paper, The College of William and Mary.
Rosenberg, M. (1965). *Society and the Adolescent Self-Image*. Princeton: Princeton University Press.
Rotter, J. (1966). Generalized expectancies for internal versus external control of reinforcement. *Psychological Monographs, 80*(1), 1–28.

Sahling, L., & Smith, S. (1983). Regional wage differentials: Has the south risen again? *Review of Economics and Statistics*, *65*(1), 131–135.

Seeman, M. (1991). Alienation and Anomie. In: J. Robinson, P. Shaver & L. Wrightsman (Eds), *Personality and Social Psychological Attitudes*. Boston: Harcourt Brace Jovanovich.

Seligman, M. (1975). *Helplessness: On Depression, Development and Death*. San Francisco: W. H. Freeman.

Seligman, M., & Maier, S. (1967). Failure to escape traumatic shock. *Journal of Experimental Psychology*, *74*(1), 1–9.

Shapiro, C., & Stiglitz, J. (1984). Equilibrium unemployment as a worker discipline device. *American Economic Review*, 433–444.

Skinner, E. (1996). A guide to constructs of control. *Journal of Personality and Social Psychology*, *71*(3) 549–570.

Skinner, E. (1995). *Perceived Control, Motivation, and Coping*. Thousand Oaks, CA.: Sage Publications.

Skinner, E., Chapman, M., & Baltes, P. (1988). Control, means-ends, and agency beliefs: a new conceptualization and its measurement during childhood. *Journal of Personality and Social Psychology*, *54*(1), 117–133.

Smith, R. (1970). Changes in locus of control as a function of life crisis resolution. *Journal of Abnormal Psychology*, *75*(3), 328–332.

Solow, R. (1979). Another possible source of wage stickiness. *Journal of Macroeconomics*, *1*(1), 79–82.

Spence, M. (1973). Job market signaling. *Quarterly Journal of Economics*, *87*(3), 355–374.

Stiglitz, J. (1976). The efficiency wage hypothesis, surplus labor, and the distribution of income in l.d.c.'s. *Oxford Economic Papers*, *28*(2), 185–207.

Stiglitz, J. (1974). Alternative theories of wage determination and unemployment in l.d.c.'s: the labor turnover model. *Quarterly Journal of Economics*, *88*(2), 194–227.

Summers, L. (1988). Relative wages, efficiency wages, and keynesian unemployment. *American Economic Review*, *78*(2), 383–388.

Szekelyi, J. & Tardos, R. (1993). Attitudes that make a difference: expectancies and economic success. Discussion Paper, Institute for Research on Poverty, University of Wisconsin, Madison, WI.

Veum, J. (1995). Sources of training and their impact on wages. *Industrial and Labor Relations Review*, *48*(4), 812–826.

Vroom, V. (1964). *Work and Motivation*. New York: John Wiley.

Weiss, A. (1980). Job queues and layoffs in labor markets with flexible wages. *Journal of Political Economy*, *88*(3), 526–538.

Yellen, J. (1984). Efficiency wage models of unemployment. *American Economic Review*, *74*(2), 200–205.

双收入家庭的职业等级*

安妮·E. 温克勒尔　大卫·C. 罗斯 147

概　论

最近有证据表明，双收入家庭的数量正在增加，而且配偶的角色可能正在发生变化，对此变化本研究提出了以下问题：家庭职业等级（一方的工作或职业比另一方优先）如何影响工资？社会科学家在其先前的研究中已经对相关问题进行了思考，但并没有研究出职业等级与工资本身之间的关系。根据全国家庭与住户调查中关于配偶收入的信息和家庭关于职业角色的态度，本研究先描述了有全职全年工作的双收入夫妻，其职业等级的可能模式，后首次评估了职业等级对工资结果的影响。我们的研究结果表明，在家庭中职业处于次要地位的妻子往往比那些职业处于首要地位的妻子工资低。关于丈夫的结果尚无定论。

一、简介

在 1976 ~ 1998 年，双收入家庭成为主要家庭结构，在已婚夫妇中占 50% ~ 60%。更值得注意的是，1998 年双收入家庭占所有已婚夫妇的 75%（其中丈夫有工作），而且这些家庭中 50% 以上双方有全职全年工作（美国人口普查局，2000 年）。在 1998 年由卡塔利斯特组织对双收入

* 《劳动者福祉》，Emerald 出版社，2000 年，147 ~ 172 页。

家庭夫妻进行的一项调查中，49% ~58%的受访者将其配偶和自己的职业定性为“平等”，而6% ~9%的受访者表示妻子的职业处于“首要地位”。[1]

148 根据这一证据，本研究对有全职全年工作的双收入夫妇提出以下问题：家庭职业等级（夫妻中一方的工作或职业优先于另一方）会如何影响工资结果？具体来说，若妻子工资较低，是否在一定程度上由于她们的职业在家庭中往往处于次要地位？家庭职业等级对丈夫的工资又有何影响？

研究者在收集具有全国代表性的数据集时一般不会直接询问有关家庭中职业等级的信息，而卡塔利斯特组织则收集了职业等级的信息。然而，超过2/3的卡塔利斯特组织受访者表示，他们主要依据当前或未来的工资来回答职业等级相关的问题，因此配偶的相对收入信息可用于推断家庭中职业等级的存在。在本文中，我们假设家庭对夫妻职业角色的态度数据也为有效。本研究利用全国家庭与住户调查的收入和态度数据，首次评估了职业等级对双收入已婚夫妇工资结果的影响。特别是大多数分析仅限于从事全职全年工作的夫妻，专注于职业等级问题最为突出的双职工家庭。[2] 我们还在一些附加的分析中检验了研究结果对该样本限制的敏感性。

二、相关研究

自20世纪70年代以来，经济学家、社会学家和人口统计学家愈加关注管理家庭决策的机制（请见史贝测，1988；布劳、佛博和温克勒，1998的评论）。然而，他们并未直接思考职业等级对工资结果的可能影响。我们在图1中将此前最接近解决这一问题的研究分成了3组。

第一组相关研究确定了家庭供养人，并研究了家庭角色分工受到的影响（例如，胡德，1983；胡德，1986；史贝测，1988；波图切克，1997）。

在这些文献中，家庭供养人的定义是家庭经济的顶梁柱，并且是不能选择离开工作的一方。这些文献考虑的职业等级概念与家庭供养人的概念密切相关。例如，胡德（1986）指出，妻子被视为共同供养人的程度越大，她在职业规划方面就越有可能被平等相待。但是，这些关于家庭供养人的文献没有直接检验家庭供养人角色对工作地址变更或工资结果的潜在影响。

胡德（1983）	家庭决策制定	⟹	家庭角色分工		
桑德尔（1977） 利希特尔（1982） 雅格布森和列文（1997） 基思和麦克威廉姆斯（1997）			迁移和/或工作变更的实现	⟹	工资
欧菲克和梅里尔（1997）			工作变更的潜在程度	⟹	工资
比尔拜和比尔拜（1992）	家庭决策制定	⟹	迁移的意愿		
本研究	家庭决策制定	⟹	⟹	⟹	工资

图 1　对比选取的相关研究

第二组相关研究来源于波拉切克（1975）、波拉切克和霍尔瓦斯（1977）以及明塞尔（1978）。波拉切克（1975）专注于家庭在生命周期中的人力资本投资，后两篇文章则关注家庭迁移对工资结果的影响。这种研究假设配偶在工作地址变更时可能会为了实现家庭利益最大化而牺牲夫妻一方的职业。做出牺牲的一方因其面临的约束具有不同性质，而被称为“被拖累的滞留者”或“被拖累的移动者”。桑德尔（1977）、利希特尔（1982）、雅格布森和列文（1997）以及基思和麦克威廉姆斯（1997）等人的研究提供了大量的实证证据，证明妻子往往是受拖累的一方，因此无论是在绝对意义上还是相对意义上，她们相对于单身女性都会面临工资劣势。这些研究在制定时使用已实现的工作变更事件作为关键的自变量，但这一做法却无法解释：职业等级即便不导致可观测的迁移或工作调动，也可能对工资产生影响。例如，夫妻中职业处于首要地位的一方在提出离职时可构成一种可信的威胁，进行还价而留在岗位上，而职业处于次要地位的一方则无法这样做。

150 本研究属于第三组，试图从多个方向扩展早期文献，并且已经认识到我们在聚焦观察工作变更时面临的潜在局限性。例如，比尔拜（1992）将性别意识形态的作用引入了上述的明塞尔的框架。具体而言，他们认为，若妻子认为丈夫应是唯一的家庭供养方，那么即便她的潜在收入超过丈夫的潜在收入，她也仍可能不愿意变更工作。鉴于上述疑虑，两位研究者思考了配偶收入和性别意识形态对工作变更意愿的影响，[3] 发现除了配偶的相对收入外，性别意识形态也起着重要作用。不过他们的论文没有涉及家庭决策制定是否会显著影响工资结果。在其他研究中，欧菲克和梅里尔（1997）提出了一个被他们称为“家庭关系约束”的有趣重构。他们还特别研究了潜在工作变更（以城市劳动力市场规模衡量）对男性和女性工资结果的影响。[4] 在他们的调查结果中，居住在大城市地区对工资有显著的积极影响对女性尤为明显。在进行分析时，他们假设家庭的收入主要来源于男性，其次是女性，因此女性承担更小的压力。

本研究明确考虑了家庭职业等级对夫妻工资结果的影响，指出家庭职业等级可能通过多种渠道影响工资，而且至少有两种可能的渠道：工作变更（已实现和/或潜在）以及家庭分工专业化。

三、家庭职业等级和工资结果

在考虑职业等级对工资结果的影响时，首先应考虑职业等级本身的起源和本质。家庭职业等级（即谁的职业优先）的确立方式很多：一些夫妻按无须言传的传统性别角色理解职业等级，另一些则可能通过明确的口头协议正式建立职业等级。还有一种可能性没有在此研究，即家庭职业等级可能会在婚姻过程中发生变化。[5]

在双收入家庭中，夫妻中的一方或双方可被视为家庭供养者（即，为 151
供养家庭承担经济责任的人）。一方面，在丈夫被视为家庭供养者的传统案例中，他也可能被视为在家庭中拥有首要职业，因此可以回应并寻求新的就业机会。[6] 另一方面，若夫妻被视为共同供养者，其职业等级并不明确。配偶中的任何一方或两方的职业都可能不处于首要地位。正如胡德（1986）所说，鉴于这些因素有很高的预期相关性，很难区分供养者角色的影响和职业等级，这是因为二者差别非常细微，而且我们无法得到区分两者所需的详尽信息。

收入水平不同的双收入家庭可能有不同的职业等级：低收入家庭的丈夫拥有的职业机会在绝对和相对条件下可能极差，使妻子可能拥有首要职业；即便高收入家庭的夫妻均拥有成功的职业生涯，但如果妻子的职业更有利可图，那么妻子的职业也可能处于首要地位。

影响家庭职业等级或可能与之相关的因素包括相对教育程度、夫妻双方的母亲的教育程度和工作模式、夫妻二人对双方职业角色的共识等。可能影响家庭分工专业化的另一个因素是丈夫往往比妻子年龄稍大。正如波拉切克（1975）所观察到的那样，即使夫妻的教育程度相同，但由于丈夫通常具有更多经验，他专事家务的机会成本可能更高。因此丈夫的职业更有可能处于首要地位。

本文的主要论点是，家庭职业等级可能会如图 2 所示通过各种渠道影响工资结果。这些渠道将在下面讨论：（已完成和潜在的）工作变更、家庭分工专业化和非金钱补偿的工资交易能力。仅出于说明目的，图 2 和下述讨论分析了双收入家庭的具体情况，其中丈夫的职业处于首要地位，而妻子的职业处于次要地位。

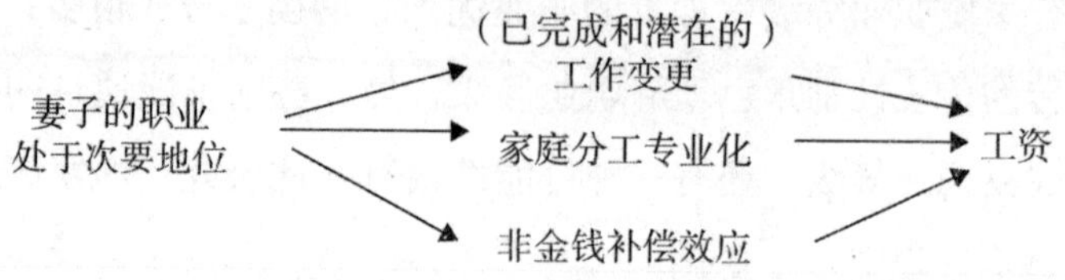

图2　职业等级如何影响工资

正如明塞尔（1978）和其他人所论证的那样，职业处于次要地位者可
152 能在面对更好的但需要迁移的工作机会时更难把握这个机会，从而对人的工资产生不利影响。个体在这种情况下实际上是“被拖累的滞留者”。现有文献已经指出，一些配偶的职业地位可能会影响工资而不会产生工作变更事件，但这些事件并未受到足够关注。例如，人们知道某员工的职业在家庭中处于首要地位，进而相信其离职的威胁，那么该员工可以在不放弃当前工作的情况下通过谈判而获得更高的工资；而职业在家庭中处于次要地位的员工则无法这样做。这个例子说明了，因为职业等级可以反映实现和潜在流动性对工资的影响，因此透过对已实现的流动事件的分析而直接关注职业等级具有重要优势。

职业处于次要地位存在另一个问题：它更可能让妻子因家庭相关问题而离职。在这种情况下，妻子实际上被视为“捆绑的移动者”。此前，基思和麦克威廉姆斯（1997）发现这种离职会对工资产生显著的负面影响。总而言之，职业处于次要地位可能会阻碍可能有利于个体职业生涯的工作变更，同时使个体工作变更具有干扰劳动者职业生涯的可能性。

职业等级还可能通过影响家务劳动分配而影响工资。此前，加里·贝克尔（1985）认为，有全职全年工作的已婚妇女承担了较大比例的儿童保育和其他家庭责任，可用于在劳动力市场上工作的精力较少（实证证据见赫谢尔和斯特拉登，1997），因此其收入应该低于男性。也有人认为工资差异取决于妻子的职业在家庭中的地位，即如果妻子的职业在家庭中处于首要地位，那么其丈夫有可能做更多的家务。迄今为止，关于供养者角色的文献指出，将妻子视为共同供养者的丈夫比认为自己是主要供养者的丈夫更愿意分担家务（胡德，1983，1986）。

最后，职业等级也可能通过非金钱补偿效应影响工资。假设一个丈夫 153
收入很高而且高出其妻子收入很多，那么其妻子可能会在潜在收入和其他工作属性中进行权衡，从而导致其工资低于我们依据其特征所预测的工资。

总而言之，上述所有渠道都表明，次要的职业地位与工资之间存在负相关关系。然而需注意，工资较低并不一定表明个人情况更糟。如上所述，若丈夫收入高且其职业处于首要地位，其妻子便可以在工资和其他工作属性之间进行权衡，而这是低收入丈夫的妻子可望而不可即的。

四、数据

威斯康星大学人口和生态中心收集了全国家庭与住户调查的数据，我们在研究家庭职业等级模式及其对工资的影响时使用了其中的数据，并从两个时间段中取样：1987～1988 年采样段（以下称全国家庭与住户调查 1）和 1992～1994 年采样段（以下称全国家庭与住户调查 2）。全国家庭与住户调查在家庭职业角色方面包含了人们的实际工作经历和态度，这是其重要特征。此外在可能的情况下，它在为基于全国家庭与住户调查的调查结果提供基准时，检验了来自 1993 年当前人口调查的 3 月人口统计档案数据，该数据样本容量大得多（57,000户）。全国家庭与住户调查 1 提供了一个具有全国代表性的13,007名受访者样本（样本的过采样包括少数族裔、单亲家庭住户、重组家庭住户、新婚夫妇和同居伴侣等）。该调查除了配偶的自填式调查问卷外，还根据个人访谈和自填式调查问卷收集了 19 岁或以上的主要受访者的信息。全国家庭与住户调查 2 对全国家庭与住户调查 1 中的原始样本以及原始配偶或伴侣进行了重新访谈（无论该人是否仍然与主要受访者一起生活），因此其中受访者样本为10,008名。对于这两种采样段，可以用权重提供具有全国代表性的估计。

本文侧重分析职业等级对双职工夫妻工资的影响。研究分析首先筛选出双方都有全职全年工作的夫妇，之后便放宽了这一条件。其次，为了根据收入和年度工作小时数据而计算出每个人有意义的时薪，进而分析筛选出那些仅从事蓝领或白领工作的个体。这种限制的另一个优点是，部分分析需要比较配偶收入，而且在某些情况下自雇职业的收入可能是夫妻共同赚取的。我们还排除了夫妻双方中任何一方小于25岁或大于64岁、在军队工作、从事农业工作或时薪低于1美元或超过100美元的夫妻。

154 工资和/或职业信息在全国家庭与住户调查中至关重要，若观察结果缺少工资和/或职业信息，就必须舍弃这些结果。此外，全国家庭与住户调查在采访主要受访者及其配偶（若有）时，有时无法获得其配偶的信息，而由于二者信息缺一不可，我们会舍弃缺少夫妻任何一方信息的观察结果。全国家庭与住户调查1和全国家庭与住户调查2均有两个样本：女性为主要受访者的样本（丈夫是其伴侣）和男性为主要受访者的样本（妻子是其伴侣）。由于主要受访者性别不同，比较这些样本时观察到的夫妻特征也有所不同。[7] 鉴于此，我们在本文中分别分析而不是汇总分析这些数据。此外，对于观察特征所导致的样本组成的任何偏差，应使其在回归（种族、教育等）中包含的变量不变。重要的是，本文基于全国家庭与住户调查报告而得出的主要结果似乎对样本选择不敏感：例如，描述性统计数据与当前人口调查获得的数据相当接近（表1）。附录提供了上述样本选择对样本大小影响的详细信息。特别值得注意的是，此处根据全国家庭与住户调查2检验的最终样本结果略大，某种程度上是因为可获得的伴侣调查结果比例较大，以及在研究期间劳动参与率有所增加。

总之，我们检验了来自全国家庭与住户调查的四个样本：第一，来自全国家庭与住户调查1的女性主要受访者；第二，来自全国家庭与住户调查2的女性主要受访者；第三，来自全国家庭与住户调查1的男性主要受访者；第四，来自全国家庭与住户调查 2 的男性主要受访者。此外，我们从 1993 年当前人口调查中抽取了可比较的样本以提供基准。如前所述，所有样本仅限于年龄在 25～64 岁的夫妻。来自全国家庭与住户调查 1 的数据用于大多数计量经济学分析，而其他样本则用于敏感性测试。

五、收入的主导地位

根据现有数据，我们依据配偶相对收入的信息来推断家庭职业等级模式。以前对收入主导地位的估计（美国人口普查局，2000；温克勒，1998）表明，妻子收入高于其丈夫收入的双收入夫妻占总数的 20%，但由于妻子即便只比丈夫多赚一美元也属于这一分类，这一发现明显夸大了妻子拥有首要工作的案例数量。

由于有人可能认为计算收入主导地位的阈值是任意的，本文便基于计 155
算出的时薪和/或与某职业的周工资中位数（可称为职业工资）考虑了几种替代阈值。时薪通过用年收入除以年工作小时数求得。劳工统计局的《就业和收入》记录的职业工资是不同职业、不同性别员工的工资中位数，[8] 这些职业共有 42 类，包括工程师、秘书、速记员和打字员、销售、零售和个人服务员、建筑行业从业者和机动车辆运营商。使用职业工资的好处，一是配偶所处的职业阶段不同不会对其收入比较造成问题（如夫妻双方分别是外科实习生和护士），二是职业工资不会受到短期工资变化的影响。

表 1 对收入主导地位的估计

		NSFH 的女性主要受访者		NSFH 的男性主要受访者	
	1993 年当前人口调查	1987 年采样段	1992 年采样段	1987 年采样段	1992 年采样段
妻子收入高于丈夫（%）					
实际工资比较	25.1	22.1	33	27	27.6
实际收入比较	20.7	18.1	24.1	20.1	20.7
“职业”(职位)的工资收益	19.9	19.8	22.5	18.8	24.4
收入主导地位的衡量手段 1（%）					
妻子的收入占主导地位	8.2	9.4	10.3	7.8	11.3
丈夫的收入占主导地位	60.6	65.4	52.5	60.2	57.9
均不符合	31.3	25.2	37.2	32	30.8
收入主导地位的衡量手段 2（%）					
妻子的收入占主导地位	7.2	8.5	7.7	7	8.7
丈夫的收入占主导地位	62.9	68.7	56.7	65	60.2
均不符合	29.8	22.8	35.7	28	31
收入主导地位的衡量手段 3（%）					
妻子的收入占主导地位	6.3	5.5	7.4	6.7	9.2
丈夫的收入占主导地位	55.3	61.3	51.2	59.8	52
均不符合	38.4	33.2	41.4	33.5	38.9
未加权的样本量	6095	332	457	334	435

注释：使用样本权重计算的百分比。由于四舍五入，数字相加之可能不等于 100。
定义（详见文字说明）：
收入主导地位的衡量手段 1——基于实际工资比较和“职业”工资比较。
收入主导地位的衡量手段 2——基于实际收入比较和“职业”工资比较。
收入主导地位的衡量手段 3——基于“职业”工资比较，其中工资差异 >25%。

156 我们研究了收入主导地位的 3 种衡量手段，其中假设一对已婚夫妇中夫妻分别为 A 和 B。收入主导地位的衡量手段 1 基于两个阈值。如果 A 的实际工资超过 B 的实际工资且 A 的职业工资超过 B 的职业工资，那么 A 的收入占主导地位。在收入主导地位的衡量手段 2 中，实际收入替代了衡量手段 1 中的实际工资。收入主导地位的衡量手段 3 基于职业工资的比较。如果 A 的职业工资比 B 的职业工资高至少 25%，则 A 的收入占主导地位，其中工资的百分比差异的计算方式为 $(W_A - W_B) / [(W_A + W_B)/2]$。三项衡量手段在建构时均可能发生双方收入都不占主导地位的情况。

表1提供了双收入夫妻收入主导地位的估计。由于样本受到积极配对的影响（梅尔，1991和温克勒，1998），这些夫妻的收入差异可能小于随机配对的男女样本中观察到的差异。如前所述，无论收入的定义如何，20%以上的妻子的收入都高于丈夫的收入。基于衡量手段1、2和3的结果，5.5%～11.3%的妻子的收入处于主导地位，这一数据因年份和样本的不同而有所不同。1993年的当前人口调查估计通常处于全国家庭与住户调查估计的中间位置。有趣的是，相当一部分夫妻中无人占据收入的主导地位。[9]

全国家庭与住户调查数据（提供配偶年龄在25～64岁的重叠横截面）通常表明收入主导地位模式已经发生变化。例如，1992年与1987年相比，收入占主导地位的妻子的比例有所增加，而收入占主导地位的丈夫的比例有所减少，夫妻双方的收入均不占主导地位的家庭比例有所增加。这与当前人口调查中观察到的总体趋势相吻合。人口普查局估计，妻子收入高于丈夫的双收入夫妻比例从1981年的16%增加到1998年的近23%。[10]这些数据与表1第2行的数据相当。[11]

157 我们研究了几种可能与收入主导地位有关的相关性，看它们是否与期望模式相符。我们特别比较了妻子收入处于主导地位和丈夫收入处于主导地位的家庭的平均特征。在妻子占据收入主导地位的情况下，我们发现相当一部分妻子的教育程度高于其丈夫。我们研究的其他可能的相关性是家庭中女方母亲受教育程度，丈夫是否比妻子年长（或更年轻）以及是否同意关于夫妻职业角色的习惯陈述。尽管这些关系主要由于样本量小而通常不具有统计学意义，但通过所有这些因素，我们确定了预期方向的模式。[12]仅举一个例子，若妻子的收入处于主导地位，那么这一对夫妻更不可能同意“男人主要负责挣钱养家而女人照顾家庭和家人，这种方式更好”这一传统的职业角色陈述。同样值得注意的是，全国家庭与住户调查2中不同意该描述的受访者比例（23.6%）高于全国家庭与住户调查1（19%），这与表 1 中确定的收入主导地位趋势一致。[13]

六、实证证据：职业等级和工资结果

（一）职业等级和妻子的工资

我们通过估算以下双收入夫妻样本中妻子的工资对数等式，来检验家庭职业等级与妻子的工资之间的关系：其中 X 是与妻子相关的社会人口学和人力资本变量的向量，WIFESECOND 是一个指示变量，用于区分家庭职业等级类型。对于具有相似教育程度、实际工作经验、家庭责任和广义职业的两个妻子，系数 γ 显示了妻子的家庭地位与其工资的任何剩余差异的因果相关程度（期望 $\gamma<0$）。应该强调的是，限于现有数据，我们无法描述第三节中另一个理论“渠道”的重要性。因此，应当认为这项研究初步验证了上述关系是否存在，从而表明在这一领域继续研究是否会具有成效。

158 由于无法直接衡量职业等级，等式（1）的估计不能直接得出。因此，这里采用的方法是使用代理变量来代替可能与该衡量方式相关的实际职业等级，并且对于因变量（被测量的工资）而言是外生的。[14]

我们对职业等级的自我报告数据将提供明确的三类措施（主要、次要和两者均不）。但是，对于代理变量，设置用于定义此类别的任何阈值都必须具有任意性。鉴于此，这里采用的方法是考虑代理变量的不同阈值，然后检查所得结果对这些不同规格的敏感性。

职业等级的第一个代理变量是基于收入主导地位的衡量手段 3，它仅由职业工资信息构建（因此不受与基于实际工资信息创建右手边变量相关的内生性问题的影响）。[15] 具体而言，WIFESECOND 被指定为二分虚拟变量，如果妻子的收入不处于主导地位则其等于 1，否则等于 0。该规格将“夫妻收入均不处于主导地位”的夫妇归到第 1 组，其优势在于清楚地描述了在妻子拥有首要职业的家庭中存在的非典型案例。此外，我们还检验了一个虚拟变量，该变量允许以下三种情况的单独效果存在：妻子职业处于首要地位、妻子职业处于次要地位、两者均不符合。

本文检验的家庭职业等级的第二个代理变量反映了家庭对夫妻角色定义的共识。这个代理变量是从以下全国家庭与住户调查的“普遍”职业态度问题发展而来的：“男人主要挣钱养家，女人照顾家庭家人，这样是否更好？”[16]受访者可以从以下五种回答中选择一种：强烈同意、同意、中立、不同意和强烈反对。由于对这一陈述的答复来自夫妻二人，我们能够构建一个衡量家庭对职业角色的共识指标：如果配偶双方同意或非常同意本陈述，则 WIFESECOND 等于 1，否则为 0（在另一个规格中，如果配偶双方不同意或强烈不同意，则指标变量为 1，否则为 0，且期望值与系数符号相反）。再次重申，这些衡量方式从结构角度关注家庭共同观点，而非个体的观点或态度。此外，值得注意的是，家庭态度代理变量所依据的上述陈述（以下简称“传统的职业角色陈述”）的措辞主要集中在广泛的价值判断上，而不是家庭目前情况本身，所以它不太可能受到内生性问题的影响。[17]

X 中的变量是劳动经济学文献中标准人力资本模型中的变量，[18]分别 159
是：教育程度（使用的变量分为五类：高中以下、高中、大学肄业、四年制大学和四年制以上大学，其中高中这一类被省略）；实际工作经验；个人的种族/族裔（使用的变量分为四类：黑人、白人、西班牙裔、其他，其中白人这一类被省略）；受抚养子女人数；是否育有 6 岁以下的孩子（虚拟变量）；居住地区（四个区域虚拟变量，其中东部区域被省略）；居住在都市（虚拟变量）；受雇于公共部门（虚拟变量）；7 个广泛的职业虚拟变量（执行、专业、技术、销售、服务、行政和蓝领，其中服务这一类被省略）；参加工会活动（虚拟变量）。[19]职业在本研究中是一个控制变量，尽管一些与工资相关的文献对此提出了质疑（参见布劳、费伯和温克勒，1998）。但如果职业选择本身受到职业等级的影响，那么这里获得的结果将低估职业等级对工资的全部影响。

我们使用全国家庭与住户调查1的数据估算未加权的工资回归。但是，当使用权重时其结果基本相同（此处未显示）。因变量是个人工资的对数。表2提供了所用变量的未加权和加权平均值。我们舍弃了有关回归量数据缺失的观察结果，因此这里的样本量略低于表1。此外请注意，对于某些变量（工作经验参加工会活动和受雇于政府），我们要求主要受访者而非他/她的伴侣提供信息。因此，使用女性主要受访者样本估计妻子的工资模型能够包括所有回归量，而基于男性主要受访者样本（妻子是伴侣）的工资模型包括的回归量有限。使用全国家庭与住户调查2估计的模型也使用了更少的回归量集。[20]

表2展示了一个有趣的发现：这里检验的有全职全年工作的已婚妇女样本的职业分布与全体女性的职业分布完全不同。特别是相较于全体女性的职业分布，对于有全职全年工作的已婚妇女，职业属于经营管理和行政类别的百分比要高得多，而其职业属于销售和服务类别的百分比则低得多。[21]

表3提供了使用全国家庭与住户调查1中女性主要受访者样本而估计的工资对数模型的结果。模型1显示妻子职业的次要地位（通过收入主导地位衡量方式3显示）和工资之间存在不显著的负相关关系。当检验以下规格时，不显著的负相关关系仍然存在：如果妻子的职业工资超过其丈夫的职业工资，无论超过多少，妻子收入都处在主导地位；收入主导地位的计算方式是夫妻职业工资的百分比差异，从而提供连续的衡量标准；基于职业工资的三类变量（妻子的职业占首要地位、丈夫的职业占首要地位、两者均为否，其中“两者均为否”被省略）。我们还使用全国家庭与住户调查1中男性主要受访者的样本、1993年当前人口调查以及来自全国家庭与住户调查2的男性和女性主要受访者样本，重新对模型1进行估计。值得注意的是，在使用全国家庭与住户调查2的男性主要受访者样本和1993年当前人口调查而估计的模型中，估计的收入主导地位系数为负值且数值较大。

表 2 回归分析中使用的 1987 年全国家庭与住户调查数据的样本统计 160

	全国家庭与住户调查数据女性主要受访者－不加权	全国家庭与住户调查数据女性主要受访者－加权	全国家庭与住户调查数据男性主要受访者－不加权	全国家庭与住户调查数据男性主要受访者－加权
妻子：				
工资对数	2. 06	2. 10	2. 14	2. 16
实际工资	8. 85	9. 27	9. 63	9. 95
年龄	36. 63	38. 47	35. 55	37. 13
工作经验	13. 87	15. 24	NA	NA
高中以下	0. 077	0. 065	0. 093	0. 099
高中*	0. 380	0. 427	0. 348	0. 390
大学肄业	0. 279	0. 260	0. 295	0. 275
四年制大学	0. 202	0. 187	0. 159	0. 143
四年制以上大学	0. 061	0. 059	0. 103	0. 093
白人*	0. 795	0. 839	0. 831	0. 871
黑人	0. 121	0. 079	0. 096	0. 060
其他	0. 024	0. 035	0. 023	0. 020
西班牙裔	0. 061	0. 045	0. 050	0. 047
经营管理人员	0. 209	0. 224	0. 202	0. 200
专业	0. 155	0. 156	0. 169	0. 159
技术	0. 040	0. 050	0. 046	0. 052
服务*	0. 084	0. 079	0. 063	0. 066
销售	0. 084	O. D78	0. 066	0. D75
行政	0. 310	0. 308	0. 354	0. 354
蓝领	0. 118	0. 105	0. 099	0. 094
参加工会活动?	0. 091	0. 085	NA	NA
受雇于政府?	0. 057	0. 055	NA	NA
丈夫：				
工资对数	2. 44	2. 48	2. 42	2. 45
实际工资	12. 79	13. 35	12. 49	12. 88
年龄	38. 88	40. 72	38. 16	39. 97
工作经验	NA	NA	18. 32	20. 22
高中以下	0. 098	0. 087	0. 109	0. 109

续表

	全国家庭与住户调查数据女性主要受访者－不加权	全国家庭与住户调查数据女性主要受访者－加权	全国家庭与住户调查数据男性主要受访者－不加权	全国家庭与住户调查数据男性主要受访者－加权
高中*	0.374	0.364	0.311	0.329
大学肄业	0.259	0.273	0.278	0.262
四年制大学	0.148	0.165	0.205	0.191
四年制以上大学	0.114	0.108	0.096	0.108
白人*	0.788	0.835	0.815	0.865
黑人	0.121	0.079	0.113	0.072
其他	0.034	0.043	0.007	0.006
西班牙裔	0.057	0.042	0.066	0.057
经营管理人员	0.215	0.239	0.199	0.191
专业	0.104	0.114	0.116	0.128
技术	0.051	0.045	0.046	0.053
服务*	0.061	0.068	0.040	0.038
销售	0.071	0.070	0.086	0.089
行政	0.111	0.101	0.109	0.096
蓝领	0.387	0.362	0.404	0.404
参加工会活动?	NA	NA	0.169	0.161
受雇于政府?	NA	NA	0.103	0.107
家庭特征				
18岁以下的子女数	1.13	1.05	0.95	0.96
是否有6岁以下的子女	0.24	0.21	0.22	0.22
WIFESECOND:				
夫妻都同意传统的职业角色陈述	0.175	0.191	0.149	0.139
夫妻都不同意传统的职业角色的陈述	0.195	0.207	0.175	0.170
收入主导地位(衡量方式3,妻子收入不占主导地位=1)	0.939	0.942	0.930	0.931
样本容量	297	297	302	302

注释：以上表格没有列出包含4个种类的地区虚拟变量和都市虚拟变量（0－1）。

*指回归中的省略类型。

NA指数据无法得到。

162

表3 妻子工资对数等式

	(1)	(2)	(3)	(4)
妻子次要职业地位指标	-0.092			
妻子收入不占主导地位(0-1虚拟变量,基于收入主导地位测量手段3)	(-0.88)			
对传统职业角色陈述的看法*:				
双方都同意		-0.161		-0.145
		(-2.39)		(-2.14)
双方都不同意			0.099	0.073
			(1.58)	(1.16)
控制变量				
年龄	-0.005	-0.004	-0.005	-0.003
	(-1.16)	(-0.76)	(-1.04)	(-0.71)
黑人	-0.140	-0.111	-0.127	-0.106
	(-1.79)	(-1.42)	(-1.63)	(-1.35)
其他种族	0.138	0.166	0.137	0.166
	(0.84)	(1.02)	(0.84)	(1.02)
西班牙裔	-0.148	-0.136	-0.153	-0.14
	(-1.37)	(-1.27)	(-1.42)	(-1.3)
高中以下	-0.133	-0.144	-0.131	-0.142
	(-1.22)	(-1.33)	(-1.21)	(-1.32)
大学肄业	0.090	0.074	0.087	0.073
	(1.44)	(1.19)	(1.39)	(1.17)
四年制大学	0.351	0.331	0.338	0.326
	(4.40)	(4.18)	(4.25)	(4.10)
四年制以上大学	0.457	0.407	0.428	0.399
	(3.76)	(3.38)	(3.54)	(3.31)
工会	0.076	0.089	0.069	0.08
	(0.88)	(1.03)	(0.80)	(0.93)
18岁以下子女数	-0.004	-0.006	-0.006	-0.008
	(-0.18)	(-0.25)	(-0.25)	(-0.32)
是否有6岁以下子女	0.030	0.044	0.032	0.045
	(0.45)	(0.67)	(0.49)	(0.68)
受雇于政府	0.182	0.162	0.161	0.156

续表

	(1)	(2)	(3)	(4)
	(1.69)	(1.52)	(1.51)	(1.46)
工作经验	0.022	0.022	0.021	0.021
	(4.20)	(4.26)	(4.04)	(4.12)
常数	1.64	1.51	1.52	1.493
	(7.88)	(8.43)	(8.46)	(8.33)
调整后的 R 平方值	0.34	0.35	0.35	0.35
样本容量	297	297	297	297

注释：模型的估计使用全国家庭与住户调查 1 中女性主要受访者样本。其他控制变量为：在都市居住虚拟变量、居住地区虚拟变量和职业虚拟变量。

t－统计数据在括号内。

*"男性主要挣钱养家，女性照顾家庭和家人，这样更好。"

163 如表 3 所示，家庭态度代理变量对职业等级的结果更强与预期方向一致。特别是当家庭同意传统的职业角色陈述，妻子的工资会受到显著负面影响。当使用全国家庭与住户调查 1 的男性主要受访者样本和全国家庭与住户调查 2 的女性主要受访者样本对模型进行重新估计时，这一结果同样会发生。此外，在所检验的所有其他全国家庭与住户调查样本中，对于家庭在传统职业角色陈述上分歧的系数估计值为正且在统计学上意义重大。

如果收入占次要地位的负面影响是累积的，人们可能还会预计对家庭态度变量或收入主导地位度量的衡量所产生的影响会随着婚姻持续年数而变化。然而，现有证据与这一假设不一致：交互项的估计系数无关紧要（结果未在此处显示）。

（二）职业等级和丈夫的工资

表 4 中提供了丈夫的工资对数方程模型的估计结果，其数据来自全国家庭与住户调查 1 中男性主要受访者样本。估算方程如下：

$$\ln(\text{Husband's Wage}_i) = \beta_o + \beta X_i + \gamma\,\text{WIFESECOND}_i + \epsilon_i \quad (2)$$

与妻子的情况一样，我们在家庭职业等级中使用了两个代理变量：收入主导地位的衡量手段 3（基于职业工资比较）和关于职业角色的家庭态度变量。在使用收入主导地位的衡量手段 3 的情况下，WIFESECOND 的定

表 4　丈夫的工资对数等式 164

	(1)	(2)	(3)	(4)
妻子次要职业地位指标				
妻子收入不占首要地位(0~1 虚拟变量,基于收入主导地位的测量手段 3)	0. 115 (1. 18)			
对传统职业角色陈述的反应*:				
双方都同意		0. 005 (0. 08)		−0. 008 (−0. 11)
双方都不同意			−0. 069 (−1. 06)	−0. 071 (−1. 06)
控制变量				
年龄	−0. 005 (−. 59)	−0. 006 (−. 69)	−0. 005 (−. 65)	−0. 005 (−. 64)
黑人	−0. 112 (−1. 38)	−0. 113 (−1. 38)	0. 112 (−1. 38)	−0. 112 (−1. 37)
其他种族	0. 167 (. 55)	0. 117 (. 39)	0. 099 (. 33)	0. 098 (. 32)
西班牙裔	−0. 12 (−1. 14)	−0. 117 (−1. 12)	−0. 116 (−1. 11)	−3. 116 (−1. 10)
高中以下	−0. 303 (−3. 43)	−0. 296 (−3. 34)	−0. 297 (−3. 36)	−0. 297 (−3. 36)
大学肄业	0. 065 (1. 02)	0. 067 (1. 04)	0. 067 (1. 06)	0. 067 (1. 05)
四年制大学	0. 298 (3. 64)	0. 296 (3. 61)	0. 302 (3. 68)	0. 302 (3. 67)
四年制以上大学	0. 367 (3. 23)	0. 366 (3. 21)	0. 379 (3. 31)	0. 380 (3. 31)
工会	0. 260 (3. 76)	0. 264 (3. 79)	0. 272 (3. 89)	0. 272 (3. 88)
18 岁以下子女数	0. 041 (1. 52)	0. 041 (1. 52)	0. 041 (1. 53)	0. 041 (1. 53)
是否有 6 岁以下子女	−0. 124 (−1. 80)	−0. 126 (−1. 83)	−0. 127 (−1. 86)	−0. 128 (−1. 86)
受雇于政府	0. 161 (1. 92)	0. 159 (1. 89)	0. 153 (1. 82)	0. 153 (1. 82)
工作经验	0. 013 (1. 57)	0. 014 (1. 70)	0. 013 (1. 62)	0. 013 (1. 62)

续表

	(1)	(2)	(3)	(4)
常数	2.06	2.16	2.19	2.19
	(8.09)	(8.92)	(9.00)	(8.99)
调整后的 R 平方值	0.22	0.22	0.22	0.22
样本容量	302	302	302	302

注释：模型的估计使用全国家庭与住户调查 1 中男性主要受访者样本。

其他控制变量为：在都市居住虚拟变量、居住地区虚拟变量和职业虚拟变量

t 统计数据在括号内。

*“男性主要挣钱养家，女性照顾家庭和家人，这样更好。”

义与之前相同：如果妻子的职业处于次要地位或与丈夫的职业地位相同，则WIFESECOND为 1，否则为 0。该规格的一个优点是它将丈夫的职业处于次要地位的非典型家庭与其他家庭区分开来。根据预期，在本规格中，在妻子的职业处于次要地位的家庭中，丈夫应该有更高的工资，所以 $\gamma > 0$。在使用家庭态度代理变量的情况下，如果夫妻双方都同意传统的职业角色陈述，则 WIFESECOND 等于 1，否则为 0。

165 如表 4 所示，对于收入主导地位衡量方法和关于职业角色的家庭态度衡量方法，当全国家庭与住户调查 1 中男性主要受访者样本作为分析的基础时，我们没有获得显著关系。我们还使用全国家庭与住户调查 1 中女性主要受访者样本、1993 年当前人口调查以及来自全国家庭与住户调查 2 的样本，而对模型 1 进行了重新估计。除了使用全国家庭与住户调查 1 中女性主要受访者样本估计的模型之外，所有职业等级指标的结果在统计上都并不显著。对于该样本，我们发现收入主导地位衡量方法（模型 1）具有与预期一致的显著正面影响，而家庭态度变量也具有统计学意义上的显著影响，但与预期方向却并不一致。这些不同的发现尤为费解的是在样本计算中，从女性身上取得的数据具有相似性。

（三）基于所有双收入夫妻的职业等级分析

到目前为止，这项研究分析了有全职全年工作的已婚夫妇的职业等

级。这样限制样本的优点是，职业优先级问题与其最相关的夫妻将受到重点分析。另外，该样本可能存在选择偏差，即这些夫妇可能在一些未测量特征方面与所有双收入已婚夫妇存在系统性差别。为了调查这个问题，我们将样本扩展到夫妻二者的收入都被观测到的所有已婚夫妇（如前所述，这一收入的计算方式是年收入/年工作小时数），然后在回归分析中纳入一个关于兼职劳动者的虚拟变量。

表 5 显示了使用来自全国家庭与住户调查 1 数据衡量出的有意义的变量、家庭中职业等级指标与双收入家庭中夫妻工资之间的关系。在这种情况下，收入主导地位衡量方法的估计系数对妻子的工资具有统计学意义的显著负面影响，其关键结果也与表 3 中非常相似。[22]我们还使用替代样本估计了相似的模型。当使用全国家庭与住户调查 2 中的女性主要受访者和 1993 年当前人口调查样本估计时，我们也发现收入主导地位衡量方法对妻子的工资具有在统计学上显著的负面影响。表 5 进一步表明，关于职业等级的家庭态度这一代理变量，其估计系数的符号与预期相同。此外关于家庭在传统职业角色陈述上的认识，其估计系数为负且在统计学意义上显著，如表 3 所示。总而言之，如前所述的有限例子，我们发现在许多情况下，若女性的职业地位是次要的，那么女性的工资会受到在统计学上的显著负面影响。

表 5 还显示了使用全国家庭与住户调查 1 中男性主要受访者样本而估 166
计的所有双收入已婚夫妇的各种职业等级指标与丈夫工资之间的关系。我们没有找到显著的关系，这与之前针对较有限的样本（有全职全年工作的已婚夫妻）所报告的结果一致（表 3）。当使用其他全国家庭与住户调查样本重新估计表 5 的模型时，我们发现职业等级指标的系数估计值在符号和统计上显著性有所不同，这也是前面提到的发现。值得注意的一个差异是，在当前人口调查样本中，我们发现收益主导地位衡量方法对男性的工资具有统计学意义上的显著正面影响，这与预期一致。总之，所得结果并没有得出家庭职业等级对丈夫工资影响的明确证据。

表5 敏感度分析，样本 = 所有双收入已婚夫妇

	妻子的收入对数	丈夫的收入对数
关键的独立变量：妻子的次要职业地位指标		
模型1		
妻子的收入不占主导地位 (0~1虚拟变量，基于收入主导地位的衡量手段3)	-0.22 (-2.04)	0.077 (0.92)
模型2		
两人都同意传统的职业角色陈述	-0.176 (-2.86)	0.005 (0.10)
模型3		
两人都不同意传统的职业角色陈述	0.097 (1.59)	-0.038 (-0.69)
模型4		
两人都同意传统的职业角色陈述	-0.164 (-2.64)	-0.001 (-0.03)
两人都不同意传统的职业角色陈述	0.071 (1.15)	-0.038 (-0.69)
样本容量	538	533

注释：

我们使用全国家庭与住户调查1中女性主要受访者样本来估计妻子的工资对数方程，如表3所示。使用全国家庭与住户调查1中男性主要受访者样本来估计丈夫的工资对数方程，如表4所示。

其他独立变量是表3和表4模型中包含的变量，以及表示兼职工作状态的虚拟变量。

t统计数据出现在估计系数之下。

167 # 七、结论

本文之所以提请注意家庭职业等级现象，是因为这种现象可能随着妻子更多地参与劳动力市场而变得越来越重要。本文提供的实证证据表明，在用多种方法衡量的情况下，越来越多的女性在收入方面在其家庭占主导地位。本研究还提供了一些混合的实证证据，这些证据与“家庭职业等级影响工资结果”的假设一致。具体而言，有证据表明，相较于收入在其家庭占首要地位的妻子，收入在其家庭占次要地位的妻子获得的收入更低。

这项研究开辟了许多有趣的研究问题。例如，家庭职业等级在多大程度上能够解释观察到的性别间工资差距？若能回答这个问题，我们就能解释“家庭职业等级本身就是过去或预期劳动力市场歧视的结果”的可能性。[23]但若想找到证明这个重要的政策问题的确切证据，我们还需要一个数据集，该数据集应当能够回答关于职业等级的直接问题，还应包括全国家庭与住户调查等数据集提供的详细信息。此外，这一理想的数据集不仅应当表明职业等级对工资的影响程度，还应当让人们确定这种影响运作的“渠道”。

未来研究的另一个路线是研究职业等级随时间推移的稳定性问题。可以调查的问题包括，年轻已婚夫妇的职业等级模式是否与过往已婚夫妇的职业等级模式不同，他们的收入主导地位在现在的模式中是否发生了更多变化。它们可能对夫妻的工资产生重要的长期影响，因此了解其动态非常重要。为了研究这些问题，我们除了需要时间跨度较长的数据小组之外，还需要直接衡量职业等级。

致谢

本文的早期版本受益于唐娜·安德森、弗朗辛·布劳、麦金利·布莱克本、克里斯汀·布切尔、哈罗德·德姆塞茨、玛丽安·费伯、克里斯汀·基思、里德·奥尔森和莱斯利·斯特拉顿的评论。作者还要感谢1996年中西部经济协会会议、1997年西部经济协会会议、1998年工作与家庭会议（由韦尔斯利妇女中心、斯隆基金会和商业与职业妇女组织主办）以及1999年美国经济会议的与会者为本文提出的宝贵意见。

注释 168

1. 提出的具体问题是，“请考虑一下您和配偶的职业生涯，您认为其中一人的职业是首要的吗?”对这一问题的反应因性别而异：丈夫更倾向于认为其婚姻是平等的。

2. 人们可能希望进一步将重点放在双职工夫妇身上。例如，费伯和罗卜（1997）

在最近的研究文献中关注了学术界夫妇。遗憾的是，具有全国代表性的数据集无法提供足够的细节来区分个人的职业和工作。

3. 例如，除了男女可能出于非工作原因而变动工作的事实外，他们还认为男女的机会可能存在差异。

4. 在相关研究中，罗布斯特和麦戈德里克（1997）研究了家庭关系约束的影响，再次使用城市劳动力市场规模来衡量男女“过度教育”的可能性，并获得了不同的结果。

5. 在探索性研究中，我们使用全国家庭与住户调查中的两次访谈来研究职业等级的稳定性问题，但显然我们需要使用更长的时间段。然而我们没有在此展示职业等级稳定性的结果，因为我们发现所需的样本限制（被研究的夫妇必须仍然处于婚姻中、两个采样段必须具有对夫妻二人的调查结果、夫妻必须仍然工作，并且提交完整的工作和工资报告）使我们的样本非常小（大约100个观察结果），似乎成为精选样本。特别是男女受访者的结果存在极大差异。我们的结论是，未来的分析必须依赖不受这些问题影响的小组数据集。

6. 在双收入家庭中被视为家庭供养者的人可能不具有首要职业地位，尽管这可能很少见。举例说明：当丈夫是会计师而妻子是音乐家时，丈夫可能被视为家庭供养者，但是妻子在遇到职业机会时可能会选择变更工作，因为找到一份职业音乐家的工作更加困难。

7. 斯莫克和曼宁（1997）和格林斯坦（1996）同样发现，观察到的特征因主要受访者性别的不同而存在差异。与我们的做法相同，斯莫克和曼宁认为，由于观察到的特征不同，纳入此处的控制变量是扩大样本范围的原因。

8. 这项衡量方法在估算每个人在劳动力市场上的潜在工资时能提供最佳结果。

9. 这些发现与卡塔利斯特（1998）获得的估计非常接近。

10. 人口普查局的数据来源是www. census. gov/hhes/income/histinc中的表F22，检索时间为2000年4月6日。此处显示的数字与人口普查局的数字略有不同，因为此处检验的样本仅限于有全职全年工作的人，并且还排除了那些自雇者、农场工作者或在军队工作的人。

11. 我们还通过出生群体研究了职业等级的变化，但没有发现样本或群体之间的任何系统性关系。

12. 如表1所示，第一组中的家庭比例非常小。

13. 表格中的数字来自女性主要受访者样本。若使用男性主要受访者样本，两组调 169
查中的数字也不一致（全国家庭与住户调查2的22.5%和全国家庭与住户调查1的16.7%）。

14. 即使有代理变量，由于存在未观察到的因素影响两个变量，工资和职业等级仍然可能是相关的。一种常见的方法是使用工资变化（而不是工资水平）作为因变量来消除个别未观察到的异质性数据，但我们在这里没有采用这种方法，因为如尾注5所述，我们没有足够的样本小组。

15. 然而，当可能更能反映职业等级的实际工资的潜在重要特质发生变化时，这一衡量方式无法捕捉到这一变化，这是一个缺点。

16. 在全国家庭与住户调查2中，问题的措辞略有不同：“如果男人主要挣钱养家而女人照顾家庭和家人，那么对每个人来说都会好得多。”

17. 胡德（1986，第351页）观察到这一陈述的措辞与关于实际提供家庭收入者的陈述或关于应当提供家庭收入者的陈述的措辞大不相同。

18. 参见布劳和卡恩（1997）。关于使用全国家庭与住户调查而进行的最新研究，见斯特拉顿（1998）。

19. 请注意，我们无法单独确定全国家庭与住户调查中的种族和族裔。此外，全国家庭与住户调查的内容为是否参加工会活动，而非是否拥有会员资格。

20. 凭借全国家庭与住户调查1的数据，我们使用完整模型规格和回归量集更有限的模型，比较了各种职业等级指标等有意义的关键变量。其结果没有实质性的不同。

21. 我们使用当前人口调查数据会发现有全职全年工作的已婚妇女具有非常相似的职业分布，因此该模式不是此处检验的全国家庭与住户调查样本的人为因素。

22. 值得注意的是，当我们使用全国家庭与住户调查1来估计妻子工资模型时，其中的兼职系数为正且值较大，这与预期相反。然而，在使用全国家庭与住户调查2时，兼职系数的值通常确实为负。

23. 应当认识到在被分析的家庭中丈夫往往比妻子年长，因此家庭的人力资本、分工专业化和职业等级也会受到影响。

170 # 参考文献

Becker, G. (1985). Human Capital, Effort, and the Sexual Division of Labor. *Journal of Labor Economics, 3*(2), S33–S58.

Bielby, W. T., & Bielby, D. D. (1992). I Will Follow Him: Family Ties, Gender-Role Beliefs, and Reluctance to Relocate for a Better Job. *American Journal of Sociology, 97* (March), 1241–1267.

Blau, F. D., Ferber, M. A., & Winkler, A. E. (1998). *The Economics of Women, Men and Work*. Upper Saddle River, New Jersey: Prentice Hall.

Blau, F. D., & Kahn, L. M. (1997). Swimming Upstream: Trends in the Gender Wage Differential in the 1980s. *Journal of Labor Economics, 15* (January), 1–42.

Bureau of the Census (2000). http://www.census/gov/hhes/income/histinc. Accessed April 4, 2000.

Catalyst (1998). *Two Careers, One Marriage: Making It Work in the Workplace*. New York: Catalyst.

Ferber, M. A., & Loeb, J. W. (Eds) (1997). *Academic Couples: Problems and Promises*. Champaign, IL: University of Illinois Press.

Greenstein, T. N. (1996). Husbands' Participation in Domestic Labor: Interactive Effects of Wives' and Husbands' Gender Ideologies. *Journal of Marriage and the Family, 58* (August), 585–595.

Hersch, J., & Stratton, L. (1997). Housework, Fixed Effects, and Wages of Married Workers. *Journal of Human Resources, 32* (Spring), 285–307.

Hood, J. C. (1983). *Becoming a Two-Job Family*. New York: Praeger.

Hood, J. C. (1986). The Provider Role: Its Meaning and Measurement. *Journal of Marriage and the Family, 48* (May), 349–59.

Jacobsen, J., & Levin, L. M. (1997). Marriage and Migration: Comparing Gains and Losses from Migration for Couples and Singles. *Social Science Quarterly, 78* (September), 688–709.

Keith, K., & McWilliams, A. (1997). Job Mobility and Gender-Based Wage Growth Differentials. *Economic Inquiry, 35* (April), 320–33.

Lichter, D. T. (1982). The Migration of Dual-Worker Families: Does the Wife's Job Matter? *Social Science Quarterly, 63* (March), 48–57.

Mare, R. D. (1991). Five Decades of Educational Assortative Mating. *American Sociological Review, 56* (February), 15–32.

Mincer, J. (1978). Family Migration Decisions. *Journal of Political Economy, 86* (October), 749–774.

Ofek, H., & Merrill, Y. (1997). Labor Immobility and the Formation of Gender Wage Gaps in Local Markets. *Economic Inquiry, 35* (January), 28–47.

Polachek, S., & Horvath, F. (1977). A Life-Cycle Approach to Migration: Analysis of the Perspicacious Peregrinator. In: R. Ehrenberg (Ed.), *Resesarch in Labor Economics* (pp. 103–149). Greenwich, CT: JAI Press.

Polachek, S. (1975). Potential Biases in Measuring Male-Female Discrimination. *Journal of Human Resources, 10* (Spring), 205–229.

Potuchek, J. L. (1997). *Who Supports The Family? Gender and Breadwinning in Dual-Earner Marriage*. Stanford, CA: Stanford University Press.

Robst, J., & McGoldrick, K. M. (1997). Tied-Stayers and Gender Differences in Overeduation. *Journal of Management Systems, 9*, 49–64.

Sandell, S. H. (1977). Women and the Economics of Family Migration. *Review of Economics and Statistics*, *59* (November), 406–414.

Smock, P., & Manning, W. (1997). Cohabiting Partners' Economic Circumstances and Marriage. *Demography*, *34* (August), 331–342.

Stratton, L. (1998). *Examining the Marital Wage Differential: Do Cohabiting Men Qualify?* Mimeo, Virginia Commonwealth University.

Spitze, G. (1988). Women's Employment and Family Relations: A Review. *Journal of Marriage and the Family*, *50* (August), 595–618.

Winkler, A. E. (1998). Relative Earnings of Husbands and Wives in Dual-Earner Families. *Monthly Labor Review*, *121* (April): 42–48.

附录

样本选择

小组 A　样本容量

	1987 年全国家庭与住户调查	1992 年全国家庭与住户调查	1993 年全国家庭与住户调查
总样本	13,007	10,008	NA
已婚夫妇样本	6,877	5,751	32,715
妻子作为主要受访者	3,733	3,194	NA
丈夫作为主要受访者	3,144	2,557	NA

小组 B　已婚夫妇样本的样本明细

	1987 年全国家庭与住户调查		1992 年全国家庭与住户调查		
	主要受访者是		主要受访者是		1993 年当前人口调查
	妻子	丈夫	妻子	丈夫	
已婚的主要受访者	3,733	3,144	3,194	2,557	32,715
配偶信息	2,909	2,736	2,643	2,358	NA
夫妻双方年龄在 25 ~ 64 岁	2,162	1,999	2,210	1,913	24,938
夫妻双方无人在军队或农场工作	2,058	1,911	2,153	1,854	23,826
夫妻双方自雇职业信息没有缺失*	1,975	1,829	NA	NA	NA
夫妻双方没有自雇职业,或自雇职业信息没有缺失	1,479	1,427	1,460	1,310	19,794
妻子的工资信息没有缺失	1,397	1,381	1,438	1,276	NA
妻子的工资在 1 ~ 100 美元	771	745	903	834	14,153
丈夫的工资信息没有缺失,在 1 ~ 100美元,并且夫妻任何一方的职业信息均无缺失	603	591	738	696	11,912
夫妻双方有全职全年的工作	332	334	457	435	6,095

注释：

NA 表示不适用。

*在全国家庭与住户调查 2 使用的自雇职业衡量标准中，信息未遗漏并且可能为零。

在回归中，我们使用了有关所有双收入家庭（倒数第二行）和夫妻都有全职全年工作的所有双收入家庭的数据（最后一行）。由于缺少某些自变量的值，样本量略低（例如，参见表 3 和表 4）。

20 世纪 90 年代英国的就业流动性：性别是否重要？* 173

艾立森·L. 布兹　马尔科·弗朗西斯科尼

概　论

本章探讨了 1991 ~ 1996 年公司内部和公司间英国白人全职劳动者工作变更的性别差异，其中工作变更包括了由劳动者和公司发起的离职。我们记录了四个主要发现。第一，男性和女性的工作流动性都很高：样本中每年有超过四分之一者变更工作。第二，区分晋升、辞职和裁员非常重要。如果我们将劳动者和公司发起的离职混为一谈，或忽视公司内部的流动性，都可能对职业流动情况产生不恰当的研究结果。第三，我们发现男女平均辞职概率和晋升概率非常相似，但是裁员概率存在显著的性别差异。第四，我们发现在诸如工会覆盖程度、职业和是否育有年幼儿童等变量的影响方面存在显著的性别差异。

一、绪论

工作流动性是 20 世纪 90 年代英国劳动力市场的一个显著特征。根据新的纵向数据，每年预计有超过四分之一的全职劳动者变更工作，另有四分之一将在一年后再次变更工作。然而，我们对于公司内部和公司之间各种形式工作流动的发生率以及它们如何因性别而不同知之甚少。男性是否

---

* 《劳动者福祉》，Emerald 出版社，2000 年，173 ~ 189 页。

比女性更有可能得到晋升?

174 男性和女性工作变更的主要决定因素是什么?众所周知,女性工作者对劳动的依赖程度低于男性,而这可能对人力资本积累、工作流动性和按性别划分的职业隔离产生重大影响(明塞尔 & 欧菲克,1982;罗伊尔迪,1998)。但是,对于那些强烈依赖劳动力市场的劳动者,职业生涯模式如何因性别而异?区分公司内部和公司间的工作变化是否会增强我们对按性别划分的流动性差异的理解?我们使用 1991 ~ 1996 年每年收集数据的英国家庭小组调查中的劳动者样本来解决这些问题。该样本仅包括全职劳动者,并排除那些工作状态变更后没有工作的受访者。

我们的数据允许将职业(或另谋职业)的流动性分解为涉及公司内部晋升和涉及公司间流动的工作变更。通过这种分解,本章将以往的研究向两个方向扩展。首先,它区分了公司内部和外部的工作流动性,而这必须在使用英国其他调查数据后才可能完成。[1] 首先,因为晋升是劳动者职业生涯中不可或缺的一部分,这种区别很重要[吉本斯,1998;吉本斯 & 沃尔德曼,1999;(和其中的参考文献)]。其次,关于职业流动性的文献通过区分劳动者发起(辞职)和公司发起(裁员)的公司间工作变化(西塞尔曼和加洛尔,1990;麦秋,1996),扩展了大多数美国实证研究的方法。当劳动者和公司之间存在信息不对称且重新谈判代价高昂时,这种区别很重要(霍尔和拉泽尔,1984)。

二、背景

劳动者为什么变更工作?从供给方面看,如果工作变更的预期效用超过当前效用减去工作变更的成本,那么劳动者就会放弃当前的工作(去为另一雇主工作,或在同一个雇主的另一个岗位上工作)。如果男女在替代机会和成本方面存在差异,则工作流动性可能存在性别差异。在人力资本和工作匹配理论的背景下,最常见的是自愿离职行为(参见欧伊,1962;

麦克劳林，1991；哈珀，1995）。如果存在以下情况：男性和女性人力资本获取的差异使得公司对男性或女性的重视程度降低（布劳 & 卡恩，1981）；或求职成本存在性别差异（迈岑，1986）；或在招聘中由于性别歧视而导致雇主具有买方垄断权力，使女性必须在通常的工作匹配之外进行性别匹配（纽马克，1988），那么我们就可以从这些模型中获得性别对职业流动性的影响。

从需求方面来看，若终止雇佣的利润减去终止雇佣的成本大于继续雇 175
佣的预期利润，那么公司将终止雇佣。其中，永久的外生冲击（例如，技术性和结构性变革使技能过时）可以降低边际生产率，从而降低继续雇佣的预期利润。英国的名义工资通常愈向下愈僵化，因此需求冲击可能导致裁员。如果存在职业/行业隔离或性别分类，男女可能会遭受不同的需求冲击。此外，若劳动者匹配度不佳，雇主可能会希望将其解雇。虽然解雇的范围会受到劳动法限制，但雇主可以将解雇包装成英国法定程序规定下的裁员。如果雇主在试图留住男性和女性劳动者时采取不同的策略（通过晋升、工资和/或奖金、有针对性地裁员补偿），那么非自愿离职行为也可能存在性别差异。

在过去的十五年中，对公司内部劳动组织结构的研究显著增长（最新调查可参见吉本斯，1996；吉本斯和沃尔德曼，1999）。然而，关于晋升对职业流动性的贡献，我们目前几乎没有系统性了解，对职业流动性（包括晋升）的性别差异来源更是知之甚少。[2] 公司的晋升政策通过增加人力资本获取和努力程度，成为提高组织内生产力、引导基于劳动者类型的离职平衡（常和王，1995），甚至限制偏袒（普伦德加斯特和多佩尔，1996）的一种方法。公司可能会提供补助来提高员工的努力程度（可由加班小时数来衡量）（兰德斯等，1996）。一方面，如果家庭因素导致妇女不能长时间工作，这也可能会导致晋升率出现性别差异。家庭责任对晋升和流动性的影响方式也可能因性别而异；如果女性更有可能辞职，公司给女性提供培训和晋升机会的可能性就更低。另一方面，如果晋升机会的歧视性导致女性认为自己晋升无望，那么她们可能更不愿意主动报名参加公司的培训计划。

工作流动性的性别差异本身不仅有趣，而且还可能解释工资的性别差异。例如，如果女性比男性更有可能辞职，那么公司将投资用于女性培训的意愿就会更低，从而导致人力资本积累减少，最终降低工资水平。或者，如果女性更有可能获得晋升，并且在晋升时工资大幅变化，我们可以预计晋升在减少工资的性别差异方面发挥着重要作用。[3]

176

三、数据

这些数据来自1991年以来每年进行数据收集的全国代表性调查——英国家庭小组调查的前六个取样段。英国家庭小组调查提供了有关工作变更的时机和类型，包括在同一雇主手下的工作变更。对于在两次采访之间的一年中终止的所有工作，受访者都给出了不再工作的理由。因此，我们可以找到的工作变更包含了晋升（在同一雇主手下职责或岗位的变更）、跳槽以及其他形式的工作终止。我们这样定义公司发起的离职行为（即裁员）：当劳动者被裁员或被解雇，或其临时工作被终止。在不同雇主之间发生的所有其他工作流动都被定义为劳动者发起的离职。[4]

我们采取白人男女样本进行估计时，选取标准是：出生于1936年后；调查中有其全部的采访信息；调查中有关于这些人至少两年的劳动力市场数据；在调查时从事全职工作；非自雇者、农民或在军队工作。采取这些限制条件、缩小样本容量的主要原因是要找到那些更加依赖劳动力市场的人，因此我们得到的样本小组并不均衡，该样本包括2,135名男性和1,475名女性，每年分别对男女进行9,697和6,210次的观察。[5]

表 1　男性工作流动性的多项 Logit 模型估计 177

变量	工作流动性类型			
	晋升	辞职	裁员	均值
O level	0.100	0.071	-0.177	0.328
	(0.136)	(0.136)	(0.137)	
A level	0.207	0.095	-0.176	0.236
	(0.140)	(0.144)	(0.150)	
职业学位	0.399**	0.238	-0.310	0.078
	(0.177)	(0.181)	(0.226)	
高等教育学历	0.177	0.116	-0.096	0.149
	(0.168)	(0.172)	(0.194)	
经验（年）	-0.133***	-0.050***	-0.037*	17.805
	(0.016)	(0.016)	(0.019)	
经验的平方	0.003***	0.001**	0.001	445.178
	(0.0004)	(0.0004)	(0.001)	
任职时间（年）	-0.094***	-0.576***	-0.399***	5.617
	(0.019)	(0.045)	(0.041)	
任职时间的平方	0.002**	0.015***	0.011***	68.565
	(0.0007)	(0.002)	(0.002)	
住在伦敦	-0.069	-0.113	0.030	0.092
	(0.136)	(0.147)	(0.173)	
子女数：				
0～4 岁	-0.148*	-0.261***	-0.326***	0.200
	(0.082)	(0.089)	(0.123)	
5～11 岁	-0.123*	-0.114	-0.162**	0.321
	(0.065)	(0.070)	(0.082)	
12～15 岁	-0.117	-0.039	0.061	0.170
	(0.105)	(0.103)	(0.105)	
已婚或同居	0.597***	0.422***	0.245**	0.765
	(0.104)	(0.102)	(0.121)	
公司规模：				
<50 名员工	-0.298***	0.067	0.045	0.395
	(0.093)	(0.100)	(0.112)	
50～200 名员工	-0.007	-0.117	-0.223*	0.256
	(0.093)	(0.111)	(0.128)	
加班时间（每周小时数）	0.007***	0.001	-0.003	5.970
	(0.002)	(0.005)	(0.007)	
工会覆盖程度	0.268***	-0.220**	0.011	0.550
	(0.088)	(0.099)	(0.103)	
上班通勤时间：				
20～40 分钟	0.076	0.173*	0.068	0.239
	(0.091)	(0.095)	(0.108)	
40～60 分钟	0.074	0.195	-0.022	0.115
	(0.119)	(0.125)	(0.146)	
>60 分钟	-0.121	0.374**	0.071	0.047
	(0.187)	(0.157)	(0.217)	
公共部门	-0.097	-0.147	-0.374***	0.246
	(0.100)	(0.116)	(0.133)	

续表

变量	工作流动性类型			
	晋升	辞职	裁员	均值
现在的职业：				
专业性	0.848***	-0.176	-0.360	0.107
	(0.189)	(0.195)	(0.224)	
管理性	1.275***	-0.330**	-0.499***	0.186
	(0.156)	(0.156)	(0.177)	
熟练的非体力劳动	0.657***	-0.177	-0.225	0.195
	(0.153)	(0.142)	(0.155)	
熟练的体力劳动	0.449***	0.004	-0.051	0.304
	(0.144)	(0.128)	(0.129)	
原先的职业：				
专业性	-0.222	-0.045	-0.298	0.088
	(0.188)	(0.195)	(0.249)	
管理性	-0.431***	-0.200	-0.299	0.065
	(0.184)	(0.199)	(0.249)	
熟练的非体力劳动	-0.051	-0.015	0.001	0.222
	(0.130)	(0.142)	(0.151)	
熟练的体力劳动	-0.063	0.006	-0.126	0.422
	(0.117)	(0.127)	(0.124)	
参加工作的时间：				
1961~1970年	0.124	0.317**	0.070	0.242
	(0.148)	(0.172)	(0.170)	
1971~1980年	0.065	0.363**	0.058	0.342
	(0.164)	(0.180)	(0.195)	
1981~1990年	0.074	0.376**	-0.453**	0.223
		(0.147)	(0.173)	(0.191)
1990年以后	-0.245	-0.232	-0.592**	0.051
	(0.189)	(0.197)	(0.232)	
当地失业率	3.203**	-3.376**	0.535	0.083
	(1.572)	(1.691)	(1.924)	
常数	-1.895***	-0.404	-0.425*	
	(0.247)	(0.258)	(0.282)	
可能性对数			-7192.080	
假 R^2			0.1241	
不同州观察到的比例(%)	10.37	8.88	6.31	
观察数量		9697		

注释：估计的系数与仍为同一雇主工作且没有得到晋升的状态相对应。标准误差显示在括号中。

* 在0.1级时该值显著。

** 在0.05级时该值显著。

*** 在0.01级时该值显著。

表 2　女性工作流动性的多项 Logit 模型估计

变量	工作流动性类型			
	晋升	辞职	裁员	均值
O level	-0.259	0.040	-0.019	0.421
	(0.160)	(0.161)	(0.169)	
A level	0.038	0.305	-0.227	0.176
	(0.178)	(0.184)	(0.211)	
职业学位	-0.045	0.125	0.095	0.079
	(0.220)	(0.221)	(0.286)	
高等教育学历	-0.031	-0.298	-0.170	0.140
	(0.210)	(0.234)	(0.273)	
经验（年）	-0.153***	-0.039*	-0.006	14.376
	(0.019)	(0.021)	(0.025)	
经验的平方	0.003***	0.001	0.0003	296.678
	(0.0005)	(0.001)	(0.001)	
任职时间（年）	-0.064**	-0.735***	-0.527***	4.431
	(0.028)	(0.064)	(0.051)	
任职时间的平方	0.001	0.022***	0.017***	41.598
	(0.001)	(0.003)	(0.002)	
住在伦敦	-0.031	0.394**	0.190	0.108
	(0.143)	(0.145)	(0.178)	
子女数：				
0～4 岁	-0.271	-0.487***	-0.195	0.068
	(0.186)	(0.193)	(0.185)	
5～11 岁	-0.236**	0.065	-0.066	0.155
	(0.125)	(0.108)	(0.124)	
12～15 岁	-0.113	-0.017	-0.056	0.141
	(0.118)	(0.120)	(0.137)	
已婚或同居	0.635***	0.458***	0.287**	0.703
	(0.107)	(0.107)	(0.124)	
公司规模：				
<50 名员工	0.107	0.093	0.076	0.436
	(0.109)	(0.127)	(0.142)	
50～200 名员工	-0.043	0.028	0.264*	0.263
	(0.117)	(0.138)	(0.146)	
加班时间（每周小时数）	0.032***	0.010	-0.005	3.440
	(0.007)	(0.010)	(0.010)	
工会覆盖程度	0.100	-0.545***	-0.223*	0.553
	(0.111)	(0.125)	(0.130)	
上班通勤时间：				
20～40 分钟	-0.172	0.031	-0.033	0.231
	(0.106)	(0.111)	(0.129)	
40～60 分钟	0.038	0.224	0.055	0.111
	(0.135)	(0.149)	(0.177)	
>60 分钟	-0.008	-0.082	0.464*	0.032
	(0.214)	(0.268)	(0.262)	
公共部门	0.040	0.157	0.010	0.385
	(0.118)	(0.137)	(0.142)	

续表

变量	工作流动性类型			
	晋升	辞职	裁员	均值
现在的职业:				
专业	0.351	-0.125	-0.560*	0.115
	(0.309)	(0.304)	(0.335)	
管理	1.283***	-0.349	-0.737***	0.141
	(0.264)	(0.239)	(0.273)	
熟练的非体力劳动	0.636***	-0.192	-0.314	0.476
	(0.249)	(0.220)	(0.225)	
熟练的体力劳动	0.070	-0.311	-0.271	0.193
	(0.261)	(0.227)	(0.234)	
原先的职业:				
专业	0.095	0.224	0.488	0.075
	(0.294)	(0.312)	(0.365)	
管理	-0.413	-0.220	0.064	0.042
	(0.292)	(0.305)	(0.360)	
熟练的非体力劳动	0.372*	0.215	0.142	0.529
	(0.224)	(0.208)	(0.218)	
熟练的体力劳动	0.261	0.253	0.046	0.276
	(0.223)	(0.205)	(0.224)	
参加工作的时间:				
1961~1970年	0.534***	-0.062	0.280	0.259
	(0.187)	(0.208)	(0.218)	
1971~1980年	0.337*	-0.205	0.028	0.238
	(0.194)	(0.215)	(0.242)	
1981~1990年	0.213	0.062	0.239	0.303
	(0.178)	(0.193)	(0.208)	
1990年以后	-0.248	0.133	-0.260	0.070
	(0.215)	(0.212)	(0.264)	
当地失业率	2.226	3.575*	3.404	0.083
	(1.886)	(1.985)	(2.131)	
常数	-1.939***	0.005	-1.323***	
	(0.361)	(0.357)	(0.385)	
可能性对数		-4892.738		
假 R^2		0.1254		
不同州观察到的比例(%)	11.87	9.47	6.99	
观察数量		6210		

注释：估计的系数与仍为同一雇主工作且没有得到晋升的状态相对应。标准误差显示在括号中。

* 在0.1级时该值显著。

** 在0.05级时该值显著。

*** 在0.01级时该值显著。

在表 1 和表 2 的底部，我们显示了不同职业状态的男女样本分布（被省略的状态是仍为同一雇主工作且没有得到晋升）。在这个劳动者样本中，不同性别的流动性非常相似，但是女性的流动性在取样期间略微更高（但这很重要）。在年观察案例中，约 12%（女）和 10.4%（男）得到公司内晋升，15%～16%在公司间流动，约 9.5%（女）和不到 9%（男）自愿辞职，而 7%（女）和 6.3%（男）遭到解雇。因此，我们发现有证据表明取样期间工作流动性相当大，但性别差异数值很小。

表 1 和表 2 的最后一列显示了多变量分析中使用的变量的样本均值。相比女性，男性拥有更多的工作经验和更长的任职与工作时间，他们多从事熟练的体力劳动、管理以及私营部门职业，并且有更多需要抚养的子女。但是，在有更多需要抚养的子女的女性中，很大一部分不参加工作或从事兼职工作，因此这一群体未包括在样本中。

四、结果

表 1 和表 2 的前三列分别报告了男性和女性的多项 Logit（Multinomial Logit，MNL）回归的系数（和稳健标准误差）[6]。两表格报告了与“存留”（仍为同一雇主工作且没有得到晋升的状态）相对应的“晋升”、“辞职”和“裁员”三种相互独立状态的结果。解释性变量包括：当前工作的任职时间及其平方、劳动力市场经验及其平方、最高学历（4 个虚拟变量）、通常的加班时间、[7] 生活在伦敦、婚姻状况、三个年龄组（4 岁以下、5～11 岁、12～16 岁）的子女数量、工会覆盖程度、在公共部门工作[8]、公司规模（2 个虚拟变量）、职业（4 个虚拟变量）、原先的职业（4 个虚拟变量）、上班通勤时间（3 个虚拟变量）和当地失业率。“最高学历”中未出现的分组是“O level”以下的学历。[9]“公司规模”中未出现的分组是“员工数量多于 200 名”，“职业组”中未出现的分组是“半熟练和非熟练劳动者”。“参加工作的时间”中未出现的分组是“1960 年以前”，“上班通勤

时间”中未出现的分组是“20 分钟以下”。

我们对克拉梅尔和里德尔（1991）提议的汇集全部男性和女性样本职业状态的测试进行了计算，其中包括一个性别虚拟变量和性别与初始回归量的所有互动项。[10]将辞职和裁员进行汇总并检验后，可能性比例检验统计量为 178.3，其渐近分布为具有 59 个自由度的 X^2。在区分辞职与裁员之后，克拉梅尔和里德尔将晋升和留存进行汇总并检验，发现其产生的值为 963.9，且其渐近分布同样是具有 59 个自由度的 X^2。这些测试表明，我们不应混淆公司间的工作变更（辞职和裁员），也不应混淆公司内部的晋升和仍为同一雇主工作且没有得到晋升的状态。

（一）男女间的相似点

我们发现男女之间有一些惊人的相似点。已婚或同居并从事管理职业的男女劳动者拥有显著更高的晋升率；在其他条件不变的情况下，他们的加班时间也在增加。

182 这些发现与以下理论一致：晋升奖励了更高职业水平者的人力资本提升（西塞尔曼和加洛尔，1990）、晋升是对努力或更长工作时间的奖励（兰德斯等，1996）[11]、或是高薪职业岗位的责任（马诺夫，1997）。

任职时间和工作经验对男性和女性的晋升都有统计学意义上的显著负面影响。任职时间对男女晋升具有显著的负面影响，这是自然而然的（这一事实与人力资本理论的预测并不矛盾），因为这里的任职时间衡量的是整个工作经历中的任职时间而不是在某位雇主手下的任职时间。[12]工作经验和晋升之间的负面联系可能主要来源于年龄效应：年龄越大（或经验越丰富）的劳动者晋升的可能性越小，这或许反映了技能会过时的事实（参见哈珀，1995；关于类似的结果，参见表 6）。

最高学历对男女劳动者的晋升概率没有统计学上的显著影响（但是职业资格能显著提升男性晋升率）。然而，当我们将当前职业排除到模型估计之外时（因为它可能与晋升产生虚假关联），我们的主要结果仍几乎不受影响。[13]最高学历变量则与晋升率呈显著的正相关关系，因此其估计系数是唯一值得注意的数据。[14]

年幼子女数量、工会覆盖程度、更长的任职时间、单身状态会大大降低男性和女性辞职的概率，工会覆盖程度会降低辞职的可能性这一结果与退路理论一致，并且工会相关文献中也是一个常见发现（布斯，1995，第 199 页）。辞职与任职时间之间的负相关与工作匹配理论一致，并且在实证文献中也有很好的研究基础（麦克劳林，1991）；而当劳动者育有年幼的子女时，辞职与 4 岁以下年幼子女数量之间的负相关关系可能会限制求职时间。

一方面，对于任职时间更长和从事管理职业的男女劳动者，其面临裁员概率都大大降低。关于任职时间的调查结果表明，劳动力市场制度（例如，解雇成本）对于规范公司发起的离职（例如，许多公司采用“后进先出”的规则）可能很重要。另一方面，在其他条件不变的情况下，公司倾向于挽留拥有更多特定人力资本的劳动者，如从事管理职业的男女劳动者。

（二）性别差异 183

尽管存在这些相似点，这些变量在影响男女工作变更的方式上还是存在一些实质性的差异。为了更明确地说明这一点，我们对汇总的男女子样本进行了相同的分析，并在多元 Logit 回归中加入了一个性别虚拟变量以及性别与表 1 和表 2 所有回归量的相互作用项。表 3 强调了其主要差异，显示了工作流动性的预测概率，在男女样本分布中估计了选定变量的替代值，并因此比较了工作流动性的总体分布。[15]表 3 的第三列显示了男女工作流动率之差占女性工作流动率的百分比。[16]请注意，在控制了所有的解释性变量之后，晋升和辞职率基线并没有因性别而产生差异，但相较于男性，女性仍然更有可能被解雇。

若工会覆盖了全体劳动者群体，男性的晋升概率将从 11% 增加到

12.7%，女性的晋升概率将从10.9%增加到11.6%。男性晋升概率的增加比女性高出9.4%，并且这一结果可能支持长期以来的假设：工会给男性带来的好处通常多于女性（格卢克斯曼，1990）。当每周加班时间为5小时时，男性和女性的晋升概率也会增加，但女性的增加概率远远大于男性，大约为19%。男性的加班时间较长（见表1和表2，平均每周加班高于女性2.5小时），且加班的比例较高（男性60%，女性45%）。因此若用加班时间衡量努力程度，那么女性具有相对优势，可以在深度和广度上享受晋升。这种性别差异也可能会指向一些未观察到的异质性。[17]管理岗位上的性别差异也有类似的效果。

当研究不同规模的公司的劳动者分布时，我们会发现晋升概率的性别差异极值：女性工作者若跳槽至公司规模处于最小一组的公司，其晋升概率将比男性高出32%。与较小的公司相比，较大公司更有可能运作明确的内部劳动力市场，且拥有制度化的职业阶梯（常，1996）。反应的性别差异主要是由于男性晋升概率基线的大幅降低，幅度约为基线概率的1/5。这一差距的一种可能解释是，在公司规模最小一组的公司中，70%的女性担任较高的职位（专业人员、管理人员，尤其是熟练的非体力劳动者），而同样在公司规模最小一组的公司中，只有40%的男性担任较高的职位。

185 因育有0~4岁子女的数量变化以及劳动力职业构成的变化而发生的辞职概率性别差异是最显著的。育有0~4岁子女的数量每增加1，女性的辞职概率就会比男性低11%。如上所述，育有年幼的子女可能会增加找工作的成本（由于时间限制）或减弱寻找新工作的动机（因为当前劳动合同中包含了女性劳动者产假工资等经济利益），而这对母亲的影响更大。若所有劳动者均从事管理职业，那么男性和女性的跳槽概率均会降低，但女性管理者的跳槽概率比男性管理者低14%。

由进入劳动力市场时间更晚、育有年幼子女以及在公共部门就业导致的裁员率具有最大的性别差异。当假设所有的劳动者都在公共部门就业，

表 3　基于性别和选定特征的工作流动性概率分布预测 184

流动性状态和变量	男性	女性	△（%）
晋升			
基线	0.110	0.109	-1.8
变化：			
育有 0～4 岁的子女（+1）	0.096	0.100	4.8**
工会覆盖程度	0.127	0.116	-9.4***
供职于公共部门	0.100	0.115	14.4
每周加班时间（+5）	0.113	0.135	18.5***
工作经验（+1 年）	0.093	0.104	11.8***
任职时间（+1 年）	0.088	0.102	15.9***
从事管理职位	0.179	0.213	19.1***
1990 年以后参加工作	0.108	0.107	-1.9
公司规模：<50 人	0.087	0.115	31.6***
当地失业率（+1%）	0.121	0.112	7.5*
辞职			
基线	0.092	0.089	-3.9
变化：			
育有 0～4 岁的子女（+1）	0.075	0.067	-10.8***
工会覆盖程度	0.079	0.076	-4.1***
供职于公共部门	0.084	0.103	23.5
每周加班时间（+5）	0.092	0.090	-2.1
工作经验（+1 年）	0.079	0.084	6.3***
任职时间（+1 年）	0.061	0.058	-3.9***
从事管理职位	0.076	0.087	14.4**
1990 年以后参加工作	0.090	0.092	2.2
公司规模：<50 人	0.095	0.091	-4.5
当地失业率（+1%）	0.086	0.091	6.3**
裁员			
基线	0.064	0.068	-4.9**
变化：			
育有 0～4 岁的子女（+1）	0.049	0.064	30.5***
工会覆盖程度	0.064	0.066	3.2*
供职于公共部门	0.049	0.069	40.3***
每周加班时间（+5）	0.063	0.067	4.7
工作经验（+1 年）	0.060	0.068	12.7*
任职时间（+1 年）	0.050	0.052	2.2***

续表

流动性状态和变量	男性	女性	△（%）
从事管理职位	0.044	0.045	2.5***
1990 年以后参加工作	0.056	0.067	19.6***
公司规模：<50 人	0.065	0.069	5.1
当地失业率（+1%）	0.064	0.072	6.7

注释：

预测概率来自汇总（男性和女性）MNL 估计与完整的相互作用，相当于表 1 和表 2 中报告的那些。△（%）是男女工作流动率之差占女性工作流动率的百分比。详细说明和示例请参阅文本。基线值以样本值计算。

* 表示 0.1 级的显著性。

** 表示 0.05 级的显著性。

*** 表示 0.01 级的显著性。

男性面临的裁员率会降低，但是女性面临的裁员率则几乎没有变化，因此女性被裁员的可能性比男性高出 40%，这一影响非常大。与基线相比，育有年幼子女的数量增加 1 几乎不改变女性面临的裁员率，但却使男性面临的裁员概率降低了大约 1/4：这产生了表 3 中所示的高达 30% 的性别差异。因此，若育有更多年幼子女，人们可能会因此更依赖工作，或者说仅有父亲得到了更好的工作保障。

五、结论

我们以 1991 ~ 1996 年受观察的英国全职劳动者作为特殊纵向样本，通过区分晋升、辞职和裁员，研究了工作流动性的性别差异。不同于“相较于男性，女性辞职率更高，晋升率更低”的普遍观点，我们的研究结果表明，尽管在初始数据中女性的晋升率和辞职率高于男性，但一旦控制个人和工作的标准特征不变，这种性别差异就会消失。然而女性面临的裁员率仍远高于男性。我们的研究结果还表明，尽管样本中男性和女性的平均工作流动率相似，但其对社会经济环境的具体变化则有不同反应。

186 这些发现强调了区分不同工作流动形式的重要性。是否育有年幼子女、工会覆盖程度和职业等变量对工作变更的影响效果均有显著的性别差异。因此，即便对于一个相当同质化的劳动者样本，只要个人特征或特定工作特征的变化会对男女职业生涯模式产生不同影响，我们在分析时就不能只关注整体的离职率而忽略公司内部的流动性。否则，我们对劳动者职业发展模式的估计就是不完整的，并可能产生误导性结论。

致谢

我们非常感谢未来工作计划（Future of Work Programme）（授权号 L212252007）旗下的经济及社会研究理事会的鼎力支持。本文的观点仅代表作者本人，不一定代表经济及社会研究理事会。一位不知名的审稿人、乔·阿尔通吉、安·普莱斯通、阿姆斯特丹大学研讨会的参与者、埃塞克斯大学研讨会的参与者和美国经济协会 1999 年会议（纽约）的参与者们对本文提出了有用评论，杰夫·弗兰克也参与了热烈的讨论，我们对以上提到的人士表示衷心感谢。

注释

1. 据我们所知，唯一的例外是哈珀（1995），他使用国家培训调查（NTS）来分析 1974～1975 年的男性职业流动性情况。哈珀的研究不涉及女性流动性，适用于截然不同的时间段，并且检验了职业流动性（定义为：当人离开 3 位数编码的职业而从事国家培训调查中的其他 395 个职业之一时，发生职业流动）而非工作流动性（我们的主要兴趣点），因此他的研究与我们的研究不具有直接可比性。

2. 虽然大多数关于晋升发生率的文献都使用了各个公司的数据（例如，贝克尔、吉布斯和霍姆斯特鲁姆，1994），但只有少数关于工作流动性的研究使用了有代表性的工人样本（西塞尔曼和加洛尔，1990；麦秋，1996；格鲁特和范德布林克，1996）。

3. 然而，布斯、弗朗西斯科尼和弗兰克（1998）使用英国家庭小组调查数据发现，在 1991～1995 年得到晋升的工人当中，性别—工资差距很大。他们的结论是，晋 187
升过程没有系统地减轻妇女在劳动力市场中面临的普遍不利因素。

4. 布斯、弗朗西斯科尼和加西亚－塞拉诺（1999）使用英国家庭小组调查的回顾性工作历史数据来检验最早至 1990 年的任职时长和工作流动性中的性别差异。工作历史数据区分了自愿和非自愿离职，但不包括任何有关晋升的信息。

5. 若一个人声称在过去 12 个月内他/她的主要工作的每周工作时间通常少于 30 小时，我们认定其工作性质为兼职。相当一部分英国女性从事兼职工作。在限制条件 4 的情况下，我们排除了 797 名女性（共计4,088人次）和 37 名男性（227 人次）。然而，兼职劳动者的职业形象可能不同，且晋升前景较小。因此，我们对全职员工的限制旨在使男女样本尽可能可比。

6. 鉴于我们数据具有小组性质，估计的标准误差来源于对同一个人进行的多次观察。因此，它们对每个“群集”或个体内的任意形式的相关性都有很强的反应。

7. 这个变量来自以下问题：“你一周内通常加班多少小时?”它指的是正常工作周的正常情况（而不是临时或特殊情况），包括有薪和无薪的加班工作。

8. 公共部门工作者的定义包括公务员和中央政府雇员、地方政府和市政厅雇员、国民医疗体系中的工作人员、国有产业劳动者、高等教育从业者和非营利组织从业者。

9. 如果个人的最高学历是一个或多个 O Level 学历（通常在 16 岁的义务教育结束时考取，后来被 GCSE 取代），那么“O level”取值为 1。如果个人的最高学历是一个或多个 A Level 的资格证书（代表了一般在 18 岁考取的大学入学级资格），那么“A level”的值就是统一的。如果个人的最高学历是职业资格［如高等国家文凭（HND）、高级国家证书（NHC）、护理和教学资格］，那么“职业资格”的价值是统一的。如果个人获得大学本科或以上学历，则“高等教育学历”价值统一。

10. 为简洁起见，我们不报告该模型的估计值，但其主要结果总结在表 3 中。

11. 为了进一步证明晋升是对工作的奖励，我们使用表 1 和表 2 中报告的相同回归量重新估计模型，但不包括当前加班时间，包括滞后加班时间。对于男性和女性，这个新变量的估计系数保持为正值，分别为 0.008 和 0.027。然而，男性的估计结果不那么精确，产生的 z 比率为 1.364，而女性的估计值仍然较大，z 比率为 3.449。我们在解释这些估计值时应当谨慎，因为我们的样本量在加班时间滞后一小时后会缩减。对于滞后的加班时间的回归，其他变量的大部分结果都没有改变。

12. 此外，特定人力资本和工作匹配理论预测了在最初的正持续时间效应后，任职时间对公司间流动性的负面影响（参见默尔滕森，1986）。如果将同一雇主的不同工作视为不同的“检验—货物”，标准的工作匹配模型会产生单调递减的离职危险率（参见默尔滕森，1978；约万诺维奇，1979 和 1984）。

188 然而，如果逐步研究有关于劳动者—公司的匹配质量，这些模型将预测离职风险率是非单调的（即，一开始上升，随后风险率下降）。鉴于我们观察的年度频率，我们的数据只能检测到任职时间与晋升率之间的单调下降关系就不足为奇了。

13. 绝大多数在一年中获得晋升的人仍然处于同一职业组。跨职业晋升者的比例，男性为23%，女性为16%。

14. 例如，与"高等教育学历"相关的晋升系数（和 t 比率）对男女分别为 0.482（t 比率 =2.967）和 0.430（t 比率 =3.125）；而与"职业学位"相关的男女晋升系数分别为 0.684（t 比率 =3.938）和 0.215（t 比率 =2.841）。

15. 令 P_{ij}表示结果 j 中个体 i（$i=1, ... N$）的预测概率 j（$j=1,2,3,4$，我们的四个流动性状态）。根据 MNL 假设，$p_{ij} = (\exp(b_j X_{ij})) / (1 + \sum_j (\exp(b_j X_{ij})))$，其中 b_j 是 MNL 参数估计，X_{ij}表示相应回归量的样本值。设 $P_j = (1/n) \sum_i p_{ij}$是个体的平均预测概率。表 3 的前两列报告了 p_{jm}和 p_{jw}，即分别在估计中使用的变量 X 的样本值处评估的男性和女性的平均预测概率。

16. 在形式上，使用前一个脚注的符号，此列中报告的值使用以下表达式计算 $(P_{jw} - P_{jm}) \times 100/p_{jw}$。例如，由于工会的存在，晋升率的性别差异是这样计算的：$(0.1164 - 0.127) \times 100/0.116 = -0.011 \times 100/0.116 = -9.4$（如表 3 所示）。此外，从包括整套性别互动关系的男女回归集中，每个性别差异的标准误差由每个性别互动项的标准误差给出。

17. 例如，工作时间较长的妇女具备的一些未观察到的特征（积极性）使她们比工作相同数量的加班时间的男性更有可能获得晋升。这应与以下发现有关：过去的努力水平较高（即加班时间较长）会显著提高女性的晋升率，但不会提高男性的晋升率。

参考文献

Baker, G., Gibbs, M., & Holmstrom, B. (1994). The Internal Economics of the Firm: Evidence from Personnel Data. *Quarterly Journal of Economics*, *109*(4), pp. 881–919.

Blau, F. D., & Kahn, L. M. (1981). Race and Sex Differences in Quits by Young Workers. *Industrial and Labor Relations Review*, *34*, 563–577.

Booth, A. L. (1995). *The Economics of Trade Unions*. Cambridge University Press, Cambridge.

Booth, A. L., Francesconi, M., & Frank, J. (1998). Glass Ceilings or Sticky Floors? Centre for Economic Policy Research, Discussion Paper No. 1965, September.

Booth, A. L., Francesconi, M., & Garcia-Serrano, C. (1999). Job Tenure and Job Mobility in Britain, *Industrial and Labor Relations Review*, *53*(1), October, 43–70.

Chang, C., & Wang, Y. (1995). A Framework for Understanding Differences in Labor Turnover and Human Capital Investment. *Journal of Economic Behavior and Organization*, *28*(1), 91–105.

Cramer, J. S., & Ridder, G. (1991). Pooling States in the Multinomial Logit Model. *Journal of Econometrics*, *47*, 267–272.

Gibbons, R. (1998). Incentives in Organisations. *Journal of Economic Perspectives*, *12*(4), 115–132.

Gibbons, R., & Waldman, M. (1999). Careers in Organizations: Theory and Evidence. In: O. Ashenfelter, & D. Card (Eds), *Handbook of Labor Economics*, vol. IIIB, Amsterdam: New Holland.

Glucksmann, M. (1990). *Women Assemble: Women Workers and the New Industries in Inter-war Britain*. Routledge, London.

Groot, W., & van den Brink, H. M. (1996). Glass Ceilings or Dead Ends: Job Promotion of Men and Women Compared. *Economics Letters*, *53*, 221–226.

Hall, R. E., & Lazear, E. P. (1984). The Excess Sensitivity of Layoffs and Quits to Demand. *Journal of Labor Economics*, *2*(2), 233–257.

Harper, B. (1995). Male Occupational Mobility in Britain. *Oxford Bulletin of Economics and Statistics*, *57*(3), 349–369.

Jovanovic, B. (1979). Firm-Specific Capital and Turnover. *Journal of Political Economy*, *87*(6), 1246–1260.

Jovanovic, B. (1984). Wages and Turnover: A Parametrization of the Job-matching Model. In: G. R. Neumann and N. C. Westergard-Nielsen (Eds), *Studies in Labor Market Dynamics*. Berlin: Springer-Verlag.

Landers, R. M., Rebitzer, J. B., & Taylor, L. J. (1996). Rat Rate Redux: Adverse Selection in the Determination of Work Hours in Law Firms. *American Economic Review*, *86*(3), 329–348.

Manove, M. (1997). Job Responsibility, Pay and Promotion. *Economic Journal*, *107*(1), 85–103.

McCue, K. (1996). Promotions and Wage Growth. *Journal of Labor Economics*, *14*(2), 175–209.

McLaughlin, K. J. (1991). A Theory of Quits and Layoffs with Efficient Turnover. *Journal of Political Economy*, *99*(1), 1–29.

Meitzen, M. E. (1986). Differences in Male and Female Job-quitting Behavior. *Journal of Labor Economics*, *4*(2), 151–167.

Mincer, J., & Ofek, H. (1982). Interrupted Work Careers: Depreciation and Restoration of Human Capital. *Journal of Human Resources*, *17*(1), 3–24.

Mortensen, D. T. (1978). Specific Capital and Labor Turnover. *Bell Journal of Economics*, *9*(2), 572–586.

Mortensen , D. T. (1986). Job Search and Labor Market Analysis. In: O. Ashenfelter & R. Layard (Eds), *Handbook of Labor Economics*, vol. II, Amsterdam: New Holland.

Neumark, D. (1988). Employers' Discriminatory Behavior and the Estimation of Wage Discrimination. *Journal of Human Resources*, *23*(3), 279–295.

Oi, Walter Y. (1962). Labor as a Quasi-fixed Factor, *Journal of Political Economy*, *70*, 538–55.

Prendergast, C., & Topel, R. H. (1996). Favoritism in Organizations. *Journal of Political Economy*, *104*(5), 958–978.

Royalty, A. B. (1998). Job-to-Job and Job-to-Non-employment Turnover by Gender and Education Level. *Journal of Labor Economics*, *16*(2), 392–443.

Sicherman, N., & Galor, O. (1990). A Theory of Career Mobility. *Journal of Political Economy*, *98*(1), 169–192.

通过双向迁移回归衡量相对生活质量及其在加拿大各省的应用*

斯特拉特福德·道格拉斯　霍华德·J. 沃尔 191

概　论

我们论述了使用迁移数据来推断不同地区生活水平的回归规模型规格，并观察生活水平在多大程度上取决于收入机会与非金钱的宜居性。我们估计回归时使用加拿大 1976～1995 年的数据，得出了各省在整体生活水平和宜居性方面的排名，而且不同年龄组的排名不同。我们还发现了一些关于均衡假设准确性的有趣证据。

一、绪论

人们的自发迁移反映了对更美好生活的希冀。人们之所以会迁移，是因为认为自己会更喜欢新的地方。迁移对于迁移者的高昂成本使迁移行为着重表达了迁移者的偏好。

迁移成本提供了有关迁移偏好的信息，因此迁移决定让这种关于偏好 192
的信息更加可信。但是，从汇总的迁移流数据中很难有效和准确地读取这些关于偏好的信息。我们与本研究中尝试从汇总的迁移数据中仔细推断不

* 斯特拉特福德·道格拉斯和霍华德·J. 沃尔所表达的观点是作者的观点，不一定代表圣路易斯联邦储备银行和联邦储备系统的官方立场。

《劳动者福祉》，Emerald 出版社，2000 年，191～214 页。

同区域的偏好结构。首先，我们根据迁移数据描述了一个严格衡量方法——区域生活水平（Standard of Living，SOL）。其次，我们使用回归方法区分了生活水平的两个组分：一个与收入相关（生活水平），另一个与收入不相关，我们称后者为生活质量（Quality of Life，QOL）。

因为我们对每个人的迁移决定知之甚少，所以我们将这种决定建模为随机事件。我们可以将这种随机事件比作每个迁移者通过掷骰子来选择迁移的目的地，只是骰子并非空心，而是会偏向那些能提供理想的宜居性和高收入机会的目的地。因此，如果我们可以推断出迁移到每个可能地点的概率，我们就可以比较这些地点的吸引力。减去可由收入解释的迁移，我们便能够衡量非金钱的宜居性或生活质量的值。

在本文中，我们简要回顾最新的理论和方法论进展后进行应用，以获得不同地区相对生活水平的精确测量值。我们利用有关加拿大两省之间迁移流动概率的信息（交叉迁移数据），结合收入测量值，并应用回归手段，从而确定与收入机会不相关的迁移流动部分。这种方法允许我们根据各省生活质量对各省进行排名，并根据其收入值或工资极差来表达生活质量的价值。通过按年龄对迁移数据进行分类，我们可以了解生命周期中的偏好演变。

二、文献综述

先前已有的理论论文试图厘清宜居性与迁移之间的关系，还有实证论文试图从迁移模式中推断出地点的相对吸引力。蒂布特（1956）是一篇具有开创性的经济学（与地理学或区域科学相对）论文。蒂布特模型描绘了一个自我分类的过程，其中不同的消费者自己“用脚投票”，迁移到能提供最适合他们个人宜居性的其他社区中。

罗森（1979）则不强调分类过程，而是假设人们在评估生活水平时采用共同的基准。在罗森的模型中，因地点的高宜居性而被吸引的迁移既增加了租金又降低了工资，因此这种迁移会产生自我限制。

在这种迁移的均衡稳态（罗森对其的定义是城市中家庭的稳定分布） 193
中，不同地区之间的宜居性差异恰好抵消了工资和租金的差异，这意味着不同地区具有统一的生活水平。继罗森之后，一些作者（例如罗柏克，1982，1988；赫恩、布洛姆奎斯特和伯杰，1987；布洛姆奎斯特、伯杰和赫恩，1988）采取了罗森对均衡稳态的定义，并试图依据相对实际工资估算出相对的区域生活质量。

其他学者则允许不平衡的可能发生，并假设迁移流量的大小反映生活水平的差异程度。托布勒（1979），康斯坦丁和高尔（1982），格林伍德、亨特、里克曼和特雷伊兹（1991）以及谬塞和格雷福斯（1995）等人使用净迁移流来模拟某地的吸引力。菲尼（1973）、谬塞（1989）和伯勒尔（1982）等人使用总迁移流量来指示生活水平差异。本 - 阿吉娃和瓦塔纳塔达（1981）提供了个体迁移概率的选择理论模型，展示了它如何适应麦克法登的多项 Logit 模型的框架。克拉格和卡恩（1997）在格雷福斯（1979，1980）和其他人前期文献的基础上，利用美国人口普查的微观数据来估计迁移到某个地点的概率的 Logit 模型，作为函数描述移民为该地各种宜居性付出对价的意愿。

道格拉斯（1997）提供了一种严格使用交叉迁移汇总数据以测量迁移概率的方法，但这一方法仅用于按生活水平对区域进行排名。目前的研究扩展了交叉迁移汇总数据的使用，将格林伍德等人（1991）的回归模型应用于道格拉斯（1997）制定的衡量方法。与格林伍德等人（1991）类似，我们对收入差异导致的迁移流量进行回归，并将截距解释为衡量生活质量的指标。类似于道格拉斯和沃尔（1993）与道格拉斯（1997）的观点，我们认为交叉迁移数据提供了比其他综合衡量指标更加丰富和可靠的指标，可以衡量不同地点的相对吸引力。因此，本文对交叉迁移测量的回归分析是对道格拉斯（1997）和格林伍德等人（1991）研究的自然延伸。

除了将交叉迁移数据应用于生活水平的回归模型外，目前的研究还至少在其他两个方面扩展了格林伍德等人（1991）、道格拉斯和沃尔（1993）与道格拉斯（1997）的研究。与净迁移数据相比，交叉迁移数据的一个优点是交叉迁移数据每个时间段包含更多信息：对于 n 个区域，每年净迁移观测的次数为 n，但交叉迁移观测的次数为 n（n－1）/2。这种信息优势使我们能够指定一个模型，其中 n 个生活质量测量值随时间变化，而不是像格林伍德等人（1991）的数据那样保持固定。

194 为了进一步佐证分析，我们还针对不同年龄组进行了单独的回归分析。我们发现无论是因时间推移或度过生命每一周期，区域偏好排名都存在有趣的差异。

三、从移民流动推测生活水平

道格拉斯/沃尔模型的核心概念是，目的地相对于某人当前居住地的生活水平，可能是该人迁移至此地概率的主要决定因素。因此，我们控制其他事物（如其他地点的吸引力）不变，

$$
\begin{gathered}
[\mathrm{SOL}_{\textit{Welsford, NB}} - \mathrm{SOL}_{\textit{Joe Smith in NS}}] \\
\propto \Pr\{\text{Joe Smith in NS moves to Welsford, NB}\}
\end{gathered}
\qquad (1.1)
$$

其中（∝）表示“与……成比例”；乔·史密斯是新斯科舍省人，韦尔斯福德是新不伦瑞克省的一个小镇。

等式（1.1）针对乔·史密斯关于搬到韦尔斯福德的决定。若我们将等式（1.1）进行归纳以便比较新不伦瑞克省和新斯科舍省的整体生活水平，我们便需要对乔与其他新斯科舍人以及韦尔斯福德与新不伦瑞克省其他地区的关系进行假设。在极端情况下，如果新斯科舍省充满了和乔·史密斯一样的人且所有新不伦瑞克省的地点都和韦尔斯福德类似（并且不存在其他省份），我们只需要观察乔是否搬到了新不伦瑞克省。如果他没有，那么新不伦瑞克省的生活水平便足够高于新斯科舍省，以

抵消乔留在原住址的惰性；如果没有，那新不伦瑞克省的生活水平便不足以让他迁移。

幸运的是，我们拥有新斯科舍省和新不伦瑞克省之间进行迁移的汇总数据，因此实证工作不会依赖于对乔或韦尔斯福德典型特征的强烈假设。因为与上述极端示例正相反，实证研究的有效性将取决于人类偏好是否存在普遍且明确的集中趋势，这种普遍共识体现在我们所说的“生活水平”中。方程（1.1）表达了迁移和相对生活水平的本质关系，因此我们在方程（1.1）中构建了生活水平的汇总度量。

我们对汇总度量的构建遵循道格拉斯（1997）的研究进展。假设新斯科舍省居民的偏好和迁移前的生活水平具有充分的规律性（并且新斯科舍省的人口足够大，以便适用大数定律），可将新斯科舍省人数乘以（1.1）右边的分子和分母，获得：

$$[SOL_{Welsford,NB} - SOL_{NS}] \propto \frac{\text{\# Nova Scotians who move to Welsford, NB}}{\text{\# Novia Scotians}} \tag{1.2}$$ 195

［右边：#迁移到新不伦瑞克省韦尔斯福德的新斯科舍人（分子），#新斯科舍人（分母）］

其中“#”表示“数量”，而 SOL_{NS}表示新斯科舍省典型居民的生活水平。假设新不伦瑞克省（以及足够多的新不伦瑞克省）的替代目的地位置具有足够的一致性或至少具有明确的集中趋势，我们可以将（1.2）右侧的分子和分母乘以新不伦瑞克省的地点数量，从而得到

$$[SOL_{NB} - SOL_{NS}] \propto \frac{\text{\# Nova Scotians who move to NB}}{\text{\# Nova Scotians} \times \text{\# Locations in NB}}. \tag{1.3}$$

［右边：#迁移到新不伦瑞克省的新斯科舍人（分子），#新斯科舍人×#新不伦瑞克省的地点（分母）］

新不伦瑞克省的可用地点数量与新不伦瑞克省的人口成正比［有关这一点的解释见道格拉斯（1997）；普莱恩（1993），菲尼（1973）］；因此，

$$[\mathrm{SOL}_{NS}-\mathrm{SOL}_{NB}]\propto\frac{\#\text{ Nova Scotians who move to NB}}{\#\text{ Nova Scotians}\times\#\text{ New Brunswickers}}\qquad(1.4)$$

［右边：#迁移到新不伦瑞克省的新斯科舍人（分子），#新斯科舍人×#新不伦瑞克人（分母）］

这是一个完全可观察的衡量手段。此外，通过对称性

$$[\mathrm{SOL}_{NB}-\mathrm{SOL}_{NS}]\propto\frac{\#\text{ New Brunswickers who move to NS}}{\#\text{ Nova Scotians}\times\#\text{ New Brunswickers}}\qquad(2)$$

［右边：#迁移到新斯科舍的新不伦瑞克人（分子），#新斯科舍人×#新不伦瑞克人（分母）］

因为（1.4）和（2）独立地表达相同的生活质量极差，所以将它们合理组合。此外，我们可以通过查看净流量来减少或消除表达式（1.4）和（2）中包含的大部分干扰因素。从（1.4）中减去（2）并线性化，得到

$$[\mathrm{SOL}_{NS}-\mathrm{SOL}_{NB}]=K_{NB,NS}\frac{\#\text{ New Brunswickers who move to NS}-\#\text{ Nova Scotians who move to NB}}{\#\text{ New Brunswickers}\times\#\text{ Nova Scotians}}+R_{\mathrm{NB,NS}}$$

［右边：#迁移到新斯科舍的新不伦瑞克人－#迁移到新不伦瑞克省韦尔斯福德的新斯科舍人（分子），#新不伦瑞克人×#斯科舍人（分母）］

其中 $K_{NB,NS}$ 是常数，而 $R_{NB,NS}$ 是泰勒级数的余数，主要归因于迁移成本的不对称性和对替代省份的生活水平的敏感性（参见道格拉斯 1997，附录）。

因此，一般而言，交叉迁移程度

$$\hat{\mu}_{AB}\equiv\frac{\#\text{ Migrants from A to B}-\#\text{ Migrants from B to A}}{POP_A\times POP_B}\qquad(3)$$

［右边：#从 A 迁移至 B 的迁移者（分子）－#从 B 迁移至 A 的迁移者（分母）］

196 可以在任何省份 A 和 B 之间计算出。结果是，

$$\hat{\mu}_{AB}=[\mathrm{SOL}_B-\mathrm{SOL}_A-R_{AB}]/K_{AB}$$

产生人口流量和生活水平—差异之间的数学关系。忽略量值小的 R_{AB}，并假设 K_{AB}在两省之间保持不变，

$$\hat{\mu}_{AB} \approx SOL_B - SOL_A$$

它建立了相对生活水平和可测量的$\hat{\mu}_{AB}$之间所需的等价性。

生活水平$\hat{\mu}_{AB}$的差异大小分别有多少来自收入差异和生活水平差异（即与收入无关的宜居性）？以前的研究人员试图使用回归方法分离这两个位置吸引力的组成部分。格林伍德等（1991）则使用净迁移数据来估计该模型的回归：

$$\bar{\mu}_A = \lambda_A + \gamma \ln\left(\frac{Y_A}{\bar{Y}}\right) + \varepsilon$$

其中$\bar{\mu}_A$是从所有省份向 A 省的净迁移人数占 A 省人口的百分比，$\bar{Y}$是全国人均收入的平均值，Y_A 是 A 省的人均收入。[1] 许多其他人估计了类似的回归，但因变量各不相同。例如，伯勒尔（1982）增加了一长串变量，如气候这一可衡量地区宜居性的指标，并计算每个变量的收入等值（加拿大元）。

与先前研究中的因变量不同，成对交叉迁移程度$\bar{\mu}_{AB}$来源于省际迁移流与相对生活水平关系的明确假设。鉴于这种方法上的进步，我们使用更精细的$\hat{\mu}$ AB 来估计类似的回归方程：

$$\hat{\mu}_{AB} = \lambda_B - \lambda_A + \gamma \ln\left(\frac{Y_B}{Y_A}\right) + \varepsilon \qquad (4)$$

其中 λ_A 和 λ_B 是 A 省和 B 省的生活质量。基于估计的生活质量向量$\hat{\lambda} \equiv [\hat{\lambda}_A, \hat{\lambda}_B, \ldots \hat{\lambda}_Z]'$和收入$\hat{\gamma}$的边际效用，我们解出平衡所有省份生活水平的收入向量 γ。

四、数据和估算

该数据集包括加拿大 10 个省在 20 年（1976 ~ 1995 年）内每年的移民

流量，以及各省每年的人均个人收入。

移民数据来自由范德坎普和格兰特（1988）根据人口普查数据和家庭
197 补贴账户计算得出。加拿大统计局的全部移民序列。迁移数量分为五个年龄组：0～17岁、18～24岁、25～44岁、45～64岁和65岁以上。但是，因为18岁以下人群的迁移结果基本上与其父母（处于25～44岁年龄组）相同，所以我们不在此报告18岁以下人群组的数据。实际人均收入根据加拿大统计局提供的收入和省级价格指数数据计算。[2] 特定配对的省份组每年进行一次观测，因此观测次数总共为Tn（n－1）/2＝900。

每次观测包含年t的净交叉迁移流量$\hat{\mu}_{ABt}$，根据等式（3）从A、B两省之间的交叉流量及其人口量计算；还包含相对收入，以及一组共有10个离散变量的d_{jt}

$$d_{jt}=\begin{cases}1 \text{ if } j=B\\ -1 \text{ if } j=A\\ 0 \text{ otherwise}\end{cases}$$ ①

也就是说，如果因变量$\hat{\mu}_{ABt}$是从省j到省B的净流出，则d_{jt}等于－1，如果$\hat{\mu}_{ABt}$是从省A到省j的净流入，则d_{jt}等于1，如果省j既不是省A也不是省B则d_{jt}等于0。[注意，各离散变量d_{jt}在（n －1）次观测中等于1或负1，在其他（n－1）（n－2）/2次观测中等于0。] 因此，离散变量d_{jt}的系数可归因于省j的固定效应，并且可以解释为省j中的估计相对生活质量λ_j。

由于也许不应期望相对生活质量在1976～1995年保持不变，因此我们允许生活质量系数λ定期改变。我们通过将这20年细分为τ个子期间，并为每个子期间估计一组不同的λ来实现。我们依靠τ＝1,2,4,5和10运行回归（所有这些都是20的除数，以便使用所有观察值）。τ的值决定λ的变化频率，范围从保持不变（即τ＝ 1）到每2年变化一次（τ＝ 10)。因此，回归方程是：

---

① 译者注：if：如果；0 otherwise：否则为0。

$$\hat{\mu}_{ABt}=\sum_{j=1}^{10}\sum_{s=1}^{\tau}\lambda_{js}d_{jst}+\gamma\ln\left(\frac{Y_{Bt}}{Y_{At}}\right)+\varepsilon_{ABt} \qquad (5)$$

为了识别系数并迫使它们以零为中心，我们对每个周期进行一个 198

$$\sum_{j=1}^{10}\lambda_{js}=0$$

τ 独立限制 = 1，... τ 的计算，并使用约束最小二乘法估计。由此产生的一组 10τ 生活质量估计值 λ_{js} 可以解释为在期间 S 内省 j 的生活质量与全国平均值的偏差。

这种回归模型类似于格林伍德等人的模型（1991）而不同于伯勒尔（1982）或克拉格和卡恩（1997）的模型，它并不试图确定特定宜居性的价值。该模型的最大优点是其简单性，但解释它时必须慎而又慎。亨特（1993）讨论了由于从回归方程中排除宜居性而带来的遗漏变量偏差问题。然而，只有当收入系数被解释为偏导数时，遗漏变量偏差才是问题。与其相反，我们将收入差异变量的系数解释为总导数，它可以反映收入的影响，以及与当前收入相关的所有因素的影响。区域固定效应 λ_{js} 反映剩余的与当前收入不相关的组成部分：该区域的吸引力。

尽管根据定义，在该模型中测量的生活质量与当前收入不相关，但它仍然可能对长期收入、财富和经济机会的波动敏感。生活质量的定义很难不与经济条件相联系，因此我们不认为这是该模型的缺点。当然，格林伍德等人（1991）、罗柏科（1982，1988）和布洛姆奎斯特、伯杰和赫恩（1988）等所有关于“均衡稳态”的文献都像刘（1975）那样隐含地将工作机会纳入了生活质量的定义当中。尽管气候、风景和娱乐机会等宜居性的分布对经济条件不敏感，但居民享受它们的能力或倾向却并非如此。经济机会的存在与否，也会对一个地区居民的文化水平和生活态度产生深远的影响。

因为允许 λ 在时间上更频繁地变化等于增加时间虚拟变量，为了选择 τ 的值，我们便使用了赤池信息量准则（Akaike Information Criterion）

和雨宫预测准则（Amemiya's Prediction Criterion）。基于这些标准的测试在总体上表明，加拿大各省的相对生活质量相对于较年轻的群体而言变化较大，并且随着人群年龄增长而显著降低。具体而言，对于0～17岁、18～24岁和25～44岁的年龄组，这两种标准佐证了生活质量在模型（2）（$\tau=10$）中保持模型不变，模型（5）（$\tau=4$）也与其类似。

199 然而，对于年龄较大的群体，模型（2）（$\tau=10$）表现最差，这表明45岁以上人群的偏好更为稳定。45～64岁群体的迁移模式表明，生活质量在4年或5年组中保持不变，而5年和10年组最适合65岁以上的群体。因为模型（5）（$\tau=4$）在不同年龄组中表现良好，为了统一，下面报告的实证结果将集中在模型（5）上，其中$\tau=4$，我们也会提到一些其他相关结果。

使用等式（5），相对于时间组s中所有省份的平均生活水平，在t年中的省A预测生活水平（落在时间组内）为

$$SOL_{At} - \overline{SOL}_2 = \hat{\lambda}_{As} + \hat{\gamma}\ln\left(\frac{Y_{At}}{\overline{Y}_t}\right) \quad (6)$$

为了得到省A收入相对于t年全国平均收入的极差，我们设（6）的左边为零并求解相对收入

$$RY^*_{At} = \ln(Y_{At}/\overline{Y}_t)^* = -\hat{\lambda}_{As}/\hat{\gamma} \quad (7)$$

这是省A在平均百分比差异方面的工资极差。[3] 同样，"实际极差"收入衡量标准

$$RY_{At} = \ln(Y_{At}/\overline{Y}_t) \quad (8)$$

是省A实际人均收入与全国平均水平的百分比差异。实现均衡稳态的一个必要条件是工资极差等于所有省份的实际差异$RY^*=RY$。

五、实证结果

等式（5）的系数估计值和从这些估计值计算的相关工资极差出现在

表 1a 和表 1b 中。请注意，收入系数$\hat{\gamma}$（限制在整个 20 年的时间段内保持不变）出现在生活质量估计值$\hat{\lambda}$以下的列的底部。正$\hat{\lambda}$表示省 i 的宜居性（即生活质量）效用值超过全国平均值（归一化为零）；负$\hat{\lambda}$表示低于平均生活质量。第 2 列中的 t 统计值表明其极差在统计上是否显著。

表 1a 和表 1b 的第 3 列包含从等式（8）计算的实际极差$\underline{RY}$。从等式（7）计算的工资极差$\underline{RY^*}$出现在第 4 列中，并且第 5 列包含由等式（7）的线性化计算的其标准误差。

表 1a 和表 1b 表明，人均收入对所感知的生活水平影响$\hat{\gamma}$对所有工作年龄组都是正值和显著的，但是生命周期有明显的变化。值得注意的是，$\hat{\gamma}$随着年龄的增长而单调下降，对于仍处于工作年龄者来说仍然呈显著正值，但对于超过 65 岁的年龄组则下降到零，原因是退休人员大部分收入来自储蓄，使得其生活水平不依赖于省内的一般收入水平。它还表明，$\hat{\gamma}$的值主要取决于赚取的收入，而不是与收入正相关的遗漏变量的影响，如省级和市级公园、园林绿化项目、下水道系统和高速公路。由于省收入在个人效用函数中的重要性下降到零，工资差异的概念变得不明确，这解释了退休人员的巨额标准（Std. RY^*）。

表 1a 和表 1b 还表明，随着收入的解释力随着年龄的增长而下降，回归的整体解释力也随之下降，因为 18～24 岁群体 R^2 的值是 0.36，而到了退休人群这一代，则降至 0.15。较高的 R^2 意味着可以通过各省之间固定的宜居性差异和经济机会来很好地解释迁移决策；相反，较低的 R^2 表明迁移主要是由个人的特定因素（如家庭和任职时期）驱动的。因为随着时间的推移，个体特定因素会随着人们在家庭、工作和社区关系中特定地点的人力资本的积累而在整个生命周期中加强，所以 R^2 应该随着年龄的增长而下降具有其意义。

（一）均衡稳态测试

所有以前关于生活水平与迁移的论文都包含一些通常未经测试的有关

表 1a 回归系数（$\hat{\lambda}$、$\hat{\gamma}$）、相对收入（$RY - \ln(Y - \overline{Y})$）和工资极差（$RY^* - \ln(Y^* - \overline{Y})$）

	年龄 18～24 岁					年龄 25～44 岁				
	多项式系数	t	RY	RY*	Std	多项式系数	t	RY	RY*	Std
1976～1980 $\hat{\lambda}$										
ALB	0.101	5.18	15.1%	-20.5%	7.6%	0.016	3.41	15.1%	-12.7%	5.8%
BC	-0.069	-2.90	20.0%	13.9%	2.7%	-0.010	-1.72	20.0%	7.8%	3.3%
MAN	-0.041	-3.65	-0.9%	8.3%	2.7%	-0.023	-8.40	-0.9%	18.0%	3.8%
NB	0.057	2.74	-19.5%	-11.5%	2.6%	0.012	2.47	-19.5%	-9.7%	2.6%
NFLD	0.070	2.64	-26.2%	-14.1%	3.1%	0.020	3.18	-26.2%	-15.9%	2.7%
NS	0.049	2.94	-14.2%	-9.9%	2.3%	0.016	3.89	-14.2%	-12.3%	2.1%
ONT	-0.144	-5.24	24.1%	29.1%	2.4%	-0.042	-6.32	24.1%	33.0%	2.5%
PEI	0.067	2.68	-24.4%	-13.5%	2.9%	0.030	4.99	-24.4%	-23.6%	2.1%
QUE	-0.077	-4.53	11.4%	15.5%	2.3%	-0.023	-5.57	11.4%	18.0%	2.3%
SASK	-0.013	-1.16	-1.2%	2.6%	2.3%	0.003	1.14	-1.2%	-2.4%	2.2%
1981～1985 $\hat{\lambda}$										
ALB	-0.096	-4.13	19.5%	19.4%	2.3%	-0.037	-6.60	19.5%	29.1%	2.6%
BC	-0.084	-4.25	15.4%	17.1%	2.3%	-0.021	-4.42	15.4%	16.7%	2.1%
MAN	-0.021	-1.72	3.1%	4.2%	2.3%	-0.005	-1.87	3.1%	4.3%	2.1%
NB	0.069	3.66	-16.8%	-13.9%	2.3%	0.025	5.47	-16.8%	-19.5%	2.3%
NFLD	0.115	3.93	-29.3%	-23.3%	2.4%	0.028	3.93	-29.3%	-21.9%	2.4%
NS	0.083	5.94	-10.0%	-16.9%	2.8%	0.017	4.94	-10.0%	-13.2%	2.3%
ONT	-0.092	-3.89	20.0%	18.6%	2.3%	-0.023	-3.98	20.0%	17.9%	2.2%
PEI	0.084	3.48	-23.3%	-17.0%	2.5%	0.031	5.34	-23.3%	-24.4%	2.2%
QUE	-0.045	-3.28	6.4%	9.0%	2.3%	-0.011	-3.50	6.4%	9.0%	2.2%
SASK	-0.014	-1.17	1.1%	2.7%	2.3%	-0.003	-0.93	1.1%	2.0%	2.1%

续表

	年龄 18 ~ 24 岁 多项式系数	t	RY	RY*	Std	年龄 25 ~ 44 岁 多项式系数	t	RY	RY*	Std
1986 ~ 1990 $\hat{\lambda}$										
ALB	-0.022	-1.23	13.2%	4.4%	3.0%	-0.017	-3.97	13.2%	13.4%	2.1%
BC	-0.017	-0.98	12.4%	3.4%	3.0%	-0.001	-0.28	12.4%	0.9%	3.1%
MAN	-0.019	-1.71	0.5%	3.9%	2.3%	-0.007	-2.65	0.5%	5.7%	2.3%
NB	0.061	3.69	-13.2%	-12.3%	2.3%	0.018	4.49	-13.2%	-14.0%	2.2%
NFLD	0.057	2.54	-20.4%	-11.4%	2.8%	0.021	3.86	-20.4%	-16.3%	2.2%
NS	0.067	5.31	-6.9%	-13.6%	2.7%	0.013	4.24	-6.9%	-10.2%	2.3%
ONT	-0.080	-3.33	20.8%	16.1%	2.5%	-0.024	-4.18	20.8%	19.0%	2.2%
PEI	0.032	1.82	-14.7%	-6.5%	2.7%	0.017	4.10	-14.7%	-13.7%	2.1%
QUE	-0.037	-2.82	6.3%	7.6%	2.3%	-0.009	-2.90	6.3%	7.3%	2.1%
SASK	-0.042	-3.33	-6.5%	8.5%	3.6%	-0.010	-3.36	-6.5%	8.0%	3.3%
1991 ~ 1995 $\hat{\lambda}$										
ALB	0.033	1.92	12.5%	-6.6%	4.5%	-0.012	-3.00	12.5%	9.7%	2.2%
BC	0.027	1.55	13.4%	-5.5%	4.5%	-0.004	-1.04	13.4%	3.5%	2.9%
MAN	-0.021	-1.87	-1.0%	4.3%	2.5%	-0.003	-1.27	-1.0%	2.7%	2.2%
NB	0.026	1.86	-9.5%	-5.3%	2.4%	0.011	3.11	-9.5%	-8.4%	2.1%
NFLD	-0.053	-2.66	-17.6%	10.7%	5.9%	0.007	1.52	-17.6%	-5.8%	3.0%
NS	0.052	4.22	-5.5%	-10.4%	2.5%	0.005	1.57	-5.5%	-3.7%	2.2%
ONT	-0.077	-3.67	17.7%	15.6%	2.3%	-0.025	-4.87	17.7%	19.5%	2.2%
PEI	0.044	3.06	-10.0%	-9.0%	2.3%	0.022	6.37	-10.0%	-17.6%	2.6%
QUE	-0.021	-1.80	3.0%	4.3%	2.3%	-0.005	-1.91	3.0%	4.3%	2.1%
SASK	-0.010	-0.70	-9.2%	2.0%	3.1%	0.005	1.61	-9.2%	-4.3%	2.3%
Income		0.495	5.09			0.128	5.41			
R^2	0.356	$\bar{R}^2$	0.329		R^2	0.333	$\bar{R}^2$	0.305		

表 1b　回归系数（$\hat{\lambda}$、$\hat{\gamma}$）、相对收入（RY – ln（$Y-\bar{Y}$））和工资极差（RY* – ln（$Y^*-\bar{Y}$））

	年龄 18~24 岁					年龄 25~44 岁				
	多项式系数	t	RY	RY*	Std	多项式系数	t	RY	RY*	Std
1976~1980 $\hat{\lambda}$										
ALB	-0.001	-0.238	15.1%	1.6%	6.5%	0.003	0.43	15.1%	49.5%	199%
BC	0.009	1.967	20.0%	-16.5%	13.6%	0.036	3.94	20.0%	546.6%	2981%
MAN	-0.010	-4.611	-0.9%	18.4%	7.2%	-0.003	-0.61	-0.9%	-40.1%	241%
NB	0.008	2.052	-19.5%	-15.0%	4.1%	0.009	1.13	-19.5%	136.7%	879%
NFLD	0.004	0.729	-26.2%	-6.8%	7.3%	-0.019	-1.86	-26.2%	-286.4%	1487%
NS	0.011	3.497	-14.2%	-20.6%	4.8%	0.022	3.54	-14.2%	344.9%	2030%
ONT	-0.019	-3.544	24.1%	34.3%	4.9%	0.010	0.94	24.1%	150.8%	713%
PEI	0.016	3.370	-24.4%	-29.6%	4.6%	-0.026	-2.71	-24.4%	-394.5%	2110%
QUE	-0.014	-4.383	11.4%	26.2%	6.0%	-0.013	-1.98	11.4%	-195.5%	1185%
SASK	-0.004	-1.985	-1.2%	7.9%	4.7%	-0.020	-4.74	-1.2%	-312.0%	1774%
1981~1985 $\hat{\lambda}$										
ALB	-0.016	-3.506	19.5%	28.7%	4.8%	0.008	0.93	19.5%	126.1%	601%
BC	0.000	-0.107	15.4%	0.8%	6.8%	0.014	1.88	15.4%	218.1%	1144%
MAN	-0.005	-2.099	3.1%	8.9%	4.3%	-0.001	-0.12	3.1%	-8.1%	97%
NB	0.008	2.300	-16.8%	-15.2%	4.0%	0.005	0.74	-16.8%	81.1%	552%
NFLD	0.008	1.437	-29.3%	-14.9%	6.0%	-0.019	-1.69	-29.3%	-289.8%	1488%
NS	0.014	5.032	-10.0%	-24.9%	6.9%	0.008	1.53	-10.0%	125.1%	762%
ONT	-0.012	-2.658	20.0%	22.2%	4.0%	0.005	0.59	20.0%	81.5%	347%
PEI	0.013	2.842	-23.3%	-24.1%	4.0%	-0.006	-0.63	-23.3%	-88.5%	384%
QUE	-0.007	-2.774	6.4%	13.3%	4.4%	-0.005	-0.98	6.4%	-78.0%	491%
SASK	-0.003	-1.300	1:1%	5.3%	4.1%	-0.011	-2.49	1.1%	-167.5%	967%

续表

	年龄 18 ~ 24 岁 多项式系数	t	RY	RY*	Std	年龄 25 ~ 44 岁 多项式系数	t	RY	RY*	Std
1986 ~ 1990 $\hat{\lambda}$										
ALB	-0.010	-2.761	13.2%	17.3%	4.1%	0.013	1.95	13.2%	202.0%	1069%
BC	0.013	3.805	12.4%	-23.0%	13.0%	0.016	2.48	12.4%	247.8%	1332%
MAN	-0.008	-3.696	0.5%	14.8%	6.1%	-0.007	-1.69	0.5%	-112.0%	647%
NB	0.007	2.248	-13.2%	-13.0%	4.0%	0.000	0.02	-13.2%	1.6%	103%
NFLD	0.003	0.644	-20.4%	-5.1%	6.4%	-0.011	-1.30	-20.4%	-169.5%	852%
NS	0.009	3.451	-6.9%	-15.5%	5.1%	0.005	0.98	-6.9%	72.6%	451%
ONT	-0.014	-3.109	20.8%	26.2%	4.3%	0.000	-0.05	20.8%	-7.1%	176%
PEI	0.012	3.615	-14.7%	-22.4%	4.9%	-0.001	-0.09	-14.7%	-9.0%	72%
QUE	-0.006	-2.143	6.3%	10.0%	4.1%	-0.002	-0.48	6.3%	-37.1%	260%
SASK	-0.006	-2.410	-6.5%	10.7%	6.9%	-0.012	-2.59	-6.5%	-189.3%	1044%
1991 ~ 1995 $\hat{\lambda}$										
ALB	-0.006	-1.344	12.5%	11.1%	4.0%	0.015	2.27	12.5%	225.6%	1208%
BC	0.003	0.913	13.4%	-5.7%	7.8%	0.005	0.81	13.4%	83.6%	400%
MAN	-0.005	-2.253	-1.0%	9.0%	5.1%	-0.005	-1.12	-1.0%	-74.0%	423%
NB	0.004	1.319	-9.5%	-6.6%	4.1%	-0.001	-0.27	-9.5%	-22.2%	100%
NFLD	0.000	0.054	-17.6%	-0.4%	6.9%	-0.005	-0.69	-17.6%	-80.0%	364%
NS	0.004	1.773	-5.5%	-7.7%	4.1%	0.002	0.49	-5.5%	35.3%	238%
ONT	-0.014	-3.526	17.7%	26.2%	4.8%	0.000	0.02	17.7%	2.5%	111%
PEI	0.019	6.569	-10.0%	-33.6%	9.2%	0.001	0.11	-10.0%	9.7%	127%
QUE	-0.004	-1.644	3.0%	6.9%	4.1%	-0.002	-0.50	3.0%	-34.2%	225%
SASK	0.000	-0.180	-9.2%	0.9%	5.1%	-0.010	-1.79	-9.2%	-146.4%	785%
Income	0.055	2.917				-0.007	-0.18			
R^2	0.276		$\overline{R}^2$	0.245		R^2	0.149	$\overline{R}^2$	0.114	

区域和人群系统是否处于均衡稳态的假设。布洛姆奎斯特、伯杰、赫恩（1988）等人认为这一系统处于均衡稳态；格林伍德等人（1991）则认为这一系统不处于均衡稳态。格林伍德等人（1991）测试了美国各州与收入均衡稳态的接近程度，发现51个州中有44个州没有出现明显失衡，但他们没有对全系统均衡进行检验。道格拉斯（1997）基于相关统计得出了整个系统均衡存在的两个统计检验结果。

205 表2　RY、RY*之间的样本相关性

年/年龄	18~24	25~44	45~64	65+
1976~1980	0.69	0.745	0.631	0.447
1981~1985	0.979	0.975	0.868	0.59
1986~1990	0.803	0.876	0.544	0.542
1991~1995	0.128	0.853	0.584	0.606

在当前研究中，由于我们的估计结果有效性取决于系统是否接近均衡，我们还测试了系统范围的均衡并采用了一种不同于道格拉斯（1997）或格林伍德等人（1991）的系统不均衡的测试方法。然而。罗森定义的均衡稳态只有在每个省的实际收入差异RY等于其工资差异RY*时才会出现。经济冲击、宜居性水平变化或偏好变化的发生可能会导致迁移阻碍或摩擦的出现，进而出现不平衡。摩擦越大，系统偏离均衡稳态的距离越远，RY和RY*之间的相关性越低。

表2中报告的实际收入（RY）和均衡收入（RY*）之间的横截面样本相关系数衡量了罗森定义的均衡稳态在不同时期和不同年龄组中的存在程度。二者相关性通常较高，这支持了“系统在整个期间和不同年龄组之间接近平衡”的假设。然而，表2中1976~1980年组所显示的相对较低的相关性表明道格拉斯（1997）在美国能源价格高昂、经济混乱和通货膨胀期间观察到的不均衡也影响了加拿大。

迁移系统中存在许多摩擦源，包括迁移成本、机会信息流动不畅以及友谊、学校系统知识、业务关系等特定地点的人力资本。据推测，年

轻人积累的迁移摩擦最少，因此可以预期在这个年龄组中RY和RY^*之间的相关性最高。表 2 中显示的高相关性证实了对 25～44 岁的年轻人的这一分析。另外，18～24 岁年龄段的相关性相当不稳定，也许是因为这个年龄段大部分人都在学校，尚未认真考量追求收入，而独特的青年文化可能会对生活质量产生一组快速变化的偏好标准。45～64 岁年龄段的人已在社区中扎根，并且受到特定地点人力资本的严重阻碍（或强化），导致 RY 和 RY^* 的相关性较低，因此有更多证据表明其不平衡的状态。老年人似乎离均衡稳态最远，原因可能是平均收入水平对他们影响不大。

表 3 以类似于格林伍德等（1991）的方式，通过总结零假设 H_0：RY 206
$= RY^*$ 的 t 测试结果，探讨了均衡稳态问题。这些测试使用表 1a 和表 1b 的标准误差和相对收入数据，显著性水平为 5%。表 4 更详细地解决了同一问题，显示了哪些省在标记为 $Y - Y^*$ 的列中对零假设的回答是“接受”或“拒绝”。在这些列中，负一（-1）表示收入不足（$RY < RY^*$），正一（1）表示收入充足（$RY > RY^*$），零表示零假设未被拒绝（$RY = RY^*$）。表 4 中标记为 λ 的列表示宜居性是否不同于全国平均值（基于对 H_0：$\lambda - 0$ 的 t 测试），标记为 $Y - Y^*$ 的列表示收入是否超过平均值。

与先前的观察结果一致，表 3 和表 4 表明该系统在 1976～1980 年距离均衡稳态最远，因为当时除了 3 个省外的所有省的 18～24 岁和 25～44 岁年龄组都选择了拒绝，而且除了 4 个省外的所有省的 45～64 岁年龄组也选择了拒绝。

大多省的实际收入低于均衡水平（$RY < RY^*$），不列颠哥伦比亚省和阿尔伯塔省则具有更高的实际收入。事实上，在上述年段中，阿尔伯塔省的 18～44 岁年龄段的收入和生活质量均高于平均水平，不列颠哥伦比亚省 45 岁及以上的人同样拥有高于平均水平的收入和生活质量。1976～1980 年是能源价格大幅震荡的时期，它以能源消费地区为代价创造了能源生产地区的就业机会和收入机会。然而到 1985 年，该系统已经回归均衡稳态，7～8个省所有年龄段都发生了实际收入等于均衡水平（$RY = RY^*$）。

表3 实际极差（RY）与工资极差（RY*）（在H0：RY = RY*，α = 0.05，双侧检验的t检验中，具有指定结果的省的数量）

	拒绝，而选择接受		接受
	RY > RY*	RY < RY*	RY = RY*
1976～1980年			
年龄18～24岁	2	5	3
25～44岁	2	5	3
45～64岁	2	4	4
1981～1985年			
年龄18～24岁	1	2	7
25～44岁	0	2	8
45～64岁	2		7
1986～1990年			
年龄18～24岁	3	3	4
25～44岁		2	7
45～64岁		3	6
1991～1995年			
年龄18～24岁	2	3	5
25～44岁	2	2	6
45～64岁	2	2	6

一般来说，在表3和表4中，18～24岁组最常对零假设做出“拒绝”的回复，而25～44岁组做出“拒绝”回复的次数最少，因此这一组似乎是最接近平衡点的年龄组（请注意，65+年龄组从未对零假设做出“拒绝”的回复，这不是因为他们必然处于平衡状态，而是因为该年龄组的γ值较低而增加了标准误差估计值）。整体生活水平显著高于平均值的情况（RY > RY*）较少，但不列颠哥伦比亚省一直高于平均值，新斯科舍省和阿尔伯塔省也相当不错。其中，新斯科舍省尤其令人瞩目，因为尽管其收入水平相对较低，但生活水平仍属于高水平。另外，不列颠哥伦比亚省的高生活水平似乎是高收入水平而非高生活质量的结果。

表 4 实际收入（Y）、国家平均收入（$\bar{Y}$）、宜居性（λ）和均衡稳态收入（Y^*）间的关系

在对零假设“表达式等于 0”的 t－双侧检验中的结果。显著性程度为 α ＝ 0.05（“1”意味着“拒绝，而选择接受” >0；“－1”意味着“拒绝，而选择接受” <0；“0”意味着“不拒绝”）。

Age		18–24		25–44		45–64		65+			18–24		25–44		45–64		65+		
H_0:	$Y-\bar{Y}$	$\hat{\lambda}$	$Y-Y^*$	$\hat{\lambda}$	$Y-Y^*$	$\hat{\lambda}$	$Y-Y^*$	$\hat{\lambda}$	$Y-Y^*$	$Y-\bar{Y}$	$\hat{\lambda}$	$Y-Y^*$	$\hat{\lambda}$	$Y-Y^*$	$\hat{\lambda}$	$Y-Y^*$	$\hat{\lambda}$	$Y-Y^*$	
1976～1980										*1981～1985*									
ALB	1	1	1	1	1	0	1	0	0	1	−1	0	−1	−1	−1	0	0	0	ALB
BC	1	−1	1	0	1	1	1	1	0	1	−1	0	−1	0	0	1	0	0	BC
MAN	−1	−1	−1	−1	−1	−1	−1	0	0	1	0	0	0	0	−1	0	0	0	MAN
NB	−1	1	−1	1	−1	1	0	0	0	−1	1	0	1	0	1	0	0	0	NB
NFLD	−1	1	−1	1	−1	0	−1	0	0	−1	1	−1	1	−1	0	−1	0	0	NFLD
NS	−1	1	0	1	0	1	0	1	0	−1	1	1	1	0	1	1	0	0	NS
ONT	1	−1	−1	−1	−1	−1	−1	0	0	1	−1	0	−1	0	−1	0	0	0	ONT
PEI	−1	1	−1	1	0	1	0	−1	0	−1	1	−1	1	0	1	0	0	0	PEI
QUE	1	−1	0	−1	−1	−1	−1	−1	0	1	−1	0	−1	0	−1	0	0	0	QUE
SASK	−1	0	0	0	0	−1	0	−1	0	1	0	0	0	0	0	0	−1	0	SASK
1986～1990										1991～1995									
ALB	1	0	1	−1	0	−1	0	0	0	1	0	1	−1	0	0	0	1	0	ALB
BC	1	0	1	0	1	1	1	1	0	1	0	1	0	1	0	1	0	0	BC
MAN	1	0	0	−1	−1	−1	−1	0	0	−1	0	−1	0	0	−1	0	0	0	MAN
NB	−1	1	0	1	0	1	0	0	0	−1	0	0	1	0	0	0	0	0	NB
NFLD	−1	1	−1	1	0	0	−1	0	0	−1	−1	−1	0	−1	0	−1	0	0	NFLD
NS	−1	1	1	1	0	1	0	0	0	−1	1	0	0	0	0	0	0	0	NS
ONT	1	−1	0	−1	0	−1	0	0	0	1	−1	0	−1	0	−1	0	0	0	ONT
PEI	−1	0	−1	1	0	1	0	0	0	−1	1	0	1	1	1	1	0	0	PEI
QUE	1	−1	0	−1	0	−1	0	0	0	1	0	0	0	0	0	0	0	0	QUE
SASK	−1	−1	−1	−1	−1	−1	−1	−1	0	−1	0	−1	0	−1	0	−1	0	0	SASK

210 表5 按宜居性排名（生活质量=λ）

年龄 18~24		年龄 25~44		年龄 45~64		年龄 65+	
1976~1980	QOL		QOL		QOL		QOL
ALB	0.101	PEI	0.030	PEI	0.016	BC	0.036
NFLD	0.070	NFLD	0.020	NS	0.011	NS	0.022
PEI	0.067	ALB	0.016	BC	0.009	ONT	0.010
NB	0.057	NS	0.016	NB	0.008	NB	0.009
NS	0.049	NB	0.012	NFLD	0.004	ALB	0.003
SASK	−0.013	SASK	0.003	ALB	−0.001	MAN	−0.003
MAN	−0.041	BC	−0.010	SASK	−0.004	QUE	−0.013
BC	−0.069	QUE	−0.023	MAN	−0.010	NFLD	−0.019
QUE	−0.077	MAN	−0.023	QUE	−0.014	SASK	−0.020
ONT	−0.144	ONT	−0.042	ONT	−0.019	PEI	−0.026
1981~1985							
NFLD	0.115	PEI	0.031	NS	0.014	BC	0.014
PEI	0.084	NFLD	0.028	PEI	0.013	ALB	0.008
NS	0.083	NB	0.025	NB	0.008	NS	0.008
NB	0.069	NS	0.017	NFLD	0.008	ONT	0.005
SASK	−0.014	SASK	−0.003	BC	0.000	NB	0.005
MAN	−0.021	MAN	−0.005	SASK	−0.003	MAN	−0.001
QUE	−0.045	QUE	−0.011	MAN	−0.005	QUE	−0.005
BC	−0.084	BC	−0.021	QUE	−0.007	PEI	−0.006
ONT	−0.092	ONT	−0.023	ONT	−0.012	SASK	−0.011
ALB	−0.096	ALB	−0.037	ALB	−0.016	NFLD	−0.019
1986~1990							
NS	0.067	NFLD	0.021	BC	0.013	BC	0.016
NB	0.061	NB	0.018	PEI	0.012	ALB	0.013
NFLD	0.057	PEI	0.017	NS	0.009	NS	0.005
PEI	0.032	NS	0.013	NB	0.007	NB	0.000
BC	−0.017	BC	−0.001	NFLD	0.003	ONT	0.000
MAN	−0.019	MAN	−0.007	QUE	−0.006	PEI	−0.001
ALB	−0.022	QUE	−0.009	SASK	−0.006	QUE	−0.002
QUE	−0.037	SASK	−0.010	MAN	−0.008	MAN	−0.007
SASK	−0.042	ALB	−0.017	ALB	−0.010	NFLD	−0.011
ONT	−0.080	ONT	−0.024	ONT	−0.014	SASK	−0.012
1991~1995							
NS	0.052	PEI	0.022	PEI	0.019	ALB	0.015
PEI	0.044	NB	0.011	NS	0.004	BC	0.005
ALB	0.033	NFLD	0.007	NB	0.004	NS	0.002
BC	0.027	SASK	0.005	BC	0.003	PEI	0.001
NB	0.026	NS	0.005	NFLD	0.000	ONT	0.000
SASK	−0.010	MAN	−0.003	SASK	0.000	NB	−0.001
MAN	−0.021	BC	−0.004	QUE	−0.004	QUE	−0.002
QUE	−0.021	QUE	−0.005	MAN	−0.005	MAN	−0.005
NFLD	−0.053	ALB	−0.012	ALB	−0.006	NFLD	−0.005
ONT	−0.077	ONT	−0.025	ONT	−0.014	SASK	−0.010

（二）生活质量和生活水平排名

表5根据各省的生活质量估计而对各省进行排名比较，并在表1a和表1b中列出生活质量估计值 λ。尽管排名因时段而异，但在宜居性方面，爱德华王子岛（PEI）、新斯科舍省（NS）和新不伦瑞克省（NB）通常被认为位列榜首，安大略省（ONT）接近垫底，马尼托巴省（MAN）和魁北克省（QUE）通常属于中下水平。阿尔伯塔省（ALB）、纽芬兰（NFLD）、萨斯喀彻温省（SASK）和不列颠哥伦比亚省（BC）的生活质量排名都有一些波动，特别是对于年轻人和在较早年份中。

表5显示了生活质量的代沟，因为最老年龄组对相对生活质量的看法与主流看法差异很大。退休人员将不列颠哥伦比亚省、阿尔伯塔省和新斯科舍省的生活质量排名至高位，而对中部省份，如马尼托巴省尤其是萨斯喀彻温省排名较低。退休人员比其他年龄组更喜欢安大略省，而没那么喜欢纽芬兰和爱德华王子岛。一般而言，退休人员在不同的年份对各省给出的排名相较其他年龄组更加一致，但是他们在不同的年份对爱德华王子岛和阿尔伯塔的排名则显著不同。

生活质量系数 $\hat{\lambda}$ 的大小通常表示具有相邻排名的省份彼此之间没有显著差异。然而，各省生活质量整体差距相当大，特别是从1976～1985年。 211
在1976～1980年，18～24岁年龄组的生活质量绝对范围最大，并且随着时间的推移和生命周期而不断下降。生活质量系数的标准偏差 $\hat{\lambda}$（如表1a和表1b所示）对于18～24岁年龄组（平均0.018）远高于65+组（平均0.007），而25～44岁和45～64组仍较低（分别为0.004和0.003）。因此，25～44岁年龄组对排名接近的省份给出的生活质量最可能发生统计学上的较大差异，其次是18～24岁年龄组，最后是45～64岁年龄组，而65岁以上不存在这种情况。

与生活质量排名相比，各省的生活水平排名在代际方面更加趋同。表6显示，所有组的生活水平排名一般与老年人的生活质量排名相似。

212 除了1981~1985年的年轻群体，对于所有年龄组，不列颠哥伦比亚省在任何时间段都拥有最高的生活质量。新斯科舍省的排名几乎与不列颠哥伦比亚省一样高，阿尔伯塔省的感知生活水平也很高，特别是在最年轻和最老的群体中。低收入水平使海上省份（新斯科舍省除外）的生活水平排名低于其生活质量排名。纽芬兰在生活水平上排名垫底，其排名仅仅时而被中部平原省份萨斯喀彻温省和马尼托巴省所取代。

表6　按总体生活水平排名（生活水平 = $\hat{\lambda} + \hat{\gamma}$ RY）（年龄/岁）

	年龄 18~24	年龄 25~44	年龄 45~64	年龄 65+		年龄 18~24	年龄 25~44	年龄 45~64	年龄 65+
1976~1980年					1981~1985年				
ALB	1	1	2	5	ALB	3	10	9	3
BC	2	2	1	1	BC	6	7	2	1
MAN	8	10	9	6	MAN	4	6	7	6
NB	7	8	5	3	NB	8	2	4	4
NFLD	10	9	10	8	NFLD	9	9	10	10
NS	5	5	3	2	NS	1	1	1	2
ONT	6	7	7	4	ONT	2	3	5	5
PEI	9	4	4	10	PEI	10	4	3	7
QUE	4	6	8	7	QUE	7	8	8	8
SASK	3	3	6	9	SASK	5	5	6	9
1986~1990年					1991~1995年				
ALB	2	5	6	2	ALB	1	3	4	1
BC	1	1	1	1	BC	2	1	2	2
MAN	7	9	8	8	MAN	8	8	8	9
NB	5	4	4	4	NB	7	4	5	5
NFLD	9	8	9	9	NFLD	10	10	10	8
NS	3	2	2	3	NS	3	7	3	3
ONT	4	3	7	6	ONT	4	6	7	6
PEI	8	7	3	5	PEI	5	2	1	4
QUE	6	6	5	7	QUE	6	5	6	7
SASK	10	10	10	10	SASK	9	9	9	10

虽然生活水平排名总体趋同，但是一些省份的排名多年来出现过波动，尤其是阿尔伯塔省。25~44岁年龄组给阿尔伯塔省（ALB）的生活质量和生

活水平排名从20世纪70年代后期的首位下降到20世纪80年代的末位。对于年轻人来说，阿尔伯塔省的生活水平在20世纪80年代后期反弹，其生活质量则随后在20世纪90年代初反弹。由于阿尔伯塔省的相对收入在20世纪80年代末和90年代初增加，老年劳动者对阿尔伯塔省生活水平的看法逐渐改善，但其对生活质量的看法则并未变化。在整个取样期间，65+年龄组对阿尔伯塔省生活质量和生活水平的看法从中等位置提高到了前几位。

阿尔伯塔省的生活质量和生活水平出现此种波动的原因，可能主要是同期能源价格波动性强。阿尔伯塔省主要生产能源，其经济在20世纪70年代后期随着能源价格急剧上涨而蓬勃发展，又随着能源价格在20世纪80年代中期暴跌而陷入困境。在20世纪80年代末期和90年代初期，能源价格稳定（尽管处于较低水平），新长输管道的建成增加了阿尔伯塔省天然气的可销售性。与此同时，滑雪和旅游业的不断发展提供了机会，并使阿尔伯塔省更具有宜居吸引力，特别是对年轻人而言。户外娱乐的日益普及也可以解释最年轻人群对不列颠哥伦比亚省给出的排名的稳定上浮。

六、总结和结论

各地区收入和宜居性水平各不相同，因此生活水平各不相同。公用事业最大化因素、收入和生活水平的功能分别是定位、调整和平衡，但这三个因素并非没有摩擦。在均衡稳态下，所有地区具有相同的生活水平，意味着地区相对收入的倒数能够衡量宜居性的相对值。但是，由于收入、宜居性和偏好发生变化，并且要素之间的摩擦阻碍生活水平均衡在每一时间点发生，因而实际相对收入往往不是宜居性水平的准确指标。

本文讨论了回归的设计，以确定生活水平的收入和非收入（即生活质 213
量）成分。我们得出结论，相对生活水平的最佳汇总度量是两省 μ_{AB} 之间的净交叉迁移流量，因此我们将其用作回归中的因变量。根据道格拉斯（1997）提出的理论，我们认为这种回归的分子应该是两个地区之间迁移的净流量，而其分母应该是两地人口的乘积。

文章最后利用 1976 年至 1995 年加拿大省际移民数据的交叉迁移规格，估计了四个年龄组对加拿大各省在四个五年期间的宜居性和工资极差给出分数。结果基本符合常识和预期。我们还使用该模型对各省的宜居性和整体生活水平进行排名，发现不列颠哥伦比亚省、阿尔伯塔省和新斯科舍省的生活水平始终很高，而海上省份和不列颠哥伦比亚省的宜居性始终最高。

注释

1. 格林伍德等（1991）的因变量相当于（3）中的$\hat{\mu}_{AB}$，但其中的交叉迁移被定义为在省 A 和“其他地方”的区域间迁移。它要求更强的规律性假设，包括了对省偏好应具有全局传递性以及所有省份都很小，并且它使用的样本信息少于成对交叉迁移度量$\hat{\mu}_{AB}$。

2. 豪斯曼的检验不排斥收入是外生的原假设，这并不奇怪，因为相对于人口“存量”而言，迁移流量很小。

3. 使用近似值 $\Delta\ln(x) \approx \%\Delta x$。

214 参考文献

Ben-Akiva, M., & Watanatada, T. (1981). Application of a Continuous Spatial Choice Logit Model. In: C. F. Manski & D. McFadden (Eds), *Structural Analysis of Discrete Data with Econometric Applications*. Cambridge, Mass: MIT Press.

Blomquist, G. C., Berger, M. C., & Hoehn, J. P. (1988). New Estimates of Quality of Life in Urban Areas, *American Economic Review, 78*, 89–107.

Constantine, A. G., & Gower, J. C. (1982). Models for the Analysis of Interregional Migration, *Environment and Planning A, 14*, 477–497.

Cragg, M., & Kahn, M. (1997). New Estimates of Climate Demand: Evidence from Location Choice, *Journal of Urban Economics, 42*, 261–284.

Douglas, S. (1997). Estimation of Relative Standards of Living Among the United States Using Cross-Migration Data, *Journal of Regional Science, 37*, 411–436.

Douglas, S., & Wall, H. J. (1993). Voting with Your Feet and the Quality of Life Index: A Simple Non-Parametric Approach Applied to Canada, *Economics Letters, 42*, 229–236.

Feeney, G. (1973). Two Models for Regional Population Dynamics, *Environment and Planning A, 5*, 31–43.

Graves, P. E. (1979). A Life-Cycle Empirical Analysis of Migration and Climate, by Race, *Journal of Urban Economics, 6*, 135–147.

Graves, P. E. (1980). Migration and Climate, *Journal of Regional Science, 20*, 227–237.

Greenwood, M. J., Hunt, G. L., Rickman, D. S., & Treyz, G. W. (1991). Migration, Regional Equilibrium, and the Estimation of Compensating Differentials, *American Economic Review, 81*, 1382–1390.

Hoehn, J. P., Blomquist, G. C., & Berger, M. C. (1987). A Hedonic Model of Interregional Wages, Rents, and Property Values, *Journal of Regional Science*, *29*, 605–620.

Hunt, G. L. (1993). Equilibrium and Disequilibrium in Migration Modelling, *Regional Studies*, *27*, 341–349.

Liu, B. C. (1975). Differential Net Migration Rates and the Quality of Life, *Review of Economics and Statistics*, *57*, 329–337.

Mueser, P. R. (1989). The Spatial Structure of Migration: An Analysis of Flows Between the States in the USA over Three Decades, *Regional Studies*, *23*, 185–200.

Mueser, P. R., & Graves, P. E. (1995). Examining the Role of Economic Opportunity and Amenities in Explaining Population Redistribution, *Journal of Urban Economics*, *37*, 176–200.

Plane, D. A. (1993). Requiem for the Fixed-Transition-Probability Migrant, *Geographical Analysis*, *25*, 244–256.

Porell, F. W. (1982). Intermetropolitan Migration and Quality of Life, *Journal of Regional Science*, *22*, 137–58.

Roback, J. (1982). Wages, Rents, and the Quality of Life, *Journal of Political Economy*, *90*, 1257–1278.

Roback, J. (1988). Wages, Rents, and Amenities: Differences Among Workers and Regions, *Economic Inquiry*, *27*, 23–41.

Rosen, S. (1979). Wage-Based Indexes of Urban Quality of Life. In: P. Mieszowski & M. Straszheim (Eds), *Current Issues in Urban Economics* (pp. 74–104). Baltimore: Johns Hopkins University Press.

Tiebout, C. M. (1956). A Pure Theory of Local Expenditures, *Journal of Political Economy*, *64*, 416–424.

Tobler, W. R. (1979). Estimation of Attractivities from Interactions, *Environment and Planning A*, *11*, 121–127.

Vanderkamp, J., & Grant, E. K. (1988). Canadian Internal Migration Statistics: Some Comparisons and Evaluations, *Canadian Journal of Regional Science*, *11*, 9–32.

Zipf, G. (1946). The P1P2 /D Hypothesis, *American Sociological Review*, *11*, 677–686

基于雇主提供给 NLS－MW 和 NLS 的退休金数据的退休研究*

亚伦·L. 古斯特曼　托马斯·L. 斯泰因迈尔 215

一、绪论

在本文中，我们将雇主提供的详细养老金计划描述与具有全国代表性的样本调查数据相结合，估计了即将退休群体现在拥有的养老金计划所创造的价值和激励效应。关于成人女性的国家长期追踪调查项目（The National Longitudinal Survey of Mature Woman，NLS－MW）于1989年采集雇主姓名和地址，并使用该信息收集雇主的养老金计划描述。1992年，健康与退休研究（The Health and the Retirement Study，HRS）向受访者询问其雇主的姓名和地址，并收集养老金计划描述。这两项调查都包括最近退休或即将退休的人群。在研究的基础上，我们确定了这些群体所持有的养老金水平以及影响其退休的激励措施。我们还比较了男女之间以及两次调查之间的养老金财富和养老金财富收益。

这些测算因多重原因而具有其意义。尽管有文献描述了养老金的一般特征及其产生的激励性（如科特利科夫和怀斯，1985，1987；古斯特曼和斯泰因迈尔，1989），但有证据表明养老金计划也随着时间推移而发

* 《劳动者福祉》，Emerald 出版社，2000 年，215～252 页。

216 生了变化。纵观20世纪七八十年代的变化，养老金价值增加，计划类型从固定收益养老金计划发生了偏离，提前退休时间提前（安德森、古斯特曼和斯泰因迈尔，1999）。[1] 因此，用最新数据进行评估情况具有其意义。

这些数据对于调查养老金中的性别差异问题同样具有意义。已有的许多关于养老金性别差异的研究都已过时，它们没能研究妇女劳动力活动急剧增加产生的影响；即便是那些使用了最新数据的研究，也会因其数据限制而妨碍其研究。[2]

本项研究是为数不多地使用了雇主提供详细的养老金计划描述，调查了养老金价值和激励作用的研究。为了估计养老金价值对储蓄的影响，或者在获得提前退休资格的情况下如何增加养老金福利，我们需要准确了解计划价值如何随着退休年龄而变化，并且需要详细的养老金计划描述。[3]

养老金非常重要，既是总财富的来源，也是退休行为的主要影响因素。养老金占即将退休家庭财富的比例平均约为四分之一，而在终身收入较高的家庭中，这一比例更大（古斯特曼和斯泰因迈尔，1999）。养老金公式的非线性特征在某些年龄段产生了非常强烈的激励效应，这可能会对退休行为产生很大影响。[4]

第二部分详述了本研究使用的样本，论述了根据雇主提供的计划描述和受访者数据中的信息创建养老金财富数字的方法，并研究了当雇主的记录不可用时使用的估算方法。第三部分提供了 NLS – MW 和 HRS 的基本养老金信息，比较了两次调查结果，讨论了导致结果差异的原因，并分析了养老金特征和养老金计划价值的性别差异。第四部分对本文进行了总结。

二、计算养老金手段的方法和数据要求

（一）介绍

本研究使用雇主提供的养老金计划描述来衡量养老金收益，其信息来源有两个：NLS - MW 和 HRS。在 1992 年基于受访者的调查的浪潮中，二者都采集了受访个体当前岗位和先前岗位的养老金。HRS 还询问了就业时长和岗位工资的情况，NLS - MW 分别收集了收入历史与养老金覆盖率信息。

1992 年，HRS 收集了所有为受访者提供养老金的雇主名称和地址。雇 217
主的选取标准如下：若受访者在职，则选取当前工作；若受访者不在职，则选取上一份工作；以及过去五年中，除了当前和上一份工作外的所有工作。通过使用受访者在 1992 年提供的公司名称和地址采集养老金计划描述，并将称为《养老金计划简述》（Summary Plan Description，SPD）。该文件的数据是从雇主处收集的，若在某些情况下雇主没有提供养老金计划描述，则选取来自劳工部档案的信息。

在 NLS - MW 项目中，SPD 是根据 1989 年调查中受访者提供的地址而从雇主和劳工部那里收集的。这些地址仅包括受访者确定为其提供了最主要养老金的雇主。为了收集被采访者可获得养老金的全部工作经历，NLS - MW也采集了被访者的前雇主正在为受访者或受访者配偶缴纳养老金，或者如果二者中的任意一方都有权从前雇主那里获得养老金并最终获利，NLS - MW 除了收集受访者可获得养老金的工作经历，还询问雇主的名称和地址。

在 HRS 中，如果没有获得受访者的公司地址，或公司没有提供养老金计划简述，或劳工部档案没有提供以上两者，那么认定受访者没有关于养老金的匹配计划。在 HRS 中，只有 2/3 的受访者拥有养老金计划简述，这些人称自己能从目前或上一份工作中获得养老金，还有较少的受访者称自己可以从更早的工作中享受养老金。鉴于 NLS－MW 采用的数据收集方案，未能将雇主提供的计划描述与受访者提供的工作历史相匹配有三个重要因素。首先，在 1989 年名称被提供的雇主中，超过三分之一在收到要求时没有提供养老金计划简述，而劳工部也没有提供其计划。其次（仅适用于 NLS－MW），在 1989 年收集的养老金计划描述的案例中，有一半无法与 1992 年以来的工作历史相匹配。NLS－MW 的工作人员试图匹配在这两年中收集到的雇主姓名和地址，但其中的一半依旧无法与雇主计划描述进行匹配。最后，如下所述，在 1992 年受访者或受访者配偶从事享受养老金工作的少数情况下，其工作无法与 1989 年收集养老金计划描述相匹配，因为所示的任职时间表明当前的就业始于 1989 年后。

218 如果受访者与雇主提供养老金计划描述无法匹配，我们则采用受访者提供的养老金计划记录。我们从具有类似特征的受访者群体中选择养老金计划，对所有未能匹配养老金计划的受访者进行匹配。在每次调查中，我们使用相同特征进行填充程序。具体而言，为进行匹配，有关于行业（13 类）、职业（3 类）、公共或私营部门（2 类）、岗位工资（6 类）以及工作性质（2 类，即全职或兼职）的信息视为有效特征。[5]

总之，我们的程序允许我们在 936 个小组的基础上进行匹配。有些小组没有数据，有些小组则有不止一个计划。[6] 当一个小组内有多个计划描述时，与特定观察匹配的概率基于受访者的样本权重，匹配的概率随着持有特定计划的受访者数量的增加而增加。[7]

通过仅考虑具有实际养老金的受访者并将该养老金与匹配程序指定的养老金进行比较，从而评估匹配程序的有效性也不失为一个方法，但这样一来信息量就很有限。其原因在于，虽然基于匹配变量有 936 个小组和 400 份养老金计划，但在许多情况下，一个小组中只有一个养老金计划。在这种情况下，养老金赠予将是受访者实际持有的养老金，即使是随机的，也将与同一受访者匹配。只有在小组中含有超过一种养老金时，受访者在小组内才可能造成不与其养老匹配的情况。

研究中的选择偏差可能存在问题。为了控制偏差，我们的填充程序并不基于回归。比起使用其他技巧，我们选择观察能够进行特征匹配的小组，即使这样的小组在样本中不具有代表性。如果可匹配小组没有养老金计划，我们会放宽标准使该小组至少具有一份养老金计划。我们希望使用这种方法并根据关键变量进行匹配能够大大降低选择偏差出现的可能性。诚然，用于匹配计划描述可用的人与计划描述不可用的人之间的养老金变量集合并未包括全部内容。例如，由于没有关于当前或上一个工作之前所进行工作的公司规模信息，因此无法通过测算公司规模来估算养老金计划。我们确实有证据表明，在那些自称享有养老金固定收益计划的受访者中，在大公司工作的受访者具有雇主养老金计划描述的概率比在小公司工作的受访者高 50%，而在享受养老金固定缴费计划的受访者中，这一差异是 2∶1（古斯特曼、米切尔、萨姆威克和斯泰因迈尔，1999）。然而因为我们用关键变量将享有养老金计划的受访者与不享有养老金计划的受访者进行匹配，所以选择偏差不太可能像先前所述的那样严重。通过基于行业、职业、部门、工资和全职状态进行分层和匹配，我们所得出的匹配结果几乎不会导致受访者的雇主信息与被匹配的信息差距太大。许多小公司确实提供了养老金计划描述（例如，在 HRS 中，77 个计划来自员工少于 25 人的公司，176 个来自拥有 24 ~ 99 名员工的公司，448 个计划来自拥有 100 ~ 499 名员工的公司）。因此相关的小组不可能为空集。使用我们的方法，当某种类型的计划中样本数量不足、在所选小组中可供选择的人口较少，也基本不可能将大型制造公司提供的养老金计划匹配到就职于一家小型服务业公司的受访者身上。

在继续检验研究结果的详细内容之前，我们应当将其与其他研究进行 219
一些总体比较。根据消费者财务状况调查的数据，我们计算的养老金财富在终身收入中所占的比例高于 1983 年。在古斯特曼和斯泰因迈尔的研究（1989）中，我们发现养老金固定收益计划的受保人所拥有的养老金在正常退休年龄时约占终身收入的14.3%。在本研究中，养老金占终身收入的比例比古斯特曼和斯泰因迈尔的研究（1989）大约高出4个百分点。在HRS中其比例为16.5%（男）和19.5%（女），在NLS－MW中其比例为16.3%（男）和20.5%（女）。尽管两个研究中雇主提供的养老金计划描述不同，但调查结果相差不大。将养老金相对价值作为从受访者报告数据中计算出的财富份额与公司提供的养老金计划描述计算的财富份额进行比较，同样具有意义。HRS估算养老金占全部财富的23%。史密斯（1995，表13）估计养老金占HRS总财富的22%，当不使用公司报告的养老金数额而根据受访者反馈数据计算时，史密斯测算出在HRS中养老金占总财富的22%。波特尔巴、维努蒂和怀斯（1994，表1）使用另一种方法发现，在1994年，对于那些享受自付个人养老金且在65～69岁的受访者，养老金占总财富的20%。[8]

（二）从雇主提供的计划描述中估算养老金价值

根据《养老金计划简述》（SPD）（一种详细描述所有养老金计划特征的法律文件），密歇根州的工作人员在模板中记录计划的特征，包含管理享受养老金福利和给付养老金决定资格的所有要素。

220 我们使用密歇根大学开发的养老金软件来评估计划。[9] 该软件运用受访者的收入和就业历史，以及经过编码的养老金计划描述。[10]

养老金固定收益计划的养老金计算基于雇主提供的固定养老金福利计划描述的一部分，具体包括了正常退休养老金福利、提前退休养老金福利和递延的既得养老金福利。对于那些享有养老金固定缴费计划的人，也有规定了累积的缴费额和收益额的部分。本研究中的所有养老金数据，包括养老金固定缴费计划的价值，均基于公司提供的公式。[11]我们假设公司以计划描述中要求的比例在劳动者的任职时期缴纳了养老金。在允许自愿缴纳的情况下，根据萨姆威克和斯金纳（1998）的调查结果，我们假设其比例达到5%，而这一缴纳行为可能引发与公司缴纳行为的匹配。[12]如果一个人同时拥有固定收益养老金和固定缴费养老金，则两种养老金福利均被计算。

(三) 使用雇主提供的养老金计划描述而不是受访者提供的养老金计划描述有哪些优势?

我们已要求受访者详细描述他们的养老金计划，那么为什么有必要使用从雇主那里获得的计划描述?

对来自 NLS－MW 和 HRS 的研究群体，其养老金财富价值的近五分之四是以养老金固定收益计划的形式发放的。确定养老金固定收益计划的价值或确定自我报告的计划描述中提到的养老金计划产生的激励都存在困难。有一篇文献探讨了养老金固定收益计划如何影响不同年龄退休时获得的回报，以及在达到提前退休年龄之前其回报的机动性。该文献的结论是，当达到提前退休年龄时收益出现了非常猛烈的飙升，这意味着如果一个人在公司一直工作到满提前退休年龄，尤其是截至提前退休养老金福利资格之日的那一年，那么该人的当前养老金价值将急剧增加（布劳，1982；科特利科夫和怀斯，1985，1987）。其中一个原因是，一旦个人具有提前退休的资格，他获得的养老金福利就会略小于其在拥有资格前离职的养老金福利。另一个原因是，提前退休具有特殊的附加费。因此，若某人在达到提前退休年龄后继续工作，其养老金的价值会下降，并且在达到正常退休年龄之后可能会随着其继续工作而急剧下降。

为了确定这些因素的激励作用，有必要采集以下数据：第一，那些工 221
作时间足够长且能因此获得养老金福利，但不足以获得提前退休资格的人们能获得的利益；第二，在获得提前退休资格后但尚未获得正常退休资格时获得收益；第三，在获得正常退休资格后获得的收益的测算公式。

即使受访者能够准确地反馈提前退休和正常退休时的年龄及其养老金福利的水平（实际上很多受访者并不能准确报告）（古斯特曼和斯泰因迈尔，1989），受访者也无法再现养老金福利标准以便计算这些关键的激励措施。[13]确定这些激励措施的唯一方法是从公司的养老金计划简述中获取并编制完整的养老金计划。

使用公司提供的计划描述还有许多其他优点。例如，向受访者提出的关于养老金的一系列问题取决于受访者对其计划类型的认识，然而受访者经常误报其计划类型（米切尔，1988；古斯特曼 & 斯泰因迈尔，1989）。考虑到享有养老金固定收益计划的受访者和享有养老金固定缴费计划的受访者被问到的一系列问题是截然不同的，如果受访者混淆了其养老金计划类型，那么所提供的一系列问题也是错误的。同时，受访者会不报告或错误报告计划的许多其他细节。相比之下，公司提供的计划描述则避免了这一问题。总的来说，古斯特曼和斯泰因迈尔（1989）发现，一些受访者对自己的提前退休和正常退休年龄与养老金收益额度过于乐观。因此二人发现，当使用公司和自我报告的数据评估养老金时，养老金中位数值和实际较为吻合，但这也意味着与实际相异。

（四）样本

NLS－MW 和 HRS 均为小组研究，但是具有不同的样本组成。第一，前者针对 30～44 岁女性（1967 年），后者针对有一名年龄在 51～61 岁成员的家庭。最重要的是，前者不包括单身男性。因此，NLS－MW 中 36% 的家庭由单身女性构成，而 HRS 中这一比例则为 21%。第二，两个样本出生年代也不同。NLS－MW 的受访者是出生于 1923～1937 年的女性，但是我们不仅要将其数据用于被访者，还要用于其配偶（如果已婚）。在 HRS 中，受访者是出生于 1931～1941 年的个人，而其配偶可能不符合年
222 龄范围要求。因此，NLS－MW 的样本比 HRS 的样本更加年长，这不仅是因为受访者出生更早，而且因为 NLS－MW 中男性配偶的生日早于其妻子。第三，NLS－MW 数量已经经历了 25 年的自然减少，并且不包括那些自 1967 年以来移民至美国的人。

与享受养老金的劳动者相匹配的养老金计划范围也存在差异。NLS－

MW 将受访者于 1989 年报告的最重要的一项养老金（无论是来自当前工作还是上一份工作）与受访者相匹配。HRS将受访者和当前工作和上一份工作的养老金相匹配，并且通常将每个受访者和不止一个养老金计划相匹配。

我们首先分析受保人所享受的养老金，其次分析家庭共享养老金。

本研究中最先使用的案例来自 NLS – MW 出生于 1992 年并自诉在当前工作或上一份工作中享受养老金的受访者们。[14]HRS 相应样本中的受访者则报告了其当前工作的养老金或先前一份工作的养老金。NLS – MW 的养老金覆盖率低于 HRS。在 NLS – MW 中，56.7% 的家庭报告显示他们至少享受一种养老金，而在 HRS 中这一比例则为 71.1%。正如下述分析，样本组成的差异并不能解释报告覆盖率的这些差异。其中一些差异可能是因为 NLS – MW 的受访者始终是家庭中的女性，并且其问题通常是丈夫当前或先前的养老金，而不是像 HRS 那样直接询问受保人。

1992 年，HRS 对 4,450份当前工作的养老金、1,390份（当前失业者）上一份工作的养老金以及 2,840份之前 5 年或更久工作的养老金的匹配成功率分别为 65%、66% 和 35%。此外，该研究还评估了其他 750 份享有养老金的上一份工作。由于该研究没有询问与这些工作相匹配的雇主姓名与地址，因此这些养老金并没有得到完全匹配。当前工作和上一份工作的养老金的匹配成功率几乎为 2/3，而在总养老金本中占据相当数量的过去的工作，其匹配率则低得多。因此平均而言，精确匹配率为 51%。

1992 年，在 NLS – MW 的调查中，大约有 450 名妻子和 300 名丈夫在当前工作中享受养老金。这些工作几乎全部包含在 1989 年养老金计划的部分。此外，1992 年有 650 份养老金是妻子从先前工作中享受的，其中 200 个同样可以追溯到 1989 年养老金的部分；有 850 份养老金是丈夫从先前工作中享受的，其中 150 个可以追溯到 1989 年养老金计划的部分。这意味着 1992 年收入的养老金无论是来自现任雇主还是过去的雇主，其中大约有 50% 可以追溯到 1989 年养老金计划的部分。[15]

223 1989 年，有 1000 名妻子和 1200 名丈夫报告了其最重要的养老金，其中有 1250 人（约占 57%）享受养老金提供者档案所述的养老金。因此，在 1992 年调查中列出的养老金中，57% 中有大约 50%（即 28%）享受养老金提供者档案所述的养老金。粗略地说，1992 年养老金中约有一半可以追溯到 1989 年的养老金部分，这其中又有一半享受养老金提供者档案所述的养老金。

表 1 用按照计划类型、调查项目、性别分类的已匹配养老金计划来反馈观察数据。无论男女，其中大约五分之四被归为固定收益型或组合型。在 NLS－MW 中，男女的养老金匹配率分别仅为 20% 和 38%；而在 HRS 中，男女的养老金匹配率分别为 55% 和 56%。

表 1　实证分析中匹配成功且使用的养老金计划的观察数量

计划类型	NLS－MW 男性	HRS	NLS－MW 女性	HRS 2
受保人	男性	男性	女性	女性
固定收益计划或组合计划	808	3279	676	2374
固定缴费计划	144	762	130	673
固定收益计划的加权份额	84.3	80.8	83.4	77.6
受访人中受保人总数	952	4041	806	3047
主要养老金的匹配率*	20.6%	54.5%	38.3%	0.563

注释：* 主要养老金的定义是 50 岁时享受的养老金；如果在 50 岁时没有养老金，则主要养老金为在 50 岁之前最后持有的养老金；如果在此之前没有养老金，则主要养老金为在 50 岁之后享受的第一份养老金。

（五）哪种数据集更有利于分析养老金？

提出哪种数据集更有利于分析养老金的问题要讲求公正。一方面，HRS 中的养老金计划数据更好的原因是其将计划描述与受访者的承保收益历史相匹配的可能性是NLS－MW的两倍，而且该研究除了匹配最重要的养老金，还能匹配其他养老金。另一方面，NLS－MW的养老金匹配数据更好的原因是其养老金计划描述中的信息对于许多研究而言非常重要，而且它 224
的小组报告持续了三十多年，受访者信息丰富完整，而这些信息无法通过 HRS 等新调查而获得。HRS 必须从回顾性数据或有时不完整或截断的匹配管理数据中获取有关早期工作历史的信息。但是，NLS－MW 的优势是两个样本都与男性无关，因为 NLS－MW 小组中关于丈夫的劳动力市场信息是零星收集的，具有不完整性，而且大部分信息仅在 1992 年以追溯的方式提供。但这使得 NLS－MW 在研究家庭行为时不那么有用。[16] 此外，两个调查中的群体并不完全重叠，因此其提供的信息有时可以互补。尽管如此，对于大多数（但并非所有）使用者而言，HRS 中的养老金计划数据可能更好。

从概念上讲，两次调查中收集计划描述时遵循了不同的方法，收益历史匹配也不同，这可能会导致每次调查获得的养老金价值出现重大差异。实际上，当使用可比较的定义时，从两次调查计算出的养老金值非常相似。

三、研究发现

我们根据养老金计划类型、调查和受保人性别，分别报告了享受养老金的受访者的调查结果。由于 NLS－MW 仅收集了最重要的养老金信息，因此我们将重点放在主要养老金上。HRS 受访者的主要养老金在此处定义为在 50 岁以下或此前将有的最新一份养老金；若无，则定义为 50 岁以后开始享受第一笔养老金。

提前退休日期、计划价值和其他计划特征是将计划的特性应用于承保受访者自己报告的工作历史的结果。从这个意义上说，它们是调查参与者独有的。我们从表 2 开始比较两个调查中受访者的提前退休日期和正常退休日期，并讨论调查结果。

表2　NLS－MW 和 HRS 的养老金
固定收益计划中的平均提前退休年龄和正常退休年龄

NLS－MW 提前退休年龄	55
HRS 提前退休年龄	54.2
NLS－MW 正常退休年龄	60.9
HRS 正常退休年龄	61.3

225 这些日期取决于计划规定、受访者年龄和工作经历。也就是说，在整个分析过程中，我们比较了调查受访者的结果，而不仅是从某个具有代表性的受访者养老金中得出的结果。[17]

HRS 受访者有资格提前退休的时间比 NLS－MW 受访者几乎早一年

NLS－MW 的提前退休年龄平均为 55 岁，而 HRS 则为 54.2 岁。提前退休年龄的频率分布如表 3 所示。数据显示，在 HRS 中，提前退休日期在 50 岁和 55 岁时频率更高。

表3　NLS－MW 和 HRS 研究中
享受养老金固定收益计划的提前退休年龄频率

年龄	NLS－MW 中处于提前退休年龄的案例占特定年龄人群观察案例的百分比	HRS 中处于提前退休年龄的案例占特定年龄人群观察案例的百分比
<50	11.7	10.6
50	9.1	12
51	1.9	2
52	2.3	1.9
53	1.8	1.4
54	1.8	1.9
55	35.5	44.7
56	2.5	2.6
57	2.3	2.9
58	2.8	2.8
59	2.1	2.3
60	13	9.1

续表

年龄	NLS－MW 中处于提前退休年龄的案例占特定年龄人群观察案例的百分比	HRS 中处于提前退休年龄的案例占特定年龄人群观察案例的百分比
61	1.1	0.8
62	4.6	3.2
63	0.9	0.2
64	0.6	0.3
65	4.5	1.1
66	0.5	0.1
67	0.5	0
68	0.3	0
69	0.2	0
70	0.1	0
>70	0	0

在 NLS－MW 的数据中，28.6% 的受访者在 55 岁之前有资格获得提前退休养老金福利，而且另有 35.5% 的人在 55 岁时有资格获得提前退休养老金福利。在 60 岁之后，26.3% 的人有资格获得提前退休养老金福利。在 HRS 数据中，29.8% 的人在 55 岁之前有资格获得提前退休养老金福利，另有 44.7% 的人在 55 岁时获得资格；在 60 岁之后，14.8% 的人有资格获得提前退休养老金福利。[18] 由于 NLS－MW 中的样本比 HRS 年长，因此在 NLS－MW中，一些享受养老金的工作的开始时间可能早于在 HRS 中受访者开始从事享受养老金的工作的普通时间。 226

HRS 中的正常退休年龄几乎比 NLS－MW 晚半年

NLS－MW 的正常退休年龄为 60.9 岁，HRS 为 61.3 岁。正常退休年龄的频率如表 4 所示。NLS－MW 的数据中，48.7% 的人在 65 岁时有资格获得正常退休养老金福利，而 24.7% 的人在 60 岁以前有资格获得正常退休养老金福利。其他高峰出现在 60 岁 和 62 岁。表 4 可见，HRS 的数据中，50.0% 的人在 65 岁时有资格获得正常退休养老金福利，该比例略高于

NLS－MW；21.2%的HRS受访者在60岁以前有资格获得正常退休养老金福利，该比例低于NLS－MW样本。

表4　NLS－MW和HRS中固定
227 **收益养老金的正常退休年龄出现频率**

年龄	NLS－MW中处于正常退休年龄的案例占特定年龄人群观察案例的百分比	HRS中处于正常退休年龄的案例占特定年龄人群观察案例的百分比
<50	4.2	3.2
50	2.3	3.5
51	0.8	0.6
52	1.6	0.8
53	0.8	0.5
54	1	0.8
55	7.7	6.5
56	1.4	1.1
57	1.7	1.1
58	2	1.8
59	1.2	1.3
60	14.4	13.8
61	1.1	0.7
62	8.8	12.9
63	0.6	0.3
64	0.4	0.4
65	48.7	50.0
66	0.5	0.1
67	0.5	0
68	0.3	0
69	0.2	0
70	0.1	0
>70	0	0.1

至于不同调查之间因受访者年龄差异产生的预期影响，已知这一时期的趋势是降低提前退休年龄，以及略微提高正常退休年龄（安德森、古斯特曼和斯泰因迈尔，1999，以及古斯特曼和斯泰因迈尔，即将出版）。NLS－MW的受访者（均为女性）出生于1923～1937年，HRS的受访者出生于1931～1941年，前者平均年龄比后者大6岁。若将配偶包括在内，那么年龄差异或许将进一步扩大。NLS－MW中，几乎所有受访者的配偶都

是男性，同时比受访者年长。在HRS中，任何年龄层的受访者较其配偶年长或年轻的概率是五五开。因此，NLS－MW 中的受访者比 HRS 受访者的年龄更大，并且呈现提前退休日期更早、正常退休日期更晚的趋势。上述两点是除了收集计划描述日期的不同外，导致两次调查之间差异的第二个原因。

由于样本构成的这些差异，我们应当考虑每个调查中每个性别的提前退休年龄和正常退休年龄的差异。如表 5 所示，我们再次发现，平均而言，无论是对于女性还是男性，HRS 的提前退休日期都早于 NLS－MW。HRS 中无论男女的正常退休日期都较晚。

表 5　按调查和性别划分的养老金固定收益计划中提前退休年龄和正常退休年龄的出现频率

	提前退休年龄	正常退休年龄
NLS－MW 中的男性	55.1	61
HRS 中的男性	54	61.3
NLS－MW 中的女性	54.9	60.7
HRS 中的女性	54.5	61.3

不同性别的提前退休年龄差异很小 228

在同种调查中比较男女之间的提前退休日期和正常退休日期也很有意义。同种调查中，男女之间的差值远比不同调查中同一性别的受访者大。如表 5 所示，女性在 NLS－MW 中有资格获得提前退休养老金福利时，其年龄约比男性小 0.2 岁，而在 HRS 中，其年龄约比男性大半岁。

不同的计划使用不同的标准来确定提前退休的资格。在某些计划中，只要被访者达到某些特定的最少服务时间就可以确定提前退休资格。在其他计划中，提前退休资格可能由更复杂的规则决定。例如，年龄和服务时间之和必须达到 75 年、年龄必须达到 55 岁或更高。因为 NLS－MW（男性为 20.6%，女性为 38.3%）匹配养老金的可能性对于男女来说是不同的，而在 HRS 中则相差不大（男性为 54.5%，女性为 56.3%），因此，在 NLS－MW 中需要进行差别性审查的具有特征性的养老金匹配结果，在

HRS中却不算是一个问题。因此，我们更加相信HRS的发现：女性有资格提前退休的时间比男性晚半年。[19]

在比较男女之间的养老金结果时，应当记住，男女的养老金计划有别。例如，与男性相比，女性更有可能享受州和地方政府养老金计划。因此，获得养老金福利的资格不仅仅需要反映男女工作经历的差异。

男女在大致相同的年龄获得享受正常退休养老金福利的资格

在NLS－MW中，女性的正常退休年龄略低于男性，其差异是一年的十分之三（即3.6个月）。在HRS中，女性和男性的正常退休年龄相同。

养老金固定收益计划的现值

接下来的六个表格通过调查结果、性别以及评估观察到的差异所需的相关信息，比较了养老金收益现值。

表6　通过调查结果、性别和退休年龄确定的固定收益计划养老金和累积收入的平均现值

	50岁	55岁	60岁	65岁	70岁
固定收益计划养老金的现值（千美元）					
NLS－MW中的男性	130	184	222	230	210
HRS中的男性	146	214	261	270	257
NLS－MW中的女性	64	102	136	153	149
HRS中的女性	70	114	149	161	158
累积收入（千美元）					
NLS－MW中的男性	962	1171	1369	1557	1735
HRS中的男性	1105	1353	1587	1810	2021
NLS－MW中的女性	432	566	694	815	930
HRS中的女性	496	633	762	885	1002
养老金/累积收入					
NLS－MW中的男性	0.135	0.157	0.162	0.148	0.121
HRS中的男性	0.132	0.158	0.164	0.149	0.127
NLS－MW中的女性	0.148	0.180	0.196	0.188	0.160
HRS中的女性	0.141	0.180	0.196	0.189	0.158

注释：这些数值是如果受访者一直工作到指定年龄，养老金将达到的价值，即使该养老金来自先前的工作。

HRS 中养老金的美元价值超过 NLS – MW 中养老金的美元价值 229

表 6 显示，在 55 岁左右，与 NLS – MW 相比，HRS 中男性固定收益养老金的价值大约高出 16%，女性固定收益养老金的价值大约高出 12%。对于男性来说，在年龄较大的年龄段，不同调查之间养老金价值的差异与更年轻时相比大致相同。对于女性来说，不同调查之间的差异在年龄较大时相对较窄。与此结果一致，根据表 7，尽管 NLS – MW 的提前退休年龄更高，但依旧是 HRS 的男性和女性的提前退休年龄时的养老金福利均更高。HRS 中，正常退休年龄更晚会带来正常退休时的更高养老金福利，男性尤甚。

男性养老金的美元价值高于女性养老金的美元价值

如表 6 所示，在任何特定的退休年龄，男性的退休金价值都远高于女性。在 1992 年，若 55 岁者享受养老金固定收益计划，则男性的养老金折算值约为 20 万美元，女性的养老金折算值为 10.8 万美元，与提前退休年龄报告的值相似。在 60 岁时，男性的养老金价值约为 24 万美元，女性的养老金价值约为 14.3 万美元，且 HRS 受访者的养老金价值比均值更高。男性在正常退休年龄退休时可领取的养老金的价值大约高出 1 万美元，女性则高出约 5 千美元，这与正常退休年龄通常超过 60 岁的事实相符。

男性和女性的养老金福利比例从 50 岁时的 2∶1 下降到 65 岁时的 1.6∶1。布罗（1982）已经表明，对于一个简单的养老金固定收益计划，养老金现值随任职时间的增长率有两个组成部分：最终工资的增长和任职时间的比例增加。对任职时间较短的女性，工作一年对其任职时间的提升比例高于同龄但任职时间更长的男性。因此我们预计会看到，从提前退休年龄到正常退休年龄期间，养老金差异会逐渐缩小。[20]

还有其他理由可以预测，更晚退休的女性与男性之间的养老金福利比例会更小。一些供职时间较长的提前退休人员享受到更为慷慨的养老

231 金福利公式，允许其通过服务以两种方式提高养老金福利，同时使用类似的公式计算正常退休年龄退休者的养老金福利，无论其服务年限长短。在这样的计划中，对于那些服务不足以使其享受最慷慨的提前退休养老金福利条件的女性而言，提前和正常退休日期之间供职导致的养老金收益增加幅度将大于那些有资格获得最慷慨养老金福利的男性。类似的影响是因为一些女性获得提前退休养老金福利资格时要比同等条件的男性年长。总体而言，随着退休年龄的增长，女性养老金福利的增加比例大约是男性的两倍。

表7　通过调查结果、性别和退休日期确定的固定收益计划
230 **养老金和累积收入平均现值**

	1992 年养老金	提前退休时的养老金	正常退休时的养老金
固定收益计划养老金的现值（千美元）			
NLS－MW 中的男性	201	193	230
HRS 中的男性	187	209	271
NLS－MW 中的女性	118	106	14
HRS 中的女性	79	108	152
累积收入（千美元）			
NLS－MW 中的男性	1291	1178	1414
HRS 中的男性	1228	1243	1639
NLS－MW 中的女性	630	552	703
HRS 中的女性	510	602	781
养老金/累积收入			
NLS－MW 中的男性	0.152	0.164	0.163
HRS 中的男性	0.143	0.168	0.165
NLS－MW 中的女性	0.187	0.192	0.205
HRS 中的女性	0.155	0.179	0.195

表7比较了1992年、提前退休年龄和正常退休年龄这三个时期不同调查中男女养老金价值。男性的养老金收益依旧大大超过了女性的养老金收益。在获得提前退休养老金福利的资格时，男性的养老金比女性高大约88%。在获得正常退休养老金福利的资格时，男性的养老金比女性高大约71%。

表8　通过调查结果、性别和退休年龄确定的固定收益计划养老金和累积收入的现值中位数

	50 岁	55 岁	60 岁	65 岁	70 岁
	固定收益计划养老金的现值（千美元）				
NLS - MW 中的男性	51	123	166	172	157
HRS 中的男性	76	143	197	210	203
NLS - MW 中的女性	18	47	93	111	108
HRS 中的女性	33	68	103	119	121
	累积收入（千美元）				
NLS - MW 中的男性	862	1069	1258	1441	1615
HRS 中的男性	842	1043	1233	1417	1599
NLS - MW 中的女性	308	430	565	680	801
HRS 中的女性	341	465	584	705	807
	养老金/累积收入				
NLS - MW 中的男性	0. 059	0. 115	0. 132	0. 119	0. 097
HRS 中的男性	0. 090	0. 137	0. 160	0. 148	0. 127
NLS - MW 中的女性	0. 058	0. 109	0. 165	0. 163	0. 135
HRS 中的女性	0. 097	0. 146	0. 176	0. 169	0. 150

注释：使用中位数表示的男女差异比使用平均值的差异要大。请将表 6、表 7 与表 8、表 9 进行比较。

表9　通过调查结果、性别和退休日期确定的固定收益计划养老金和累积收入的现值中位数 232

	1992 年养老金	提前退休时的养老金	正常退休时的养老金
	固定收益计划养老金的现值（千美元）		
NLS - MW 中的男性	142	144	181
HRS 中的男性	107	143	208
NLS - MW 中的女性	73	58	104
HRS 中的女性	36	66	108
	累积收入（千美元）		
NLS - MW 中的男性	1165	1063	1267
HRS 中的男性	932	999	1268
NLS - MW 中的女性	498	462	611
HRS 中的女性	345	462	618

续表

	1992 年养老金	提前退休时的养老金	正常退休时的养老金
养老金/累积收入			
NLS - MW 中的男性	0. 122	0. 135	0. 143
HRS 中的男性	0. 115	0. 143	0. 164
NLS - MW 中的女性	0. 147	0. 126	0. 170
HRS 中的女性	0. 104	0. 143	0. 1705

男性收入在两次调查中的差异高于女性收入

表 6 的第二个小组显示了从事可享受养老金的工作的累积收入。由于两次调查中男性的相应收入差异大于女性，因此两次调查中男性间的养老金差异大于两次调查中女性间的差异。由于 HRS 的提前退休年龄较低，两项调查所涵盖的男性间的收入差异在达到提前退休年龄时较低。在表 7 的第二个小组中可以看到（中位数的相应结果显示在表 8 和表 9 中）。

男性的养老金累积收入是女性的两倍

在每一退休年龄中，男女养老金福利差异的主要原因是累积收入的差异。如表 6 和表 7 所示，平均而言，指定年龄的男性收入是同龄女性的两倍。例如，在 60 岁时，男性的累积收入约为 150 万美元，而女性的累积收入约为 73 万美元。

233 NLS - MW 和 HRS 之间的养老金收益比率非常相似

表 6 的第三个小组表明，在任何指定的退休年龄，不同调查之间的平均养老金福利与平均收入的比率都非常接近。表 7 的第三个小组在 1992 年的值存在主要差异，但是当在同一年龄或在提前或正常退休年龄进行比较时，这些差异就会消失。表 8 和表 9 中的中位数比率几乎不等于平均值的比率。请注意，表 8 和表 9 的第三组中显示的数字是中位数的比率，而不是比率的中位数。

女性养老金收益与养老金总收入之比高于男性

与基于消费者财务调查的早期调查结果一致，在任何给定的退休年龄，女性的养老金福利的平均现值与累积收入平均值之比高于男性。例如，从表6中的第三组可以看出，60岁时女性的养老金占其累积收入的19.6%，而男性养老金仅相当于其累积收入的16.2%。女性的养老金福利收入比率较高的原因可能有二：其一，其寿命较长；其二，女性开始从事享受养老金的工作时年龄较大。因此，在退休资格同时基于年龄和任职时间的养老金计划中，女性获得提前或正常退休养老金福利的资格时，其任职时间少于男性。养老金的其他特征也可能产生这种结果：例如，女性更有可能参与没有与社会保障抵消的养老金计划，或者可能因其工资较低而导致享受的养老金较低，那么女性的养老金福利与终身收入比率会高于男性。

如果从养老金福利与收入比例的中位数看女性的比率高于男性这一趋势不那么明显，然而这仍然是一般趋势。请再次注意，表8和表9的第三组中所示的数字是中位数的比率，而不是比率的中位数。女性比率的中位数同样高于男性。

养老金固定缴费计划

养老金固定缴费计划的养老金价值对男性更高

与养老金固定收益计划的情况一样，在表10的第一组中可以看出，享受养老金固定缴费计划的男性相较同等条件的女性享有更高的养老金福利。

表10　通过调查结果、性别和退休年龄确定的固定缴费养老金和累积收入的现值均值

	50岁	55岁	60岁	65岁	70岁	1992年
	固定缴费计划养老金的现值（千美元）					
NLS－MW 中的男性	121	141	161	182	201	158
HRS 中的男性	101	135	168	199	228	116
NLS－MW 中的女性	41	58	73	88	102	67
HRS 中的女性	42	58	72	85	98	40

续表

	50岁	55岁	60岁	65岁	70岁	1992年
			累积收入（千美元）			
NLS－MW 中的男性	933	1140	1336	1522	1698	1255
HRS 中的男性	961	1230	1484	1726	1955	1086
NLS－MW 中的女性	363	485	601	711	815	545
HRS 中的女性	390	513	630	740	845	382
			养老金/累积收入			
NLS－MW 中的男性	0.130	0.124	0.121	0.120	0.118	0.126
HRS 中的男性	0.105	0.110	0.113	0.115	0.117	0.107
NLS－MW 中的女性	0.113	0.120	0.121	0.124	0.125	0.123
HRS 中的女性	0.108	0.113	0.114	0.115	0.116	0.105

这些数值是如果受访者一直工作到指定年龄其养老金将达到的价值，而不区分该养老金是否来自先前的工作。

234 在60岁时，男性的养老金固定缴费计划价值为16.1万美元，女性为7.3万美元。与养老金固定收益计划的情况一样，表10的第二组表明养老金福利的差异与累积收入的差异相符合。

与HRS受访者相比，NLS－MW受访者固定缴费计划中的收益比率更高

如表10的第三个小组所示，在享受固定缴费计划的受访者中，养老金福利的现值与累积收入的比率为NLS－MW高于HRS同等条件的受访者。由于我们没有直接测算自愿缴费的数额，因此在对养恤金数额进行任何比较时都要谨慎。[21]

235 ### 男性和女性在固定缴费情况下的收益比率相似

如表10的第三小组所示，男女的固定缴费养老金福利与收入的比率是相似的。然而对于享受养老金固定缴费计划的受访者，其养老金福利与收入的比率低于享受养老金固定收益计划的受访者。此外，表6和表7可以看出，在养老金固定收益计划中，女性的养老金福利与收入增加值的比率远远高于男性。养老金固定收益计划中导致女性养老金福利比率更高的一

个因素是其预期寿命更高。

养老金固定收益计划中的增加值

表 11 再次讨论养老金固定收益计划。根据固定收益养老金公式机制的预期，表格中显示第一小组中的增加值随着退休年龄增长而下降。[22]养老金福利增加值随着年龄增长而下降，其原因在于养老金福利并没有随着收入增加而增加。

表 11　通过调查结果、性别和退休年龄确定的固定收益养老金和累积收入的平均增加值

	50 岁	55 岁	60 岁	62 岁	65 岁
固定收益计划养老金的增加值（千美元）					
NLS－MW 中的男性	9.4	5.4	－0.8	－8.3	－11.5
HRS 中的男性	11.5	8.9	0.6	－7.8	－11.2
NLS－MW 中的女性	6.2	5.9	2.6	－2.4	－4.3
HRS 中的女性	7.1	6.6	2.6	－2.3	－4.2
收入增加值（千美元）					
NLS－MW 中的男性	42.7	40.5	38.4	36.4	34.5
HRS 中的男性	50.6	48.0	45.5	43.1	40.9
NLS－MW 中的女性	27.5	26.1	24.7	23.4	22.2
HRS 中的女性	28.0	26.5	25.1	23.8	22.6
养老金增加值/收入增加值					
NLS－MW 中的男性	0.220	0.133	－0.021	－0.228	－0.333
HRS 中的男性	0.227	0.185	0.013	－0.181	－0.274
NLS－MW 中的女性	0.225	0.226	0.105	－0.103	－0.194
HRS 中的女性	0.254	0.249	0.104	－0.097	－0.186

注释：这些数值是如果受访者一直工作到指定年龄其养老金将达到的价值，而不区分该养老金是否来自先前的工作。

而且任职时间很快就足以克服那些因参加工作更晚而延迟获取养老金 236
者所受到的影响。与养老金福利一样，我们使用超过收入增长率的利率折算 1992 年的收入。在两个调查中分别出现9,400美元和11,500美元的峰值后，在 50 岁后则出现了较为明显的下降态势。收入与年龄相关的下降于表 11的第二个小组可见。

HRS 受访者的增加值高于 NLS－MW 受访者

将 HRS 和 NLS－MW 的受访者的养老金增加值进行比较后，可发现 HRS 受访者的增加值更大。当增加值为负值时，对于 62 岁或 65 岁的受访者，HRS 中的负增加值程度小于 NLS－MW。[23]

更年轻的男性养老金增加值较女性更高，更年长的男性养老金增加值较女性更低

男性 50 岁时到达的增加峰值比女性增加峰值的6,200美元和7,100美元高 50% 以上。但在 62 岁和 65 岁时，女性养老金的负增加值程度小于男性。事实上，在 65 岁时，男性的增加值约为－11,000美元，而女性则约为－4,000美元。

表 11 第二组的收入数据清楚表明，HRS 男性受访者在指定年龄的收入比在 NLS－MW 中的男性受访者更高。但两项调查中的女性收入非常相似。这可能是因为在 NLS－MW 中男性年龄较大和报告存在误差，因为在 NLS－MW 中丈夫的收入是由妻子报告的，但在 HRS 中配偶双方都报告自己的收入。如果妻子并不完全了解丈夫的收入，她可能会少报。

HRS 中，养老金增加值与收入增加值的比例更高

表 11 第三组显示了享受固定收益养老金者在不同年龄的养老金增加值与收入增加值的比率。从这些数据中我们可以看出，在 HRS 中，养老金增加值与收入增加值的比例高于 NLS－MW。

养老金增加值与收入增加值的比率，女性比男性高

表 11 第三组还表明了女性的增加值率高于男性，即若为正，则数值更大；若为负，则数值更小。

237 养老金增加值在提前退休时明显到达高峰

研究退休年龄的增加值率会混淆提前和正常退休资格年龄计划差异的

影响。表 12 报告了养老金增加值、收入以及两者在提前和正常退休年龄之前、期间和之后时间段的比率。[24]小组数据显示了在提前退休和正常退休年龄之前的一年养老金价值的峰值。[25]对于那些享受提前退休的养老金计划的人来说，提前退休的前一年养老金福利（即表中标注的提前退休年龄）的提升幅度最大。对于那些养老金计划不包括提前退休的人来说，在个人有资格获得正常退休养老金福利（即表中标注的正常退休年龄）之前的一年，养老金福利的提升幅度更加大。

提前退休计划峰值时，男性所获的美元价值大于女性

在这两项调查中，男性达到提前退休年龄时的养老金增加值提升的美元价值高于女性。平均而言，在提前退休的前一年继续工作，男性大约额外获得 6 万美元，女性为 3.6 万美元。如下所示，男女之间养老金增加值的这些差异主要源于收入差异。

NLS – MW 与 HRS 之间测量峰值的差异源于性别

在女性中，两种不同调查所测量的峰值差异比男性更大，而且这些差异可能不是由报告误差引起的。这两项调查的女性受访者提前退休峰值收益的差异大约为 1.6 万美元，而男性仅为 3 千美元。

在达到提前退休年龄时，NLS – MW 中的养老金福利增加值与收入增加值之比高于 HRS

表 12 第三组显示了在养老金福利增加值与收入增加值比率方面，NLS – MW受访者在获得提前退休资格时的显著峰值高于 HRS 受访者，其中男性高出 19%，女性高出 59%。根据这些数据还发现，在两项调查中，对于在获得提前退休资格之前的一年中继续工作的男性和女性，峰值等于一年或更长时间的工资。

表 12　通过调查结果、性别和退休年龄和是否享受提前退休养老金福利确定的固定收益养老金和累积收入的平均增加值

	包含提前退休的计划			不包含提前退休的计划		
	提前退休年龄之前	提前退休年龄时	提前退休年龄和正常退休年龄之间	正常退休年龄之前	正常退休年龄时	正常退休年龄之后
			养老金的增加值(千美元)			
NLS－MW 男性	7.5	58.3	3.9	1.7	66.4	－5.4
HRS 男性	9.2	60.9	5.7	2.4	145.6	－3.6
NLS－MW 女性	5.1	43.8	5.2	7.9	37.6	0
HRS 女性	6.6	27.9	5.1	10.2	34.9	0.1
			收入增加值(千美元)			
NLS－MW 男性	41.7	41.9	39.0	38.7	36.9	37.4
HRS 男性	50.7	50.7	47.1	45.5	44.2	44.3
NLS－MW 女性	27.1	27.1	25.3	25.0	24.7	24.4
HRS 女性	27.7	27.1	25.5	24.8	27.1	24.6
			养老金增加值/收入增加值			
NLS－MW 男性	0.180	1.391	0.100	0.044	1.799	－0.144
HRS 男性	0.181	1.201	0.121	0.053	3.294	－0.0815
NLS－MW 女性	0.188	1.616	0.206	0.316	1.522	0.000
HRS 女性	0.238	1.030	0.200	0.411	1.288	0.004

NLS - MW 观测了 808 名享受固定养老金收益计划的男性受访者，其中 626 名享受提前退休养老金福利，182 名希望享受提前退休养老金福利；NLS - MW 观测了 676 名享受固定收益计划的女性受访者，其中 513 名享受提前退休养老金福利，163 名希望享受提前退休养老金福利。HRS 中有 3,279名男性享受固定养老金收益计划，2,735名男性享受提前退休养老金福利，544 名男性不享受；2,374名女性享受固定养老金收益计划，1,955 名女性享受提前退休养老金福利，419 名女性不享受。

家庭养老金财富水平

到目前为止，我们已经分析了受保人的养老金价值。接下来，我们将比较 NLS - MW 和 HRS 中的家庭养老金覆盖水平和养老金财富水平。在此，最重要的是要认识到样本组成的差异性。HRS 包括了单身男性，而 NLS - MW 则没有。因此，在表 13 中，我们仅对已婚家庭和单身女性进行了这些比较；我们还建议，应谨慎对比全体家庭样本。

HRS 中的家庭养老金覆盖率比在 NLS - MW 中高 13%

HRS 中，享受养老金的家庭比例比 NLS - MW 高出约 13%。表 13 可见，已婚家庭的养老金覆盖面差异大约为 11%，单身女性家庭的差异大约为 9%。剩余差异源于 HRS 的样本中包含单身男性，他们与享受养老金的单身女性相比差异为 10%，并且占 HRS 中单成员家庭的约三分之一。

HRS 家庭的平均养老金财富高于 NLS - MW 家庭

样本组成的不同和报告之间的报告差异导致 HRS 的养老金覆盖率较高，因此家庭的平均养老金价值较高。在 NLS - MW 中，丈夫的养老金是由妻子上报的，因此可能会存在未被计入的部分。样本构成或许也造成了 NLS - MW 的养老金价值偏低；然而，在受保家庭中，NLS - MW 的养老金测量值高于 HRS。具体而言，在享受养老金的家庭中，NLS - MW 的养老金价值比HRS的养老金价值高出约2%。在已婚家庭中，享受养老金家庭的平均养老金在 NLS－MW 样本中高出约3%。然而，考虑到覆盖差异，在所有已婚家庭中，HRS 家庭的养老金价值比 NLS－MW 家庭高出约12%。

HRS 中较大比例的养老金财富来自目前的工作而不是先前的工作，这反映了样本之间的年龄差异。

按家庭收入分类的养老金分配

本节探讨了收入分配不同部分的家庭养老金财富结果。[26]

243 在整个收入分布中，HRS 的养老金覆盖率高于 NLS－MW

表14 可见，在整个收入分布中，HRS 家庭的养老金覆盖率高于 NLS－MW 家庭。在 HRS 分布的前90%中，养老保险覆盖率随着收入的增加而增加，然后随着收入峰值略有下降。在 NLS－MW 中，覆盖率随着收入上升，且在收入分布的前四分之一内保持相对平稳。

在整个收入分布中，HRS 中的养老金财富高于 NLS－MW

表14 可见，在整个收入分布中，HRS 受访者的养老金财富较高。这些差异除了反映上述因素，还包括家庭构成的差异。

除了收入分布中的最高和最低10%之外，在享受养老金覆盖的家庭中，养老金财富的数据 NLS－MW 和 HRS 中相近

在享受养老金的家庭中，收入在10%～90%的家庭每次调查中的养老金价值与收入的关系是相似的。在 NLS－MW 中养老金的价值略高，但高得并不明显。在最高和最低的10%中，HRS 的养老金价值远高于 NLS－MW。这些差异的产生是由于两种调查收集数据的方式存在差异。[27]

240

表 13　NLS - MW 和 HRS 家庭的养老金财富和其他特征

	NLS - MW	HRS
所有家庭		
已婚百分比	64.1	68.2
单身男性百分比	0.0	10.1
单身女性百分比	35.9	21.6
享受养老金的百分比	57.7	71.1
平均养老金	131,120	158,131
享受养老金的家庭的平均养老金	227,199	222,272
从当前工作中享受养老金的家庭百分比	24.3	48
当前工作的平均养老金	41,802	89,830
从当前工作中享受养老金的家庭中当前工作的平均养老金	172,016	187,744
从上一份工作中享受养老金的家庭的百分比	38.9	35.6
上一份工作的平均退休金	89,318	68,301
从上一份工作中享受养老金的家庭中上一份工作的平均退休金	229,329	192,050
已婚家庭		
享受养老金的百分比	69.0	79.7
平均养老金	178,268	199,014
享受养老金的家庭的平均养老金	258,358	249,859
从当前工作中享受养老金的家庭百分比	27.5	53.9
当前工作的平均养老金	53,389	110,708
从当前工作中享受养老金的家庭中当前工作的平均养老金	194,387	205,559
从上一份工作中享受养老金的家庭的百分比	49.6	42.5
上一份工作的平均退休金	124,879	88,306
从上一份工作中享受养老金的家庭中上一份工作的平均退休金	251,878	208,022
单身女性		
享受养老金的百分比	37.6	46.3
平均养老金	46,984	43,762
享受养老金的家庭的平均养老金	125,029	94,558
从当前工作中享受养老金的家庭百分比	18.7	34.0

续表

	NLS - MW	HRS
当前工作的平均养老金	21,138	32,750
从当前工作中享受养老金的家庭中当前工作的平均养老金	113,289	96,201
从上一份工作中享受养老金的家庭的百分比	20.0	14.3
上一份工作的平均退休金	25,846	11,012
从上一份工作中享受养老金的家庭中上一份工作的平均退休金	129,315	78,415
单身男性		
享受养老金的百分比		56.5
平均养老金		99,869
享受养老金的家庭的平均养老金		176,861
从当前工作中享受养老金的家庭百分比		36
当前工作的平均养老金		78,007
从当前工作中享受养老金的家庭中当前工作的平均养老金		187,595
从上一份工作中享受养老金的家庭的百分比		23
上一份工作的平均退休金		31,862
从上一份工作中享受养老金的家庭中上一份工作的平均退休金		138,032

241 注释：由雇主提供的退休金数据。

表 14　在收入分布中，按地区划分的养老金覆盖面和养老金价值

	收入的百分位数							
	0 ~ 5	5 ~ 10	10 ~ 25	25 ~ 50	50 ~ 75	75 ~ 90	90 ~ 95	95 ~ 100
NLS - MW 中享受养老金家庭的百分比	5.3	21.3	37.6	55	71.2	76.7	76.1	77.7
HRS 中享受养老金家庭的百分比	9.2	34.2	47.8	73.9	86.8	88	86.2	82.1
按类划分，NLS - MW 中所有家庭的养老金平均值（千美元）	5	17	37	91	142	241	230	368
按类划分，HRS 中所有家庭的养老金平均值（千美元）	15	48	47	95	166	255	374	512
按类划分，NLS - MW 中享受养老金家庭的养老金平均值（千美元）	97	80	99	165	200	315	302	474
按类划分，HRS 中享受养老金家庭的养老金平均值（千美元）	163	139	99	129	191	290	434	624

四、结论

为在调查中衡量当前劳动者和最近退休人员的养老金福利，我们使用了 NLS－MW 和 HRS 中从雇主那里收集的养老金计划说明，并比较了不同
244 调查之间以及每种调查中的男女养老金结果。

男女之间的相似点和不同点

我们的研究结果表明，男性持有的养老金比女性的养老金更有价值，其差异在很大程度上源于收入差异。女性的养老金福利—收入比率实际上高于男性，这反映出女性的预期寿命更长。养老金固定收益计划的养老金增加值的概况也存在差异。由于女性的任职时间较短，所以女性的养老金价值增长速度超过男性。

关于养老金男女差异的具体调查结果如下。

提前和正常退休日期：

男女提前退休的年龄差异很小。女性正常退休的年龄与男性基本相同。

养老金固定收益计划的现值：

男性养老金的美元价值远高于女性。在 55 岁左右（约等于平均提前退休年龄），男性的固定收益养老金价值为 20 万美元，女性为 10.8 万美元。在 60 岁左右（约等于平均的正常退休年龄），男性的固定收益养老金价值为 24 万美元，女性为 14 万美元。[28]从 50 岁开始，随着更多女性有资格提前退休，这些差异逐渐下降。在有资格提前退休时，男性养老金福利比女性养老金福利大约高出 88%。在有资格正常退休时，男性养老金福利比女性养老金福利大约高出 71%。男性的累积收入大约是女性的两倍。因此，女性的养老金福利平均现值与平均累积收入的比率高于男性。例如，在 60 岁时，女性的养老金价值约为其累积收入的 20%，而男性的养老金

仅相当于其累积收入的16%。

养老金固定缴费计划的现值：

男性的养老金固定缴费计划价值高于女性。在60岁时，男性养老金固定缴费计划的价值为16.5万美元，女性为7.3万美元。固定缴费养老金价值的差异源于男女收入差异，因此在60岁时，男女养老金福利与累积收入的比例均为12%左右。作为收入的一部分，养老金固定缴费计划的价值低于养老金固定收益计划。

养老金固定收益计划的增加值： 245

养老金固定收益计划的一个主要特征是在获得提前退休养老金福利的前一年内该福利的增加值率飙升。若劳动者在获得提前退休资格之前的一年工作，其养老金福利通常超过其一年的工资。增加值率随年龄增长而下降。两个重要原因是有资格获得提前退休养老金福利的人口比例随着年龄的增长而增加，而因为收入增长低于利率，最终工资的折现值随着年龄的增长而下降。与女性相比，越年长的男性养老金增加值越高，越年轻的男性养老金增加值越低。在男性享受的计划中，提前退休福利的激增比女性高得多。男性的养老金增加峰值发生在50岁，而且大约是女性增加值的两倍。同样，在有资格获得提前退休养老金福利的前一年，男性的养老金增加值率也是女性养老金增加值的2/3。在65岁时，男性的养老金增加值约为－11,000美元，女性约为－4,000美元。从55岁开始，女性的养老金增加值与收入增加值的比率明显高于男性，如60岁时差异为10%。但是，在有资格提前退休的前一年，男女养老金增加值与收入增加值的比率没有差异。

NLS－MW 与 HRS 结果的相似点和不同点

两次调查中受保人的养老金价值相似。但是，养老增加值的状况则有所不同。此外，养老金覆盖率的差异导致 HRS 的养老金财富水平更高。具体调查结果如下。

提前和正常退休日期：

HRS 的受访者有资格获得提前退休养老金福利的时间比 NLS－MW—成人女性受访者早一年。HRS 的正常退休时间比 NLS－MW 大约晚半年。

养老金固定收益计划的现值：

在每个年龄段，NLS－MW 受访者的养老金福利比 HRS 的受访者要低，然而这一源于收入差的差异使两次调查中养老金福利与收入的比例非常接近。

246 养老金固定缴费计划的现值：

在养老金固定缴费计划的现值方面，NLS－MW 与 HRS 并无系统差异。在大多数年龄段，两次调查中养老金福利与收入的比率差异均在一个百分点内。

固定收益养老金计划的增加值：

在男性养老金的增加值方面，HRS 受访者高于男性 NLS－MW 受访者。然而当对提前退休年龄进行评估时，NLS－MW 的峰值比 HRS 更加突出。HRS中的男性受访者收入高于 NLS－MW 中的男性受访者，但两个调查中的女性收入非常相近。在有资格获得提前退休养老金的前一年，NLS－MW 中养老金增加值与收入增加值的比率峰值高于 HRS。

养老金覆盖率和养老金财富的家庭差异：

HRS 中享受养老金的家庭比例高于 NLS－MW：两次调查中，已婚家庭的差异大约为 11%。当我们为规范样本的构成而仅比较已婚家庭时，NLS－MW 样本中享受退休金的家庭的平均养老金高出约 3%。由于养老金覆盖率的差异，在所有已婚家庭中，HRS 中所有已婚家庭的养老金价值比 NLS－MW 高出约 12%。

两个调查所使用的方法存在差异，主要在于，NLS－MW 收集了某一年段（1989 年）的养老金计划描述，同时收集了评估下一年段（1992 年）养老金所需的信息。此外，NLS－MW 收集了最重要工作的养老金计划描述，该份工作不一定是当前或上一份工作，而可能是在过去几年中曾做过的工作。养老金历史和收入历史之间需要进行一些匹配。因此，HRS 中养老金和受访者记录之间的匹配率是 NLS - MW 的一半。

两次调查最重要的差异是 NLS - MW 中的养老金金覆盖率低于 HRS。因此，NLS - MW 的养老金财富低于 HRS。但养老金覆盖率的差异并非受到养老金匹配的影响。在 NLS - MW 和 HRS 调查中，受保人的养老金价值相似。由于调查结果相近且与性别相关的调查结果没有大的系统差异，因此与养老金匹配率相关的调查系统差异不会对养老金财富水平和分布相关的调查结果产生重大影响。此外，尽管在 NLS - MW 中，丈夫的养老金匹配率低于妻子，但这对该调查中养老金财富估算或其在 NLS - MW 中的分布没有明显的影响。

我们发现了两次调查之间收集的养老金价值的相似点，这固然鼓舞人心，但作为结论我们仍应该保持谨慎。对于某些类型的研究，特别是那些对个人层面退休行为的研究，应当精确复原养老金增加值的峰值。由于在 NLS - MW 中，匹配成功的养老金计划较少，因此仅在较少情况下可以明确这些非线性位置。

致谢 247

本文作者得到了来自国家经济研究局和达特茅斯学院的劳动统计局以及国家经济研究局 NIA Grant 5R01 AG13913 - 02、国家老龄问题研究所的支持。本文表达的任何观点都是作者的观点，不代表国家经济研究局、国家经济研究局或国家老龄问题研究所的观点。

注释

1. 使用 20 世纪 80 年代和 90 年代数据的养老金小组，古斯特曼和斯泰因迈尔（即将出版）检验了 1983 年和 1989 年的消费者财务调查中的养老金计划小组，并发现养老金计划的某些特征在 20 世纪 80 年代发生了显著变化。他们还使用由沃森怀亚特公司收集的大公司的养老金小组，发现进入 20 世纪 90 年代后养老金也发生了变化。

2. 在之前的研究中，古斯特曼和斯泰因迈尔（1986）发现，若控制行业、职业和个人特征不变，消费者财务调查（SCF）中的女性享受养老金的可能性降低了12.5%。居里（1995）发现，女性获得养老金保险的可能性较小，原因是她们的工资较低，而养老金覆盖面不存在任何特殊的性别差异。使用来自消费者财务状况调查中雇主提供的养老金数据，以养老金覆盖面为条件，古斯特曼和斯泰因迈尔（1989）发现女性更有可能享受养老金固定收益计划，并且其养老金—收入比率高于男性。

3. 一些养老金计划的结构非常简单。例如，固定缴费计划养老金可以采取账户的形式，例如401（k）计划，其中个人享受的养老金取决于雇主和雇员自己存入的金额以及累积回报。然而，许多养老金计划的安排非常复杂。通常，固定收益计划养老金按照公式支付养老金福利，其中的养老金福利并非线性地依赖于过往收入、工作时间（不仅包括任职时间，还包括参加工作的具体时间、年龄、退休时和/或接受养老养老金福利时的任职时间，享受社会保障的权利、相对于领取社会保障的退休年龄的年龄、退休后的居民消费价格指数变化以及其他一些因素。如果个人工作时间足够长，足以从养老金计划中获利，但不符合提前退休的条件，则可能根据某种公式获得一定的养老金福利；而根据年龄和服务有资格获得提前退休养老金福利的个人将根据另一种公式获得养老金福利。一旦个人有资格获得社会保障，提前退休人员的养老金福利可能会改变。符合正常退休养老金福利条件的人可以享受另一个公式确定的养老金福利。

248 4. 古斯特曼、米切尔和斯泰因迈尔（1994）对关于养老金及其激励效应的文献进行了概述。

5. NLS－MW 未提供所有享受养老金的工作时数信息。此外，在早期的小组中，关于丈夫工作历史的信息很少。但是，可以将关于工作时间的信息拼凑在一起，从而在匹配标准中囊括全职或兼职工作的指标。但是，在使用其他变量的情况下，匹配的双方都没有数据。因此，我们无法使用有关工会化、公司规模或其他一些工作特征等指标作为匹配的基础。HRS 存在一个类似的问题。HRS 不包含先前工作（即1992年就业者的前一份工作或当年无工作者最后一次就职以前的工作）。

6. 在 NLS－MW 中，有400个计划描述，其中包含所附工作和工作历史所需的信息。

7. 例如，如果13个受访者持有一种特定养老金，那么为该计划选择养老金进行匹配的概率就是样本中只有一个受访者的计划的13倍。

8. 一些调查使用退休者一年收到的养老金估算其养老金价值（波特尔巴等，

1994)。但这些调查无法告知我们仍就业者的退休金。即使是那些已经退休的人，从受访者处获得的养老金规模的信息也可能不是养老金全部价值的准确指标。例如，一旦个人有资格获得社会保障养老金福利，养老金支付可能会发生变化。此外，养老金可能并非定期收取，并且会随着时间的推移而不断变化。例如，许多养老金固定缴费计划的取款时间是不固定的，甚至可能是一次性提款。

9. 在本研究过程中，我们尝试消除被编码的养老金计划描述中的错误，并为更有经验的用户完善养老金软件。对于每个计划描述，我们使用几个假设的起始和结束日期进行基线计算。我们搜索了延期给付后值不为正的养老金计划，这些养老金计划的最晚发生时间是在基本退休计划 7 年之后、多雇主的退休计划 10 年之后。我们还搜索了当承保劳动者满足正常退休条件时正常退休养老金福利值不为正的养老金计划。我们发现的其他可疑模式包括急剧增加的应计养老金、提前退休日期之前应计养老金递减，以及提前、正常和其他退休养老金福利之间的异常差异。计算后，如数字所显示的那样，一些养老金计划表现出不正确的或高或低的价值。至于 HRS 的养老金计划描述，密歇根大学社会研究所（ISR）可以访问数据和计划描述，并在必要时返回了计划 249
文件，检查了编码，以及记录了有错误的计划。我们尚未对 NLS - MW 的数据进行此过程，也没有足够的支持来允许我们进行更正。如果养老金计划产生的输出值无效，我们则推算了另一个计划（不仅仅是一个值）。只要计划产生了有效的输出值，我们就不做出任何更正，因为我们无从得知正确计划。

我们还采用了另一种策略来确定养老金评估程序中的错误。用于评估雇主提供者数据的养老金的程序有两个，我们将其中一个用于我们的养老金研究（例如，古斯特曼和斯泰因迈尔，1989）；另一个是在密歇根大学社会研究所开发的。作为检查过程的一部分，我们对两个程序进行了类似的运行，并对结果进行了比较。两个程序的功能并非全部相同，但此过程已在两个程序中识别出数十个错误。我们将这种检查过程重复了多次，直到差异落在反映所用假设的差异水平而不是编码错误的水平之内。

10. 用于 NLS - MW 调查的养老金软件和养老金数据文件可从俄亥俄州立大学人力资源研究中心（CHRR）获得。HRS 数据和供公众使用的养老金软件可从密歇根大学社会研究所卡瑟琳·利博维茨（catlieb@ isr. umich. edu）的 HRS 中获得。退休金软件由罗伯特·佩提克拉斯（rwpl@ home. com）提供支持。

11. 在 HRS 的第 1 年段中，受访者持有其目前工作的养老金美元余额的比例为

70%（即2,842个养老金计划中的1,984个）。

12. 请注意，对1992年账户金额的了解不足以让我们对固定缴费计划养老金进行预测。许多受访者距离达到预期的退休年龄还差很多年。此外，如果受访者对其计划类型认识错误，则调查中将没有账户金额信息。

13. 虽然我们希望劳动者在接近他们即将退休的年龄时，对他们享受的计划提供的选择有更好的理解，但我们并不理应期望劳动者完全理解和描述他们退休金的所有不同特征。许多离退休还有几年或更长时间的劳动者可能无法完全了解他们所拥有的选择。他们当然不太可能彻底调查他们的计划对经验水平不同或收入历史不同的劳动者的影响。此外，在NLS－MW中，当夫妻中的一方报告另一方的养老金时，他/她对其配偶的养老金计划条款的了解可能并不完善。

14. 此处使用的数据基于对1992年国家长期追踪调查项目调查的回应，以使数据与HRS数据相当。

15. 用户不允许访问雇主姓名和地址。但是，国家长期追踪调查项目报告表格中的变量进行了89 80d匹配92 114A#1，其中问题编号表示每个调查段中雇主名称被报告时的位置。

16. 然而，请参见古斯特曼和斯泰因迈尔（1998）的研究，该文献使用NLS－MW中的养老金计划描述来估计家庭退休决定的结构模型。

17. 在古斯特曼和斯泰因迈尔（1989）的文献中，我们分析了以受访者的养老金计划规定以及工作经历作为条件的1983年消费者财务调查的受访者的结果。在该文献中，我们还通过假设标准化的工作和收入历史，使用涵盖不同受访者的养老金计划来计算其结果。

250 18. NLS－MW不包括单身男性，这引起的性别结构差异可能是两次调查结果差异的原因。然而，HRS中有46.4%的女性在55岁时有资格提前退休，而在NLS－MW中，有31.9%的女性在55岁时有资格提前退休。

19. 获得提前退休养老金福利资格时的年龄就算差半年，也可能使总体养老金福利出现较大差异。例如，一些计划允许人们在55岁时提前退休，但是在退休养老金福利计算公式上，该计划对工作25年者比对工作10年者更加慷慨。

20. 例如，在55岁时，女性的任职时间可能为10年，而男性则为20年（男女任职时间比例为2∶1），但在65岁时，女性的任职时间为20年，男性的任职时间为30

年（男女任职时间比例为 3∶2）。

21. 请注意，若公司同时提供养老金固定缴费计划与养老金固定收益计划，那么次要的养老金固定缴费计划被记入养老金固定收益计划，二者作为固定收益养老金价值的一部分出现。

22. 在本文中，养老金增加值是指劳动者再工作一年后养老金现值的增加。此外，养老金现值若在较晚的时候评估，其值高于在较早的时候评估，原因是：第一，从一个基期增加到下一个基期利率会将现值增加；第二，一个人若在额外一年后仍然活着，其预期寿命会更高。我们在本文分析养老金增加率时清除了这两种效应，并且仅涉及更长的工作时间对养老金现值的影响。有关影响固定收益养老金增加值的因素的进一步讨论，请参见古斯特曼和斯泰因迈尔（1989）。

23. 现如今，如果年长的劳动者继续工作，其享受的养老金必须按年增加，而在过去，达到正常退休年龄的工作者若继续工作，其名义养老金会维持不变，导致其养老金福利现值会随着额外工作年数的增加而下降。

24. 表中，“提前退休之前”指的是在获得提前退休的资格之前的第三年到第一年的时间。对于那些计划不包含退休年龄的人，“正常退休之前”指的是正常退休之前的第三年到第一年的时间。“提前退休年龄”是指个人有资格享受提前退休养老金福利那一年的岁数。“提前退休年龄和正常退休年龄之间”是从获得提前退休资格的那一年到享有正常退休养老金福利资格之前。“正常退休年龄”是个人有资格获得正常退休养老金福利的年份。“正常退休年龄之后”是获得正常退休资格后的那三年期间。

25. 申请人有资格获得的养老金福利取决于计划的规定和申请人加入计划时的年龄。如果提前退休养老金福利仅适用于长期雇员，那么中年后期被雇用的受访者在任何年龄都不会被证明有资格获得提前退休养老金福利，并且即使计划本身允许其他任职时间更长的雇员提前退休，这些受访者也被视为没有资格提前退休。

26. NLS - MW 在对家庭进行计算时，我们按如下方式计算收入：查找具有正收益或自营职业收入的最后一次调查。从该调查到第一次调查，在收集到 1992 年的工资水平之后，将收入和自营职业收入（包括零）的总和进行平均数计算。在已婚家庭中增加丈夫和妻子的收入数额。对于 HRS：由于只有一项调查，使用当前或上一份工作的
收入水平（工资率乘以每年工作的小时数），并增加丈夫和妻子的收入。这只是对一般 251
收入的非常粗略的近似计算。请注意，NLS - MW 的收入数字是顶端编码的。顶端编码

未受调整。此外，养老金价值使用顶端编码的金额计算。与HRS相比，这将降低NLS－MW的养老金价值。这也可能导致NLS－MW的男女养老金差异被低估。

27. 关于为什么HRS的养老金—收入比率在最高和最低的10%中都要高得多，存在不同的解释。处在收入分布的前10%者在NLS－MW中的被编码收入为10万美元，而在早年这一数值则较小。这可能不会影响家庭在收入分布中的相对排名，但是在NLS－MW中，处在收入分布的前10%的家庭收入额会减少，且养老金受保额的上限也会减少他们的养老金，但减少额度较小。垫底的10%则和收入的计算方式有关。在国家长期追踪调查项目中，收入指所有调查中非零收入的平均值，从而反映终身平均收入，并应将误差平均计算到各调查年份中。由于我们只使用HRS的第1年段，所以无法做到这一点。在HRS中，收入是在当前（F部分）或上一份（G部分）工作中的收入，因此相较NLS－MW，HRS中对收入的衡量受到更多干扰。因此，垫底的10%在更大程度上受到了平均收入更高者的影响。

28. 我们在衡量男女养老金的价值时发现了一些差异，其中的一小部分反映了我们样本中男女的年龄差异，以及折算1992年的值时，更长时间内的女性固定年龄养老金未被完全计算。

参考文献

Anderson, P. M., Gustman, A. L., & Steinmeier, T. L. (1999). Trends In Male Labor Force Participation And Retirement: Some Evidence On The Role Of Pensions And Social Security In The 1970's And 1980's. *Journal of Labor Economics*, *17*(4), Part 1, 757–783.

Board of Trustees, Federal Old Age and Survivors Insurance And Disability Trust Funds, 1995 Annual Report. (1995). U. S. Government Printing Office.

Bulow, J. I. (1982). What Are Corporate Pension Liabilities. *Quarterly Journal of Economics*, *97*, 435–452.

Currie, J. (1995). Gender Gaps in Benefits Coverage. In: D. Lewin, D. Mitchell & M. Zaidi (Eds), *The Handbook of Human Resource Management*, JAI Press.

Gustman, A. L., Mitchell, O.S., Samwick, A. A., & Steinmeier, T. L. (1999). Pension and Social Security Wealth In The Health And Retirement Study. In: J. Smith & R. Willis, (Eds), *Wealth, Work and Health, Innovations in Measurement in the Social Sciences*. (pp. 150–208). Ann Arbor: University of Michigan Press.

Gustman, A. L., Mitchell, O. S., & Steinmeier, T. L. (1994). The Role of Pensions In The Labor Market: A Survey of the Literature. *Industrial and Labor Relations Review*, *47*(3), 417–438.

Gustman, A. L., & Steinmeier, T. L. (1986). Pensions and Unions. Report to the U. S. Department of Labor.

Gustman, A. L., & Steinmeier, T. L. (1989). An Analysis of Pension Benefit Formulas, Pension Wealth and Incentives From Pensions. In: R. Ehrenberg (Ed.), *Research In Labor Economics*, *10*, 33–106. Greenwich, Ct: JAI Press.

Gustman, A. L., & Steinmeier, T. L. (1998). Retirement In Dual Career Families: Estimates Using Firm-Reported Data. Report to the Bureau of Labor Statistics.

Gustman, A. L., & Steinmeier, T. L. (1999). Effects of Pensions on Savings: Analysis With Data From The Health and Retirement Study. *Carnegie-Rochester Conference Series on Public Policy*, *50*, 271–324.

Gustman, A. L., & Steinmeier, T. L. (Forthcoming). Changing Pensions in Cross-Section and Panel Data: Analysis with Employer Provided Plan Descriptions. In: *Proceedings, National Tax Association*.

Kotlikoff, L. J., & Wise, D. A. (1985). Labor Compensation and the Structure of Private Pension Plans: Evidence for Contractual vs. Spot Labor Markets. In: D. A. Wise (Ed.), *Pensions, Labor and Individual Choice*. (pp. 55–85). Chicago: University of Chicago Press.

Kotlikoff, L. J., & Wise, D. A. (1987). The Incentive Effects of Private Pension Plans. In: Z. Bodie, J. B. Shoven & D. A. Wise (Eds), *Issues in Pension Economics*. Chicago, University of Chicago Press, 283–336.

Mitchell, O. S. (1988). Worker Knowledge of Pension Provisions. *Journal of Labor Economics*, *6*(1), 28–39.

Poterba, J. M., Venti, S. F., & Wise, D. A. (1994). Targeted Retirement Saving and the Net Worth of Elderly Americans. *American Economic Review, Papers and Proceedings*, *84*, 180–85.

Samwick, A. A., & Skinner, J. (1998). How Will Defined Contribution Pension Plans Affect Retirement Income?. NBER Working Paper No. 6645.

Smith, J. P. (1995). Racial and Ethnic Differences in Wealth Using The HRS. *Journal of Human Resources, 30* (Supplement), S158-S183.

检验拉泽尔的强制退休模型*

斯蒂芬·斯特恩　佩特拉·托德 253

概　论

本章讨论了拉泽尔（1979）强制退休模型中几个可测试的推测结果，并使用有关男性的国家长期追踪调查项目（National Longitudinal Survey of Mature Man，NLS－MM）的样本测试它们是否与数据一致。我们可以认为，公司养老金计划与强制退休计划之间密切关联的实证证据为拉泽尔模型提供了佐证。然而，退休行为计量经济模型的估计否定了关于强制退休与提前退休倾向之间关系模型的重要影响。

一、绪论

强制退休被法律禁止前在美国曾非常普遍。[1] 强制退休在日本仍然以与美国不同的形式而普遍存在。已有研究者提出理论，解释为什么强制退休是劳动力市场合同的特征。拉泽尔（1979）展示了强制退休如何为“推卸问题”提供解决方案，即劳动者具有在工作岗位上偷懒的动机而给公司带来损失。偷懒可以被视作对资本的偷窃或损毁。在拉泽尔模型中，强制退休日期是最佳劳动力市场合同的一种，可最大限度地减少偷懒的发生率。 254

这表明强制退休是公司与其劳动者之间的一种最佳安排，而不应该是

* 《劳动者福祉》，Emerald 出版社，2000 年，253～273 页。

非法的。该模型还表明，包含了强制退休的终身合同是在劳动者年轻时商定的，因此并没有歧视老年劳动者。关于强制退休的存在，拉泽尔模型是最有影响力和最被广泛接受的解释。[2]

在对强制退休建模之前，必须先给它下定义。对强制退休年龄最合理的定义是公司拒绝向劳动者支付任何工资的年龄。目前还没有模型可以解释为什么公司会制定这样的就业规则。拉泽尔模型对一个不同但可能在观测上相当的规则进行了解释。他将强制退休年龄定义为以下时间：在劳动者方面未发生单方面的生产率降低时，公司却单方面要求降低劳动者的工资；劳动者不再愿意以公司愿意支付的工资工作。

已有一些研究者尝试对拉泽尔模型进行实证测试，但方法主要是检验拉泽尔模型的一个不可直接观察到的推测结果。也就是说，他们通过衡量工资斜率来验证预测“工资曲线将比生产率曲线更陡峭”［参见拉泽尔（1979）、梅多夫和亚伯拉罕（1981）、拉泽尔和穆尔（1984）、赫钦斯（1987）和科特利科夫（1992）］。在生产率未被测量的情况下，很难检测模型的这种推测结果。

然而，无论工资斜率假设是否正确，该模型还有两个应与数据一致的其他可测试的推测结果。首先，拉泽尔模型预测所有强制退休计划都应包括提前退休福利的养老金计划。为防止劳动者在接近法定退休年龄时出现偷懒行为，养老金是必要的。需要用提前退休福利来调整公司之外的意外更优机会。拉泽尔（1979）讨论了该模型的这一推测结果。

拉泽尔未讨论的该模型的第二个推测结果是，那些面临强制退休的劳动者在强制退休年龄之前退休的可能性应该不高于那些不需要强制退休的人。要想推出这种推测结果，我们需要行之有效的养老金计划以及一些劳动者不会被强制退休的原因。从多方面看，这种推测结果是正确的，而拉泽尔（1979）的工资增长推测结果却并非总是如此。[3] 下一节将详细讨论这一点。瑞思和史密斯（1991）在一小部分大学教授中发现，强制退休的劳动者不会比不受强制退休的劳动者更早退休。卡恩和郎（1992，1995）研究中的替代测试以类似于本文的方式使用数小时对该模型下对劳动者偏好的影响进行测算。然而，这些测试基于这样的前提：接近法定退休年龄时，劳动者的工资大于其边际产出。这也将在下面进行讨论。

本研究检验了拉泽尔强制退休模式是否产生两种推测结果：第一，行 255
之有效的养老金计划；第二，提前退休行为。对于第一点，我们展示了来自总体历史数据的实证证据，证明强制性退休计划是否伴随着有效的养老金计划。我们通过使用来源于 NLS - MM 的退休日期来估计一个模型，从而检验第二个推测结果。

本研究的结构：第二节描述了拉泽尔模型并讨论了该模型的推测结果和可检验假设；第三节介绍了关于养老金计划的第一个假设的实证证据；第四节描述了用于检验关于提前退休可能性的第二个假设的计量经济学框架；第五节介绍了实证结果，其中一些证明与拉泽尔模型的预测不一致；第六节总结了这些发现。

二、拉泽尔模型及该模型的可测试推测结果

拉泽尔模型的基本思想可用图 1 解释。设 t 指示在公司度过的时间，$V^*_{(t)}$ 是劳动者的边际产出，$W\ (t)$ 是保留工资。劳动者会在对其有利时偷懒或推卸工作。当劳动者偷懒时，劳动者获得 θ，其中 $\theta \sim \psi(\theta)$ 且 $(0,\theta)$，公司的损失为任意值，则劳动者立即被解雇。拉泽尔还提出，这种模式等同于以下行为：偷懒的回报是一种流，且公司需在有限的时间内观察偷懒行为。与人员流动类似，偷懒会给公司带来一定的损失，同时会给劳动者带来一定的好处。然而，与拉泽尔的假设相反，人员流动的收益分布在劳动者生涯中呈下降态势。

如果该公司选择 $W*\ (t)$ 薪资以尽量减少偷懒的发生率，则拉泽尔认为，在劳动者一生中，最优薪资将相对于边际产出增加。这种薪资的优点在于，它使得当前的工作比 $t>0$ 的替代工作更有价值，并且能防止偷懒

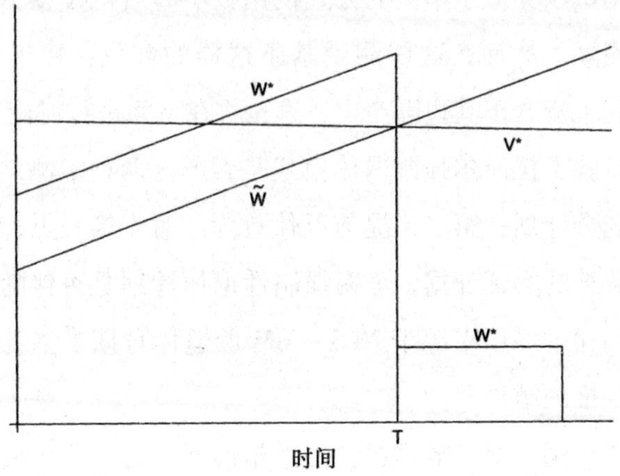

图1 拉泽尔模型

发生，除了在$t=0$时。然而，该薪资意味着存在 t^*，使得对于所有$t>t^*$，$W^*(t)>V^*(t)$。公司不能无限期地雇用劳动者，因为一旦 $t>t^*$，公司就会蒙受损失。

$$R(t)=\int_t^T\left[\int_t^\tau e^{-r(s-t)}(W^*(s)-\tilde{W}(s))ds\right]g(\tau)d\tau+[1-G(T)]e^{-r(T-t)}P \quad (1.1)$$

256 因此在某些时候，公司必须迫使劳动者接受较低的工资或退休。拉泽尔认为，最优策略是公司在蒙受损失时在 t 点将工人的工资从 $W^*(t)>V^*(t)$降低到 $W^*(t)=V^*(t)$；其中所有 $t>T$,$V^*(t)=W(t)$。因此 T 处的强制退休相当于 T 处所需的工资减少。

设R（t）为在时间t继续在公司工作的折现值，其中G（.）是出于除偷懒外的其他原因而离职的次数密度，T是强制退休日期，P是强制退休时支付的退休金。[4] 薪资（包括养老金）结构使得R（t）总是大于$\bar{\theta}$，而这实际上并不需要薪资上涨（参见贝克尔和斯蒂格勒，1974），但确实需要提供养老金。[5] 如果在时间T没有应付的任意金额，则当t接近T时R（t）将接近零。因此，会出现时间$t<T$，其中所有$\theta\in$（0，$\bar{\theta}$），R（t）$<\theta$，此时每个人最终都会偷懒。

价值超过$\bar{\theta}$的养老金可以防止 T 附近的偷懒。事实上，有关建立退休 257
金（而非强制退休）的历史参考资料使用了拉泽尔“推卸责任”说法来解释强制退休的存在，特别是在防止罢工方面。[6] 因此，该模型的一个研究结果是所有强制性退休计划都应附加一个养老金计划。

接下来，我们需要比较应受强制退休约束的劳动者与不受强制退休约束的劳动者。根据拉泽尔模型，结构合适的薪资对公司和劳动者都有好处，因为公司遭受劳动者的偷懒行为更少，而劳动者在采取强制退休措施的公司中终身回报更高。事实上，对于所有 V^*、W 和 g，存在一个包含强制退休年龄的长期合同，能使公司和劳动者受益。因此，似乎所有公司—劳动者关系都应该包含强制退休年龄。

公司不采取强制退休措施的第一种可能性是：不存在逃避的问题；能够解决逃避的问题。如果不存在逃避的问题，则受强制退休约束的劳动者的退休行为不应与不受强制退休约束者（只要采取强制退休措施的公司拥有行之有效的退休金计划）不同。

第二种可能性是，受强制退休约束的劳动者与不受强制退休约束的劳动者有不同的外生性离职密度 $g(t)$。然而，受强制退休约束的劳动者知道，提前退休将使他们之后终身无法支付租金，因此他们的 $g(t)$ 密度可能使其退休日期晚于不受强制退休约束的劳动者。我们对推测结果进行预期后发现受强制退休约束的劳动者退休早于不受强制退休约束的劳动者；因此我们可以忽略这个问题。

第三种可能性是，一些公司对特定的工作需要大量人力资本，而其他公司则不需要。若具有更多特定工作的人力资本者在其他更需要这种人力资本的公司工作，其工资和生产力之间将自然创造一种楔子，让劳动者有了不偷懒的动机。那些不需要太多特定工作人力资本的公司不能使用这种自然的楔子，就可能会建立一个具有强制退休年龄的拉泽尔薪资模式。[7] 如
果这是某些公司没有强制退休的原因，那么只要劳动者不面临严峻的退休 258
选择问题，从事上述两种工作的劳动者在生产率 $V^*(t)$、保留工资 $W(t)$ 或

外生离职率$g(t)$方面的退休行为差异仍然不会很大。我们假设，在某些已观察到的变量的条件下，受或不受强制退休约束的劳动者在$V^*(t)$、$W(t)$和$g(t)$的分布方面没有差异。

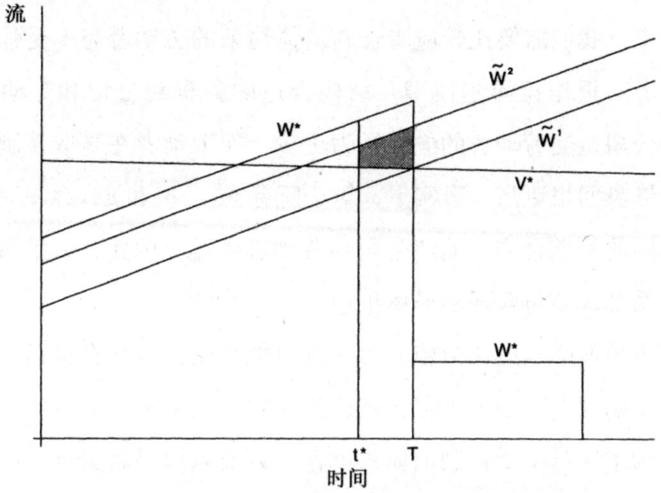

图2 包含保留工资意外增加的拉泽尔模型

在图2中，请考虑t^*时保留工资从$\tilde{W}^1$意外增加到$\tilde{W}^2$的影响（比如由于在t^*发生的意外残疾）。如果没有提前退休计划，劳动者将因$\tilde{W}^*(t^*) > \tilde{W}2(t^*)$而留在公司。然而这样一来公司为劳动者提供的退休福利（或解雇费）为

$$E(t^*)=\int_{t^*}^{T}\left[\int_{t^*}^{\tau}e^{-r(s-t^*)}(W^*(s)-V^*(s))ds\right]g(\tau)d\tau+[1-G(T)]e^{-r(T-t^*)}P.,$$

因而效率不高。

259 在图2中，这一费用等于从t^*到T时W^*和V^*之间的区域。公司愿意提供的薪资为$E(t^*)$，即公司因劳动者留在公司而将要蒙受的利益损失。劳动者获利为

$$B(t)=\int_{t^*}^{T}\left[\int_{t^*}^{\tau}e^{-r(s-t^*)}(W^*(s)-V^*(s))ds\right]g(\tau)d\tau, \quad (2)$$

即图2中的阴影区域。因此，该模型的第二个推测结果是养老金计划是行之有效的。我们又以更正式的方式检验了以下假设，看看是否能对拉泽尔模型提供实证支持：

H1. 强制退休计划应包含养老金计划，并且应该行之有效。

拉泽尔（1983）也提出了这一点：只有非出于推卸责任原因而提前退休的劳动者才能享受提前退休福利，否则退休金将无法在退休日期来临之前减少推卸责任的动机。

最终，在图2假定一个不受强制退休约束并且工资等于其边际产出V^*的劳动者。如果他的保留工资在t^*增加到W^2，则退休的价值将是等式（2）中的B（t）。因此，在提前退休的可能性方面，受强制退休约束的劳动者（拥有有效的提前退休计划）与不受强制退休约束的劳动者应当一样。同样地，如果保留工资下降且他没有被要求强制退休，他可以根据自己的意愿在T之后继续以V $*$的工资工作。因此，他很可能会像一个不受强制退休约束的劳动者一样延迟退休。

在比较受和不受强制退休约束的劳动者之前，有必要提出为什么有的劳动者不受强制退休约束的问题。因此，将对拉泽尔模型的测试重点放在比较劳动者的退休行为上仍然是可行的。我们在论文中检验的第二个假设是：

H2. 受强制退休约束的劳动者应该不会比不受强制退休约束的劳动者更早退休。

然而，若从特定人力资本方面解释为什么某些公司不采用强制性退休的做法，检验拉泽尔模型关于相对工资和生产率斜率的推测结果便存在一些问题。劳动者在具有特定人力资本的工作岗位上可能获得超出生产力增长的工资增长。[8] 因此，人们再也无法通过使用工资增长数据来检 260
验拉泽尔模型的推测结果，即工资增长的斜率比边际产出增长的更陡峭。

实证证据表明，在特定工作的人力资本较少的公司中，强制退休并不普遍。相反，特定人力资本与强制退休之间似乎存在高度相关性。拥有更多特定工作的人力资本的公司（例如大公司）更可能经常采取强制退休措施。

三、来自养老金计划汇总历史数据的证据

使用汇总历史数据检测实行强制性退休计划的公司是否提供有效的养老金计划，这是我们对拉泽尔模型推测结果所进行的第一项检验。科特利科夫和史密斯（1983）指出，在私营企业的雇员中，养老金覆盖率从1950年的23.8%增加到1970年的44.9%。大约80%的受强制退休约束的劳动者获得了养老金，最多约为55%的劳动力受强制退休约束。雷诺（1976）报告中显示，在新获得社会保障的受益者中，33%在上一份工作中受强制退休约束。在下一节中使用的NLS－MM的数据中，也显示有33%受强制退休约束。

养老金与强制退休之间存在高度相关性。拉泽尔（1979）和伯克豪瑟和奎恩（1983）从退休历史数据中发现养老金和强制退休之间存在高度相关性。此外，大多数提前退休养老金计划包括强制退休年龄，[9] 而没有养老金的强制退休计划则少之又少。[10]雷诺（1976）的研究称，那些仍在工作且受强制退休约束的新近获得社会保障的受益人中，80%有资格领取养老金；而在有资格领取养老金的人中，有60%受强制退休约束。这一证据是否支持拉泽尔模型，请读者自行判断。

我们尚不知晓有何历史数据能说明20世纪70年代养老金计划是否行之有效。虽然拉泽尔（1983）提供了一些证据表明养老金计划鼓励提前退休，但他无法确定它们是否真正有效。要确定计划是否有效，需要了解公司养老金计划和薪资的详细信息。因此，我们无法直接检验H1的这一部分，也无从知晓解雇费是否可以因渎职而被扣留。

四、一种计量经济学的退休模型 261

在本节中，我们描述了用于检验假设 H2 的计量经济学框架。在这种情况下，强制性退休计划的存在不应该显著改变劳动者的退休行为。我们估计了一个退休的风险率模型，它控制劳动者之间的可观察差异不变；若存在选择问题，它将把选择的问题减轻为工作类型问题。该模型允许工作持续时间的依赖性和未观察到的异质性存在。

设 $F(t)$ 为退休年龄 t 的分布，$f(t)$ 是相应的密度函数，$S(t)$ 为生存函数，表示在年龄 t 之前继续工作的概率。连续时间风险函数是 $h*(t)=f(t)/(1-F(t))$。导数 $h^*(t)dt$ 是在时间段 $(t,t+dt)$ 中，在到年龄 t 前继续工作的条件下离职的概率。生存函数可以用风险函数表示为 $\left(-\int_0^t h^*(s)ds\right)$

因为我们每年观测受访者的次数仅为一次，所以我们将 $h^*(t)$ 写为由 $h(t)$ 表示的逐步函数，将 $h*(t)$ 在每个区间 $(t,t+1)$ 上限定为 $\int_{t-1}^t h^*(s)ds=h(t)$.恒定值 $S(t)=\exp\left(-\sum_{s=1}^t h^*(s)\right)$.，并且我们因此假设了一个非常一般的离散风险函数形式：

$$h(t)=exp(X_1\beta+b(t)+a\nu)。$$

$X_t\beta$ 表示个体之间观察到的差异，$b(t)$ 表示允许工作持续时间依赖性的存在，v 表示未观察到的异质性。我们使用赫克曼和辛格（1984）研究中的规格来观察未观察到的异质性。我们还特别考虑具有固定质点数的离散密度，且认为随着样本大小的增加，质点数也增加。我们得出结果的条件是存在两个质点，这意味着 v ~Bernoulli（p）。a 和 p 是要估算的参数。我们还尝试增加质点数，且不使似然函数显著增加或使参数估计值发生变化。由此得出的结果与特拉塞尔和理查德斯（1985）、汉姆和瑞亚（1987）以及林奇（1989）的研究结论类似：只有两点或更少的质点在广泛的实证问题中具有重要意义。[11]在风险函数中包括伯努利变量可以得出生存函数

$$S(t)=\sum_{v=0}^{1}\exp\left(-\sum_{s=1}^{t}h(s,v)(pv+(1-p)(1-v))\right).$$

262 这已经表明，将 $b(t)$ 限制为函数形式可以偏倚其他参数的估测（梅耶，1990）。因此，我们通过将不受限制的指标变量纳入每个时间段当中来对 $b(t)$ 进行半参数估计。通常的程序在就业时段中，为每个时间 t 估计一个 b（t）值。然而，样本中的个体通常已经在现有岗位上工作多年，我们不希望年数对风险函数产生很大影响。因此将 b（t）按照年数（0 至 5 +）定义，将其与一般退休年龄区分开来（我们将其选定为 67 岁，即 b_{67-t}）。风险函数可以写成

$$h(t,v)=\exp\{X_t\beta+b_{67-t}+av\}.$$

删失的个人在时间 t 之前继续工作中的概率为

$$S(t)=1-F(t)=\sum_{v=0}^{1}\exp\left\{-\sum_{s=1}^{t}h(s,v)\right\}(pv+(1-p)(1-v)) \tag{3}$$

未删失的个人在 t - 1 和 t 之间离职的概率是

$$S(t-1)-S(t)=\sum_{v=0}^{1}\exp\left\{-\sum_{s=1}^{t-1}h(s,v)\right\}\{1-\exp(-h(t,v)\} \times(pv+(1-p)(1-v)) \tag{4}$$

我们通过最大似然估计模型参数。使用等式（3）和（4）并使 α 表示要估计的参数的向量，将个体的似然函数写为

$$L_i=\sum_{v=0}^{1}[1-\exp\{-h(t+1,v|\alpha)\}]^{1-c_i} \times\exp\left\{-\sum_{s=1}^{t}h(x,v|\alpha)\right\}\{pv+(1-p)(1-v)\}$$

其中 263

$$c=\begin{cases}1\text{若删失}\\0\text{若未删失}\end{cases}$$

我们使用伯恩特、霍尔、霍尔和豪斯曼（1974）的方法计算协方差矩阵（假设似然函数的细则是正确的）

$$\widehat{\operatorname{cov}(\hat{\alpha})}=\frac{1}{N}\left[\frac{1}{N}\sum_{i=1}^{N}\left(\frac{\partial\log L_i}{\partial\alpha}\frac{\partial\log L_i}{\partial\alpha'}\right)\right]^{-1}$$

其中 N 是观察案例的数量。

预期的退休年龄，即人们称自己期望退休的年龄，对我们的模型有特别的意义。拉泽尔模型假设不会发生突发事件导致个人调整退休日期。预期的退休年龄是可以隔绝突然变化的影响比实际年龄更好的变量，同时关注劳动者愿意以合同形式约定的强制退休年龄。然而，关于预期退休年龄的数据不如实际年龄的数据可靠。人们倾向于给出的预期退休年龄为60岁、62岁、65岁或67岁，因此生存分析方法难以用于无人期望在这一年份退休的虚拟变量，其结果向 $-\infty$ 偏离。所以相反的，我们只是分别提出了（通过强制退休状态）卡普兰－梅耶风险函数和生存函数。这些函数应被视为描述性的，而非用于提供任何精确的统计信息。

五、实证结果

上一节描述的模型是贝尔科维奇和斯特恩（1991）的研究中使用的 NLS－MM（包含对1966年时年龄在45～59岁的5,020名男性的观察）的子样本估计的。该调查于1966～1983年跟踪了这些人，大约每隔一年进行一次访谈。该调查从 NLS－MM 的原始数据中构建了2,497个具有完整工作经历的观察样本。样本中完整的工作历史记录包含每年的工作状态和个人特征的信息。该调查使用相邻采访的信息估算了未进行采访的年份中的工作状态和个人特征，且未包括没有完整工作经历的人。每个完整的工作历史记录最多包含 17 年的数据。删失的观察结果一直持续到它们删失的程度多少。然后，我们将样本限制在 1966 年时被访者至少 55 岁的观察案例中。

264 从中，我们获得了 1982 年的观测结果：平均 11.6 次。贝尔科维奇和斯特恩（1991）认为，每个时期的潜在状态都是全职工作、兼职工作和退休。此分析汇总了全职和兼职工作，而退休日期是不工作状态的第一个阶段。为区分短期非就业时期和退休时期，我们将被访者在同一公司的两段相邻工作时期所包围的不工作的短暂时间视为工作。

健康变量是根据每年表格中提出的"限制"问题的答案构建的："您的健康状况是否会限制您可以做的工作种类或数量?"和"您的健康状况会阻止您工作吗?"对"限制"问题的回答可能是主观的，但它们是每次访谈中唯一提出的与健康相关的问题。[12] 如果受访者身体健康则将健康编码为 0，如果受访者身体不健康则编码为 2，如果健康状况不确定则编码为 1。在非调查年份，如果个人在相邻年份中的健康状况相同，则假定他在非调查年份健康状况相同。若相邻年份的健康状况不同或信息存在冲突，则这两年间的非调查年份的健康状况被编码为不确定。[13]

表 1 显示了退休模型中使用的变量的样本矩。1966 年的平均年龄是 57 岁，样本中 21% 的受访者是黑人，大约 28% 是残疾人，样本中 33% 的受访者在 1966 年的工作中受强制退休约束。我们不能允许强制退休随着时间
265 推移而产生变化因素，因为：（a）关于强制性退休的问题并非每年都问一次；（b）如果退休时间允许变更而非由取样一开始时受访者的工作决定，我们则更关心受强制退休约束是否内生。

表 1　退休模型中使用的变量的样本矩

变量	平均值	标准误差
年龄	56. 99	5. 63
黑人	0. 209	0. 407
残疾人	0. 552	0. 849
资产	25. 96	43. 02
已婚	0. 882	0. 323
强制退休	0. 331	0. 47
预期退休	70. 58	14. 55
退休年龄（包括删失的观察案例）	62. 31	5. 16
退休年龄（不包括删失的观察案例）	70. 58	14. 55

注释：

（1）1982 年的观察结果为：每人平均做出 11. 62 次退休决定。

（2）在残疾数据方面，若受访者非残疾则为 0，若受访者残疾则为 2，若受访者在中间一年残疾则为 1。

（3）资产单位为 1000 美元。

（4）那些称自己从未期望退休的人被列入预期在 100 岁退休。

我们还纳入了 5 个虚拟变量，用于衡量距离强制退休年龄的年数。我们纳入这些变量是因为我们认为提前退休规定的公司政策（可能与养老金挂钩）与公司的强制退休年龄有关。而其他解释性变量是不言自明的。

我们这样设置模型规格：一组使用 b，一组不使用 b，对每组都使用三个样本进行，因此一共六个规格。样本如下：（1）整个样本，（2）在某些点受强制退休约束者的子集，（3）从未受强制退休约束者的子集。依据强制退休性质对样本进行分解后，样本可能性对数的适当总和并不显著小于完整样本的可能性对数，因此我们在表 2 中仅报告完整样本的系数估计。图 3 和图 4 直观地显示出，在所有规格中，强制退休的存在显著增加退休的风险率。图 3 显示了当使用联合样本模型的两个规格时，受和不受强制退休约束的 55 ~ 74 岁的个体的存活曲线（条件是在 55 岁时工作）。图 4 显示了被分解的样本的存活曲线（条件是在 55 岁时工作）。两图都显示，受强制退休约束的劳动者的退休时间早于那些不受强制退休约束者。这些结果与古斯特曼和斯泰因迈尔（1984）的研究结果一致。

266 **表 2　允许和不允许持续工作时间依赖性时的退休模型的系数估计**

变量	没有持续工作时间依赖性（没有 b）	有持续工作时间依赖性（有 b）
常量	-26.5	-11.87
	-3.98	-8.21
教育	-0.033	-0.035
	-0.012	-0.011
年龄	0.501	0.24
	-0.139	-0.251
年龄 * 年龄/100	-0.214	-0.179
	-0.118	-0.193
黑人	-0.271	-0.243
	-0.1	-0.103
残疾	0.525	0.528
	-0.038	-0.04
资产/1000	-0.004	-0.004
	-0.001	-0.001
已婚	-0.537	-0.538
	-0.09	-0.089
强制退休	0.87	1.053
	-0.095	-0.099
强制退休年龄 -1	1.896	1.279
	-0.181	-0.208
强制退休年龄 -2	0.842	0.96
	-0.191	-0.155
强制退休年龄 -3	0.117	-0.205
	-0.199	-0.223
强制退休年龄 -4	0.381	-0.06
	-0.165	-0.179
强制退休年龄 -5	0.192	0.114
	-0.165	(-0.199)
A	1.947	1.669
	-0.394	-0.337
可能性	0.712	0.524
	-0.008	-0.016
可能性对数	-3891.6	-3827.2

注释：

（1）括号中的数字是标准误差。

（2）共有1,982人，平均每人有 11.62 次退休决定。

（3）n = 1、2、……5 时的“强制退休年龄—n”是衡量距离强制退休年龄的年数的虚拟变量。

（4）“A”和“可能性”是未观察到的异质性参数。

（5）我们估计了持续工作时间虚拟变量 b_{67-t}，但未报告。

这些调查结果有三种可能的解释：（a）实施强制退休政策的公司更有可能提供养老金，而养老金使养老者提前退休（参见伯克豪瑟和奎恩 1983 年的一些实证证据）；（b）有一组未观察变量与强制退休和导致偏差的劳动关系持续长度相关；（c）在实行强制退休的公司中，劳动者是终身边际产出较高的少数群体，拥有更高报酬，因此能提前退休（假设偷懒行为正常）。由于 NLS - MW 的养老金数据不可用，我们无法用该调查检验论点（a）。特别是，由于关于养老金的问题并非年年询问，我们无法确定每个人是否都有养老金。因缺少养老金数据而删除观察结果肯定会导致偏差，但是养老金本身不应导致劳动者提前退休，而具有鼓励提前退休作用的养老金则可能会。第二节显示，实施强制退休的公司在为劳动者提供提前退休激励时，应使受强制退休约束者的提前退休比例与不受强制退休约束者相同。

例如，拉泽尔（1979）提出工会的存在与强制退休相关，因为工会会 267
延长任职时间。由于我们不包含“工会”变量，也许它会导致能够解释结果的偏差。要了解为什么这个论点不起作用，请考虑一个简单的模型，

$$t_i = X_i\alpha + U_i\zeta + e_i$$

其中 t_i 是任职时间，U_i 是（未观察到的）工会存在状态，X_i 是一组包括强制退休的其他解释变量并用最小二乘法估计 α 的偏差。

拉泽尔（1979）认为 $\zeta>0$ 和强制退休和工会状态是正相关的。因此，省略“工会”无法解释实证结果。同样的论点也适用于通过增加预期的任职时间来增加强制退休可能性的任何变量。

论点（c）意味着强制退休年龄应早于“正常退休年龄”［因为强制退 268
休年龄的最优条件要求 $V^*(1) = W(1)$］。此外，应当了解部分公司没有规定强制退休年龄的原因。例如，有的公司缺乏避免推卸责任的计划，有的公司具有重要特定人力资本，但这都不能推出（c）。

需要强制退休的劳动者获得的实际报酬可能并不多于其边际产出。事实上，卡恩和郎（1992，1995）提供的证据表明，任职时间为二十

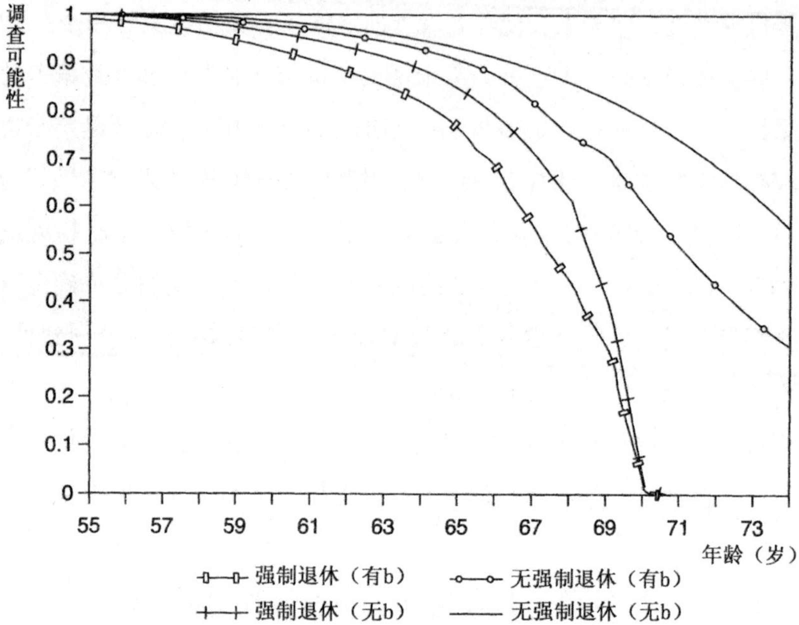

图3 退休日期的生存曲线联合样本

年或更长的劳动者更有可能希望工作时间更少。这表明他们获得的报酬更可能低于其偷懒的边际效用；而在最优合约下，偷懒的边际效用等于边际产出。

当因变量是预期退休年龄时，最大可能性估计程序是不起作用的，因为人们在某些年龄时并不会说自己期望退休。[14]

我们使用卡普兰－梅耶估计法对一个较小样本（包含930个观测案例）的生存函数进行非参数估计。图5显示，受强制退休约束的劳动者将比不受强制退休的人提前退休。我们认为可能的解释是，受强制退休约束的劳动者有望在达到法定退休年龄时退休。图6显示，由于65岁是法定退休年龄，因此仅在65岁时退休人员数量才变得很高。

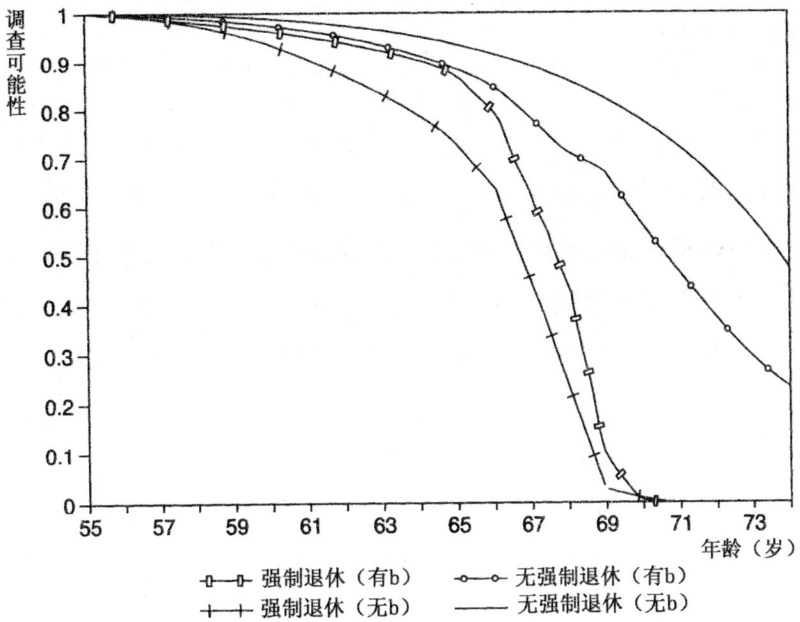

图4　退休日期的生存曲线分离样本

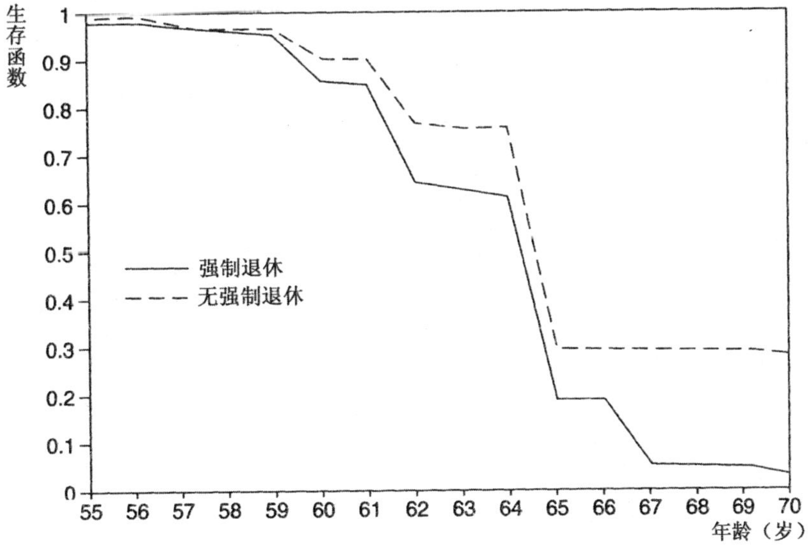

图5　退休日期的生存曲线

六、结论

拉泽尔模型或许可以解释劳动力市场如何共同确定工资斜率、养老金计划和退休日期。该模型有几个推测结果，其中一些可以通过实证检验。但我们无法准确衡量生产率斜率，因此很难检验“工资增长斜率将比生产率增长更陡峭”的推测结果。不过有关是否存在养老金计划、养老金计划的效率和退休日期等其他推测结果是可以被检验的。我们的论文展示了如何从拉泽尔模型中得出这些推测结果，并检验是否存在对它们的实证支持。本文还包含观察到的模式中可被统计的其他可能解释。

270 第二节表明，为防止推卸责任而实施的强制性退休计划应包括有效的养老金计划。实证证据表明，养老金计划的存在与强制性退休计划之间存在高度正相关关系，这为拉泽尔模型的预测提供了支持。但由于数据限制，我们无法确定现有养老金计划是否有效。

拉泽尔模型的第二个推测结果是，受强制退休约束的劳动者不应该比不受强制退休约束的劳动者更早退休。我们针对不受强制性退休计划约束的劳动者估计了其退休行为和对比结果。结果表明，即使在大大早于法定退休年龄的时间，受强制退休约束的劳动者也更有可能提前退休。这一证据否定了对拉泽尔模型的一个重要预测，并表明它并没有反映出强制退休现象的全部内容。

271 我们需要进一步研究以确定是否可以改进模型，使其预测与数据更一致，或者确定新方法是否更成功。人们可能想知道对拉泽尔模型的否定对其他长期合同模型的意义。由于我们没有提出对强制退休的替代解释，因此还不应猜测其他模型可能会如何变化。可能的情况是，强制退休是由某种与合同期限无关的现象引起的。例如，在最好的经济学系，博士后和助教面临的机制便非常类似于强制退休，而又没有长期劳动关系。我们认为值得针对强制退休的其他原因进行研究。

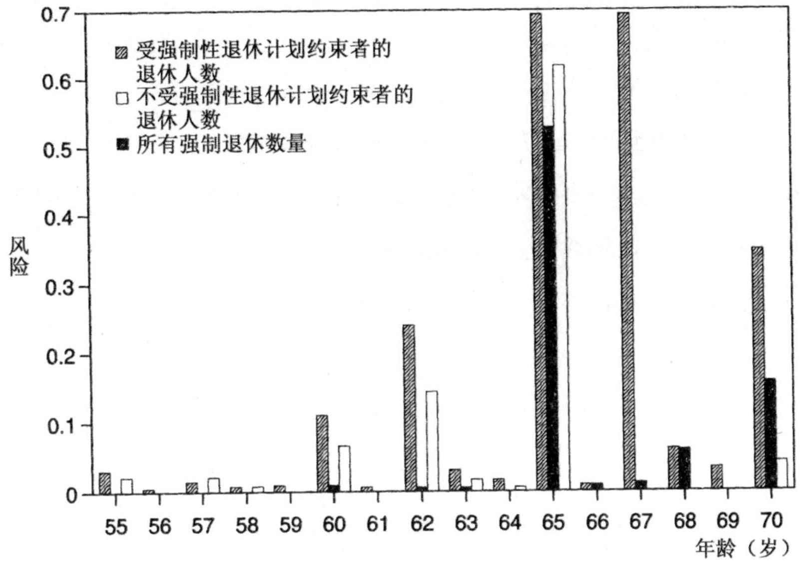

图6　预计退休日的风险率

致谢

我们感谢弗吉尼亚州和康奈尔大学的研讨会参与者提供的有益评论。研究中所有未纠正的错误都是我们的。本项目由国家老龄化研究所资助，拨款号为5R29AG06387。

注释

1. 相关立法是1978年和1986年《雇佣年龄歧视法》的修正案。

2. 其他解释将其归咎于生产力下降、积极性问题、为年轻的劳动者提供晋升机会和为公司带来“新鲜血液”。拉泽尔（1979）有说服力地批评了前两个动机。斯特恩（1987）分析了晋升机会的论点，发现晋升机会不会导致强制退休，但是没有任何正式分析。

3. 拉泽尔和穆尔（1984）的模型并不基于某些公司不采取强制退休的原因。

4. 这个注解与拉泽尔略有不同，其主要区别在于该注解明确包含养老金。

5. 如果贝克尔和斯蒂格勒（1974）的工资明细变化是水平的，则不需要强制退休年龄。在本文的剩余篇幅中，我们假设工资明细表呈上升趋势，重点关注模型的其他推测结果。

6. 见哈勃（1978）。

7. 特定人力资本积累造成的楔子并不能像拉泽尔的薪资那样在退休日期防止偷懒行为。尽管如此，楔子有助于防止在退休日期之前的偷懒行为，起到了与拉泽尔的薪资相同的作用，这是制定强制性退休规则的原因。

8. 见托佩尔（1991）。

9. 见福克斯（1952）或哈勃（1978）。

272 10. 见福克斯（1952）、格尔顿（1961）或斯拉维克（1966）。

11. 其他论文，包括卡德和沙利文（1988），巴特勒、安德森和伯克豪瑟（1989），冈德森和梅利诺（1990），以及格里兹（1993），使用的点数多于2。大部分研究人员，包括赫克曼和沃克尔（1990），贝尔曼、西科尔和陶布曼（1990），约翰逊和翁德里奇（1990）以及莱特和乌雷塔（1992）使用的点数等于2，而没有任何记录表明其曾尝试使用更多点。

12. 斯特恩（1989）表明“限制”问题在预测劳动力参与率方面的任何其他健康状况指标一样，并且将其视为外生因素是合理的。

13. 关于残疾持续时间的一些数据可能与前几年的“限制”问题相矛盾。

14. 这将导致与年龄相关联的虚拟变量偏移到 $-\infty$ 。

参考文献

Becker, G., & Stigler, G. (1974). Law Enforcement, Malfeasance, and Compensation of Enforcers. *Journal of Legal Studies*, *3*, 1–18.

Behrman, J., Sickles, R., & Taubman, P. (1990). Age-specific Death Rates with Tobacco Smoking and Occupational Activity: Sensitivity to Sample Length, Functional Form and Unobserved Frailty. *Demography*, *27*, 267–284.

Berkovec, J., & Stern, S. (1991). Job Exit Behavior of Older Men. *Econometrica*, *59*, 189–210.

Berndt, E., Hall, B., Hall, R., & Hausman, J. (1974). Estimation and Inference in Nonlinear Statistical Models. *Annals of Economic and Social Measurement*, *3*, 653–666.

Burkhauser, R., & Quinn, J. (1983). Is Mandatory Retirement Overrated? Evidence from the 1970s. *Journal of Human Resources*, *18*, 337–358.

Butler, J. S., Anderson, K. H., & Burkhauser, R. V. (1989). Work and Health After Retirement: A

Competing Risks Model with Semiparametric Unobserved Heterogeneity. *The Review of Economics and Statistics*, *71*, 46–54.

Card, D., & Sullivan, D. (1988). Measuring the Effects of Subsidized Training Programs on Movements In and Out of Employment. *Econometrica*, *56*, 497–530.

Fox, H. (1952). What are the Respective Responsibilities and Potential Contributions of Employers, Individual Workers, Labor Unions, and Government in Relation to Retirement of Older Workers, and How Can Most Effective Use Be Made of Their Resources. In: G. Mathiesen (Ed.), *Criteria for Retirement* (pp. 119–150). New York: G. P. Putnams Sons.

Gordon, M. (1961). Work and Patterns of Retirement; A Research Perspective into the Meaningful Use of Time. In: R. W. Kleemeier (Ed.), *Aging and Liesure* (pp. 15–54). Oxford: Oxford University Press.

Gritz, R. M. (1993). The Impact of Training on the Frequency and Duration of Employment. *Journal of Econometrics*, *57*, 21–52.

Gunderson, M., & Melino, A. (1990). The Effects of Public Policy on Strike Duration. *Journal of Labor Economics*, *8*, 295–316.

Gustman, A., & Steinmeier, T. (1984). Partial Retirement and the Analysis of Retirement Behavior. *Industrial and Labor Relations Review*, *37*, 403–415.

Haber, C. (1978). Mandatory Retirement in Nineteenth-Century America. *Journal of Social History*, *12*, 77–96.

Ham, J. C., & Rea, S. A. Jr. (1987). Unemployment Insurance and Male Unemployment Duration in Canada. *Journal of Labor Economics*, *5*, 325–353.

Heckman, J., & Singer, B. (1984). A Method for Minimizing the Distributional Assumptions in Econometric Models for Duration Data. *Econometrica*, *52*, 271–320.

Heckman, J. J., & Walker, J. R. (1990). The Relationship between Wages and Income and the Timing and Spacing of Births: Evidence from Swedish Longitudinal Data. *Econometrica*, *58*, 1411–1442.

Hutchens, R. (1987). A Test of Lazears Theory of Delayed Payment Contracts. *Journal of Labor Economics*, *5*, S153–S170.

Johnson, W. G., & Ondrich, J. (1990). The Duration of Post-Injury Absences from Work. *The Review of Economics and Statistics*, *72*, 578–586.

Kahn, S., & Lang, K. (1992). Constraints on the Choice of Work Hours: Agency vs. Specific Capital. *Journal of Human Resources*, *27*, 661–678.

Kahn, S., & Lang, K. (1995). Causes of Hours Constraints: Evidence from Canada. *Canadian Journal of Economics*, *28*, 914–928.

Kotlikoff, L. (1992). Estimating a Firms Age-Productivity Profile Using the Present Value of Workers Earnings. *Quarterly Journal of Economics*, *107*, 1215–1242.

Kotlikoff, L., & Smith, D. (1983). *Pensions in the American Economy*. Chicago: University of Chicago Press.

Lazear, E. (1979). Why is There Mandatory Retirement? *Journal of Political Economy*, *87*, 1261–1284.

Lazear, E. (1983). Pensions as Severance Pay. In: Z. Bodie & J. Shoven (Eds), *Financial Aspects of the United States Pension System*. Chicago: University of Chicago Press.

Lazear, E., & Moore, R. L. (1984). Incentives, Productivity, and Labor Contracts *Quarterly Journal of Economics*, *99*, 275–96.

Light, A., & Ureta, M. (1992). Panel Estimates of Male and Female Job Turnover Behavior: Can Female Non-quitters be Identified? *Journal of Labor Economics*, *10*, 156–181.

Lynch, L. M. (1989). The Youth Labor Market in the Eighties: Determinants of Re-Employment Probabilities for Young Men and Women. *The Review of Economics and Statistics*, *71*, 37–45.

Medoff, J., & Abraham, K. (1981). Are those Paid More Really More Productive? The Case of Experience. *Journal of Human Resources*, *16*, 186–216.

Meyer, B. (1990). Unemployment Insurance and Unemployment Spells. *Econometrica*, *58*, 757–782.

Rees, A., & Smith, S. *Faculty Retirement in the Arts and Sciences*. Princeton, N.J.: Princeton University Press.

Reno, V. (1976). Incidence of Compulsory Retirement Policies. *Reaching Retirement Age*. U.S. Department of Health, Education and Welfare, Social Security Administration, Office of Research and Statistics, Report No. 47.

Slavick, F. (1966). *Compulsory and Flexible Retirement in the American Economy*. Cornell University.

Stern, S. (1987). Promotion and Optimal Retirement. *Journal of Labor Economics*, *5*, 107–123.

Stern, S. (1989). Measuring the Effect of Disability on Labor Force Participation. *Journal of Human Resources*, *30*, 551–580.

Topel, R. (1991). Specific Capital, Mobility and Wage: Wages Rise with Job Seniority. *Journal of Political Economy*, *99*, 145–176.

Trussell, J., & Richards, T. (1985). Correcting for Unmeasured Heterogeneity in Hazard Models using the Heckman-Singer Procedure. *Sociological Methodology*, 242–276.

公共工程项目在前东德地区是否行之有效？*

佛罗里安·克劳斯　帕特里克·A. 普哈尼　维克托·斯泰纳 275

概　要

我们通过前东德地区公共工程项目［Public works progrom，PWP，（德）Arbeitsbeschaffungsma Bnahmen］对普通工作中个人未来再就业概率的影响来衡量其有效性。估算基于个人层面的小组数据而形成的离散风险率模型。我们在公共工程项目参与和结果方程中都考虑了未观察到的个体异质性，还测试了对不可观察项的选择。

我们发现，公共工程项目似乎没有特别针对劳动力市场中的弱势群体，而且平均而言，此类计划的参与者再次从事普通工作的前景比没有参加此类计划的失业者更糟糕。对此一种可能的解释是，相比没有参加此类计划的失业者，此类计划的参与者寻找普通工作的频率较低。

一、绪论

随着前东德地区经济结构的调整，其登记失业率从1990年7月1日两德货币、经济和社会联盟条约（Monetary，Economic and Social Union）生效之前的几乎为零，急剧上升至最近的约20%。但即使是这种失业率的急剧上升，也仅部分反映了前东德地区严重的劳动力市场问题。

---

* 《劳动者福祉》，Emerald出版社，2000年，275～313页。

276 如果不大规模实施“积极的”劳动力市场项目，登记失业率将飙升至约30%（德国经济顾问委员会Sachverständigenrat，1997年，第150页）。因此，这些项目应该在两德统一后的转型期间为平稳前东德地区劳动力市场的调整而发挥过重要作用。尽管这些项目的组合结构在转型期间发生了变化，但公共工程项目（PWP）在早期已开始发挥其重要作用。公共工程项目的覆盖人数在1992年创下历史新高，平均每个公共工程项目约为40万人参与，公共支出达到近45亿德国马克。那之后，项目的覆盖人数急剧减少：在1997年，平均每个公共工程项目的参与者数量减少到大约20万人，支出约为3.3亿德国马克。这与1997年前东德地区公共资助培训项目的数额相似（参见克劳斯、普哈尼和斯坦纳，1999）。

公共工程项目的支持者声称，项目为“自筹资金”，其成本来源是节省下的失业救济金和社会保障金，以及就业水平提高带来的税收收入提高。然而，根据一些粗略计算，项目的成本似乎超过了上述二者的总和（参见《作家界》，1997；德国经济顾问委员会，1998，第153页）。批评公共工程项目的人还声称，公共工程与私人生产发生了竞争，并且由于巨额的工资补贴，前者攫取了私营部门的就业机会。此外，因为公共工程工作必须提供通常超过私营部门同类工作工资的合同工资，有人说这些项目的参与者不愿意寻找普通工作。虽然在关于前东德地区公共工程项目的有用性的政策辩论中常有人提出这些说法，但几乎没有任何实证证据支持或反驳它们。

公共工程项目应根据《就业支持法》（*Arbeitsforderungsgesetz*）中规定的标准实现各种目标，并由联邦劳动局（Bundesanstalt für Arbeit）制定相关的特殊规定。公共工程项目的一个重要目标是为因残疾、年迈、缺乏资质或长期失业等个人特征而在经济的市场部门就业方面遇到很大问题的失业人士提供就业机会。这就是《就业支持法》中规定的所谓“目标群体目标”。但由于前东德地区的高失业率，当局并未严格遵守这一标准。

公共工程项目的另一个重要官方目标，是将人们重新融入普通岗位。277
公共工程项目实施的相关人士普遍认为，这些项目应该只提供临时就业机会，从而成为通向经济市场部门普通工作的“桥梁”（巴特勒，1992）。根据《就业支持法》，这些工作也应该引向“稳定”就业。

因此，本文重点介绍了前东德地区公共工程项目在参与者重新参加工作方面的有效性。我们认为，公共工程项目替代了仅支付失业救济金的被动政策，并将公共工程项目参与者的再就业前景与参与者在公共工程项目期间失业的反事实结果进行比较。斯坦纳和克劳斯（1995）曾在前东德地区劳动力市场监测（East German Labor Market Monitor，LMM）的基础上，使用一个逻辑不同的方法调查了 1990～1992 年。我们则在他们的基础上扩展了先前关于公共工程项目在前东德地区的就业影响的研究。特别是，他们没有区分“稳定”和“不稳定”就业，只关注公共工程项目的短期就业影响。他们发现，女性从公共工作中重新就业的机会低于从失业状态中重新就业，而男性在这两方面几乎没有差别。哈布勒（1997a）根据前东德地区劳动力市场监测并使用各种计量经济模型的最新数据，报告了公共工程项目对男性就业的负面影响，和对女性的微小影响。然而，艾克勒和莱希纳（2001）基于前东德地区萨克森—安哈尔特州收集的数据集，发现了公共工程项目对就业的积极效应。

在德国，没有用于评估劳动力市场项目的实验数据。在非实验数据的基础上，有各种评估公共工程和其他劳动力市场项目就业效果的方法（关于调查，可参见：安格利斯特和克鲁伊格，1999；赫克曼、拉隆德和史密斯，1999）。在本研究中，我们评估公共工程项目在持续时间模型框架内的就业效果。为此，我们基于前东德地区劳动力市场监测 1990～1994 年的八个时间段，估计了从公共工程或失业状态进入“稳定”就业状态的风险率模型。虽然我们使用了参数方法，但我们允许观测特征对结果产生影响，还区分了实验组和对照组，从而使我们的实验方法非常灵活。此外，通过显示在简单测试的基础上给出选择性的上限，我们测试了不可观察项的选择，而不对参与和结果模型中误差项的联合分布进行参数化。

278 本研究剩余内容结构如下。在下一节中，我们将简要介绍前东德地区公共工程项目的结构和发展。在第三节中，描述我们的评估方法和数据。在第四节中，我们提出并讨论了关于公共工程项目就业影响的估算结果。我们发现公共工程项目似乎没有特别针对劳动力市场中的弱势群体，并且平均而言项目参与者个人再就业前景比未参与该类项目的失业者更糟糕。这可以通过公共工程项目的“锁定”效应来解释，即相比没有参加此类计划的失业者，此类计划的参与者寻找普通工作的频率较低。然而，我们没有找到任何证据证明人们选择普通工作的动力因公共工程项目所谓的较高收入水平而受到了抑制作用。在第五节中我们总结了研究的主要结果并得出结论。

二、前东德地区公共工程项目的发展和结构

公共工程项目被德国政府和联邦劳动局视为积极劳动力市场政策的重要组成部分。两德统一后，公共工程项目得到了极大的扩展，以缓解前东德地区的转型进程。鉴于前东德地区的就业率急剧下降，这些项目不仅被用于使人们远离救济金并规避与长期失业相关的社会困难，还被用作对前东德地区工业基础设施的投资，如弥补对环境的破坏和关闭老旧的工厂（参见巴特勒和埃默里赫，1994）。根据《就业支持法》的规定，根据公共工程项目开展的活动应当对社会“有用”，但同时不得与私人生产竞争，也就是说即使存在某种市场需求也不得存在潜在的供给。显然，这两个标准很难同时满足。

由于前东德地区的特殊情况，公共工程项目不仅限于非营利组织，工资补贴可达 100% 且包括社会保障缴款，机械和材料费用也通常由劳动局承担。尽管在最初订立时规定这些特殊规定将在 1992 年底到期，但它们一直延长到 1995 年。

279 与此同时，一种特殊形式的工资补贴也被采用，称为“支持前东德地

区的生产性工作”（Produktive Arbeitsförderung Ost，PAO）。根据这一计划，工作补贴的最高值可以等于失业救济金和社会保障缴款的平均额度。在下文中，我们将这两类项目汇总起来，因为它们的劳动力市场目标是相同的，即让人们脱离失业救济金并融入普通就业。

无论在德国国内或国际背景下，前东德地区公共工程项目的范围都是独一无二的（参见经济合作与发展组织，1997；普哈尼，1999）。如图1所示，公共工程项目参与者的人数在1992年第一季度达到顶峰，超过40万人受雇于此类项目。此后的下降则源于制度规则的变化而不是劳动力市场条件的改善。

除了最近一次的支出严重削减外，公共工程项目支出的变化并没有反映出1992年以后公共工程项目参与人数的减少（见图1），原因是当所谓的巨型公共工程项目（Mega－PWP）和就业促进与结构发展协会（ABS－Gesellschaften）等大型项目成立时，公共工程项目变得更加成本密集。巨型公共工程项目的资金超过150万德国马克，每个项目平均参与者数量超过150人，项目重点关注基础设施和环境再发展（斯比兹纳戈尔，1992）。

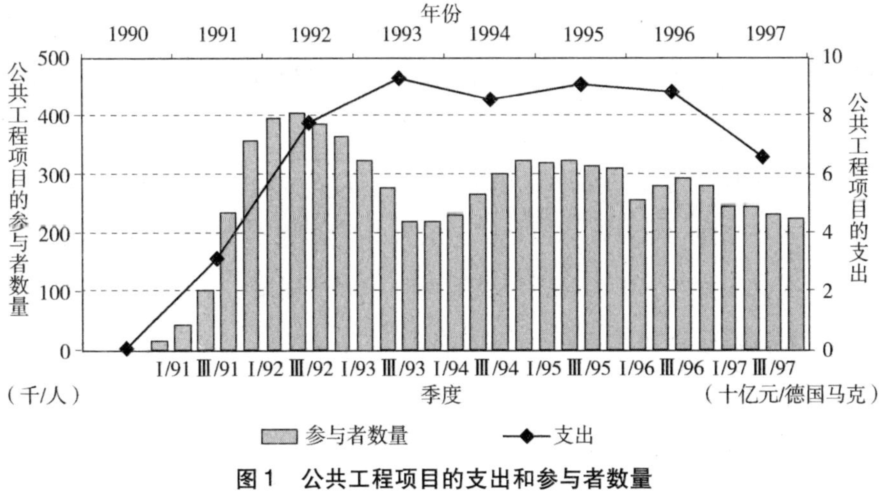

图1　公共工程项目的支出和参与者数量

注释：95583德国马克等于1欧元；仅有年度支出数据。

资料来源：Amtliche Nachrichten der Bundesanstalt far Arbeit（联邦劳动局官方公报）；多种研究证据。

280 就业促进与结构发展协会的任务是在联邦劳动局设定的公共工程项目框架内雇用民众并使之取得资格。

根据联邦劳动局研究所（《作家界》，1997）的计算，在1996年，公共工程项目每位参与者的总花费每年近2.5万德国马克，包括劳动力成本补贴、社会保障缴款补贴以及材料和机械的费用。在某种程度上，节省下的失业救济金和社会保障缴款可以与这些费用相抵销。公共工程项目给其他地方带来了更多的生产活动和就业，从而产生了额外的支出节省。考虑到这些间接影响，公共工程项目的每位参与者每年净成本降至约1万德国马克，超过支付失业救济金的成本约50%。但是，公共工程项目的净成本还须继续降低，直到项目可为社会创造价值。当然，在市场价格缺失的情况下，价值的计算方式并不直观。

由于公共工程项目过去和现在仍然非常注重结构性政策，因此前东德地区放宽了《就业支持法》中规定的目标群体标准。《就业支持法》在西德的主要目标群体是因残疾、年迈特别是长期失业等个人特征而更难找到普通工作的失业人士；而在前东德地区，这些要求并不是加入公共工程项目的必需条件。相反，许多人直接从普通就业进入公共工程项目，如当大规模裁员发生后。对于上述的大规模项目，似乎根本没有约束性的目标群体标准。

公共工程项目参与者的结构信息隐含公共工程项目重点目标群体这一问题，这一信息可以从前东德地区劳动力市场监测（LMM）获得。这些数据表明公共工程项目的参与者组成随着时间的推移发生了显著的变化（例如，别伦斯基、雷茨拉夫和冯·罗森布拉特，1995）。1991年，40%的公共工程参与者是女性，而到1994年这一数据增加到约68%，大致相当于失业女性在失业人群中的占比。1994年，所有公共工程项目参与者中有19%是大学毕业生，而1991年这一数据仅为5%。拥有理工学院学位的学生比例也相当高（1994年为16%），但随着时间的推移依旧保持相对稳定。因此，拥有更高职业资质的人员受到公共工程项目支持的比例远远超过他们在总失业人群中所占的比例。与长期失业紧密相关的年迈则是参与公共工程项目的另一个重要因素，项目对50岁以上的长期失业人员有特殊规定。

公共工程项目参与者的平均收入远低于普通工作的员工。来自前东德 281
地区劳动力市场监测的数据显示，1994年11月公共工程项目工作的平均月净收入约为750马克（前东德地区劳动力市场监测的最后一个时间段），而正常工作的平均净收入当时大约有1000马克（参见斯比兹纳戈尔和马格瓦斯，1997）。在经济部门和资质团体内，公共工程项目工作和普通工作之间同样存在巨大的收入差异。由于前东德地区劳动力市场监测中没有关于工作小时数的信息，我们无法了解匹配时薪的差异程度。

由于公共工程中的就业持续时间固定且有限（通常为12个月），因此我们可以预期参与者在项目运行期间会去寻找普通工作。在1990年11月至1992年11月，约有40%的公共工程就业提前结束，而从1992年11月至1994年11月这一数据则为25%，这种下降可能与前东德地区劳动力市场状况的恶化有关（斯比兹纳戈尔和马尔瓦斯，1997）。在观察期内一部分公共工程就业岗位到期，这些岗位上的工作人员约有14%转被公共工程公司雇用，25%转从事普通工作，而大约一半的参与者没有工作（斯比兹纳戈尔和马尔瓦斯，1997，第96页）。现在我们来讨论，关于公共工程项目的成功，这些数字告诉了我们什么。

三、评估方法和数据

由于评估前东德地区公共工程项目的一个重要标准是它有可能增加以前失业人员未来在普通工作中再就业概率，我们便比较了这类项目参与者的再就业概率与他们再就业前处于失业状态而不是参与公共工程项目的反事实结果。我们对公共工程项目的就业影响的评估是基于微观计量持续时间模型，我们通过测试结果和参与方程中未观察到的异质性来控制对不可观察的选择性。

我们在结果和参与方程中使用半参数持续时间模型的主要原因有以下几点：首先，我们要测试不可观测值的选择，并愿意接受我们参数化模型所暗示的假设。其次，我们关心公共工程项目是否缩短了参与者的非就业持续时间，或者这样的项目是否会导致可以在风险率框架内建模的“锁定”效应（见下文）。再次，持续时间模型在我们看来也是将选择过程建模为公共工程项目的适当方式。通过明确地将转型时间考虑在内，我们能够将失业持续时间的影响与其他（时变）特征的影响区分开来。

282 特别是，我们可以测试公共工程项目中的参与概率是否随着失业持续时间的增加而增加。我们认为相较于横截面方程，对在前东德地区进入公共工程项目的选择进行建模是更合适的方法，因为长期失业者属于公共工程项目的目标群体。最后，持续时间模型是一种简单的方法，让我们能够考虑估算中的持续时间和样本损耗的右删失。

此外，我们对基线风险率进行了非参数估计，而对参与和结果模型的误差组分的联合分布则没有进行参数化。相反，我们设计了一种方法，能够以易于实施的方式给出选择性大小的上限。我们还允许观察到特征的参数在结果方程中的参与者和非参与者之间不同。因此，鉴于我们想要识别的经验关系，我们在纯参数和非参数方法之间进行了折中。

（一）潜在选择偏差的处理

样本选择问题的实质是，在观察到的和未观察到的特征方面，公共工程项目的参与者可能与作为对照组的非参与者不同。如果不考虑这种潜在的选择性偏差，我们可能会获得对公共工程项目就业影响的偏倚估计。该问题在传统计量经济学中的解决方案是，基于从公共工程项目参与者和非参与者的组合样本估计的公共工程项目参与方程，校正结果方程中的潜在选择性偏差。

结果和参与方程是：

$$Y^*_{ijt} + X'_{it}\beta_j + \delta_j D_{it} + u_{it}$$
$$D^*_{it} = Z'_{it}\gamma + v_{it}$$

其中 Y^*_{ijt} 是潜在指数，它定义了对个体 i 有意义的结果变量。在我们的研究背景下，这个结果是从失业状态或公共工程项目进入劳动力状态 j 的风险率，即当个人在时间段 t 之前为失业状态（参加公共工程项目）时，该人结束失业状态（离开公共工程项目）在该州的条件概率。第二个等式是指对公共工程的选择，其中 D^*_{it} 是潜在指数，它决定了个人 i 在时间 t 内从失业到公共工程的转变。选择偏差可以通过 u 和 Z 之间的相关性（可观察量的选择）或通过 u 和 v（不可观察的选择）之间的相关性产生，两种情况也可兼具。

可观察量的选择可以用线性控制函数估计法来处理（参见赫克曼和霍 283
茨，1989）。本文假设给定 X 和 Z 的条件期望 u 在 Z 中是线性的。在这种情况下，在结果方程中包括 Z 变量可以控制对可观测量的选择。为了考虑对不可观察量的选择，我们假设结果和选择（公共工程项目参与）方程的以下误差组分规格：

$$u_{it} = \varepsilon_i + \eta_{it}$$

和

$$v_{it} = \mu_i + \xi_{it}$$

ε_i 和 μ_i 是不会随时间变化的单个效应，包含 $E(\varepsilon_i) = E(\mu_i) = 0$的期望，以及 $E[(\varepsilon_i)^2] = \sigma^2_\mu$ 和 $E[(\mu_i)] = \sigma^2_\mu$ 的方差。η_{it}和 ξ_{it}这两个误差项的分布相同且独立，随时间和个人而变化，包含 $E(\eta_{it}) = E(\xi_{it}) = 0$，及 $E[(\eta_{it})^2] = \sigma^2_\mu$ 和 $E[(\xi_{it})^2] = \sigma^2\xi$ 这一方差。此外，我们假设每个等式中的误差组分彼此不相关，并且时变组分在序列上是不相关的。

如果我们施加限制使 u_{it} 和 v_{is} 之间的协方差对于所有 t 和 s 均为恒定，则可以证明公共工程项目参与中的误差项与相应的结果方程之间的相关性具有的上限相当小（参见附录）。特别是，在参与和结果方程中没有我们未观察到的个体异质性的情况下，这个界限由 1/T 给出，其中 T 是观察到的间隔（月）总数。在我们的应用中T等于50个月，这意味着如果在两个等式中都没有未观察到的异质性，则相关系数的上限为0.02。附录的资料同时表明，如果在两个方程中任何一个都没有观察到异质性，则 u 和 v 之间的相关性在数值上可以忽略不计。

正如我们在下面基于结果和公共工程项目参与方程中估计的异质性组分所证明的那样，在我们的应用中，未观察到的异质性的影响实际上似乎可以忽略不计。

（二）结果和参与方程的规格

由于本节上面提到的原因，我们将结果和参与方程指定为风险率模型。[1] 在离散过程时间 t 内从失业状态或公共工程项目转变为劳动状态 j 的风险率是在时间 t 进入 j 状态的概率，条件是该人直到时间 $t-1$ 前一直处于失业状态（公共工程项目）。

284 在我们的应用中，退出失业的出路状态 j 是公共工程项目参与模型中的公共工程项目、就业和其他劳动力状态，以及结果模型中的“稳定”就业、“不稳定”就业和非就业。因此，参与和结果模型中出路状态的定义是不同的。在参与模型中，我们指定了从失业状态进入公共工程项目的风险率，其中就业和其他劳动力状态为剩余的出路状态。其他劳动力状态包括短期工作、退休、失业、培训和再培训以及非劳动状态。

鉴于观察期相对较短，结果模型中出路状态之间的区别旨在一定程度上反映公共工程对后续正规就业的中期稳定性的影响。出路状态的定义：

- “稳定”就业：某人找到普通（即不受补贴）就业岗位，并在结束先前状态后的第12个月仍然受雇。普通就业不包括短期工作、公共工程或职业培训。虽然观察期对于识别以“稳定”就业结束的许多时期来说相对较短（参见表1中删失观察的份额），但仍足以识别观察目的。请注意，让公共工程项目参与者重新进入“稳定”就业状态是前东德地区公共工程项目的明确目标（见第一节）。因此我们选择结果变量的这个定义。

表 1　公共工程项目参与和结果模型样本中的目标劳动力状态

	参与模型		非就业模型		公共工程模型	
就业出路	绝对值	百分比	绝对值	百分比	绝对值	百分比
“稳定”就业	—	—	518	16.73	153	21.31
“不稳定”就业	—	—	151	4.88	67	9.33
就业(全职或兼职)	818	23.35	—	—	—	—
公共工程	553	15.79	—	—	—	—
其他劳动状态	703	20.06	—	—	—	—
非就业	—	—	724	23.39	107	14.9
右删失	1,429	40.79	1,702	54.99	391	54.46
总	3,503	100	3,095	100	718	100

资料来源：前东德地区劳动力市场监测，时间段 1 ~ 8；自己的计算。

- “不稳定”就业：某人在失业或公共工程项目结束后的 12 个月内 285
找到普通工作，但在 12 个月期限结束前离职。

- 非就业：在先前时期结束后的 12 个月期间，某人甚至未连续工作一个月，即便此类就业包括活跃劳动力市场中的就业项目。

如果某人在观察期结束时仍处于公共工程项目中或失业状态，或者由于任何原因至少在 12 个月中的一个月中不处于就业状态，则结果模型中的时期将被视为右删失估计。我们还将由于样本缺损而丢失的观察值视为在样本中最后一次观察时进行了右删失。[2]

请注意，在公共工程项目（失业）时期结束后立即开始的每个观察都有一个为时 12 个月的特定“风险期”。我们对“稳定”就业的定义考虑到了这样的因素：由于储备抽样中众所周知的长度偏差，在某个特定时间点受雇的人可能会在相对较长的就业期间被观察到（另见文特尔 - 埃赫默尔和斯维缪勒，1996）。因此，在 12 个月的风险期结束时，对于个人的就业稳定性而言，一个被中断的为时 6 个月的就业时期与已完成的为时六个月的就业时期的意义不同，如在风险期结束时处于非就业状态。当然，我们无法判断就业时期是否真的“稳定”，因为我们从 1994 年 11 月之后就没有对我们样本中的人的就业历史进行观察。但是，我们的分类程序至少可以确保那些在公共工程或失业时期后的头 12 个月内找到工作但在第 12 个月之前失去工作的人被正确地确定为在风险期内没有获得“稳定”的工作。事实上，使用克雷默和里德尔（1991）提出的多项 Logit 模型中检验系数相等的可能性比，根据我们的分类，“稳定”和“不稳定”的就业实际上是两个不同的状态。

对于结果模型，风险率的正式定义为

$$\lambda_{jk}(t \mid x_{it}, \varepsilon_{im}) = \Pr[T_{ik} = t, J = j \mid T_{ik} > t - 1, x_{it}, \varepsilon_{im}]$$

其中 k 表示失业或公共工程项目中的第 k 个时期，j 表示第 j 个出路状态，ε 捕获未观察到的个体异质性，具有 m 个质量点的离散分布，x_{it} 是观察到的协变量的时变矢量。请注意，每人可能有多个失业或公共工程时期，并且这些时期因异质项而相互关联。

286 ε 的分布以非线性的方式指定，其限制条件是

$$E(\varepsilon_i) = \sum_{m=1}^{M} \Pr(\varepsilon_{im})\varepsilon_{im} = 0, \text{ and } \sum_{m=1}^{M} \Pr(\varepsilon_{im}) = 1$$

其中 M 是解释样本中未观察到的异质性所必需的离散质点数（参见，赫克曼和辛格，1984）。其中的假设是 ε 与时变协变量 x_{it} 正交。

在时间 t，失业的第 k 个时期或从公共资助的培训计划（PFTP）进入状态 j 的风险率被指定为

$$\lambda_{jk}(t \mid x_{it}, \varepsilon_{im}) = \frac{\exp(\alpha_{jt} + \beta_j' x_{it} + \varepsilon_{im})}{1 = \sum_{l=1}^{J} \exp(\alpha_{lt} + \beta_l' x_{it} + \varepsilon_{im})}$$

其中 α_{jt} 是指定非参数基线风险的过程时间虚拟变量。假设不同人的时期是独立的，样本的可能性函数由下式给出

$$L = \prod_{i=1}^{n} \sum_{m=1}^{M} \Pr(\varepsilon_{im}) \prod_{k=1}^{K_i} \prod_{j=1}^{J} [\lambda_{jk}(t_i \mid x_{it}, \varepsilon_{im})]^{\delta_{ikj}} \prod_{\tau=1}^{t_i - 1} (1 - \lambda_k(\tau \mid x_{i\tau}, \varepsilon_{im}))$$

其中如果个体 i 的第 k 个时期在时间 t 结束于状态 j，则 δ_{ikj} 等于 1，否则为零。

需注意，时间段在样本个体间各自独立的这一标准假设，不需要对整个群体中都适用。事实上，对于后者，如果公共工程项目中的受补贴就业导致不受补贴的工作被替代，这种假设可能会被打破（参见赫克曼、拉隆德和史密斯，1999，第 9 节，对一般均衡效应的讨论）。

我们首先估算了从失业状态转型到公共工程的参与模型和两种结果模型。第一（第二）个结果模型是指公共工程项目（失业的非参与者）参与者转变为“稳定”就业和其他劳动力状态。通过分别估计参与者组和非参与者组的结果模型，我们允许所有解释变量的系数在两组之间不同。[3] 关于在公共工程项目中度过 t_i 个月的个人的程式，以图 2 中的图表方式展示。

其次，将公共工程项目参与者的 x_{it} 变量替换为非参与者的结果模型（失业模型），从而计算公共工程项目的效果。

我们比较了未经处理的模拟反事实结果与经处理的结果（从公共工程 287
项目模型中获得）。在公共工程项目开始后的 12 个月，其比较依据是进入“稳定就业”的累积转移概率（ctp）结果。选择长 12 个月的时间段来设想这样一个事实，即在最初预计中，大多数公共工程项目在 12 个月后将不再存在，并且其中很大一部分会提前结束。

形式上，t 个月后的累积转移概率定义为

$$ctp_j(t) = \sum_{\tau=1}^{t} S(\tau \mid x_{i\tau})\lambda_j(\tau \mid x_{i\tau})$$

和 288

$$\lambda_j(t \mid x_{it_i}) = \frac{\sum_{m=1}^{M} \Pr(\varepsilon_{im}) \times \lambda_j(t_i \mid x_{it_i}, \varepsilon_{im}) \times \prod_{\tau=1}^{t-1} (1 - \lambda(\tau \mid x_{i\tau}, \varepsilon_{im}))}{S_i(t \mid x_{i1} \,..\, x_{it-1})}$$

$$S(t|x_{i1}\ldots x_{it_i-1}) = \sum_{m=1}^{M} \Pr(\varepsilon_{im}) \prod_{\tau=1}^{t-1} (1-\lambda(\tau|x_{i\tau},\varepsilon_{im}))$$

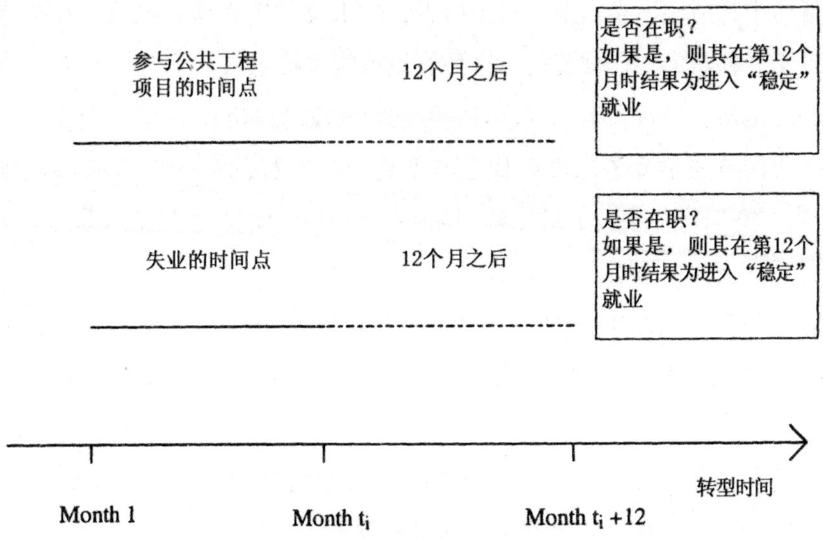

图2　结果模型的规格

注释：我们在持续时间模型中控制了劳动力状态及其失业或参与公共工程项目的持续时间不变（见附录中的表A1和表A2）。

其中 S 表示幸存者函数，λ_j 是离散时间 τ 内状态 j 的转型率。幸存者函数给出了 t 个月后仍然保持失业的概率（公共工程项目）。因此，某人 i 进入“稳定就业”12 个月的累积转移概率，就是此人 i 在参加公共工程项目时间点或失业时间点开始后的前 12 个月期间找到“稳定”就业的可能性。对进入“不稳定”就业和非就业状态的 12 个月累积转移概率的解释类似。

（三）数据和变量

德国联邦劳动局劳动力市场研究所（Institute of Labor Market Research，LAB）的前东德地区劳动力市场监测（Arbeitsmarktmonitor，LMM）是对前东德地区劳动年龄人口的代表性小组调查。该面板包含 8 个取样点：1990

年11月、1991年3月、1991年7月、1991年11月、1992年5月、1992年11月、1993年11月和1994年11月。在第一个取样点中，工作年龄人口中约有0.1%（10,751人）接受了访谈。在第5和第6个取样点中我们将额外的样本添加到原始样本中。所有人在被纳入样本后都在每一个取样点接受了访谈，除非他们死亡、移居德国西部或最终拒绝回答。[4]然而，样本观测值规模在第8个取样点（1994年11月）时缩小至5,377个。

前东德地区劳动力市场监测包含有关社会经济特征的信息，如年龄和教育、参与各种积极的劳动力市场政策措施以及每个取样点中访谈当日的个人就业状况。从第一个取样点开始，受访者就会被问及他们何时参与公共工程项目。根据这些信息，我们使用月度信息构建了劳动力状态的外在影响因素。这些外在影响因素处在1989年1月至1994年11月。[5]后文中的表格显示了退出失业状态和公共工程项目的出路分布情况。公共工程项目参与模型中的出路状态是指不再处于失业状态后第一个月的就业状况。对于结果模型，出路状态的定义如三（二）节所述。

同一组控制变量也被囊括于公共工程项目参与和结果模型中。除了个人特征，它们还包括公司规模、行业和区域虚拟变量、个人之前就业历史的指标以及收入变量。

这些变量是转型进入正常就业的收入替代率，以及转为非就业状态时公共工程项目中的失业福利或收入的实际价值。这些变量包含在结果模型中，用于检验对个人（非）就业行为的抑制效应，这些行为分别与所谓的高额（相对于普通就业的预期收入）失业补贴和公共工程收入相关联。 289

至于失业福利金变量，失业者通常会在受访时给出其获得的福利金额。如果失业状态处于两次受访日期之间，我们就将替换率设定为63%（为没有孩子的人确定的制度性替代率）（斯坦纳，1997）。对于其他所有情况，失业模式中的收入替代率是通过将失业救济金额除以正常就业中的预期净工资来估算的。后一个变量是从经验工资方程中获得的。对于从公共工程项目转型的收入替代率，由公共工程的收入与正常就业中的预期收入之比来定义。公共工程项目中有大约10%的案例丢失了收入信息。因此在这些情况下，收入是根据在普通工作和公共工程项目中的员工样本估计的经验工资方程来估算的。为了控制篇幅，这些数据以及失业人员在普通就业中的预期工资估计数不在此处报告，但可以在满足条件的情况下从作者处获得。

我们将观察期分为两个子时期，即1989年1月至1992年8月和1992年9月至1994年11月。这是由于在观察期间发生了制度变化，即大规模公共工程项目日益重要（参见第二节）。对于这两个子时期，外生变量的平均值和定义在表A1（关于公共工程模型样本）和表A2（关于失业模型的样本）的附录中给出。

四、估计结果

（一）样本选择性

我们通过比较参与和结果方程中异质性成分不同质点数的模型之间的最大可能性值，测验由于存在未观察到的异质性而导致的潜在选择性偏差。此外，我们还使用赤池信息标准（Akaike Information Criterium，AIC）。可能性对数（－2LnLik）的自然对数（减去两倍）和我们估计的风险率模型中的赤池信息标准的值（见附录的表A3和表A4）见表2。[6]

根据赤池信息标准，我们在公共工程项目和失业模型中都有两个异质性质量点。公共工程项目参与模型中没有显著的异质性组成部分。如表3所示，估计的异质性成分在公共工程模型中与零显著不同，但在失业模型中则不然。根据我们之前的讨论，意味着参与和结果方程中误差项之间的相关性一定相当小。如附录中所示，当仅在一个结果方程中存在未观察到

表2 公共工程项目参与和结果模型中未观察到的异质性的测试 290

未观察到的异质性	公共工程项目模型		失业模型		参与模型	
	−2LnLik		−2LnLik	AIC	−2LnLik	AIC
0个质点	3,055.44	−1,621.72	11,733.90	−6,015.95	15,187.27	−7,776.64
2个质点	3,011.48	−1,601.74	11,727.02	−6,014.51	15,184.88	−7,777.44
3个质点	3,010.40	−1,603.20	11,727.02	−6,016.51	—	—

资料来源：风险率模型的估算结果显示在附录中的表A3和表A4中。

的异质性时，u和v之间相关性的上限仍然低于0.15。为了确定这种相关度是否对结果模型中的估计系数有影响，我们进行了一项小型模拟研究， 291
发现效果可以忽略不计。[7] 因此我们认为，在对参与模型中的一组可观察解释变量进行调整后，我们可以忽略由于在结果模型中对不可观察量的选择而产生的偏差。

表3 估计具有两个质点的结果模型的异质性组分

	公共工程项目模型		失业模型	
	估计值	t值	估计值	t值
ε_1	1.3098	6.79	−0.0008	0.006
ε_2	−3.167	−7.34	0.0007	0
$Pr(\varepsilon_1)$	0.7074	23.65	0.4539	0.0109
$Pr(\varepsilon_2) = 1 - Pr(\varepsilon)$	0.2926	9.78	0.5461	0.0131

资料来源：估计的风险率模型（见附录中的表A3和表A4）。

（二）参与公共工程项目

为了控制篇幅，本研究未报告公共工程项目参与方程的估算结果，但作者可应读者要求提供这些结果。在这里，我们只总结最重要的估算结果。关于不同年龄或职业群体对参与公共工程项目的选择，估测没有呈现一般模式。我们的结果相当支持这样的假设，即前东德地区几乎所有类型的劳动者都可以平等地参与公共工程项目。对于高熟练度的工人，这一结论则必须稍作修改，因为在其他条件不变的情况下，他们进入公共工程的机会多于其他职业群体（但仅高出10%）。除了对于第一阶段的男性以外，来自东柏林的人比其他州的人有更大的机会参与公共工程项目。艾克勒和莱希纳（2001）对公共工程项目参与的估计不能直接与我们的相比较，因为他们只关注萨克森－安哈尔特州的不同观察期，也没有直接考虑到他们参与概率中的失业期限。其研究中“年轻劳动者进入公共工程项目的机会更大”的发现只能在我们样本第一阶段的男性中得到佐证。结果可能不同的另一个原因是，我们明确地模拟了失业过程时间对进入公共工程项目的转变概率的影响。[8]

从图3中可以看出，被选入前东德地区公共工程项目的大多数失业人员在失业后的第6个月加入项目。因此，这些项目在某种程度上针对长期失业者，尽管这种影响在第二个子时期变得不那么明显。该图还显示，无论对于男性或女性，第一期的平均风险率均较高，这主要反映了随后失业人数的增加。在第一阶段，男性比女性更容易进入公共工程项目。然而，公共工程通过支持更多妇女这一政治愿望，显著降低了第二时期从失业状态进入公共工程项目的性别差异，这使得女性在公共工程项目中的参与度更符合其在整体失业人群中的高比例。这是否也改善了女性在普通工作中的再就业机会，将在下一节进行调查。

293 （三）就业影响

我们的风险率模型估算结果在附录中的表A3和表A4中给出。为了提高估计的效率，我们通过在第一轮估算中排除相关t值小于1.64的所有变量来减少参数的数量。模型女方该涵盖收入变量，因为研究旨在公共工程项目中失业救济金和收入水平相对于普通就业预期收益的假设抑制效应在数量上的重要性。我们报告的结果来自第二轮估算。所有解释变量都包含在与性别虚拟变量和时间点虚拟变量的交互中，并且模型中没有全局常量。实质上，该规范几乎相当于为所有四个组的分别估计模型。我们在两种性别（而不是为两个子期间）的结果模型中指定了共同

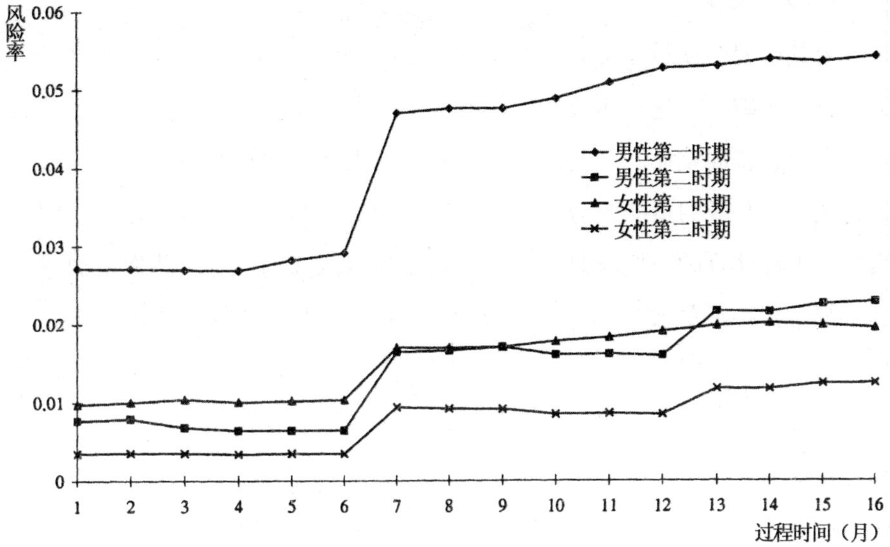

图3　从失业状态进入公共工程项目的风险率

资料来源：风险率估计模型；风险率使用各子群体的解释性变量均值计算；见文本。

的基线风险，以便将估算系数的数量保持在相对于可用观察数量的合理水平。

我们的估算结果并不支持“公共工程中假定的高收益水平相对于普通工作中的预期收益会对参加这些工作产生抑制作用”的假设。如表A3所示，除了在第一阶段对于女性有10%的提升效果外，收入替代率总是微不足道的。虽然这可能与预期收益变量的设置有关，但收入替代率的点系数估计也意味着对公共工程项目风险率的影响相对较小。同样，收入变量在失业率风险模型中从未具有统计显著性。[9] 因此，我们的估算结果不支持收入替代率水平对个人再就业概率具有数量上重要影响的假设。

在下文中，我们讨论参与公共工程项目对之后找到“稳定”就业的可能性的影响。在从累积转移概率的基础上，以不同的角度看待公共工程的就业效应之前，先要展示关于参与公共工程项目相对于仍然失业的短期就业效应的结果。

294 1. 短期影响

公共工程的项目通常时长12个月，但是如第二节所述，其中很大一部分都会提早结束。这表明公共工程项目参与者在项目预期结束之前很久就已经在寻找普通就业。因此，调查在公共工程项目的预期持续时间内公共工程项目参与者的再就业前景相对于失业的非参与者是否有所改善，即考察公共工程项目的短期就业影响，这似乎是有意义的。鉴于我们对观察到和未观察到特征的控制有效地消除了除参与公共工程项目之外的所有差异，因此参与者组的风险率与该组人员仍然失业的模拟风险率之间的差异可当作公共工程项目导致的短期就业效应。如果这种影响是负面的，它可以被解释为公共工程项目的"锁定"效应，这可能与以下事实有关：相对于失业者，参加公共工程项目者的求职活动不那么密集或有效。虽然根据《就业支持法》，在项目存读期间，让参与者重新进入普通工作应该是公共工程项目的主要目标，但是项目参与者从劳动局获得的工作邀请少于失业者，这也会导致公共工程项目的"锁定"效应。

对于男性和女性以及在两个子时期内，从失业状态或公共工程项目进入"稳定"就业的风险率如图4所示，这是在相应的子样本平均值基础上评估的。

对于男性，两个子时期都是失业状态找到正常工作的可能性高于参加公共工程项目时。但在第二个子时期，两个风险率之间的差异远小于第一个时期。这种变化是由于从第一子时期到第二子时期的阶段内，失业率急剧下降，而公共工程项目的风险率在两个时期之间几乎没有变化。失业状态的风险率在相应期间超过处于公共工程项目的风险率，公共工程项目的风险率在项目正常到期后第12个月仅有很小的增加。

使用样本均值评估时，各自样本均值的女性的风险率通常比男性低得多。与参加公共工程项目的人相比，失业妇女的"稳定"就业风险率略高。但是，考虑到估计的风险水平普遍较低，这两个时期的差异似乎可以忽略不计。相对而言，第12个月后女性公共工程项目风险率显著增加，但

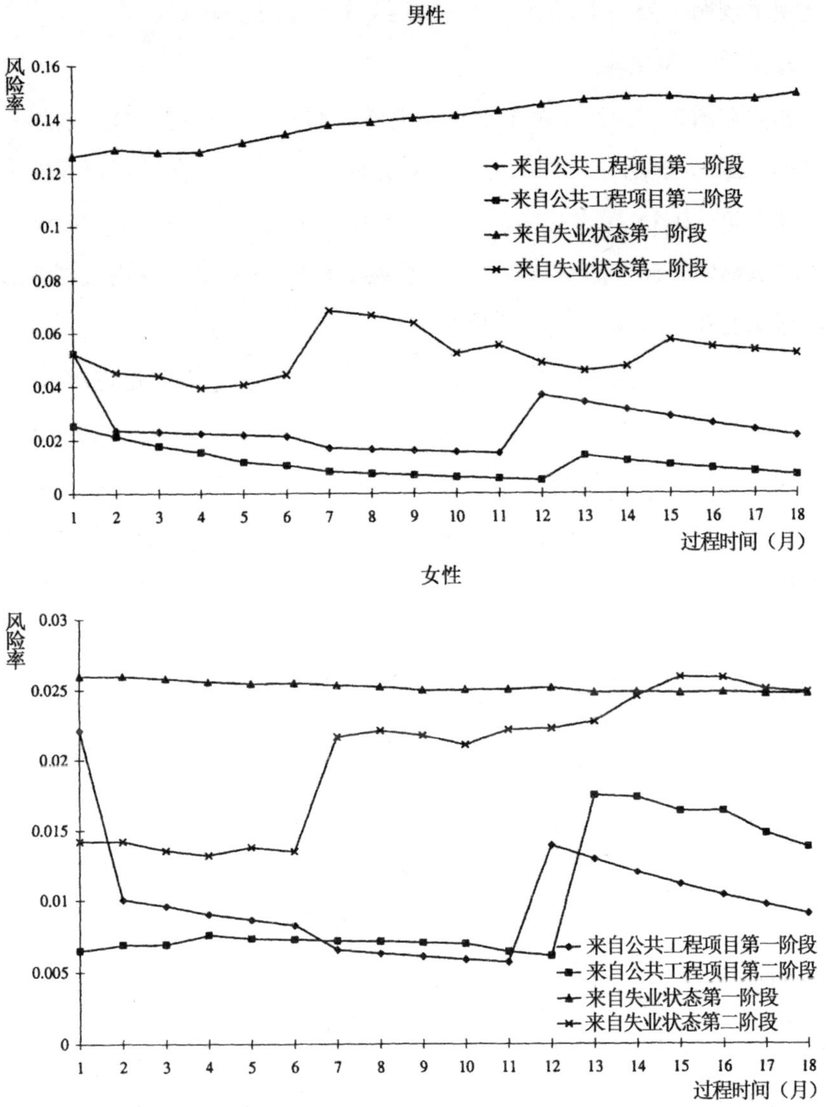

图4　从失业状态和公共工程项目进入“稳定”就业的风险率

资料来源：前东德地区劳动力市场监测；我们自己的计算。

这种变化对再就业概率的定量影响很小。

与男性一样，即使过程将续时间很长，但女性公共工程项目的风险率 296
从未达到从失业状态到普通就业的相应风险率的（低）水平。总的来说，这些结果表明了公共工程项目中“锁定”效应的重要影响。

2. 累积转型概率

我们在图2中绘制了两个子时期中男性和女性“稳定”就业的累积转型概率。图5a显示，公共工程项目对男性的12个月累积转型概率的大多分布在支集［0.15，0.3］内，其中平均值和中值为0.23；如25%和75%的分位数显示，50%的参与者在参加公共工程项目后12个月内找到普通工作的概率在0.20%和0.26%之间。

297 几乎没有任何公共工程项目参与者的累计再就业概率超过30%。相比之下，在这一时期，失业的非参与者的再就业概率在整个支集中的分布相当均匀，并且在垫底水平和最高水平处分布较为稀疏。对于女性而言，公共工程项目12个月的累计转型概率分布与失业率之间的差异看起来不那么明显，分布的质量分别集中在支集［0，0.15］和［0，0.35］

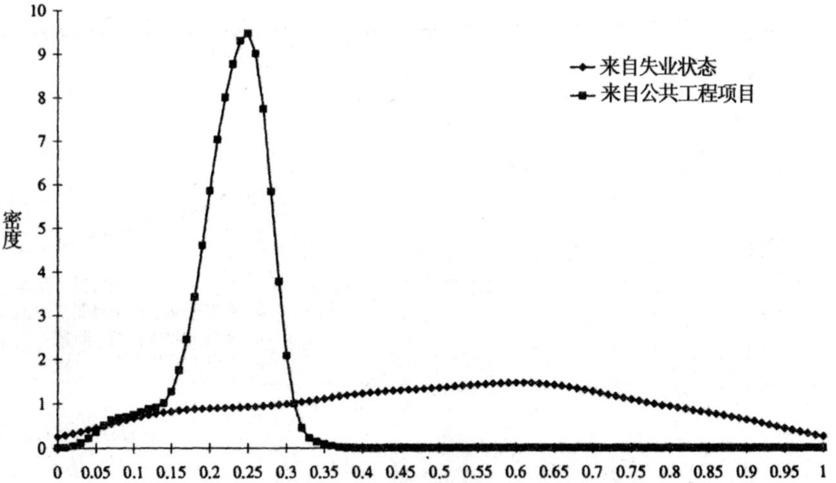

图5a　男性——第一阶段

注释：来自失业U的累积转型概率：平均值=0.51；中位数=0.52；25%分位=0.32；75%分位=0.69。

公共工程项目的累积转型概率：平均值=0.23；中位数=0.23；25%分位=0.20；75%分位=0.26。

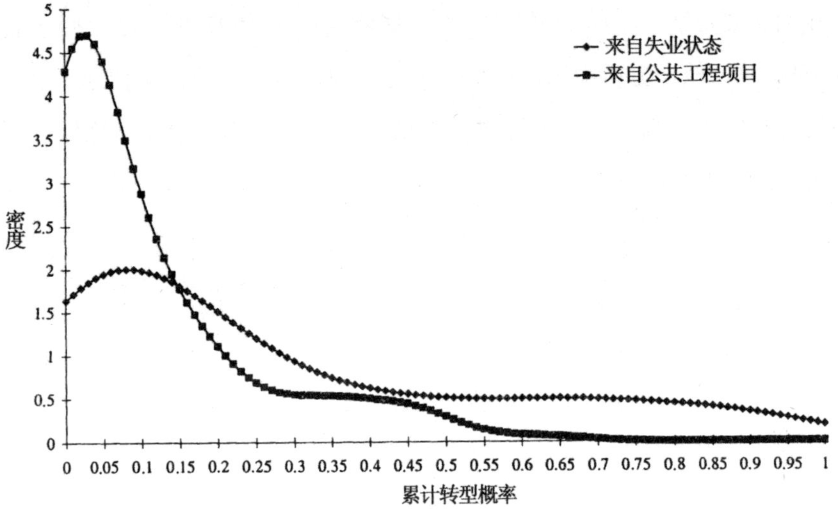

图 5b　男性——第二阶段

注：来自失业 U 的累积转型概率：平均值 = 0.32；中位数 = 0.23；25%分位 = 0.11；75%分位 =0.51。

公共工程项目的累积转型概率：平均值 =0.14；中位数 =0.09；25%分位 = 0.04；75%分位 = 0.19。

上。然而无论男女，公共工程项目的平均累计转型概率约为失业状态的一半。在第二阶段，男女在公共工程项目和失业状态的累计转型概率有一些趋同，即与公共工程项目参与者相比，失业状态的非参与者参加正常工作再就业机会，正如累计转型概率均值所示的那样已经恶化。对于男性来说，公共工程项目累计转型概率的分布向左移动，使样本中25%分位到75%分位的比率增大；至于女性，分布的分散程度则并未发生那么大变化。

我们发现公共工程项目的普遍负面影响与休博勒（1997a）所报告的 298
一致，但与艾克勒和莱希纳（2001）最近的一项研究结果相反，后者报告参与公共工程项目降低了参与者的失业率。这些差异有几种可能的解释。首先，艾克勒和莱希纳（2001）只研究了前东德的萨克森－安哈尔特州。这个州的大型公共工程项目（所谓的Mega－ABM）占有很高的比例。这些项目的平均效果可能与公共工程项目在前东德地区的平均效果有所不同。艾克勒和莱希纳（2001）论文中的观察期结束于1997年，而不同于我们的1994年。他们分析中采用的数据集也与我们不同：即前东德地区劳动力市场监测中萨克森－安哈尔特州的数据。这与我们使用的前东德地区劳动力市场监测无关。

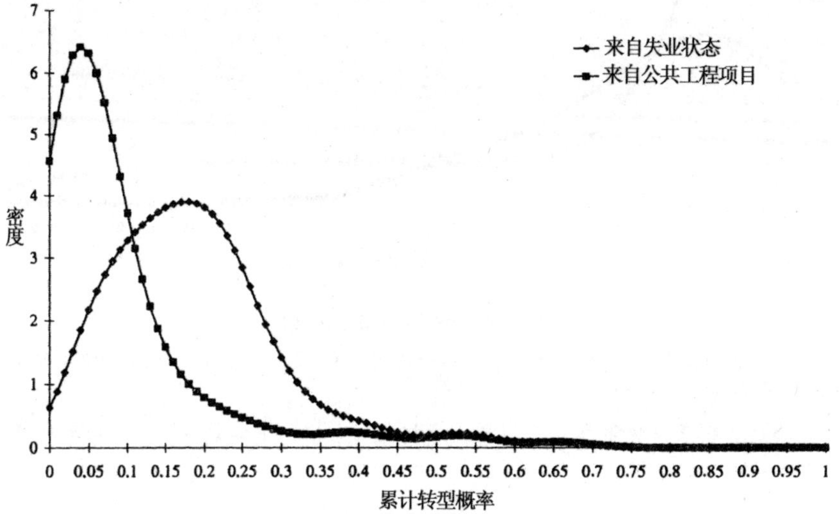

图5c 女性——第一阶段

注释：来自失业U的累积转型概率：平均值＝0.19；中位数＝0.18；25%分位＝0.11；75%分位＝0.25。

公共工程项目的累积转型概率：平均值＝0.11；中位数＝0.07；25%分位＝0.04；75%分位＝0.13。

299 其次，艾克勒和莱希纳（2001）没有考虑人们在公共工程项目中所花费的时间，而我们则通过累积转型概率进行了评估。再次，艾克勒和莱希纳（2001）从他们的样本中排除了右删失的观察结果，其后果是如果有良好就业前景的参与者在项目可续期的情况下更有可能终止该项目，那么研究结果可能会偏向于找到有关公共工程项目的积极效果。最后，公共工程项目的积极影响取决于他们所持假设“在项目开始之前的某个时间，参与者和对照组之间失业率的差异代表了由组间未观察到的特征差异引起的选择性水平”是否有效，即所谓的“条件偏差稳定性假设”的有效性。

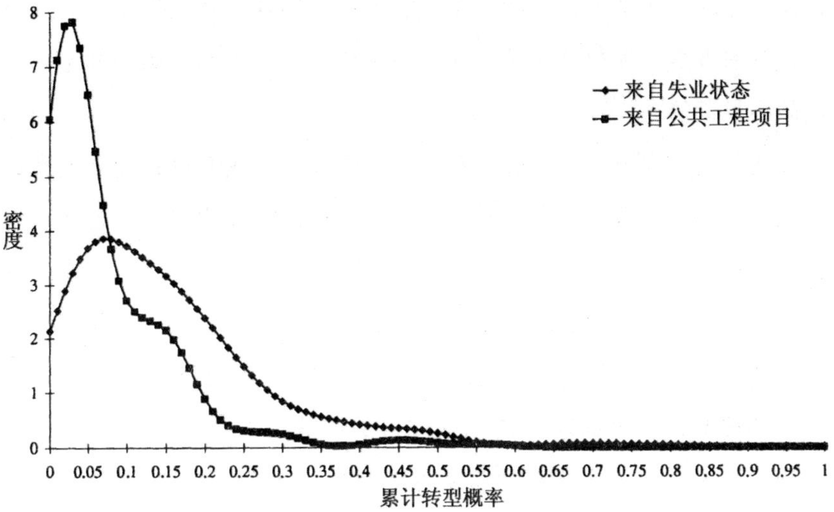

图 5d　女性——第二阶段

注释：来自失业 U 的累积转型概率：平均值 = 0.16；中位数 = 0.13；25% 分位 = 0.07；75% 分位 = 0.22。

公共工程项目的累积转型概率：平均值 = 0.09；中位数 = 0.06；25% 分位 = 0.03；75% 分位 = 0.12。

资料来源：前东德地区劳动力市场监测；我们自己的计算。

如果参与者改变就业行为以期望未来参与公共工程项目就违反了其假 300
设，这或许造成了一种被称为“阿申费尔特培训效应”的现象，在实证方面有重要意义（阿申费尔特，1978；阿申费尔特和卡尔德，1985）。

五、总结和结论

我们对参与过公共工程项目并再次就业者的普通工作进行了区分：“稳定”和“不稳定”就业，并估计了再就业概率的风险率模型。基于前东德地区劳动力市场监测（1990～1994 年）的两个子时期，这些公共工程项目的就业效应是针对男性和女性单独估算的。在考虑选择偏差时，我们控制了大量的可观察特征，并且在结果和参与等式中都考虑了未观察到的异质性。虽然结果模型中，未观察到的异质性可能导致参与和结果方程中的误差项之间存在某种相关性，但我们已经证明这种相关性很小。这意味着，在结果方程中控制了大量可观察到的特征后，我们应用中的选择性偏差是微不足道的。

即便公共工程项目的相对收入水平据称较高，我们也并没有发现存在任何显著的抑制因素导致人们不愿参加普通工作，但我们发现公共工程项目对人们重回“稳定”就业的效果并无激励作用。对于前东德地区萨克森－安哈尔特州的情况，我们的结果与哈布勒（1997a）一致，但不同于艾克勒和莱希纳（2001）：在前东德地区，公共工程项目参与者作为一个整体，其情况比没有加入公共工程项目的失业人员更糟糕。我们给出了一些理由，说明为什么我们的结果可能与艾克勒和莱希纳（2001）得出的结果不同。当德国当局可以提供公共工程项目的数据时，我们需要进一步研究其不同子类型结果的稳健性。正如赫提布勒尔（1997a）的研究结果所显示的那样，我们未来应当讨论估计结果对导向该结果的处理效果识别假设有多敏感。

对于我们得出的负面结果，一个可能的解释是，相比没有参加此类计划的失业者，此类计划的参与者寻找普通工作的频率较低，即公共工程项目的“锁定”效应。此外，公共工程项目似乎也没有特别针对劳动力市场中的弱势群体。我们的结果相当支持这样一个假设：技术工人和生活在东柏林的人进入公共工程项目的机会更多，但除此之外，前东德地区几乎所有类型的工人都可以平等地参加这些项目。这显然不符合官方认定的公共工程项目针对劳动力市场中的弱势群体。

301 鉴于前东德地区大规模的积极劳动力市场政策，我们的微观计量经济学方法只是提出了部分均衡分析，这一点不容忽视。积极的劳动力市场政策不仅会对参与者产生直接影响，还可能对非参与者产生间接影响（关于替代和置换效应的讨论，参见赫克曼、拉隆德和史密斯，1999，第9节)。一方面，如果我们在这项工作中发现公共工程项目对参与者的影响是负面的，那么非参与者可能受到积极影响，因为他们在公共工程项目结束之后面临的劳动力市场竞争较小。另一方面，公共工程项目期间，参与者可以替代或取代非参与者。虽然一般均衡效应的测量超出了本研究的范围，但我们应考虑它们的潜在存在。

致谢

我们特别感谢德国科学基金会（DFG）在“Arbeitsmarktdynamik im ostdeutschen Transformationsprozess”项目下给予的经济支持。我们感谢两位审稿人，以及赫伯特·S. 布歇尔、赫尔曼·布斯利、弗朗索瓦·赖斯尼、弗里德赫尔姆·菲佛、埃尔克·伍尔夫、ZEW、曼海姆、马丁·埃克勒和米歇尔·莱希纳、SIAW、圣加仑大学对本文提出的有用评论。我们还要感谢阿沃·肖恩博赫姆和安雅·特里贝在研究方面的鼎力帮助。文中的任何错误都由作者本人负责。

注释

1. 参见里德尔（1986)、格里兹（1993)、汉姆和拉隆德（1996)、休杰、莫勒和威尔纳（1997）的类似应用。

2. 在其他人中，菲岑伯格和布雷（1996，1997）通过函数形式假设进行，指出了一个额外的样本损耗方程。艾克勒和莱希纳（1999）从他们的样本中排除了删失的观察结果。

3. 这相当于共同估计公共工程项目参与者和非参与者的一个模型，其中所有解释性变量与公共工程项目虚拟变量相互作用。

4. 哈布勒（1997b）提供了前东德地区劳动力市场监测的一般介绍。

5. 从前东德地区劳动力市场监测中构建公共工程项目或失业时段并非易事。与斯坦纳和克劳斯（1995）相比，我们使用前东德地区劳动力市场监测中的所有信息（不仅使用涉及特定取样点中访谈日期的信息，还有在各种取样点中收集的所有可用的回顾性信息)，从而从数据中构建公共工程项目时段。

6. 最大可能性对数的这种转换形成了标准可能性比率检验的基础。对于没有未观察到的异质性的零假设，可能性比率统计量违反标准规则性条件，因此其分布未知（参见格里兹，1993）。赤池信息量准则 AIC 定义为 AIC = LnLik - k，其中 k 是模型中的参数数量。决策规则是采用具有最高 AIC 的模型（参见格林，2000，第 334 页）。

7. 我们基于 1000 次观察和 100 次重复实验模拟了一个多项 Logit 模型，其中只有 1 个常数和 3 个出路状态。其结果可根据要求从作者处获得。

302 8. 赫提布勒尔（1997a）没有展示公共工程项目参与的估计结果。

9. 由于收入变量仅被部分估算，系数的标准误差估计存在偏差。原则上，表 A3 和表 A4 中的标准误差可以按照纽威（1984）或墨菲和托佩尔（1985）所建议的方式进行调整。由于我们的应用会涉及这一点，便没有在此处尝试进行修正。因为这样的调整可能会增加估计的标准误差，并且替换比率的系数无论如何都不显著，所以这不会改变我们关于这个变量的结果。

参考文献

Ashenfelter, O. (1978). Estimating the effect of training programs on earnings. *Review of Economics and Statistics*, *6*(1), 47–57.

Ashenfelter, O., & Card, D. (1985). Using the longitudinal structure of earnings to estimate the effect of training programs. *Review of Economics and Statistics*, *67*(3), 648–660.

Autorengemeinschaft (1997). Arbeitsmarkentwicklung und aktive Arbeitsmarktpolitik im ostdeutschen Transformationsprozeß 1990–1996 [Labor Market Development and Active Labor Market Policy in the East German Transition Process 1990–1996] *IAB-Werkstattbericht*, *5*, Nürnberg.

Bielenski, H., Retzlaff, A., & von Rosenbladt, B. (1995). *Arbeitsmarkt Monitor für die neuen Bundesländer. Daten für November 1994 – Zusammenfassung wichtiger Ergebnisse* [The Labor Market Monitor for the New States, Data for November 1994 – Summary of the Most Important Results], mimeo, Infratest, München.

Buttler, F. (1992). Wie weit reicht die Brückenfunktion der Arbeitsmarktpolitik in Ostdeutschland [How Far Does the Bridge Function of Labor Market Policy Reach in Eastern Germany]?. *WSI Mitteilungen*, *11*, 721–727.

Buttler, F., & Emmerich, K. (1994). Kosten und Nutzen aktiver Arbeitsmarktpolitik im ostdeutschen Transformationsprozeß [Costs and Benefits of Active Labor Market Policy in the East German Transition Process. *Schriften des Vereins für Socialpolitik*, *239*(4), 61–94.

Cramer, J. S., & Ridder, G. (1991). Pooling States in the Multinomial Logit Model. *Journal of Econometrics*, *47*, 267–272.

Eichler, M., & Lechner, M. (2001). An Evaluation of Public Employment Programmes in the East German State of Sachsen-Anhalt, IZA Discussion Paper No. 94, Bonn, forthcoming in: *Labour Economics*.

Fitzenberger, B., & Prey, H. (1996). *Training in East Germany, An Evaluation of the Effects on Employment and Wages*, CILE Discussion Paper 36-1996, University of Konstanz, Germany.

Fitzenberger, B., & Prey, H. (1997). Assessing the Impact of Training on Employment, The Case of East Germany. *ifo-Studien – Zeitschrift für empirische Wirtschaftsforschung, 43*(1), 69–114.

Greene, W. (2000). *Econometric Analysis* (4th ed.). New Jersey: Prentice Hall.

Gritz, R. M. (1993). The Impact of Training on the Frequency and Duration of Employment. *Journal of Econometrics, 57*, 21–51.

Ham, J. C., & LaLonde, R. (1996). The Effect of Sample Selection and Initial Conditions in Duration Models: Evidence from Experimental Data on Training. *Econometrica, 64*, 175–205.

Heckman, J. J., LaLonde, R. J., & Smith, J. A. (1999). The Economics and Econometrics of Active Labor Market Programs. In: O. C. Ashenfelter & D. Card (Eds), *Handbook of Labor Economics, 3*(A). Amsterdam: North-Holland.

Heckman, J. J., & Singer, B. (1984). A Method for Minimizing the Impact of Distributional Assumptions in Econometric Models for Duration Data. *Econometrica, 52*(2), 271–320.

Heckman, J. J., & Hotz, J. V. (1989). Choosing Among Alternative Nonexperimental Methods of Estimating the Impact of Social Programs: The Case of Manpower Training. *Journal of the American Statistical Association, 84*, 862–874.

Hübler, O. (1997a). Evaluation beschäftigungspolitischer Maßnahmen in Ostdeutschland. *Jahrbücher für Nationalökonomie und Statistik, 216*(1), 22–44.

Hübler, O. (1997b). Der Arbeitsmarkt-Monitor des IAB [The Labor Market Monitor of the Institute for Labor Market and Job Research]. In: R. Hujer, U. Rendtel & Gert Wagner (Eds), Wirtschafts- und sozialwissenschaftliche Panel-Studien. Datenstrukturen und Analyseverfahren [Panel Data in Economics and the Social Sciences, Data Structures and Analytical Methods]. *Sonderhefte zum Allgemeinen Statistischen Archiv, 30*, 149–168.

Hujer, R., Maurer, K.-O., & Wellner, M. (1997). *Estimating the Effect of Training on Unemployment Duration in West Germany – A Discrete Hazard-Rate Model with Instrumental Variables*. Frankfurter Volkswirtschaftliche Diskussionsbeiträge, Arbeitspapier Nr. 73, Johann Wolfgang Goethe-Universität Frankfurt/Main, Germany.

Kraus, F., Puhani, P., & Steiner, V. (1999). Employment Effects of Publicly Financed Training Programmes: The East German Experience. *Jahrbücher für Nationalökonomie und Statistik, 219*, 216–248.

Murphy, K. M., & Topel, R. H. (1985). Estimation and Inference in Two-Step Econometric Models. *Journal of Business and Economic Statistics, 3*, 370–379.

Newey, W. K. (1984). A Method of Moments Interpretation of Sequential Estimations. *Economics Letters, 14*, 201–206.

OECD (1997). *Lessons from Labour Market Policies in the Transition Countries*. Paris.

Puhani, P. A. (1999). *Evaluating Active Labour Market Policies, Empirical Evidence for Poland during Transition*. Heidelberg: Physica/Springer.

Ridder, G. (1986). An Event History Approach to the Evaluation of Training, Recruitment and Employment Programmes. *Journal of Applied Econometrics, 1*, 109–126.

Sachverständigenrat [German Council of Economic Advisers] (1998). *Wachstum, Beschäftigung, Währungsunion – Orientierungen für die Zukunft. Jahresgutachten 1997/98*. [Growth, Employment, Monetary Union – Orientations for the Future, Annual Report 1997/98], Stuttgart: Metzler-Poeschel.

Spitznagel, E. (1992). Allgemeine Maßnahmen zur Arbeitsbeschaffung (ABM) in den neuen Bundesländern; *Mitteilungen aus der Arbeitsmarkt- und Berufsforschung*, Nr. 3, 277–288.

Spitznagel, E., & Magvas, E. (1997). Arbeitsbeschaffungsmaßnahmen (ABM) – Berufliche Eingliederung und Einkommenssituation der Teilnehmer [Public Works Programs – Job Re-Integration and Earnings of the Participants]; In: H. Bielenski et al. (eds.); Der Arbeitsmarkt Ostdeutschlands im Umbruch. Datensätze, Methoden und ausgewählte Ergebnisse des Arbeitsmarkt-Monitors 1989–1994 [The East German Labor Market in Transition, Data, Methods and Selected Results from the Labor Market Monitor 1989–1994]. *Beiträge aus der Arbeitsmarkt- und Berufsforschung, 210*, Nürnberg.

Steiner, V. (1997). *Extended Benefit-Entitlement Periods and the Duration of Unemployment in West Germany*, ZEW Discussion Paper No. 97-14, Mannheim.

Steiner, V., & Kraus, F. (1995). Haben Teilnehmer an Arbeitsbeschaffungsmaßnahmen in Ostdeutschland bessere Wiederbeschäftigungschancen als Arbeitslose [Do Public Works Programs Participants Have Better Re-Employment Chances Than The Unemployed]?. In: V. Steiner & L. Bellmann (Eds), *Mikroökonomik des Arbeitsmarktes, Beiträge aus der Arbeitsmarkt- und Berufsforschung* [The Microeconomics of the Labor Market, Contributions to Labor Market and Job Research], Band 192, Nürnberg.

Winter-Ebmer, R., & Zweimüller, J. (1996). Manpower Training Programmes and Employment Stability. *Economica, 63*, 113–130.

304

附录

参与和结果方程中误差相关性的上界推导

在第三节（一）中，我们在结果和参与等式中指定了误差项

$$u_{it}=\varepsilon_i+\eta_{it}$$

和

$$v_{it}=\mu_i+\xi_{it}$$

误差项按文本中的指定分配的位置。在该规范中误差项符合以下等式：

$$\begin{aligned}\mathrm{cov}[u_{it}, u_{is}]=\mathrm{cov}[\varepsilon_i+\eta_{it}, \varepsilon_i+\eta_{is}] &= E[(\varepsilon_i+\eta_{it})(\varepsilon_i+\eta_{is})]-E[\varepsilon_i+\eta_{it}]E[\varepsilon_i+\eta_{is}]\\ &= E[\varepsilon_i\varepsilon_i+\varepsilon_i\eta_{it}+\varepsilon_i\eta_{is}+\eta_{it}\eta_{is}]-0\\ &= E[\varepsilon_i\varepsilon_i]=\sigma_\varepsilon^2=\text{constant}\ \forall t\neq s,\end{aligned}$$

并且类似

$$\mathrm{cov}[v_{it}, v_{is}]=\sigma_\mu^2=\text{constant}\qquad \forall t\neq s.$$

地施加限制

$$\mathrm{cov}[u_{it}, v_{is}]=\mathrm{cov}_{u,v}=\text{constant}\qquad \forall t, s,$$

我们得到残差的以下相关矩阵

$$
Corr_{uv}=\left[\begin{array}{cccc|cccc}
1 & \rho_\varepsilon & \cdots & \rho_\varepsilon & & & & \\
\rho_\varepsilon & 1 & & \rho_\varepsilon & & & & \rho_{u,v} \\
\vdots & & \ddots & \vdots & & & & \\
\rho_\varepsilon & \rho_\varepsilon & \cdots & 1 & & & & \\
\hline
 & & & & 1 & \rho_\mu & \cdots & \rho_\mu \\
 & & & & \rho_\mu & 1 & & \rho_\mu \\
 & \rho_{u,v} & & & \vdots & & \ddots & \vdots \\
 & & & & \rho_\mu & \rho_\mu & \cdots & 1
\end{array}\right]
$$

和

$$\rho_\varepsilon=\sigma_\varepsilon^2/\sigma_u^2,\ \rho_\mu=\sigma_\mu^2/\sigma_\nu^2,\ \text{and}\ \rho_{u,\nu}=\text{cov}_{u,\nu}/(\sigma_u\times\sigma_\nu)$$

对于 $\rho_\varepsilon=\rho_\mu=0$，这个矩阵的特征值是 2（$T-1$）乘以 1，$1+T\rho_{uv}$，且 $1-T\rho_{uv}$。因为这个矩阵必须为正且确定，因此所有特征值必须为正。从$1+T\rho_{uv}>0$和$1-T\rho_{uv}>0$，

T=50时u和v之间相关性的上界

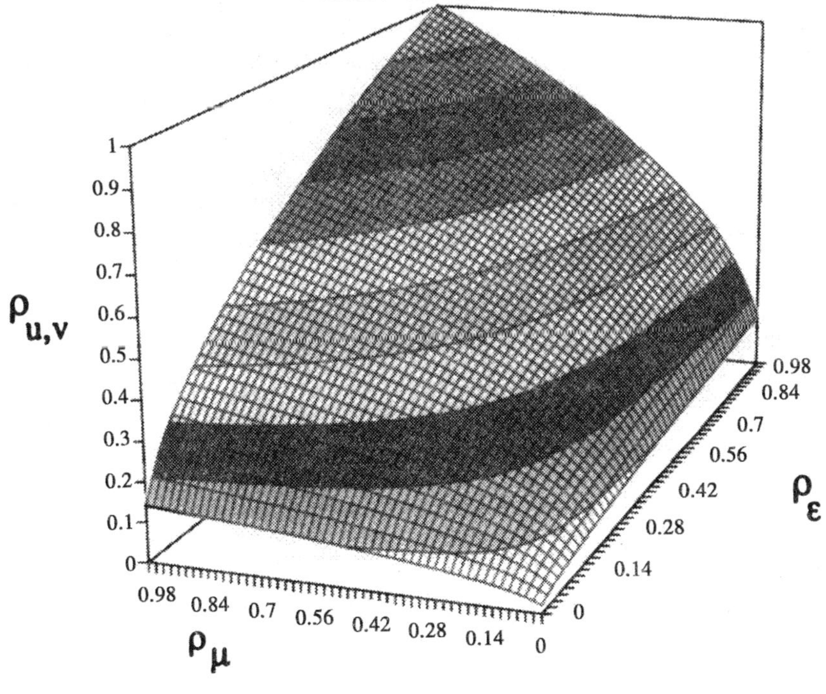

资料来源：我们自己的计算。

它符合$(1+T\rho_{uv})(1-T\rho_{uv})=1-T^2\rho_{uv}^2>0$并意味着$1/T>|\rho_{uv}|$。因此，在参与和结果方程中都没有未观察到的异质性的情况下，$1/T$是ρ_{uv}的上限。如果在任一方程中存在未观察到的异质性，则可以通过增加相关矩阵中的ρ_ε和ρ_μ来求得ρ_{uv}，当它不再为正且确定时该值即其上界数值。

下表显示了ρ_{uv}上限的计算结果。如图所示，如果ρ_ε或ρ_μ等于零，则u和ω之间的相关性的上限变得非常小。

表 A1　公共工程项目模型样本的描述性统计

变量	男性 第一阶段	男性 第二阶段	女性 第一阶段	女性 第二阶段
年龄≤25	0.13	0.07	0.16	0.05
25<年龄≤35	0.23	0.17	0.28	0.29
年龄>50	0.25	0.34	0.26	0.27
已婚	0.66	0.69	0.73	0.75
育有子女	0.56	0.41	0.59	0.72
没有受过职业培训	0.06	0.05	0.08	0.13
半熟练工	0.12	0.08	0.03	0.04
熟练工匠/技师	0.09	0.11	0.05	0.05
职业院校教育	0.09	0.12	0.29	0.18
有大学学位	0.08	0.17	0.09	0.12
20~200 名职员	0.39	0.41	0.37	0.33
200~2000 名职员	0.23	0.21	0.16	0.15
多于 2000 名职员	0.05	0.05	0.06	0.03
第一产业	0.23	0.19	0.15	0.16
建筑业	0.15	0.15	0.01	0.12
第三产业	0.23	0.32	0.47	0.56
公职人员	0.37	0.41	0.52	0.53
失业培训	0.12	0.14	0.21	0.20
梅克伦堡—前波莫瑞州	0.15	0.10	0.13	0.13
勃兰登堡	0.17	0.15	0.13	0.13
萨克森—安哈特州	0.17	0.24	0.16	0.17
图林根州	0.19	0.17	0.19	0.22
柏林（东）	0.01	0.08	0.07	0.09
先前处于短期工作状态	0.23	0.21	0.15	0.06
先前处于失业状态	0.26	0.31	0.25	0.38
先前处于非劳动状态	0.02	0.14	0.15	0.21

续表

变量	男性 第一阶段	男性 第二阶段	女性 第一阶段	女性 第二阶段
先前的短期工作持续时间（月）	8. 19	9. 25	8. 37	10. 36
先前的就业持续时间	13. 52	13. 14	16. 15	13. 03
先前的失业持续时间	4. 17	7. 61	5. 22	10. 66
先前的非劳动持续时间	5. 51	5. 69	8. 71	7. 52
在一年的第一季度参加工作	0. 22	0. 19	0. 18	0. 17
在一年的第二季度参加工作	0. 23	0. 21	0. 33	0. 20
在一年的第三季度参加工作	0. 37	0. 32	0. 34	0. 35
本季度是当年的第一季度	0. 19	0. 09	0. 22	0. 06
本季度是当年的第二季度	0. 25	0. 12	0. 37	0. 08
本季度是当年的第三季度	0. 18	0. 22	0. 20	0. 17
当年是 1992 年	0. 39	0. 25	0. 59	0. 17
失业救济/预期就业收入	1. 04	0. 95	1. 00	0. 95
公共工程的净收入	1034. 17	1209. 86	1028. 84	1120. 09
失业率	7. 14	9. 01	14. 87	19. 62
过程时间，第一阶段				
第 2 ~6 个月	0. 45	0. 00	0. 24	0. 00
第 7 ~11 个月	0. 18	0. 00	0. 28	0. 00
第≥12 个月	0. 18	0. 00	0. 25	0. 00
过程时间，第二阶段				
第 13 ~18 个月	0. 00	0. 26	0. 00	0. 24
第 19 ~23 个月	0. 00	0. 11	0. 00	0. 14
第≥24 个月	0	0. 14	0. 00	0. 14
平均持续时间	6. 12	13. 86	7. 19	14. 30
（子样本大小/样本大小）× 100	22. 70	26. 60	15. 32	35. 38

注释：收益以 1990 年德国马克计算，1. 95583 德国马克等于 1 欧元；UB：失业救济金；PWP：公共工程项目。

资料来源：前东德地区劳动力市场监测，时间段 1 ~8；我们自己的计算。

表 A2　失业模型样本的描述性统计数据 308

变量	男性 第一阶段	男性 第二阶段	女性 第一阶段	女性 第二阶段
年龄≤25	0. 15	0. 11	0. 13	0. 08
25 < 年龄≤35	0. 26	0. 20	0. 32	0. 25
年龄 > 50	0. 27	0. 29	0. 21	0. 28
已婚	0. 62	0. 61	0. 74	0. 75
育有子女	0. 52	0. 46	0. 69	0. 61
没有受过职业培训	0. 05	0. 07	0. 09	0. 10

续表

变量	男性 第一阶段	男性 第二阶段	女性 第一阶段	女性 第二阶段
半熟练工	0.09	0.06	0.05	0.06
熟练工匠/技师	0.11	0.12	0.03	0.04
职业院校学历	0.16	0.14	0.16	0.14
有大学学位	0.12	0.18	0.05	0.07
20～200名职员	0.20	0.29	0.20	0.24
200～2000名职员	0.17	0.16	0.15	0.16
多于2000名职员	0.06	0.04	0.05	0.04
第一产业	0.10	0.10	0.07	0.07
建筑业	0.07	0.10	0.02	0.02
第三产业	0.17	0.23	0.28	0.34
公职人员	0.17	0.14	0.16	0.19
先前未就业	0.47	0.34	0.49	0.39
梅克伦堡—前波莫瑞州	0.14	0.13	0.14	0.12
勃兰登堡	0.18	0.16	0.14	0.16
萨克森—安哈特州	0.18	0.16	0.16	0.17
图林根州	0.17	0.17	0.18	0.16
柏林（东）	0.06	0.11	0.08	0.05
先前处于短期工作状态	0.18	0.10	0.18	0.15
先前参加公共工程	0.02	0.12	0.01	0.08
先前参加过再培训或进一步培训	0.05	0.11	0.09	0.23
先前处于非劳动状态	0.06	0.09	0.15	0.10
先前的短期工作持续时间（月）	1.84	1.17	1.80	1.96
先前的就业持续时间	8.36	10.08	7.31	8.30
先前参加公共工程的持续时间	0.10	1.40	0.07	1.10
先前参加过再培训或进一步培训的持续时间	0.25	1.40	0.42	2.75
先前的非劳动持续时间	0.47	1.03	1.31	1.10
在一年的第一季度参加工作	0.25	0.14	0.26	0.15
在一年的第二季度参加工作	0.18	0.25	0.22	0.31
在一年的第三季度参加工作	0.33	0.33	0.30	0.29
本季度是当年的第一季度	0.24	0.10	0.25	0.07
本季度是当年的第二季度	0.17	0.19	0.20	0.18
本季度是当年的第三季度	0.29	0.10	0.29	0.08
当年是1992年	0.22	0.28	0.33	0.22
失业救济/预期就业收入	0.39	0.60	0.44	0.64
失业救济	466.68	718.00	411.87	599.06
失业率	6.73	9.18	13.25	19.33
过程时间，第一阶段				
第2个月	0.13	0	0.12	0

续表

变量	男性 第一阶段	男性 第二阶段	女性 第一阶段	女性 第二阶段
第 3 个月	0.16	0	0.11	0
第 4 个月	0.09	0	0.09	0
第 5 个月	0.10	0	0.10	0
第 6 个月	0.08	0	0.08	0
第 7 个月	0.04	0	0.07	0
第 8 ~9 个月	0, 07	0	0.09	0
第 10 ~12 个月	0.07	0	0.08	0
第≥13 个月	0.05	0	0.08	0
过程时间，第二阶段				
第 7 ~9 个月	0	0.18	0	0.19
第 10 ~12 个月	0	0.14	0	0.12
第 13 ~18 个月	0	0.13	0	0.15
第≥19 个月	0	0.10	0	0.21
平均持续时间	4.55	8.67	5.54	11.7
（子样本大小/样本大小）×100	24.23	12.84	35.55	27.39

注：失业救济金按 1990 年德国马克计算，1.95583 德国马克等于 1 欧元；UB：失业救济金。

资料来源：前东德地区劳动力市场监测，时间段 1 ~8；我们自己的计算。

表 A3　公共工程模式的出路："稳定"就业和非就业

	"稳定"就业状态的出路		非就业的出路	
变量	系数	t值	系数	t值
男性，第一阶段				
常数	-2.9978	-5.01	-3.2522	-3.92
公职人员			-1.1285	-2.61
特定公司变量中的缺失值*			1.4835	2.33
公共工程的净收入			-0.0013*	-1.71
公共工程项目净收入/普通工作中的预期收入	-0.7748	-1.44		
常数				
男性，第二阶段	-2.6061*	-1.81	-1.4374	-0.77
半熟练工			2.2675	4.75
20~200名职员			-1.3172	-2.03
建筑业	2.7100	4.88		
第三产业	1.2644	2.22		
公职人员	-1.4532	-2.99		
特定公司变量中缺少值			2.3207	4.05
梅克伦堡—前波莫瑞州			2.9793	2.47

续表

变量	“稳定”就业状态的出路		非就业的出路	
	系数	t值	系数	t值
图林根州			2.0691	3.20
先前处于短期工作状态	2.9568	3.52	4.0732	4.11
先前处于失业状态	2.3861	2.69		
先前的短期就业持续时间	−0.2357	−3.70	−0.3664	−4.34
先前的失业持续时间	−0.415*	−1.80		
本季度是当年的第一季度	−0.5171	−1.38		
公共工程项目净收入			−0.0017	−1.47
公共工程项目净收入/普通工作中的预期收入	0.2979	0.45		
失业率	−0.3581	−2.92	−0.4146	−2.34
女性，第一阶段				
常数	−5.8654	−5.71	−5.5199	−6.38
20~200名职员	1.027	2.24		
特定公司变量中缺少值	3.3045	4.72	3.7552	5.01
勃兰登堡	0.6115	1.06		
先前处于短期工作状态	1.2923*	1.96		
先前处于失业状态			−2.0554	−2.29
先前的就业持续时间	0.0922	4.57		
先前的失业持续时间			0.1103	1.45
先前的非就业持续时间	0.141	2.45	0.1077	2.86
在一年的第二季度参加工作	1.0865	2.24	1.1475*	1.72
在一年的第三季度参加工作			0.9157	1.42
收入/预期收入	−1.1824*	−1.67		
收入			−0.0005	0.81
女性，第二阶段				
常数	−8.1386	−7.97	−7.0502	−7.94
年龄>50			1.4235	2.52
已婚	1.4989	2.83	0.8861*	1.90
育有子女	0.4001	2.45	0.6244	2.85
职业院校学历	1.1485	2.90		
勃兰登堡	1.9258	3.57		
在一年的第一季度参加工作	1.5561	3.15		
本季度是当年的第一季度	−0.5171	−1.38		
收入/预期收入	−0.2554	−0.29		
收入			−0.0007	−1.04
过程时间，第一阶段				
第2~6个月	−0.82	−3.29	−0.8706	−2.64
第7~11个月	−1.0109	−2.98		
第>11个月			−0.9071	2.31
过程时间，第二阶段				
第13~18个月	1.2879	3.26	2.1752	4.97
第19~24个月	1.5976	4.48	2.1171	4.39
第>24个月	3.8986	6.26	3.7337	4.26

注释：*我们的模型中缺少某些变量的值，如公共工程转型模型中的公司规模（包括缺失类别的虚拟变量），因此我们尽量避免丢弃观察结果。从这个意义上讲，我们并不认为由于项目不回应导致的缺失是可以忽略的。如文中所述，样本损耗导致的项目不回应被视为风险率模型中的右删失观察。

阴影值和*分别表示5%和10%的统计显著性；收益以1990年德国马克计算，1.95583德国马克等于1欧元。

资料来源：前东德地区劳动力市场监测，时间段1~8；我们自己的计算。

表 A4　雇佣模型出路：“稳定”就业与非就业

	“稳定”就业状态的出路		无工作状态的出路	
	系数	t值	系数	t值
男性，第一阶段				
常数	-3.0293	-7.02	-4.2624	-13.15
年龄>50岁	-1.4998	-5.71	0.4823	2.66
已婚	0.6346	3.42	0.5473	2.79
育有子女			-0.4396	-3.04
没有受过职业培训	-0.6838	-1.53		
半熟练工	-0.4942	-1.45		
熟练工匠/技师	0.3263	1.34	0.4100	2.02
有大学学位			0.2711	1.26
20~200名职员			0.7861	3.55
200~2000名职员			0.8748	3.89
多于2000名职员			0.9836	2.84
先前处于非就业状态	-0.5919	-2.91		
梅克伦堡—前波莫瑞州	-0.5571	-2.33		
萨克森—安哈特州			-0.3819*	1.92
先前参加过再培训或进一步培训	1.0858	4.27		
先前处于非就业状态	-1.0263*	-1.84	0.3182	1.05
先前的非就业持续时间	0.1189	3.91		
在一年的第一季度参加工作	-0.4488	-2.05	-0.7952	-3.44
在一年的第二季度参加工作	-0.8324	-3.00	-0.6837	-2.90
在一年的第三季度参加工作	-0.4696	-2.16	-0.4734	-2.41
本季度是当年的第二季度			-0.5936	-2.73
失业救济/预期的就业收入	0.1635	0.49		
失业救济			0.0000	-0.20
失业率	0.0942	2.23	0.0914	2.38
男性，第二阶段				
常数	-2.1978	-2.16	-5.8529	-10.55
25岁<年龄≤35岁	0.4264	1.24		
年龄>50岁	-2.1026	-3.94	0.6543	2.22
已婚	-0.6974	-2.05		
育有子女			-0.3315*	-1.75
没有受过职业培训			0.3745	0.63
熟练工匠/技师	1.4678	4.32		
职业院校学历			0.6081*	1.93
第一产业	-1.7042	-2.41		

续表

	"稳定"就业状态的出路		无工作状态的出路	
	系数	t值	系数	t值
第三产业	0.5936*	1.77		
先前处于非就业状态	-1.6262	-3.99		
梅克伦堡—前波莫瑞州	1.3857	2.31		
图林根	0.8529	2.06		
先前参加公共工程			1.5434	2.17
先前处于非劳动状态			0.3198	0.70
先前的就业持续时间	-0.0369	-2.63		
先前参加公共工程的持续时间	-0.0823	-2.15	-0.1807	-2.15
在一年的第一季度参加工作	-1.5453	-3.06	-0.9413	-2.00
在一年的第二季度参加工作	-1.6224	-3.30	-0.6065	-1.63
在一年的第三季度参加工作	-1.1090	-2.68		
本季度是当年的第一季度	1.8376	2.83		
本季度是当年的第二季度	1.6099	2.45	1.5910	3.65
本季度是当年的第三季度	1.0392	2.45		
当年是1992年	1.9371	3.82	2.6793	6.93
失业救济/预期的就业收入	0.6133	0.83		
失业救济			0.0003	0.75
女性，第一阶段				
常数	-3.5176	-16.22	-4.5875	-19.96
年龄>50岁	-1.2512	-4.54	0.3172	2.61
育有子女	-0.3209	-2.58		
没有受过职业培训			-0.5208	-2.69
半熟练工	-0.7464*	-1.94	-1.1948	-3.66
职业院校学历	0.4169	2.10		
有大学学位	1.0012	4.32		
多于2000名职员			0.4028	1.62
第三产业	0.6773	3.88		
公共职员	-0.2596	-1.19	-0.2514	-1.52
梅克伦堡—前波莫瑞州			0.2511	-1.36
图林根			-0.3174*	-1.92
先前参加过再培训或进一步培训			0.5962	3.33
在一年的第二季度参加工作			-0.3960	-2.76
本季度是当年的第一季度			0.6540	4.67
本季度是当年的第三季度			0.6346	4.78
当年是1992年			-0.5502	-3.56
失业救济/预期的就业收入	0.0180	0.06		
失业救济			0.0001	0.37
失业率			0.0826	4.63
女性，第二阶段				
常数	-4.1261	-10.29	-7.6350	-15.17
年龄≤25岁			0.7704	2.10
年龄>50岁	-1.2415	-3.33	0.4556*	1.77
育有子女			0.3301	3.08
没有受过职业培训	0.7016*	1.88		
建筑业	1.3168	2.44		
先前处于非就业状态	-0.5881	-1.97		
图林根州			0.2495	0.97
先前处于短期工作状态	1.6278	2.93	0.6274	2.27

续表

	"稳定"就业状态的出路 系数	"稳定"就业状态的出路 t值	无工作状态的出路 系数	无工作状态的出路 t值
先前参加过再培训或进一步培训	1.7504	3.55*	1.6612	4.17
先前处于非劳动状态			1.2457	4.02
先前的短期就业持续时间	-0.0691*	-1.91		
先前参加过再培训或进一步培训的持续时间	-0.1066	-2.04	-0.1384	-2.85
在一年的第一季度参加工作	-1.8874	-4.37		
在一年的第二季度参加工作	-1.3153	-3.69		
在一年的第三季度参加工作	-0.6736	-2.27	0.5874	2.80
本季度是当年的第二季度			1.1572	4.10
当年是1992年	1.3128	4.92	2.1354	7.67
失业救济/预期的就业收入	-0.4868	-1.40		
失业救济			0.0015	3.83
过程时间，第一阶段				
第3个月			0.4310	2.85
第4~6个月			0.5931	4.74
第≥7个月			0.6562	5.19
过程时间，第二阶段				
第≥7个月	0.3599*	1.76	0.5640	3.25

注释：阴影值和 * 分别表示5%和10%的统计显著性；失业救济金按1990年德国马克计算，1.95583德国马克等于1欧元；UB：失业救济金。

资料来源：前东德地区劳动力市场监测，时间段1~8；我们自己的计算。

劳动力供给对全民医保覆盖的影响：享受配偶保险的人们告诉我们什么信息？[*]

艾立森·J. 惠灵顿　德博拉·A. 科博－克拉克 315

一、绪论

1992 年总统竞选期间，全国医疗改革成为突出问题并引发了激烈的社会辩论，辩论议题围绕诸如成本控制、是否强制要求雇主提供福利等，但核心问题是，是否应实现医疗体系的全民医保覆盖；如果覆盖，如何达成。克林顿政府的《医疗保险法案》旨在推行改革，通过强制雇主缴纳和政府补贴的组合手段，以实现全民医保覆盖，但该法案却未能获得广泛的支持。部分改革的实现以《医疗保险改革法》（又称卡斯鲍姆－肯尼迪法案）于 1996 年 8 月的签署成为标志，该法律通过限制保险公司拒绝向已有健康问题者提供保险以增加保险的可携性，但它远未实现将医保扩展至全民覆盖。

因此，全民医保覆盖的支持者很可能会继续推动采用全民医保覆盖。[1] 316

整整80％的美国受保人通过雇主获得医疗保险（卢尔斯，1989），因此全民覆盖对劳动力市场的影响尤为重要。之前关于附加福利对劳动力需求影响的研究，为雇主如何应对雇主强制缴纳新规提供了基准（汉默梅希，1988；哈特等，1988），但关于劳动者如何通过劳动力供给来应对全

＊《劳动者福祉》，Emerald 出版社，2000 年，315～344 页。

民医保覆盖的研究则较少。

本研究使用了有关当前通过配偶雇主获得保险者的劳动力供应信息，旨在检验全民医保覆盖对劳动力供应的影响（我们将其称为配偶覆盖）。全民医保覆盖最重要的含义也许是，一个人是否获得医保与其就业行为是相独立的。不同于其他群体，享受配偶覆盖者这一群体的保险收入目前独立于他们自己的劳动供应决策，因此分析这一群体具有意义。我们通过他们的行为能够思考：进行改革以区分医保覆盖与就业行为，会带来怎样的潜在影响？我们提出以下问题：第一，劳动者是否工作的决定是否和在多大程度上取决于享受配偶覆盖？第二，不同特征的劳动者做出的就业决定存在什么差异？第三，从这些估计中，我们能了解到全民医保覆盖对劳动力供应存在怎样的潜在整体影响？为了便于估算，我们假设配偶覆盖对于人的劳动供给决策来说是外生的。即便如此，我们也要用心开发一种内生型保险模型。然而，由于外生型配偶覆盖这一假设可能有错并导致偏差，我们便调查了偏差的方向，并得出结论：这种偏差导致我们低估其负面影响。[2]

我们发现相对于不享受配偶覆盖的妻子，享受配偶覆盖的妻子参加劳动力市场的可能性偏低 19.5%，平均每年工作时长偏少 7.1% ~14.8%；相对于不享受配偶覆盖的丈夫，享受配偶覆盖的丈夫的工作劳动力参与率偏低 4.1% ~9.1%，工作时长偏低 3.6%。这些估计数据表明，全民医保覆盖将使整体劳动力参与率降低 3.3%，每年使劳动者的平均工作时长减少 46 个小时，并导致美国人口的平均劳动力供应总体减少约 98 小时/年（6.2%）。

317 二、员工福利经济学与全民医保覆盖的概念

大部分关于员工福利的经济学文献都集中在为什么福利覆盖迅速扩张（如伍德伯雷和贝廷格，1991）、是否应该对福利课税（如费尔德斯坦，

1973)，以及工会如何影响福利水平（如弗里曼，1981)。一些研究讨论了关于就业相关福利所产生的具体劳动供给效应，它们往往关注退休决定、医疗补助受助人的劳动力参与或工作流动性。有关医疗保健补贴是否会导致老年劳动者的退休率提高或医疗补助者的劳动力参与率提高，证据则不全相同。[3] 但研究确实表明，劳动者可能因害怕失去福利而不愿意换工作（这种情况被称为“工作锁定”效应)，作为例证的福利如当前雇主提供的医保或退休福利（布赫缪勒和瓦莱塔，1996；格鲁伯和马德里安，1994；米切尔，1982，1983；马德里安，1994)。我们预计全民医保覆盖将增加劳动者的流动性。

虽然先前的研究表明全民医保覆盖对劳动力供应可能存在相当大的影响，但很难称这一影响会波及所有劳动年龄的人口。[4] 目前尚不清楚仅为了获得医保而正在从事全职工作的人数有多少。米切尔（1990，第 313 页）认为，“尽管劳动力供应方的反应非常重要，但政策分析人员很少认识到强制实施福利的潜在后果”。

布赫缪勒与瓦莱塔（1999）和奥尔森（1995）试图通过检验丈夫拥有自己的保险（我们称之为“配偶的保险”）如何影响其妻子的劳动力供给来解决这个问题。布赫缪勒与瓦莱塔分析了 1993 年 4 月当前人口调查（Current Population Survey，CPS）的数据，发现当丈夫拥有医保时，妻子工作的概率预计会降低 12%，工作时长降低约 36%。[5] 奥尔森分析了 1993 年 3 月的当前人口调查，发现丈夫拥有保险使妻子参加全职工作的可能性比参加兼职工作的可能性低 9.2%。

本研究以下列方式扩展了此前的研究。

第一，鉴于我们重点关注全民医保覆盖，我们希望估计外生型保险对劳动力供给的影响。因此，我们关注通过配偶覆盖获得保险对劳动力供应的影响，而不是某人的配偶从雇主那里获得保险（配偶的保险）的影响。配偶覆盖和配偶的保险不是同义词。在我们样本中从雇主那里获得保险的 318
男性中，只有 79.2% 的白人丈夫和 72.1% 的黑人丈夫也为其配偶提供保险。通过其雇主获得保险的女性为其配偶提供保险的可能性更小，分别为59.6%（白人妻子）和51.5%（黑人妻子）。

第二，我们估计了配偶覆盖对夫妻双方的影响。

第三，我们分析了种族对劳动参与和平均工作时长的影响，因为我们认为医疗改革的影响可能因劳动力市场群体而异。

第四，我们使用自有估计数据总体估算了全民医保覆盖对劳动力参与率、劳动者的平均工作时长和美国劳动年龄人口的总体劳动力供给的影响。[6]

三、理论框架

我们旨在建立一个既能充分体现医保对劳动力供应决策的影响，又足够简洁、可以用现有数据集进行估算的理论框架，但这很难操作。因为家庭决策一般较为复杂，同时个人从雇主那里获得保险，与工作量和工作地点之间关系密切。

我们首先关注怎样才能最好地为家庭决策过程建模。从历史上看，理论文献一般基于联合效用模型，其中夫妻二人一同工作会使受家庭预算约束的单个家庭效用函数达到最大值。然而，许多研究者缺少相关数据，且对联合实用模型作为理论框架不甚满意，而且该模型还忽略了家庭内部的决策过程，一开始就没有提到过程产生的偏好，也没有提到各个家庭成员之间的消费分配（综述请参见基林斯沃思，1983）。因此，许多研究者在实证研究中忽略了这一模型，分别分析丈夫和妻子，将某人配偶的收入或工作时长视为外生于某人劳动力供给的变量。此外，许多人认为联合效用模型所隐含的具体限制几乎没有得到实证支持（例如，伦德伯格，1988；麦克尔罗伊，1981；舒尔茨，1990）。他们得出的结果一直是关于议价模型发展的，其中个人保留自己的偏好并寻求在家庭预算约束下最大化个人效用。然而，库尔曼和卡普坦（1990）指出，这些文献改进理论有余而实证应用缺乏。

鉴于我们研究的具体问题以及文献中许多关于如何以最佳方式对家庭决策进行建模的问题仍未解决，我们将重点关注一个不考虑家庭成员劳动供给决策同时性的模型。相反的，个人劳动力供给将部分取决于那些决定其配偶决策是否工作以及工作多久的配偶特征。这种方法有两个重要的优点。第一，它使我们能够重点关注医保和劳动力供给之间的关系。对所有联合劳动力市场决策进行全面建模，使丈夫和妻子有资格获得雇主提供的医保，受其覆盖，并能将其扩展到其他家庭成员身上，这对我们来说并非有用策略，因为我们的数据集不提供分别确定每个决定的必要工具。[7] 第二，我们以这种方式对劳动力供应决策进行建模，进而能够明确考虑由于无法解释配偶覆盖的内生性而导致的偏差方向。[8] 319

我们的另一个问题是，配偶覆盖是否能够体现外生型医保的影响，或者它是否仅仅反映了“配偶的好工作”（Good Job）的影响。换言之，如果配偶工作的其他方面（比如其他好处）与配偶覆盖相关并影响本人的劳动力供应决策，我们将错误地将其归因于配偶覆盖的保险效果。在这种情况下，配偶覆盖不能很好地代表全民医保覆盖的效果。[9] 为了解决这个问题，我们在模型中加入了配偶保险，作为“配偶的好工作”的控制变量。我们之所以选择这个衡量手段，是因为它与我们关注的变量（配偶覆盖）密切相关。[10] 通过加入配偶保险，我们能够将保险本身的影响与配偶就业的其他特征对一个人劳动力参与或工作时长的影响分开。

由于工资和工作时长可能是被共同决定的，我们并没有直接在模型中纳入任何一方配偶的市场工资。[11] 相反，我们将那些被认为决定了工资的变量直接纳入参与和工作时长等式。[12] 同样，为遵照该领域的这一文献（布赫缪勒和瓦莱塔，1999；奥尔森，1995），我们假设雇主提供的医保和时长是被共同决定的。布赫缪勒和瓦莱塔（1999）指出，这种联合分布意味着人们不能将医保的影响与工作偏好的简单异质性区分开来。那些喜欢长时间工作的人会对此加以区分并享受雇主提供的保险，但这种关系不是由于保险本身的影响。

320 因此，只有由配偶雇主提供保险的信息才被纳入某人的劳动供给等式中。

四、数据

我们从 1993 年 3 月的当前人口调查年度人口统计档案中分析了丈夫/妻子家庭的数据。该调查除了标准就业信息外，还会询问个人是否拥有个人保险；如果是，则继续询问该个人保险计划是否由其雇主或工会提供。享受雇主或工会提供的个人保险计划的受访者也会被问及他们的家庭成员是否也受其计划覆盖。这些问题使我们能够识别为配偶提供保险覆盖的人。[13]此外，就业和人口统计的综合信息使我们能够控制可能影响劳动者劳动供给决策的其他个人和企业特征。[14]

我们的样本只包含白人和黑人家庭，其中夫妻均称自己为白人的家庭被确定为白人家庭，而夫妻均称自己为黑人的家庭被确定为黑人家庭。[15]因为我们关注配偶覆盖如何影响处于工作年龄的成年人的劳动供给决定，所以我们排除了家庭成员小于 25 岁或大于 62 岁的家庭。我们还排除了任何一方为自雇职业者、身患残疾或其计算工资率高于每小时 250 美元的家庭。[16]最后，我们还从我们的样本中淘汰了享受武装部队的文职人员保健医疗计划（Champus）、医疗保险或医疗补助的家庭。通过采取这些标准，我们的样本最终包含15,466个白人家庭和 957 个黑人家庭。

表 1 给出了样本总体的劳动力参与率和平均工作时长，以及按受访者是否拥有配偶覆盖而分别给出的劳动力参与率和平均工作时长。正如我们预期的，不享有配偶覆盖的人有较高的劳动力参与率和年平均工作时长。妻子在这些方面的差异最为显著，特别是白人妻子。对于不享有配偶覆盖的白人妻子，其劳动力参与率高出 15% 以上，年平均工作时长为 500 小时以上。配偶覆盖与劳动力供给之间的关系对黑人妻子来说也很显著。具体

而言，相较享有配偶覆盖的黑人妻子，不享有配偶覆盖的黑人妻子的劳动力参与率高出10%，年平均工作时长多出300小时。相比之下，相较享有配偶覆盖的丈夫，不享有配偶覆盖的丈夫的劳动力参与率高出3%～6%，年平均工作时长多出96～141个小时。

表1　已婚人士的平均特征（按种族和性别划分） 321

变量	白人		黑人	
	丈夫	妻子	丈夫	妻子
就业：				
总量：				
劳动力参与率[a]	95.7	75.3	92.1	81.9
人的年工作时长	2132	1286	1916	1500
享有配偶覆盖：				
劳动力参与率[a]	93.8	69.6	87.3	76.8
人的年工作时长	2023	1093	1844	1338
不享有配偶覆盖：				
劳动力参与率[a]	96.3	85.5	93.7	87.1
人的年工作时长	2164	1629	1940	1667
医疗保险收益：[a]				
配偶覆盖	23.0	64.1	24.9	50.5
从自己的雇主那里获得保险	74.3	37.5	66.3	47.4
教育：[a]				
高中以下	10.6	9.8	17.0	10.3
高中	32.9	38.3	39.4	38.0
大学肄业	24.9	26.8	26.0	32.8
学士学位	19.6	17.7	11.9	13.9
专业学位	12.0	7.5	5.6	5.0
个人和家庭特征：				
其他非劳动收入[b]	5.829	5.829	4.455	4.455
年龄	42.5	40.3	42.4	40.1
育有不到6岁子女[a]	26.5	26.5	28.2	28.2
不满18岁的子女人数	1.12	1.12	1.21	1.21
人口特征：				
州失业率[a]	7.3	7.3	7.4	7.4
中心城市[a]	17.6	17.6	42.3	42.3
南方地区[a]	32.8	32.8	57.3	57.3
N：	15466	15466	957	957

注释：[a]用百分比表示。

[b]用对数表示。

322

五、配偶覆盖与劳动力供给的关系

我们先讨论上面概述的理论框架的实证实施。我们的估算程序将假设配偶保险和配偶覆盖对于某人自己的劳动力供给都是外生的。其后，我们讨论了这种外生性假设可能不正确的情况，并考虑忽视这种内生性是否导致我们低估或高估配偶覆盖对劳动力供给的影响。在第六节中，我们将使用此分析得出的估算来衡量全民医保覆盖对美国人口劳动力供给的潜在影响。

(一）劳动力参与

在实证分析中，我们首先根据第三节概述的理论框架指定一对线性简化方程式。具体而言，我们假设丈夫和妻子的理想工作时长为：

$$\begin{aligned}\theta_i^h &= \lambda_1^h X_i^h + \lambda_2^h X_i^w + \lambda_3^h C_i + \lambda_4^h SP_i^w + \lambda_5^h I_i^w + \eta_i^h \\ \theta_i^w &= \lambda_1^w X_i^w + \lambda_2^w X_i^h + \lambda_3^w C_i + \lambda_4^w SP_i^h + \lambda_5^w I_i^h + \eta_i^w\end{aligned} \quad (1)$$

其中 h 表示丈夫，w 表示妻子，i 表示家庭。为了简单起见，种族的下标不予显示。矢量 X_i 控制丈夫和妻子（特别是年龄、年龄、教育）的个人特征不变，因为这些特征可能影响市场工资或保留工资，从而影响参与决策。同时，C_i 控制了劳动力市场条件（在此为国家失业率、城市规模以及是否居住在南方）、非劳动收入（自然对数）和子女情况（特别是是否育有6岁以下子女和18岁以下子女的数量）等因素对劳动力参与决定的影响。在妻子的等式中，该模型包括了丈夫的保险 I_i，以及丈夫是否提供配偶覆盖 SP_i，反之亦然。[17]最后，λ_s 表示要估计的系数，η 表示误差项。

虽然我们没有观察理想工作时长，但我们确实观察了个人的劳动力参与决定。对于白人家庭和黑人家庭中的丈夫和妻子，我们使用多元概率模型估计等式（1），所得到的系数展示在附录A中的表A1中。[18、19]配偶覆盖显著降低了所有群体的劳动力市场参与率，但配偶覆盖对白人丈夫的负面影响最小，对白人妻子的负面影响最大，这毫不奇怪。

为了计算总体效果，我们根据个体特征估计了享有和不享有配偶覆盖 323
的个人劳动力市场参与率，然后将各自的差异除以各自群体中的个体数，算出平均数（彼得森，1985）。享有配偶覆盖的白人妻子和黑人妻子的劳动力市场参与率偏低 19.5%。配偶覆盖对丈夫的效果不那么显著，其参与率分别偏低 4.1%（白人丈夫）和 9.1%（黑人丈夫）。[20]

（二）工作时长

我们接着讨论配偶覆盖如何影响劳动者的工作时长。我们的简化版工作时长等式（由最小二乘法估算）包括了任何可能影响某人配偶的工作时长决定的外生变量。[21]具体而言，

$$\begin{aligned} H_i^h &= \beta_0^h + \beta_1^h X_i^{*h} + \beta_2^h X_i^{*w} + \beta_3^h C_i + \beta_4^h SP_i^w + \beta_5^h I_i^w + \varepsilon_i^h \\ H_i^w &= \beta_0^w + \beta_1^w X_i^{*w} + \beta_2^w X_i^{*h} + \beta_3^w C_i + \beta_4^w SP_i^h + \beta_5^w I_i^h + \varepsilon_i^w \end{aligned} \quad (2)$$

其中 H_i^h 和 H_i^w 是丈夫和妻子的年度工作时长，X_i^* 除了包括行业和雇主规模信息外，还包括了 X_i 的所有变量。等式（2）用于估算“就业”白人和黑人家庭，其中双方均报告其年度工作时长为正值。[22]

表 2 突出了配偶覆盖在工作时长决策中的重要性。享有配偶覆盖的白人丈夫、白人妻子和黑人妻子的年工作时长明显少于不享有配偶覆盖的相应人群。仅对于黑人丈夫，工作时长和享有配偶覆盖没有显著关系。相较不享有配偶覆盖的白人丈夫，享有配偶覆盖的白人丈夫年工作时长偏少 80 小时（偏低 3.6%）[23]。虽然这些结果在统计学上呈现为显著，但从数字上来说，计算结果对妻子更为显著。相较不享受配偶覆盖的白人妻子，通过配偶雇主获得保险的白人妻子平均年工作时长偏少 276.5 小时，偏低 14.8%。相较不享受配偶覆盖的黑人妻子，通过配偶的雇主获得保险的黑人妻子平均年工作时长偏少 135.6 小时，偏低 7.1%。虽然难以直接比较，但在我们的估计中，配偶覆盖对妻子年工作时长的影响程度大于奥尔森（1995）估计的配偶保险（偏少 78 小时）。同时，我们得出的估计也小

324 **表2　年度工作时长最小二乘法系数的估计决定因素 a（按种族和性别）**

变量	白人		黑人	
	丈夫	妻子	丈夫	妻子
医疗保险：				
配偶覆盖	-80.0	-276.5	0.64	-135.6
	(5.27)	(16.25)	(0.01)	(2.30)
配偶享受雇主提供的保险	4.7	17.9	13.4	58.4
	(0.33)	(0.94)	(0.25)	(0.92)
教育：				
高中以下 - H	-145.5	-42.5	-47.3	22.3
	(6.87)	(1.70)	(0.68)	(0.31)
大学肄业 - H	56.7	-4.2	55.5	-5.3
	(3.98)	(0.25)	(1.00)	(0.09)
学士学位 - H	103.5	-74.8	291.2	-65.8
	(6.15)	(3.77)	(3.89)	(0.85)
专业学位 - H	211.6	-148.3	478.5	-78.1
	(9.77)	(5.82)	(4.47)	(0.71)
高中以下 - W	-77.0	-74.0	-41.0	-4.2
	(3.30)	(2.69)	(0.47)	(0.05)
大学肄业 - W	27.8	55.3	42.3	21.7
	(2.02)	(3.41)	(0.79)	(0.39)
学士学位 - W	43.5	149.5	78.6	132.2
	(2.53)	(7.40)	(1.08)	(1.77)
专业学位 - W	76.8	304.8	-59.4	273.3
	(3.34)	(11.29)	(0.56)	(2.51)
个人和家庭特征：				
其他非劳动收入[b]	-15.8	-9.5	-9.0	-2.8
	(8.63)	(4.40)	(1.41)	(0.43)
年龄 - H	29.0	11.6	13.0	-3.2
	(3.80)	(1.29)	(0.45)	(0.11)
年龄平方 - H	-0.4	-0.1	-0.2	0.0
	(4.14)	(0.95)	(0.45)	(0.12)
年龄 - W	18.5	19.7	10.6	51.5
	(2.31)	(2.10)	(0.33)	(1.55)
年龄平方 - W	-0.2	-0.3	-0.2	-0.6
	(1.95)	(2.91)	(0.53)	(1.58)
育有6岁的子女	10.3	-142.5	-67.2	61.5
	(0.68)	(8.02)	(1.12)	(0.99)
不满18岁的子女人数	7.7	-119.9	-0.2	-101.1
	(1.32)	(17.57)	(0.01)	(4.60)

续表

变量	白人		黑人	
	丈夫	妻子	丈夫	妻子
人口特征：				
州失业率	23.5	-15.4	-19.1	-18.5
	(6.68)	(3.72)	(0.91)	(0.86)
中心城市	-45.0	17.6	-93.9	40.7
	(3.17)	(1.05)	(2.15)	(0.91)
是否是南方	42.0	53.3	-1.94	7.4
	(3.57)	(3.85)	(0.04)	(0.15)
行业：				
制造业-H	19.2	-1.8	79.1	-1.8
	(1.51)	(0.12)	(1.52)	(0.03)
服务业-H	-31.9	45.8	-25.1	25.4
	(2.15)	(2.61)	(0.42)	(0.41)
公司规模≥100人-H	11.5	60.4	-161.6	-4.5
	(0.72)	(3.17)	(2.37)	(0.06)
公司规模≥500人-H.	-5.8	34.4	-115.7	-49.7
	(0.47)	(2.27)	(2.17)	(0.90)
制造业-W	-28.8	149.4	-14.5	115.7
	(1.80)	(7.95)	(0.22)	(1.76)
服务业-W	-44.9	-59.3	-110.5	-23.3
	(3.63)	(4.08)	(2.07)	(0.43)
公司规模≥100人-W	-21.1	105.4	40.6	18.8
	(1.34)	(5.76)	(0.58)	(0.26)
公司规模≥500人-W	-31.7	109.1	63.8	117.6
	(2.56)	(7.75)	(1.20)	(2.21)
常数：	1488.7	1493.3	1952.6	1075.2
	(12.02)	(10.23)	(3.69)	(1.97)
N：	10964	10964	702	702
调整后的 R^2：	0.06	0.14	0.07	0.05

注释：[a] t统计数据的绝对值在括号中。

[b] 以对数形式。

于布赫缪勒和瓦莱塔（1999）使用样本选择模型（Tobit Model）估计的配偶保险（偏低36%）。

虽然等式（2）包括了任何可以决定某人配偶工作时长的外生变量， 325
但对于丈夫和妻子身上可能影响其工作时长决策的未观察特征，我们的估计没有考虑到其协方差。为了评估我们的结果对于这种估计策略的稳健性，我们还估计了结构形式等式，这种等式允许妻子的工作时长直接影响她丈夫的工作时长决定。

326 我们随后通过二阶段最小二乘法（2SLS）和三阶段最小二乘法（3SLS）估计该结构模型，并且发现结果基本相同。附录 A 的表 A3 中列出了这些附加回归的选定系数。值得注意的是，用于代表全民医保覆盖效果的配偶覆盖的简化版最小二乘法系数实际上与 2SLS 和 3SLS 产生的系数相同。

（三）如果配偶覆盖不是外生性的，那么偏差的方向是什么？

我们的估算方法假设配偶保险和配偶覆盖都是模型的外生因素。然而，有几个理由质疑这个假设。[24]首先，我们使用横截面数据时未区分家庭形成的决定因素，在丈夫和妻子的劳动供给决策中具有相互依赖性（伦德伯格，1988）。如果家庭在形成时导致丈夫和妻子的工作时长分配是消极的，且提供配偶覆盖的能力是工作时长的正函数，那么我们会观察到享受配偶覆盖的女性工作时长更少，但其原因是其丈夫工作时长更长，而不是因为其配偶为她们提供真正意义上的保险本身。

其次，虽然我们的估计策略已经考虑到丈夫和妻子的工作时长可能相互影响，但我们忽略了其他形式的、相互依赖的决策。例如，丈夫和妻子可以共同决定找到能为两者提供医疗保障的工作——比如在特定类型的公司或行业的工作。或者，若收到提供雇主保险的工作邀请，夫妻双方可以共同决定是否接受或拒绝这一邀请。再次指出，工作时长和配偶覆盖之间观察到的任何关系都存疑。

简而言之，有许多理由可以质疑配偶保险和配偶覆盖与等式（2）中的其他独立变量和误差项相关。此外，相关方向在理论上是模糊的。解决这个问题的标准方法是检测这些变量并将工作时长等式中的预测值涵盖。这种方法要求我们确定与某人保险收入以及向某人配偶提供保险相关的变量，但这种变量要与某人自己的工作时长不相关，反之亦然。然而初步估计表明，无法确信可用工具可以实际反驳“工作时长和配偶保险或配偶保险之间存在关联”。

2SLS 估计对所选择工具敏感，且其影响通常难以置信地大，并且在许 327
多情况下导致 R 的平方为负值。[25、26]

另一种方法是，我们通过确定 ε_i^h 和 ε_i^w 是正相关还是负相关来推断潜在偏差方向。一方面，如果在其他条件不变的情况下工作时长更长的男性与工作时长更短的女性结婚——COV（ε_i^h，ε_i^w）<0，并且提供配偶覆盖的能力和工作时长是正相关的，可预计我们的估计会向下偏倚。另一方面，如果 COV（ε_i^h，ε_i^w）>0，那么我们的估计会向上偏倚，则会低估配偶覆盖对工作时长的负面影响。[27]

为确定 COV（ε_i^h，ε_i^w）的符号，需转而观察数据。[28]假设配偶保险 I_i 是分析中其他自变量和误差项 μ_i 的函数。此外，假设配偶覆盖 SP_i 是配偶保险（模型中的其他自变量和误差项）的函数。工作时长决定的“真实”模型由等式（2）给出。相反，我们估计等式（2）将配偶保险和配偶覆盖作为自变量，从这个不正确的工作时长规格中得出的系数就会有偏差。通过在这个不正确的规范中确定误差项协方差的符号和对其组成部分做出合理的假设，我们可以推断出 COV（ε_i^h，ε_i^w）的符号。

分析表明，若存在 COV（e_i^h，e_i^w）>0 和我们对外生型医保对工作时长影响的估计，则它们向上偏倚。对劳动力参与决定进行类似的测试时也是如此。

六、全民医保覆盖对劳动力供给的潜在影响

因为我们认为配偶覆盖的影响可有效代表外生型保险所产生的效果，所以使用这些估计来更广泛地陈述全民医保覆盖对劳动力参与率、劳动者平均工作时长和美国劳动力总供给的可能影响。

在计算中，我们假设全民医保覆盖正式通过后，那些目前拥有配偶覆盖的已婚人士不会改变他们的劳动供应行为。他们已经拥有独立于他们就业行

为的保险覆盖，因而我们认为外生保险的来源变化不会改变人们的就业行为。我们还假设，全民医保覆盖不会影响个人的劳动力供给行为。

328 我们做出这个假设是出于三个原因。第一，我们认为单身人士因全民医保覆盖的实施而决定退出劳动力队伍的可能性要小得多，因为他们不太可能有其他收入来源。第二，尽管我们认为单身人士可能会有所减少他们的工作时长，但我们认为我们根据已婚人士的行为做出的估计并不能代表单身人士的反应。第三，我们希望提供保守估计。[29]

使用表 A1 中报告的估计系数（$\hat{\lambda}^k$），我们计算出每组的劳动力参与率的变化 Δp^k 为：

$$\begin{aligned}\Delta p^k &= E[Prob(p_i^k = 1 \mid \hat{\lambda}^k Z_{i1}^k] - E[Prob(p_i^k = 1 \mid \hat{\lambda}^k Z_{i0}^k] \\ &= E[\Phi(\hat{\lambda}^k Z_{i1}^k)] - E[\Phi(\hat{\lambda}^k Z_{i0}^k)] = p_1^k - p_e^k\end{aligned} \quad (3)$$

其中 k 指分组，Z_{i0}^k是实际个体特征的向量，Z_{i1}^k也是实际个体特征的向量，但其中配偶覆盖对所有人都为 1。预期的劳动力参与率 p_e^k、当所有个体都具有配偶覆盖时的预测劳动力参与率 p_1^k，以及每组中参与的估计变化 Δp^k 呈现在表 3 的第一组中。

预计全民医保覆盖对妻子劳动力参与率的影响最大：白人和黑人妻子的参与率分别降低了 7.5% 和 11.0%。黑人丈夫的参与率降低了 7.1%，而全民医保覆盖对白人丈夫的影响最小，其劳动力参与率降低了 3.2%。

鉴于我们了解相关的人口比例，并假设全民医保覆盖不影响个人的参与决策，我们可以使用这些估计来推断美国劳动力规模的整体减少。具体而言，美国人口劳动力参与率的整体变化 ΔP 为：

$$\Delta P = \sum_k s^k \Delta p^k \quad (4)$$

其中 s^k 是每个群体的人口比例。将来自当前人口调查[30]的 s^k 估计值与每个群体的劳动力市场参与率的估计变化相结合，我们计算出全民医保覆盖率将使整体劳动力参与率降低 3.3%。这其中很大一部分原因在于已婚白人女性的行为：仅已婚白人女性退出劳动力市场这一项就会使总体劳动力参与率下降超过2.0%。

表3 劳动力参与、工作时长和劳动力供应的预测变化（按种族和性别划分） 329

1.劳动力参与状态变化			
	p_1^k	p_e^k	Δp^k
白人丈夫	0.924	0.956	–0.032
白人妻子	0.678	0.753	–0.075
黑人丈夫	0.851	0.922	–0.071
黑人妻子	0.711	0.821	–0.110
劳动力参与整体变化：Δp =–0.033			
2.工作时长变化			
	$\overline{H}_1^k$	$\overline{H}_e^k$	$\Delta\overline{H}^k$
白人丈夫	2150	2206	–57
白人妻子	1596	1705	–109
黑人丈夫	2084	2084	0
黑人妻子	1771	1839	–68
工作时长整体变化：$\Delta\overline{H}$=–46			
3.劳动力供给变化			
	工作时长部分	参与部分	
白人丈夫	–54	–71	–125
白人妻子	–82	–128	–210
黑人丈夫	0	–148	–148
黑人妻子	–56	–202	–258
劳动力供给整体变化：$\Delta\overline{LS}$=–98			

现在让我们来看看，全民医保覆盖对已婚劳动者平均工作时长的潜在影响。每组平均工作时长的变化计算方式如下：

$$\Delta\overline{H}^k = E[H^k \mid \hat{\beta}^k M_1^k] - E[H^k \mid \hat{\beta}^k M_0^k] = \overline{H}_1^k - \overline{H}_e^k \tag{5}$$

其中 k 是组，H 是平均时长，M_0 是平均特征向量，M_1 是配偶覆盖等于1时的平均特征向量，而 $\hat{\beta}_k$ 是表2中估计系数的向量。此外，H_e^k 是鉴于组 k 的平均特征组 k 中劳动者的预期平均年度工作时长，H_1^k 是人人都有配偶覆盖时组 k 的预测平均工作时长。我们在表3第二组中报告了实施全民医保覆盖后每组平均工作时长变化和预计平均工作时长。

同样，妻子对全民医保覆盖反应最敏感。受雇白人妻子的平均工作时 330
长减少了109小时（6.4%），受雇黑人妻子的平均工作时长估计减少68

小时（3.7%）。[31]

为了总体估计整体就业人口的平均工作时长减少量，我们继续假设，全民医保覆盖实施后人们不会改变其劳动力供给状态。鉴于此，我们根据相关人口份额 s^k 对每组的平均时长进行加权。

$$\Delta \overline{H} = \sum_k s^k \Delta \overline{H}^k \tag{6}$$

我们的计算表明，劳动者平均工作时长每年减少 46 小时（等于全职工作一周）。

使用这些劳动者平均工作时长变化的估计值以及上面计算的劳动力市场退出估计值，来预测全民医保覆盖对整体人口平均工作时长的影响是有用的。在这种情况下，

$$\Delta \overline{LS} = \sum_k s^k [p_e^k \Delta \overline{H}^k + H_1^k \Delta p^k] \tag{7}$$

等式（7）将人口中的工作时长变化分解为两个部分，一个是由于就业人员平均工作时长减少，另一个是由于退出劳动力市场。这些变化由每个群体的相关人口比例加权。

表 3 第三组报告了这些估计以及对每组劳动力供给的总体变化估计。我们发现总体劳动力供给平均每年减少约 98 小时，其中约 61 小时由于平均工作时长减少，37 小时由于劳动力队伍撤离。这将导致美国人口的劳动力供给减少约 6.2%。[32、33]

总体而言，提供全民医疗保险似乎会对美国的总体劳动力供给产生重大影响。看起来，获得医保覆盖的愿望是影响个人（特别是妻子）劳动力供应决策的重要因素。劳动力总供给量减少的最大来源是白人妻子。显然，对于很多妻子来说，寻求就业的部分理由是由于她们希望获得医疗保险。

331 虽然以前的研究没有解决“全民医保覆盖的整体劳动供给效应可能是什么?”这一问题，但现有这些结果与先前的研究一致，即确实指出了配偶保险与已婚妇女劳动供给行为之间的密切联系（奥尔森，1995；布赫缪

勒和瓦莱塔，1999）。[34]

七、结论

对于绝大多数美国人来说，获得医保并接触医疗保险体系，与决定是否工作和工作多久有着复杂的联系。对当前医保系统进行的任何改革都必须通过削弱医保和就业行为之间的关系来实现其目标。关于劳动力供给决策如何受雇主提供的一般福利或特别是医保的影响目前尚知之甚少，因此难以预测全民医保覆盖的潜在影响。在本研究中，我们首先检测目前通过配偶的雇主获得保险覆盖（即配偶覆盖）的已婚人士的行为，来检测这种关系，然后使用配偶覆盖的估计影响代表全民医保覆盖。

我们的研究结果表明，配偶覆盖与决定是否参与劳动力市场以及参与程度多大之间存在很强的关系。虽然在数字上其结果对于妻子而言比丈夫更显著，但这种关系对丈夫同样显著。此外，配偶覆盖的效果不仅因性别而产生很大差异，还因种族、教育和家庭结构而产生很大差异。未来关于医疗改革，尤其是全民医保覆盖对劳动力供给影响的研究，应明确将男性和女性一同纳入考虑范围内，并仔细考虑人口的特征，如种族、收入、教育和子女的年龄结构。研究者若能更好地了解医保对各种劳动力市场群体的劳动力供给决策发挥的作用，就能不仅洞见有关医疗改革如何影响其劳动力供给，而且还可以指出更加间接（和复杂）的改革成果，如影响工资、税收、就业、获得医疗保险以及儿童保育需求。

本研究以及该领域的其他研究使用了当前人口调查数据。尽管当前人口调查具有丰富的就业和人口统计信息，但它在医保信息方面较有限。例如，我们缺乏有关保险范围特征的详细信息，即保险费的水平或该医保对个人的价值。因此，我们没能回答许多有价值的问题。例如，我们无法确定医保费增加一美元的边际影响或增加特定类型保障（如心理健康保障或牙科保障）的影响。

332 我们也没有回答医保如何影响单个劳动者的劳动供给行为这个问题。在进一步研讨医疗改革时，研究者若想解决上述问题，可以考虑使用不同的数据集、家庭劳动力供应决策的替代模型以及处理医保内生性等各种方法。

致谢

作者要致谢查尔斯·布朗、加利·索隆和澳大利亚国立大学的研讨会参与者、1995年西方经济学会年会参与者和1997年劳工经济学家年会参与者，他们提出了许多有用的评论。

注释

1. 参议院少数党领袖汤姆·达施勒（南达科他州民主党人）评论卡斯鲍姆－肯尼迪法案时说："这项法案是医疗保健体系的一个组分，正如奥运会也是由一项项赛事组成的。"（哈夫曼，1996）。

2. 我们采用这种策略是因为，根据初步判断，我们与其他研究人员一样，没有能够让我们估计内生型保险模型的工具。

3. 例如，格鲁伯和马德里安（1995）以及胡尔德和麦加里（1993）发现，在55～64岁的群体中，其医疗保险享有保障和补贴者，其退休率显著提高。然而，在两项独立的研究中，古斯特曼和斯泰因迈尔（1992，1994）并没有发现强制医保对退休行为存在任何其他正向影响。研究还表明，全民医保覆盖可以消除那些为自己或其家属领取医疗补助的人的工作抑制因素，而他们不太可能从未来的雇主那里获得医保（莫菲特和沃尔夫，1992；耶洛维茨，1995）。然而关于医疗补助对劳动力参与的抑制作用，实证证据也不全一致，温克勒（1991）和布兰科（1989）都发现了医疗补助对劳动力参与的影响相对较小。

4. 国会预算办公室（1994）指出，《健康保障法》将使劳动力参与率总和减少 i－1%。尚不清楚这一估计是如何得出的。然而，它似乎有赖于之前的研究，这些研究表明工资的变化对个人的劳动力供给影响不大。

5. 作者还考虑了丈夫享有保险（而不是受配偶保险覆盖）的影响，并且发现这对妻子劳动力供给的影响要小一些。

6. 遗憾的是，在其他国家实施全民医保覆盖的经验中，仅有美国全民医保覆盖对其劳动力供给的潜在影响受到了研究，因此观点较为受限。格鲁伯和汉拉蒂（1995）研究了加拿大转向国家医保后劳动力市场结果的变化，结论是这带来了劳动力需求的系统性增加，导致了就业机会和工资增长。然而，这些结果几乎没有说明当前的问题，因为作者并没有试图孤立供需变化的影响。此外，作者还指出了一些方法和制度问题，很难将加拿大的研究结果推广到美国。例如，加拿大的工会化程度远远高于美国。此外，在研究期间，美国当前的医疗服务支出远远高于加拿大的医疗服务支出。

1961 ~ 1975 年加拿大劳动力的人口特征与今天美国的人口统计特征大不相同。因 333
此，我们并未过多依赖这一证据。

7. 请注意，丈夫和妻子的劳动供给决定中的同时性可能并不普遍。特别是伦德伯格（1988）试图区分联合效用模型和单个效用模型，并得出结论：只有在家庭中育有幼儿时，丈夫和妻子才会同时决定工作时长。

8. 为了检验我们研究结果的稳健性，我们在脚注中讨论并在附录 A 中介绍了来自替代模型的估计，这种替代模型允许夫妻同时做出家庭决策。

9. 虽然之前的研究表明某些工作福利对于决定离开自己雇主的倾向很重要（古斯特曼和斯泰因迈尔，1993；马德里安，1994），但是“某人的配偶拥有‘好工作’”对于确定一个人的劳动力供给可能不那么重要。

10. 除了配偶保险，我们还考虑配偶的养老金、家庭保险覆盖和雇主支付的保险费作为“配偶拥有好工作”的控制变量。由于配偶覆盖的估计效果在这些规格中基本相同，我们选择用配偶保险报告结果，以尽可能避免可能的其他内生变量包括在内。但是，如果配偶覆盖是“配偶是否拥有好工作”的最佳指标，那么我们可能会过高估计配偶覆盖的影响。

11. 伦德伯格（1985）提出了一些实证证据支持以下观点“对于已婚男性而言，工作邀请的工资与工作时长水平持平，因此工资是内生性的”。

12. 文献中经常采用工资对工作时长或参与的直接影响不是特别有意义时的研究方法（布兰科，1988；布赫缪勒和瓦莱塔，1999；雅库布森，1988）。但是，如果用来控制配偶工资的变量是不合适的，并且配偶的工资与配偶覆盖正相关，配偶工资的影响可能会被高估。因此，所有的估计都被复制了一次，并将配偶工资作为自变量。这个发现几乎与论文中提出的结果相同。因此我们得出结论，在估计配偶覆盖对劳动力供给的影响时，因为没有将配偶的工资作为一个自变量，我们的估计没有偏差。

13. 这些数据无法识别个人提供的保险。然而根据 1988 年 5 月当前人口调查的员工福利调查，超过 80% 的人接受了雇主提供的保险。在那些拒绝了雇主提供保险的人当中，有不到三分之一者的理由是他们受配偶的雇主医保覆盖。奥尔森（1995）发现大约 21% 的妻子是因为受配偶的雇主医保覆盖而拒绝接受健康保险。这种区别将在第五节进一步讨论。

14. 国家健康访谈调查（1989）和国家医疗保健享受调查（1982）等其他以医疗保健和医保为重点的调查缺乏有关个人工资、工时和其他就业特征的信息。国家医疗保健支出调查（1977，1987）确实包含一些就业信息，但当前人口调查的数据更新，样本量更大，还包括了其他就业信息。

334 15. 这排除了大约 6% 的家庭，这些家庭由异族通婚的夫妻或将其种族确定为“其他”的个人组成。

16. 当我们只考虑“就业”家庭时，也排除了任一配偶报告的工资率低于每小时 2 美元的家庭。

17. 更具体地将变量定义如下。教育水平由五个虚拟变量衡量：高中学历以下、高中学历、大学肄业（没有学士学位）、学士学位以及专业或研究生学位，其中具有高中学历的个人被省略掉。如果受访者居住在中心城市或南部人口普查区，则虚拟变量 CITY 和 SOUTH 分别等于 1。非劳动收入的计算方法是从家庭总收入中减去家庭总劳动收入。最后，如果受访者通过其雇主获得保险，则配偶保险这一虚拟变量等于 1，如果受访者为其配偶提供保险，则配偶覆盖这个虚拟变量等于 1。由于没有自己保险的配偶不可能获得配偶覆盖，配偶覆盖可以被认为是这两者之间的交互作用。

18. 如果某人在参考年份（1992 年）任何时候就业，此人就会被编码为劳动力市场的参与者。少数称自己全年均处于失业状态者（不到 1% 的白人和约 2% 的黑人）被编码为非参与者。即便将这些长期失业人员编码为劳动力市场参与者，我们的估计也不太可能受到影响。

19. 所有的估计都是在 LIMDEP 6.0 中完成的（格林，1992）。考虑到丈夫和妻子可能一同做出劳动力参与的决定，我们还使用双变量多元概率模型估计了等式（1）。双变量多元概率模型提高了效率，因为它考虑了夫妻错误项中的任何相关性。但是，在我们的案例中，误差方面的相关性非常小，这表明配偶的参与决定似乎不是一同决定的。

20. 我们还计算了具有不同假设特征概况的个体的这些差异，并发现结果因教育情况和是否育有儿童而有很大差异。这表明全民医保覆盖的影响可能因群体而异。

21. 在初步估算中，逆米尔比率也包括在工作时长等式中，以控制可能的选择偏差。包含逆米尔比率对估计值只有很小的影响，因此我们选择报告未校正的结果。

22. 我们使用了制造业和服务业的两个行业虚拟变量。企业规模分为三类：员工人数少于100人的公司、100至500人的公司、超过500人的公司。附录A中的表A2显示了工作时长估算中使用的所有变量的均值。

23. 减少的百分比是通过用当配偶覆盖等于零时的预期工作时长减去当配偶覆盖等于1时的预期工作时长，然后除以假设配偶覆盖等于零时的预期工作时长。

24. 为简单起见，本讨论将侧重于工作时长决策，但这一逻辑同样适用于劳动力参 335
与决定。

25. 其他研究人员注意到医保的处理缺乏适当的工具。如参见曼宁等（1987）和布赫缪勒和瓦莱塔（1999）的研究。即使我们有一个理想的数据集，工作时长和保险之间的密切联系也导致理论上难以设想出合适的工具。在初步估计中我们用作测量是否通过配偶享受医保覆盖的工具的有：私营部门、职业、夫妻雇主的规模虚拟变量；某州健康维护组织所覆盖的人口比例；某州未受医保覆盖的人口比例；以及某州在医院、药品、医生上的人均支出。但这些工具都没有能够解释工作时长和保险覆盖范围之间的关系。

26. 布赫缪勒和瓦莱塔（1999）也意识到这些来源可能存在偏差。他们认为，因共同工作选择而产生的任何偏差并不重要，因为几乎没有证据表明已婚男性的工作选择受到其妻子劳动力市场结果的强烈影响。虽然可能确实如此，但在这里我们也很关注配偶覆盖对丈夫工作时长的影响。我们不希望假设妻子的工作选择在某种程度上不取决于丈夫的劳动力市场结果。布赫缪勒和瓦莱塔分析保险邀请而非保险接收，并得出结论：决定接受或拒绝被提供的保险存在内生性，这导致的负面偏差与其结果一致。另外，奥尔森（1995）进行了类似的分析，他得出的结论是，使用保险接收而不是邀请的任何偏差都不大。在任何一种情况下，应当注意如果家庭共同做出工作选择，或者如果家庭按工作时长积极或消极地进行配对，保险要求的估计仍存在偏差。最后，布赫缪勒和瓦莱塔使用多项式评估模型来解决已婚夫妇异质性导致的偏见。

27. 关于择偶匹配的文献并不关注工作时长，而是通常指出夫妻对教育等特征的匹配是积极的（例如，施美尔，1986）。如果教育与工作时长之间存在正相关关系，我们会期望夫妇在工作时长和参与方面进行积极匹配。

28. 我们在寻找偏差符号时使用的确切程序在附录 B 中有详细介绍。这里我们仅提供一个简要的概述。

29. 这里的单身人士包括：从未结婚者、离婚者、丧偶或与配偶分居者。

30. 我们特别使用了以下人口比例：已婚白人男性，0.264；已婚白人女性，0.267；已婚黑人男性，0.022；已婚黑人女性，0.023（美国商务部，1995，表 58）。注意这些计算是在假设全民医保覆盖不会通过显著改变结婚倾向而改变其占比的情况下进行的。

31. 由于以下原因，此处报告的工作时长估计减少量小于我们在第五节中的估计数。在第五节中，我们比较了享有和未享有配偶覆盖者的预期工作时长的差异。在本节中，我们正在比较预期的工作时长，因为有些人目前有配偶覆盖，有些人没有，预计工作时长假设每个人都接受外生型医保。

336 32. 这一百分比的减少是基于1,583小时的年平均工作时长计算的。这个数字是根据每周工作 40 小时、每年 50 周的劳动者计算的，并根据 25～64 岁人口的整体劳动力参与率进行调整（参见美国商务部，1995，表 627）。

33. 值得注意的是，如果我们考虑其他人口群体，这些结果也基本相同。我们还特别以另外两种方式复制了这些预测：第一，将样本分成育有或未育有 18 岁以下子女的家庭；第二，将丈夫和妻子分成 45 岁以下和以上的个人。在这两种情况下，将白人和黑人组合在一起，并为模型添加了种族控制变量。当我们通过是否育有子女划分样本时，估计总劳动力参与率将下降 3.2%，平均工作时长将减少 44 个小时，劳动力供给总体减少 95 小时（6.0%）。按年龄划分样本时，我们估计总劳动力参与率将下降 3.5%，平均工作时长将减少 47 小时，劳动力供给总体减少 100 小时（6.3%）。

34. 在此过程中，我们必然会做出一些可能影响结果的假设。我们做了三个假设，这往往会导致低估全民医保覆盖造成的劳动力供给的真正减少。第一，我们只考虑了全民医保覆盖的收入效应却忽略了其对提前退休的影响。第二，我们假设只有目前不享受配偶覆盖的已婚人士才会改变他们的劳动力供给。另外，就医疗补助受助人可能增加他们的劳动力供给而言，我们会高估全民医保覆盖的负面影响。第三，我们的估计假设全民覆盖计划的净值将与目前提供给享受配偶覆盖者的平均计划相当。目前尚不清楚这种假设是否会使我们高估或低估全民医保覆盖的真实效果。

35. 鉴于配偶保险（我们在配偶工作好这方面的控制变量）对工作时长有一点积极的影响，如果 COV（ε^h，ε^w）<0，我们能得出忽略内生性会导致我们低估配偶保险对工作时长积极影响的结果。如果 COV（ε^h，ε^w）>0，则相反。

36. 如果我们将配偶覆盖从等式中取出，并重写方程式（3＊），则配偶保险 I 的系数等于 b_3；当我们在不享受配偶覆盖变量的情况下估计等式（3＊）时，我们发现 b_3 对除了黑人丈夫之外的所有群体都呈负值，对于除了黑人丈夫这一数据呈正值但不显著。

37. 我们排除的唯一情况是，丈夫和妻子在工作时长上的分配是消极的，但在自己享有保险和配偶覆盖的提供方面具有正交叉协方差。但这种情况不太可能发生，因为工作时长更长的人更有可能为自己和家人提供雇主出资的医疗保险覆盖。

38. 值得注意的是，当我们单独考虑配偶保险和配偶覆盖效应的模型时，得出了相同的结论。

参考文献

Blank, R. M. (1988). Simultaneously Modeling the Supply of Weeks and Hours of Work among Female Household Heads. *Journal of Labor Economics, 6* (April), 177–204.

Blank, R. M. (1989). The Effects of Medical Need and Medicaid on AFDC Participation. *Journal of Human Resources, 24* (Winter), 54–87.

Buchmueller, T. C., & Valletta, R. G. (1996). Employer-Provided Health Insurance and Worker Mobility: 'Job-Lock' or Not? *Industrial Labor Relations Review, 49* (April), 439–455.

Buchmueller, T. C., & Valletta, R. G. (1999). The Effect of Health Insurance on Married Female Labor Supply. *Journal of Human Resources, 34* (Winter), 42–70.

Congressional Budget Office (1994). *An Analysis of the Administration's Health Proposal.* Washington, DC: U.S. Government Printing Office.

Feldstein, M. (1973). The Welfare Loss of Excess Health Insurance. *Journal of Political Economy, 81* (March/April), 251–280.

Freeman, R. B. (1981). The Effects of Unions on Fringe Benefits. *Industrial and Labor Relations Review, 34* (July), 489–509.

Greene, W. H. (1992) *LIMDEP User's Manual and Reference Guide.* Bellport, NY.

Gruber, J., & Hanratty, M. (1995). The Labor-Market Effects of Introducing National Health Insurance: Evidence from Canada. *Journal of Business and Economic Statistics, 13* (April), 163–173.

Gruber, J., & Madrian, B. C. (1995). Health Insurance Availability and the Retirement Decision. *American Economic Review, 85* (September), 938–948.

Gruber, J., & Madrian, B. C. (1994). Health Insurance Portability and Job Mobility: The Effects of Public Policy on Job-Lock. *Industrial and Labor Relations Review, 48* (October), 86–102.

Gustman, A., & Steinmeier, T. (1994). Employer-Provided Health Insurance and Retirement Behavior. *Industrial and Labor Relations Review, 48* (October), 124–140.

Gustman, A., & Steinmeier, T. (1992). Pension Incentives, Mandatory Retirement and Retirement Behavior in Higher Education. *Economics of Education Review, 11*, 195–204.

Gustman, A., & Steinmeier, T. (1993). Pension Portability and Labor Mobility: Evidence from the Survey of Income and Program Participation. *Journal of Public Economics, 50* (March), 299–323.

Hamermesh, D. S. (1988). The Demand for Workers and Hours and the Effects of Job Securities Policies: Theories and Evidence. In: R. A. Hart (Ed.), *Employment, Unemployment, and Labor Utilization*. Boston, Unwin Hyman.

Hart, R. A., Bell, D. N. F., Frees, R., Kawasaki, S., & Woodbury, S. A. (1988), *Trends in Non-Wage Labour Cost and Their Effects on Employment*. Commission of the European Communities, Programme for Research and Actions on the Development of the Labor Market. Brussels and Luxembourg, Office for the Official Publications of the European Communities.

Havemann, J. (1996). House Votes to Protect Health Insurance Access. *Washington Post* (August 2), A1.

Hurd, M., & McGarry, K. (1993). *The Relationship Between Job Characteristics and Retirement.* NBER Working Paper 4558 (December).

Jakubson, G. (1988). The Sensitivity of Labor-Supply Parameter Estimates to Unobserved Individual Effects: Fixes- and Random-Effects Estimates in a Nonlinear Model Using Panel Data. *Journal of Labor Economics, 6* (July), 302–29.

Killingsworth, M. (1983). *Labor Supply.* Cambridge University Press.

Kooreman, P., & Kapteyn, A. (1990). On the Empirical Implementation of Some Game Theoretic Models of Household Labor Supply. *Journal of Human Resources, 25* (Fall), 584–597.

Lewers, D. T., M. D. (1989). *Testimony before the U.S. House Committee on Education and Labor.* October 11th and 12th, 101st Congress, 1st Session. Washington, DC, U.S. Government Printing Office.

Lundberg, S. J. (1988). Labor Supply of Husbands and Wives: A Simultaneous Equations Approach. *The Review of Economics and Statistics, 70* (May), 224–235.

Lundberg, S. J. (1985). Tied Wage-Hours Offers and the Endogeneity of Wages. *The Review of Economics and Statistics, 67* (August), 405–410.

Madrian, B. C. (1994). Employment-Based Health Insurance and Job Mobility: Is There Evidence of Job-Lock? *Quarterly Journal of Econometrics, 59* (February), 27–54.

Manning, W. G., Newhouse, J. P., Duan, N., Naihua, K., Keeler, E. B., Leibowitz, A., & Marquis, M. S. (1987). Health Insurance and the Demand for Medical Care: Evidence from a Randomized Experiment. *The American Economic Review, 77* (June), 251–277.

McElroy, M. B. (1981). Appendix: Empirical Results from Estimates of Joint Labor Supply functions of Husbands and Wives. In: R. G. Ehrenberg (Ed.), *Research in Labor Economics* (pp. 53–64). Greenwich, CT, JAI Press.

Mitchell, O. S. (1990). The Effects of Mandating Benefits Packages. In: R. G. Ehrenberg (Ed.), *Research in Labor Economics* (pp. 297–320). Greenwich, CT, JAI Press.

Mitchell, O. S. (1983). Fringe Benefits and the Cost of Changing Jobs. *Industrial and Labor Relations Review, 37* (October), 70–78.

Mitchell, O. S. (1982). Fringe Benefits and Labor Mobility. *Journal of Human Resources, 17* (Spring), 286–298.

Moffit, R. A., & Wolf, B. L. (1992). The Effect of the Medicaid Program on Welfare Participation and Labor Supply. *The Review of Economics and Statistics, 47* (November), 615–626.

Olson, C. A. (1995). *Parttime Work, Health Insurance Coverage and the Wages of Married Women.* Mimeo. University of Wisconsin.

Petersen, T. (1985). A Comment on Presenting Results from Logit and Probit Models. *American Sociological Review, 50* (February), 130–131.

Schirm, A. (1986), *Assortative Mating: An Economics Analysis of Who Marries Whom.* Ph.D. Dissertation. University of Pennsylvania.

Schultz, T. P. (1990). Testing the Neoclassical Model of Family Labor Supply and Fertility.

Journal of Human Resources, *25* (Fall), 599–625.

U.S. Department of Commerce (1995), *Statistical Abstract of the United States, 1994*. Washington, DC, U.S. Government Printing Office.

Winkler, A. E. (1991). The Incentive Effects of Medicaid on Women's Labor Supply. *The Journal of Human Resources*, *26* (Spring), 166–182.

Woodbury, S. A., & Bettinger, D. R. (1991). The Decline of Fringe Benefits Coverage in the 1980s. In: R. W. Eberts & E. Groshen (Eds), *Issues in Contemporary Labor Economics and the Implications for Public Policy*. Armonk, NY, M. E. Sharpe.

Yelowitz, A. S. (1995). The Medicaid Notch, Labor Supply, and Welfare Participation: Evidence from Eligibility Expansions. *The Quarterly Journal of Economics*, *110* (November), 909–939.

附录 A

表 A1 劳动力参与率系数的估计决定因素 a（按种族和性别划分）

变量	白人		黑人	
	丈夫	妻子	丈夫	妻子
医疗保险收益：				
配偶覆盖	-0.457	-0.772	-0.618	-0.892
	(6.78)	(19.04)	(3.05)	(4.77)
配偶享有雇主提供的保险	0.133	0.323	0.207	0.494
	(2.07)	(7.65)	(1.09)	(2.51)
教育：				
高中以下 - H	-0.271	-0.103	0.227	0.294
	(4.23)	(2.40)	(1.17)	(1.87)
大学肄业 - H	0.082	-0.007	0.122	0.202
	(1.46)	(0.21)	(0.67)	(1.39)
学士学位 - H	0.219	-0.209	0.406	0.155
	(3.18)	(5.40)	(1.45)	(0.76)
专业学位 - H	0.544	-0.375	0.341	-0.152
	(5.72)	(8.00)	(0.84)	(0.58)
高中以下 - W	-0.171	-0.470	0.074	-0.760
	(2.55)	(11.06)	(0.32)	(4.55)
大学肄业 - W	0.118	0.227	0.157	0.053
	(2.14)	(7.27)	(0.94)	(0.40)
学士学位 - W	0.115	0.489	0.276	0.223
	(1.55)	(11.80)	(1.09)	(1.11)
专业学位 - W	-0.031	0.863	0.474	0.547
	(0.33)	(13.68)	(1.06)	(1.63)
个人和家庭特征：				
其他非劳动收入[b]	-0.114	0.018	-0.086	0.025
	(14.66)	(4.79)	(4.48)	(1.69)

续表

变量	白人		黑人	
	丈夫	妻子	丈夫	妻子
年龄 - H	0.070	-0.025	-0.105	-0.082
	(2.47)	(1.49)	(1.20)	(1.25)
年龄平方 - H	-0.001	0.000	0.001	0.001
	(4.03)	(0.88)	(0.85)	(0.70)
年龄 - W	0.068	0.083	0.241	0.240
	(2.38)	(5.15)	(3.00)	(3.62)
年龄平方 - W	-0.001	-0.001	-0.003	-0.003
	(2.14)	(6.67)	(3.08)	(3.62)
育有6岁的子女	-0.104	-0.493	-0.034	-0.351
	(1.43)	(14.31)	(0.16)	(2.25)
不满18岁的子女人数	0.044	-0.166	0.016	-0.019
	(1.71)	(13.31)	(0.22)	(0.36)
人口特征:				
州失业率	-0.058	-0.090	-0.069	-0.104
	(3.98)	(10.81)	(1.03)	(1.99)
中心城市	-0.059	-0.113	-0.081	-0.049
	(1.10)	(3.62)	(0.59)	(0.46)
南部	-0.064	-0.116	-0.003	-0.058
	(1.41)	(4.41)	(0.02)	(0.49)
常数:	0.816	1.404	0.405	-0.446
	(1.66)	(4.91)	(0.24)	(0.35)
N:	15466	15466	957	957
可能性对数:	-2225.2	-7501.0	-218.2	-384.3

注释:[a] t-统计数据的绝对值在括号中。

[b] 以对数表示。

340 表 A2 "就业夫妻"中已婚人士的平均特征 a（按种族和性别划分）

变量	白人		黑人	
	丈夫	妻子	丈夫	妻子
医疗保险收益:				
配偶覆盖	29.1	60.5	28.4	49.7
配偶享有雇主提供的保险	48.7	74.4	56.9	70.0
年工作时长:				
总	2212	1708	2088	1843
配偶覆盖	2151	1578	2115	1757
不享受配偶覆盖	2237	1907	2078	1928
行业:[b]				

续表

变量	白人		黑人	
	丈夫	妻子	丈夫	妻子
制造业	36.7	17.2	40.2	20.6
服务业	23.9	50.0	25.2	55.6
其他	39.4	32.8	34.6	23.8
公司规模 < 100 人	35.4	36.5	27.0	24.9
公司规模 ≥100 且 < 500 人	16.2	16.9	14.5	13.0
公司规模 ≥500 人	48.4	46.6	58.5	62.1
教育：[b]				
高中以下	8.4	6.7	14.6	7.1
高中	32.8	36.7	37.9	37.4
大学肄业	26.4	28.1	28.3	34.0
学士学位	20.2	19.5	13.3	15.4
专业学位	12.2	9.0	5.9	6.1
个人和家庭特征：				
其他非劳动收入[c]	5.847	5.847	4.424	4.424
年龄	41.7	39.6	41.4	39.3
育有 6 岁的子女[b]	23.9	23.9	27.6	27.6
不满 18 岁的子女人数	1.1	1.1	1.2	1.2
人口特征：[b]				
州失业率	7.3	7.3	7.4	7.4
中心城市	17.1	17.1	41.0	41.0
是否是南方地区	32.4	32.4	58.6	58.6
N：	10964	10964	702	702

注释：[a] “就业夫妻” 只包括配偶双方都就业的夫妇。
[b] 用百分比表示。
[c] 用对数表示。

表 A3 关于年工作时长的两阶段和三阶段最小二乘系数，
医疗保险收益的估计决定因素 a（按种族和性别划分） 341

变量	白人		黑人	
	丈夫	妻子	丈夫	妻子
A. 两阶段最小二乘结果：配偶覆盖估计	-74.2	-266.7	-17.4	-147.2
	(4.76)	(15.10)	(0.28)	(2.59)
配偶有雇主保险	54.0	71.8	-146.4	4.1
	(1.62)	(2.91)	(1.28)	(0.06)
N：	10964	10964	702	702

续表

变量	白人		黑人	
	丈夫	妻子	丈夫	妻子
调整后的 R^2：	0.33	0.96	-0.05	0.63
B. 三阶段最小二乘结果：配偶覆盖估计	-85.8	-262.7	17.2	-112.1
	(5.76)	(15.52)	(0.31)	(2.19)
配偶有雇主保险	-85.4	-0.6	-36.2	92.7
	(2.60)	(0.02)	(0.33)	(1.35)
N：	10964	10964	702	702
调整后的 R^2：	0.45	0.11	-0.11	0.34

342 附录 B

尽管我们的估算程序假设配偶保险和配偶覆盖对于某人的劳动力供给决策都是外生的，但于第五节依旧讨论了几种不太可能出现这种情况的场合。本附录详细解释了我们因忽视这种内生性所导致偏差的符号。尽管相同逻辑也适用于参与决策，但我们仍然依据工作时长进行论述。

假设由于家庭决策中的择偶匹配或相互依赖性，一个人的配偶是否有自己的保险并非外生，而是模型中其他外生变量和误差项的函数，则：

$$I^h = \gamma_1^h X^* + \eta^h$$
$$I^w = \gamma_1^w X^* + \eta^w \qquad (1*)$$

其中 X^* 是模型中所有外生变量的向量，η 是一个随机误差项。为了简单起见，我们已经抑制了 i 下标和一个常数项。我们进一步假设，能够为他人提供配偶覆盖的能力是通过某人雇主 I 获得保险和模型中的其他外生变量（可能是因为家庭在得到提供保险的工作邀约后决定接受保险）的函数。具体来说：

$$SP^h = \alpha_1^h I^h + \alpha_2^h X^* + \mu^h$$
$$SP^w = \alpha_1^w I^w + \alpha_2^w X^* + \mu^w \qquad (2*)$$

其中 μ 是随机误差项。

我们可以将第五节估计的等式（2）重写为：

$$H^h = \beta_0^h + \beta_1^h X^* + \beta_2^h SP^w + \beta_3^h I^w + \varepsilon^h$$
$$H^w = \beta_0^w + \beta_1^w X^* + \beta_2^w SP^h + \beta_3^w I^h + \varepsilon^w \qquad (3*)$$

鉴于上述假设，配偶保险 I 和配偶覆盖 SP 与等式（3＊）中的外生变量相关，而等式（3＊）中的误差项也相关。假设配偶保险和配偶覆盖是外生的，偏差的方向取决于 COV（ε^h，ε^w）的符号。如果 COV（ε^h，ε^w）<0，则我们估计配偶保险的影响和配偶覆盖会向下偏移。换言之，我们会高估配偶覆盖对工作时长的负面影响。另外，如果 COV（ε^h，ε^w）>0，我们的估计会向上偏移，低估配偶覆盖对工作时长的负面影响。[35]

将等式（1＊）和（2＊）代入等式（3＊）并重新排列，得到 343

$$
\begin{aligned}
H^h &= b_0^h + b_1^h X^* + e^h \\
H^w &= b_0^w + b_1^w X^* + e^w
\end{aligned}
\qquad (4*)
$$

其中

$$
\begin{aligned}
b_1^h &= \beta_1^h + \beta_2^h\gamma_1^w\alpha_1^w + \beta_2^h\alpha_2^w + \beta_3^h\gamma_1^w \\
b_1^w &= \beta_1^w + \beta_2^w\gamma_1^h\alpha_1^h + \beta_2^w\alpha_2^h + \beta_3^w\gamma_1^h \\
e^h &= \beta_2^h\mu^w + b_3^h\eta^w + \varepsilon^h \\
e^w &= \beta_2^w\mu^h + b_3^w\eta^h + \varepsilon^w \\
b_3^h &= \beta_2^h\alpha_1^w + \beta_3^h \\
b_3^w &= \beta_2^w\alpha_1^h + \beta_3^w
\end{aligned}
$$

为了表示偏差，我们需要知道等式（3＊）中误差项中的相关符号，但是我们没有关于 COV（ε^h，ε^w）符号的直接信息。不过，我们注意到在简化版时间等式（4＊）的错误项中，其协方差由下式给出：

$$
\begin{aligned}
COV(e^h, e^w) = {} & \beta_2^h\beta_2^w COV(\mu^h, \mu^w) + \beta_2^h b_3^w COV(\eta^h, \mu^w) + b_3^h\beta_2^w COV(\mu^h, \eta^w) \\
& + b_3^h b_3^w COV(\eta^h, \eta^w) + \beta_2^w COV(\mu^h, \varepsilon^h) + \beta_2^h COV(\mu^w, \varepsilon^w) \\
& + b_3^w COV(\eta^h, \varepsilon^h) + b_3^h COV(\eta^w, \varepsilon^w) + COV(\varepsilon^h, \varepsilon^w)
\end{aligned}
\qquad (5*)
$$

我们可以通过了解 COV（ε^h，ε^w）的符号并对等式（5＊）各个组分的符号做出合理假设来推断 COV（eh，ew）的符号。

初步估计表明 $\beta_2^h<0$，$\beta_2^w<0$，$b_3^h<0$，$b_3^w<0$。[36]此外，我们认为可以合理地假设丈夫（和妻子）的时间、自己享有保险和配偶覆盖方程之间的误差项协方差都呈正值。换言之，我们认为那些工作时长更长者更有可能享有自己的保险，更有可能为配偶提供配偶覆盖。这个假设连同上面的假设，都意味着等式（5＊）中的第五到第八个右侧

变量呈负值。

我们还需要对保险和配偶覆盖中的交叉协方差的符号进行预测，即等式（5＊）中的第一到第四个右侧项的符号。

344 丈夫享有自己的保险（或提供配偶覆盖）是否或多或少更可能使妻子拥有自己的保险（或为她的丈夫提供配偶覆盖）？相较于家庭中其工作能为其配偶提供医疗的第一人，第二人工作的边际价值可能较低。这表明这些协方差是负的，并且考虑到我们对系数的假设，等式（5 ＊）中的前四个项呈负值。或者，根据第五节中提出的择偶匹配论证，这些交叉协方差项可能与 COV（ε^h，ε^w）具有相同的符号。换句话说，如果婚配的夫妻工作时长都很长，我们有可能会看到他们都享有自己的保险，反之亦然。配偶覆盖的情况也类似。在这种情况下，我们会期望交叉协方差和 COV（ε^h，ε^w）呈正值。[37]

等式（4＊）估计是白人和黑人家庭，在这两种情况下，COV（e^h，e^w）都是正值。如果保险中的交叉协方差为负，则等式（5＊）中的前 7 项则应为负值，暗示 COV（ε^h，ε^w）>0。因此，我们的估计低估了配偶覆盖对工作时长的负面影响。或者，如果我们考虑交叉协方差（前 4 个项）和 COV（e^h，e^w）符号相同的情况，因为 COV（e^h，e^w）>0，我们将得出 COV（ε^h，ε^w）>0 的结论。当我们对劳动力参与进行类似的测验时也是如此。[38]因此，通过忽略配偶保险和配偶覆盖存在内生性的可能性，我们似乎低估了配偶覆盖对劳动力供给的真实负面影响。

北欧国家工资

——失业率的关系维度：没有工资曲线的工资灵活性*

卡斯滕·阿尔伯塞克　丽塔·阿斯普伦德　艾琳·巴尔斯
斯提格·布伦姆斯克格　埃里克·斯特洛耶·麦德森
比约恩·伦纳尔·顾蒙德逊 345

概　论

本研究使用微观数据分析北欧国家地区一级的工资形成。我们的结果与布兰奇弗劳尔和奥斯瓦尔德（1994）得出的主要结论产生了系统性偏离。我们确实发现地区一级的失业率与实际工资之间存在显著的长期负相关关系。然而，一旦考虑到地区性固定效应，就会发现北欧劳动力市场中各地区的工资与失业率情况之间没有稳定的负相关关系。地区一级的工资形成具有相当强的持久性，且失业率不会对地区一级的工资产生直接影响。在北欧国家的地区层面，没有证据表明短期工资曲线或菲利普斯曲线的存在。我们的结果与以下理论模型一致：中央议价代理人确定国家工资 346
增量，地方议价代理人确定工资浮动量。

一、绪论

布兰奇弗劳尔和奥斯瓦尔德（1994）在《工资曲线》一书中提出

* 《劳动者福祉》，Emerald 出版社，2000 年，345 ~ 381 页。

“……试图记录经济学中经验‘法则’的存在”（第 1 页）。他们提供了大量证据以证明地区工资与失业率水平之间存在负相关关系，并认为“数据呈现的模式将薪酬和失业率联系起来……这种关系在不同国家性质似乎相似。美国的工资曲线与英国、加拿大和挪威等国的工资曲线非常相似”。（第 5 页）从数量上来说，“在本书研究的国家中，工资—失业率弹性约为 -0.1”（第 361 页）。工资曲线的替代品菲利普斯曲线则被他们否定：“菲利普斯曲线这一概念在本质上是错误的。利用微观经济数据并控制固定效应，宏观经济工资方程中发现的自回归趋于消失。”（第 361 页）

卡尔德（1995，第 798 页）支持二人“‘工资曲线’存在”的结论，尽管他也对此进行了批判性的评论。此外，工资曲线出现在各种不同类型的劳动者、不同的经济体和不同时期中的这种趋势表明，它可能类似于“经济学的实证法则”。布兰奇弗劳尔和奥斯瓦尔德（1994）的研究让人们有兴趣将微观数据应用于分析工资形成与劳动力市场紧张之间关系；布兰查德和卡茨（1997，1999）的研究中也包含了以此为目的对微观数据潜力的讨论。

可以说，布兰奇弗劳尔和奥斯瓦尔德（1994）的结果已成为该领域后续实证研究的基准。这是一个主要的参考，让人认为研究人员已经极力核正他们的结果与布兰奇弗劳尔和奥斯瓦尔德的主要结论“在一个国家的不同地区之间，工资水平和失业率水平（均以对数衡量）之间存在稳定的负相关关系，且这种短期关系显现的条件是从工资中消除地区固定效应”。

在本研究中，我们基于微观数据，系统地比较了多国的工资形成。[1]据我们所知，这是自布兰奇弗劳尔和奥斯瓦尔德（1994）的《工资曲线》以
347 来的第一项研究。我们的主要目的是建立一些尽可能稳健的实证结果，且能增加本领域的专业知识总量。

我们进行了实证分析，得出的主要结果是，地区层面的失业率与实际工资之间存在显著的负长期关系。但是，由于对上述工资形成概述的支撑较少，我们的结果与布兰奇弗劳尔和奥斯瓦尔德得出的主要结论存在系统

性偏离。一旦引入固定的地区效应，北欧国家就没有“工资曲线”。我们还发现地区层面的工资存在自动回归，这意味着静态的“工资曲线”回归似乎不足以说明北欧国家的工资形成，尽管我们也否定了菲利普斯对地区工资形成曲线的描述。这表明失业率在北欧劳动力市场的工资形成中所扮演的角色不同于布兰奇弗劳尔和奥斯瓦尔德的描述。

多年来，分析工资形成与失业率之间的相互作用一直是时间序列数据计量经济学分析的核心主题，其主要原因是工资形成会影响失业率大小和持续性的确定。时间序列文献的结果说明不同国家和机构的工资灵活性程度相当不同，因此不同于布兰奇弗劳尔和奥斯瓦尔德（1994）的结果。布兰奇弗劳尔和奥斯瓦尔德（1994，第 6 页）对 1986 年《经济学》进行了特别补充，并得出结论“在更具社团主义性质的经济体中，工资似乎更具响应性”。布兰奇弗劳尔和奥斯瓦尔德（1994）将结果的差异归因于时间序列文献忽略了合适的控制变量以及汇总问题。显然，我们的结果乍一看与时间序列文献的结论更加不一致，因为我们似乎没有在北欧国家找到短期工资曲线。

虽然我们同意时间序列分析通常缺乏必要的控制并且会遇到汇总问题这一事实，但我们对这两条分析中明显不同的结果提供了另一种解释。原因很简单，不同类型的研究会利用不同方面的基础数据变化。我们在下面提供了一个经验模型，该模型提供了一个统一的框架，解释基于不同类型数据的研究结果。只有良好的长期微观数据，才能对该问题的所有相关方面得出让人满意的分析。

但由于微观数据通常缺乏长时间序列，因此时间序列和横截面分析的 348
组合在未来很长一段时间内仍然将是分析该领域的主要工具。

虽然我们没有找到北欧国家的短期工资曲线，但我们确实发现地区长期平均失业率与工资之间存在强烈的负相关关系。根据布兰奇弗劳尔和奥斯瓦尔德（1994）的说法，在美国或英国能够运作的机制似乎对北欧国家的工资水平也有影响，但是它们在短期内无法运行。这种缺乏地区短期工资弹性的主要原因是这些国家的谈判制度相当中央化。

我们提出了与我们的观察结果一致的两级议价模型，其主要假设是中央议价代理人确定国家工资增量，而地方议价代理人则确定工资浮动量。这种模式导致各地区之间的确存在工资差异，但短期调整程度相当小。该模型意味着工资议价的中央化程度越高，工资相对于地方失业率的弹性越小。此外，工资相对于地方失业率的长期弹性比相应的短期性影响更为负面，即使劳动力供应长期保持不变。因此，这个模型以及中央和地区工资的形成与我们令人费解的实证研究结果“没有短期工资曲线效应”相一致。而他国相应的时间序列研究则表明，北欧国家的实际工资灵活性水平相当高。如参见阿劳格斯古费斯和曼宁（1988）、莱亚德等（1991）和莱德赛斯和尼蒙（1999）的研究。

本文结构：我们在第二节中介绍了一个简短的理论框架，在第三节中从不同维度估计工资与失业率之间的关系，在第四节中介绍了从汇总数据中获得的工资与失业率之间的负相关关系，在第五节中这种负相关关系在我们引入地区固定效应时即消失。在第六节中，我们展示了北欧国家地区工资和失业率之间的横截面共同变化为负的情况，还包含从时间序列文献中获得的对工资—失业率弹性的实证分解，分别表示在地区和国家层面产生的变化。在第七节中，我们试图将我们的结果与布兰奇弗劳尔和奥斯瓦尔德（1994）的结果进行核正。在第八节中，我们探讨了工资形成的动态方面，即我们调查了北欧国家的地区工资是否有持续性。在第九节中，我们进行了总结。

349 二、理论框架

莱亚德等（1991）提出了一种基于工会议价的“工资设定曲线”。布兰奇弗劳尔和奥斯瓦尔德（1994）进行了类似的分析，并确定工会谈判中的均衡工资是失业率的递减函数。在本节中，我们建立了一个地方工资形成和劳动力需求的模型，该模型与中央确定的工资安排相互作用。我们要分析：在拥有一定程度的中央工资谈判下，地方劳动力市场条件对地方工资有何作用？北欧国家工会组织影响强大，全国性中央谈判在确定工资方面发挥着重要作用。在这种制度环境下，即便总体层面上存在工资灵活性可能，在地区层面上也可能很少存在或根本不存在工资灵活性。莱亚德等（1991）强调了工会在工资形成中的作用，他们根据工会谈判得出工资设定曲线，并强调议价结构是工资形成过程中的重要决定因素。

本节的主要思想是在形式设定中确定这一想法，以便让论述更精确。本节旨在建立一个简单的模型，可用于分析失业率与地区和国家层面工资水平之间的关系。它提供了一个用于理解不同估算方程中确定的各种关系的框架。这些关系在将本文的下一部分中提出并论述，并用于解释随之出现的实证结果。

首先，我们在地区层面确定工资形成模型，然后在两个不同的维度上汇总这种地区关系。我们汇总了随时间推移的地区工资和失业率，以描述不同地区工资水平与失业率之间的长期关系。其次，我们汇总了地区的工资和失业率，以描述工资水平与宏观层面的失业率之间的关系。

我们模型中的关键假设是，中央议价代理人仅就国家工资增量达成一致，而将地区之间的历史相对工资水平视为既定。我们认为“国家层面的议价仅仅超过国家工资增量”的假设合理地描述了中央化议价制度中实际议价过程。[2] 除了中央工资设置，我们还假设根据地方条件的不同而存在工资浮动。这使得以劳动力市场紧张为代表的地方条件影响了地区之间的相对工资水平。

我们假设地区 r 中第 t 年工资水平的对数 w_{rt} 为： 350

$$w_{rt} = \theta y_{rt} + (1 - \theta)\{(1 - c)e(1 - u_{rt}) + cw_{rt}^{n}\} \qquad (1)$$

工资水平被确定为生产力水平 y_{rt} 的对数与大括号中的实体之间的加权平均值。如果该地区的劳动者具有较高的议价能力 θ，则工资水平接近于劳动者的生产力。若情况相反，地方议价能力较小时，另外两个因素则变得很重要：国家层面确定的工资水平 W_{rt}^{n} 和地方劳动力市场紧张程度（以该地区失业率的对数 u_{rt} 衡量）。如果工资议价 c 的中央化指数较高，则在确定地区工资水平方面，中央工资设置相对于地方劳动力市场紧张程度更加重要；相反如果 c 较低，则地方失业率在确定地区工资水平中起着至关重要的作用。地区失业率对工资水平的影响程度取决于一个常数 e。[3]

产生地方工资方程的过程没有被明确地建模，但是方程（1）可以看作从议价模型导出的工资方程的近似对数。布兰奇弗劳尔和奥斯瓦尔德（1994）在他们的理论部分讨论了这样的模型。该等式可以被视为对布兰查德和卡茨（1999）模型的修正，使得中央和地方决定作为组成部分能明确地进入工资形成过程。参数 θ 可以解释为本地工会的议价能力。大括号中的项应反映潜在冲突期间影响劳动者预期回报的因素组合，参见摩尼（1988）。霍尔顿（1998）研究了冲突期的回报等于中央商定的工资水平这一情况。在这种情况下，地方劳动力市场条件对随后的工资浮动没有影响。在我们的框架中，我们允许地方劳动力市场条件影响工资浮动，霍尔顿（1998）模型是一个特例（当 $c=1$ 时）。

中央议价在当前背景下没有被明确建模。相反，假设中央议价导致了（假设在所有地区都是相同的）工资水平 Δ_t 的变化。国家规定的地区 r 的工资水平变为

$$w_{rt}^{n}=w_{rt-1}+\Delta_t$$

其中 w_{rt-1} 是前一年地区 r 的工资水平。

将 w_{nrt} 插入上面的表达式（1）时，我们得到

$$w_{rt}=\theta y_{rt}+(1-\theta)(1-c)e(1-u_{rt})+(1-\theta)cw_{rt-1}+(1-\theta)c\Delta_t, \qquad (2)$$

其中失业率对数系数 $-(1-\theta)(1-c)e$ 是工资弹性。滞后工资率具有系数 $(1-\theta)c$。如果这等于 1，则可以将滞后工资水平移动到等式的左侧，并且可以在工资水平的变化而不是工资水平中进行估算。

351 即，如果 $(1-\theta)c=1$，我们将得到地区层面工资形成的菲利普斯曲线表达式。议价能力 θ 确定是否存在工资曲线或菲利普斯曲线。纯菲利普

斯曲线表达仅适用于$\theta=0$。这一结果类似于布兰查德和卡茨（1999，第70～71页）的观察结果，他们的“理论上的工资关系只有在……生产率对工资没有直接影响的情况下才与菲利普斯曲线表达一致……”，而劳动者没有议价能力的情况就是这样。然而，当且仅当$\theta=0$且$c=1$时，我们的模型与菲利普斯曲线一致，因为滞后工资影响仅作参考，其中添加了全国议价的工资增量。

在实证部分，我们在左侧估计了不同年份的地区工资率、地区失业率和滞后地区工资在右侧的等式中，也就是说，我们试图找出刚刚提到的等式（2）中的两个弹性。此外，我们根据工资水平和失业率提出了两个不同维度的实证结果：年份间和地区间。

年份间的汇总对应通过假设稳态条件从等式（2）获得长期关系。该稳态条件为$w_{rt}=w_{rt-1}=w_r$，$y_{rt}=y_r$，$u_{rt}=u_r$，并实现$\Delta_t=\Delta=0$。这就要求稳态地区工资水平变为

$$w_r=\frac{\theta y_r+(1-\theta)(1-c)e-(1-\theta)(1-c)eu_r}{1-(1-\theta)c} \tag{3}$$

因此，长期上资—失业率弹性变为$-(1-\theta)(1-c)e/(1-(1-\theta)c)$。给定$(1-\theta)c<17$，该表达式中的分母小于1，并且长期工资弹性大于短期弹性。目前地方和中央工资设定之间相互作用的表述，要求长期工资弹性大于短期弹性。

当汇总发生在地区间而不是年份间时，获得对应等式（2）的全国或宏观工资关系。因此，在时间t的全国工资水平W_t是等式（2）中右侧的变量以类似的方式汇总。如果中央工资谈判中的工资决定对劳动力市场的紧张程度有所反应，那么全国工资水平Δ_t的变化取决于总失业率$\bar{u}_t$的对数。

$$\bar{w}_t=\theta\bar{y}_t+(1-\theta)(1-c)e(1-\bar{u}_t)+(1-\theta)c\bar{w}_{t-1}+(1-\theta)c\Delta_t \tag{4}$$

因此，宏观层面的失业率工资弹性变为 352

$$\frac{\partial\bar{w}_t}{\partial\bar{u}_t}=-(1-\theta)\left\{(1-c)e-c\frac{\partial\Delta_t}{\partial\bar{u}_t}\right\} \tag{5}$$

也就是说，宏观层面的工资灵活性取决于两个项。大括号中的第一项反映了工资对地区失业率的反应程度，第二项显示了较高的总失业率导致中央工资谈判增长程度较小。

根据这一形成过程，地方一级的工资灵活性必然会出现在总体水平上。来自地区工资等式（2）的工资—失业率弹性 $-(1-\theta)(1-c)e$ 是宏观层面弹性中的两个组成部分之一。当 $e=0$ 或 $c=1$ 时出现特殊情况，使得地区层面的工资—失业率弹性为零。但是，这种在地区一级没有工资灵活性的情况也符合宏观层面的工资灵活性。如果全国工资水平的变化 Δ_t 对总体失业率 u_t 足够敏感，则等式（5）中的第二项将确保宏观层面的工资灵活性。

三、工资曲线的实证维度

工资和失业率之间的关系已经从几个方面进行了实证研究。在本节中，我们提出了一个正式的模型，用以区分工资曲线的不同维度之间的数据。我们先建立了一个模型，允许失业率对工资存在的三种不同影响。第一个是地区失业率和工资之间短期关系产生的工资曲线，第二个是地区失业率和工资的永久性差异之间的长期关系，第三个是总失业率对平均工资的潜在影响。然后在我们讨论实施不同类型的经验策略时，选择这些影响中的一个。

实证分析基于下面的估算方程式，其中第 t 年的地区 r 中个体 i 的工资对数 w_{irt} 由个体特征 x_{irt} 和该地区失业率对数 u_{rt} 来描述

$$w_{irt}=\alpha+\gamma_t+\delta_r+\delta u_{rt}+\beta x_{irt}+\nu_{irt} \tag{6}$$

353 除了解释变量之外，该等式还包含年份虚拟变量 γ_t（时间效应在地区上相同）、地区虚拟变量 δ_r（或固定地区效应）、常数项 α 和个体误差项 ν_{irt}。

这是布兰奇弗劳尔和奥斯瓦尔德（1994）提出的等式。失业率系数 δ

的估计值，即工资相对于失业率的弹性，是他们的首选估计值。它是关于布兰奇弗劳尔和奥斯瓦尔德（1994）术语中“工资曲线”弹性的估计。[4]

由于等式（6）包含对工资的固定地区影响，地区之间工资水平的任何永久性差异都包含在地区虚拟变量中，因此 δ 可以解释为就业对工资的短期影响。请注意，包括地区虚拟变量是基于地区内特定均值地区内测量偏差的变量进行分析。在上一节的理论模型中，我们减去工资水平的地区特定均值时，从等式（2）中得出以下表达式

$$\begin{aligned} w_{rt} - w_r = {} & \theta(y_{rt} - y_r) + (1-\theta)(1-c)e(u_r - u_{rt}) + (1-\theta)c(w_{rt-1} - w_r) \\ & + (1-\theta)c(\Delta_t - \Delta) \end{aligned}$$

这意味着失业率系数会选择适当的临时工资曲线弹性 $(1-\theta)(1-c)e$。如果地区之间的生产率差异具有长期性，例如，由于自然资源禀赋的差异，它们在固定地区效应模型中被消灭，因为在这种情况下，$y_{rt} = y_r$。

该等式还包含年份虚拟变量，相当于根据年份特定平均值的偏差进行分析。从等式（2）中的每一年中减去总计均值，得出

$$w_{rt} - w_t = \theta(y_{rt} - y_t) + (1-\theta)(1-c)e(u_t - u_{rt}) + (1-\theta)c(w_{rt-1} - w_{t-1})$$

最值得注意的是，一旦引入年度虚拟变量，全国工资增长 Δ_t 就会被抵消。这意味着总体失业率对中央议价工资增量的影响从分析中有效地消失了。布兰查德和卡茨（1999）认识到了这一点，他们论述了总体失业率对地方工资决定中参考工资的影响。

如上所述，等式（6）中各地区之间工资水平的任何永久性差异都包含在地区虚拟变量中。作为一项概念性的运用，用地区虚拟变量评估的地区工资水平的永久性或长期差异 δ_r 可以用等式来解释。考虑地区固定效应之间的以下关系，如地区中平均失业率的对数 $\bar{u}_r$ 和地区的平均个体特征 $\bar{x}_r$，以及地区特定变量 Z_r，如自然资源、气候等。

$$\delta_r = a + d\bar{u}_{r.} + b\bar{x}_{r.} + cZ_r + \varepsilon_r \qquad (7)$$ 354

如果可以通过提高工资来弥补一个地区的永久性高失业率，那么系数 d 与失业率的预期符号是正的。也就是说，如果工资水平与失业率之间

的组合导致预期收入水平低于其他地区，那么迁移出该地区将占优势，直到预期收入水平得到平衡。这是哈里斯－托达罗（Harris－Todaro）（1970）迁移模型中的思路。但长期关系也可能来自其他机制，如前述理论部分的租金分配或地方议价，表明地区工资水平与地区失业率之间存在负长期关系。

类似于等式（7），工资水平随时间的发展可被视为以下形式的宏观关系

$$\gamma_t = A + D\bar{u}_{.t} + B\bar{x}_{.t} + CG_t + E_t \qquad (8)$$

它将时间特定效应 γ_t 与时间 t 的地区间平均失业率的对数 $u_{.t}$ 联系起来。另外，该等式包含平均个体特征 x_t 和相关时间特定变量 G_t，如油价或议价制度的变化。对于北欧国家，我们可能会认为工资曲线的总体效应是由中央议价制度引起的：中央议价单位在议价过程中考虑了平均失业率。注意，如果已经被纳入包含时间虚拟变量的等式（6）中，则像 $\bar{u}_{.t}$ 这样的变量的系数就不会被识别。

我们现在有一个框架，允许地方失业率对地区工资的短期影响 δ；一个长期的影响，捕捉地方失业率的永久性差异对地区工资的影响 d；最后是仅在国家层面运作的总工资曲线 D。

值得注意的是，关于中央化和实际工资灵活性的文献（如莱亚德等，1991）应该主要被解释为关于 D 的陈述，而不是 δ，这是布兰奇弗劳尔和奥斯瓦尔德的关注重点。

在接下来的部分中，我们将探讨北欧国家沿着这些不同维度的工资与失业率之间的实证关系。我们首先从汇总的个体水平数据中提出估计值，即除去固定地区效应 δ_r 的等式（6）的估计值，其次给出包括固定地区效应的等式（6）的估计值。

355 工资和失业率之间的横截面相互作用来自地区特定平均值之间的差异：工资率的对数 $\overline{w}_{r.}$、失业率的对数 $\overline{u}_{r.}$ 和平均个人特征 $\overline{x}_{r.}$。通过在汇总数据集中纳入年份虚拟变量的平均值或通过对年度特定回归的地区虚拟变

量求平均来获得平均值。我们明白了

$$\bar{w}_{r\cdot}=a+\bar{\gamma}+\delta_{\text{between}}\bar{u}_{r\cdot}+\beta_{\text{between}}\bar{x}_{r\cdot}+cZ_r+v_r, \quad (9)$$

这一等式产生了地区间估计。现在，将等式（7）插入等式（6）并取地区特定均值表示为

$$\delta_{\text{between}}=\delta + d, \quad (10)$$

这意味着横截面变化 δ_{between} 之间的差值是作为临时效应 δ 的总和以及失业率对工资的永久效应 d 得出的。[5]

最后，我们考虑从时间序列分析中获得的工资—失业率弹性，它可以用类似方式分解。最新的时间序列研究中的标准模型是全国工资水平对数的回归与全国失业率和不同控制变量的对数关系。

$$\bar{w}_{\cdot t}=\alpha+\delta_{\text{time}}\bar{u}_{\cdot t}+\beta_{\text{time}}\bar{x}_{\cdot t}+CG_t+\bar{u}_{t}. \quad (11)$$

将等式（8）插入等式（6）并取每单位时间的平均值，表示为

$$\delta_{\text{time}}=\delta+D \quad (12)$$

这意味着可以通过计算来自等式（12）的时间单位估计与来自等式（6）的内部地区估计之间的差来获得 D 的估值。由于上述模型等式（11）是大多数时间序列研究中采用的方法，我们可以将时间序列估计与固定地区效应之间的差异解释为对国家层面运营的汇总工资曲线效应的估计。这一点解释了从时间序列研究和传统微观水平研究中获得的工资灵活性结果的差异。

等式（12）中的分解对应理论部分类似于分解等式（5）。在左侧，我们有失业率对工资的宏观影响，这在右侧分解为两个部分：第一是地区层面的影响，二是国家层面的影响。

因此，一旦我们认识到时间序列观察是失业率对工资的短期和总体影 356
响的总和，那么在时间序列研究中观察到高度的工资灵活性与在固定地区效应模型中观察到无工资灵活性是一致的。

最后，请注意等式（11）中的 G 变量可能涉及各种动态规范，因此菲利普斯曲线和工资曲线完全有可能正确描述了工资形成过程。正如布兰查

德和卡茨（1997）所承认的那样，工资曲线文献中通过使用虚拟变量来隐藏这一点。

四、来自汇总样本的工资曲线

我们得出第一个结果：工资—失业率弹性来源于所有年份观察数据汇总的数据。观察单位是不同地区和年份的个人，与相应地区和年份的失业率形成对比。汇总样本的结果是不同方面弹性的混合，这将在下一节中得到更细致的考量。我们报告私营部门员工和公共部门员工的样本结果，并解释为什么在剩下的研究中我们只专注于私营部门员工。

形式上，在上一节中我们没有包括地区虚拟变量 δ_r，而通过应用等式获得汇总的样本弹性等式（6）。由于工资和失业率都以对数形式出现，因此对失业率的系数解释 δ 是工资相对于失业率的弹性。这种表述所隐含的假设是，无论失业率程度如何，弹性都是恒定的。对数形式的一个优点是它有利于各国之间的比较，因为结果不因货币而异。

布兰奇弗劳尔和奥斯瓦尔德（1994）发现，截至当时，估计 δ 在时间和空间上普遍存在，因此他们几乎将其称为一种实证“法则”：与失业率有关的工资弹性为 -0.1。这意味着地区失业率每增加10%（例如，从5%到5.5%），工资就减少1%。相应地，失业率翻倍导致工资下降10%。

布兰奇弗劳尔和奥斯瓦尔德（1994）仅对北欧国家中的挪威进行了调查。他们报告的弹性为 -0.08，这是他们的首选估值。对于瑞典，他们仅引用另一项研究的 -0.06 结果。[6] 在随后的一节中，我们将讨论布兰奇弗劳尔和奥斯瓦尔德（1994）适用于挪威的程序，并试图将他们的结果与本文的结果进行核正。

表 1　汇总样本基本工资曲线结果，地区失业率对数系数。因变量：时薪对数

		丹麦	芬兰	冰岛	挪威	瑞典
观察的年份：		1980～1991	1989、1991、1993	1992～1996	1989、1991、1993	1981、1991
部门：						
私营部门	系数	-0.0629*	-0.1022*	-0.0290*	-0.0610*	-0.0515*
		(0.0018)	(0.0090)	(0.0062)	(0.0144)	(0.0110)
	观察案例数量	416,314	6,738	48,673	5,472	3,663
公有部门	系数	-0.0227*	-0.0378*	n. a.	-0.0167	0.0081
		(0.0048)	(0.0107)		(0.0161)	(0.0108)
	观察案例数量	30,039	3,872		3,465	2,981
公私	系数	-0.0508*	-0.0797*	n. a.	-0.0482*	-0.0272*
		(0.0038)	(0.0069)		(0.0109)	(0.0081)
	观察案例数量	66,950	10,610		8,937	6,652
地区数量		16	13	8	19	24

注释：标准差在括号中。*表示5%的显著性。解释变量包括丹麦、芬兰、挪威和 357
瑞典的教育年限、工作经验、工作经验的平方、资历、性别、职业虚拟变量、行业虚拟变量和年份虚拟变量。对冰岛而言，解释变量包括资历、年龄、性别、行业和年份的虚拟变量。

表 1 报告了根据汇总样本数据估算北欧国家工资曲线的主要结果。[7] 控制变量（x 相关）包括教育年限、工作经验、资历、性别、职业虚拟变量和行业虚拟变量。包含年份虚拟变量意味着消除了通货膨胀的影响。

在公共部门，与布兰奇弗劳尔和奥斯瓦尔德（1994）所述相比，所有北欧国家的工资曲线效应都非常小。芬兰的估值最高（-0.04）。对于挪威和瑞典，估点近乎零。因此我们可以得出结论，公共部门工资的地区差异对地方劳动力市场状况不是很敏感。这一结果并不令人惊讶，因为议价制度相当集中在公共部门。此外，同工同酬的规格在这一部门尤为突出。北欧国家的公共部门工资地区差异非常小。[8]

地区工资与公共部门失业率之间缺乏联系显然会影响整个劳动力市场的估计，这包含在表 1 的最后一行。在所有国家，对公共部门和私营部门的汇总样本，相对于地区失业率的工资弹性都小于私营部门的相应值。

358 因为在下文中，我们认为布兰奇弗劳尔和奥斯瓦尔德（1994）夸大了其报告的工资曲线弹性，所以之后的分析中只关注私营部门工资。

使用汇总的样本数据，私营部门的工资—失业率弹性估计大小是：丹麦为 -0.06，芬兰为 -0.10，冰岛为 -0.02，挪威为 -0.06，瑞典为 -0.05。因此，芬兰的弹性幅度与布兰奇弗劳尔和奥斯瓦尔德（1994）的结论相当，而丹麦、挪威和瑞典的弹性幅度约为其的一半，冰岛的弹性甚至更小。

评估表1中工资弹性程度时必须注意：地区数量（以及因此导致的地区失业率的变化）远小于劳动者数量（即观察数量）。如果不同劳动者的工资误差在地区内相关，则不满足估算方程的经典假设。其结果是，这种标准错误不正确，且表1中报告的标准误差很可能过小，参见莫尔顿(1986)。布兰奇弗劳尔和奥斯瓦尔德（1994）报告了许多关于个人观察的结果，如表1，而未校正标准差的可能偏差。考虑到这点，但是他们也采用了一种，即将对每个地区进行一次观察并进行汇总，这也在本研究的后期进行。

五、消失的工资曲线：固定地区效应的结果

一旦我们引入地区固定效应，上一节中北欧国家的工资曲线就会消失。因此，北欧国家的地区工资水平与失业率之间的关系具有长期性，而不是短期水平之间的关系。这个结果很重要，且与布兰奇弗劳尔和奥斯瓦尔德（1994）的研究结果不一致。固定效应估计是布兰奇弗劳尔和奥斯瓦尔德的首选程序，但其标准工资弹性结果的偏差 -0.10 通常导致数据缺乏，这使得进行固定效应估计变得不可能。

形式上，对个体数据进行估计的等式已在前一部分显示，即将地区虚拟变量 δ 添加到等式（6）中。这些虚拟变量确定了潜在的地区工资

水平。

运行此模型规范的普通最小二乘回归将有效地消除地区之间所有的 359
“永久”差异。换句话说，失业率水平对工资的影响是根据每个地区内的变化来衡量的，结果可能被解释为失业率“短期性”变化的影响。

布兰奇弗劳尔和奥斯瓦尔德（1994）强调了使用固定地区效应模型来调查地区失业率与工资之间的关系的重要性。从理论上讲，在长期的迁移均衡中，永久性失业率与工资之间的关系应该是正相关。如果一个地区失业率很高，就需要提高工资来弥补地方劳动力市场的这种不利特征。相反，在短期内应该适用工资曲线机制。布兰奇弗劳尔和奥斯瓦尔德发现工资和失业率之间的长期关系在美国确实是正相关，而在英国则并非如此。工资和失业率之间的长期正相关关系往往会使从汇总样本中获得的结果向下偏倚（趋向零），因此他们认为，固定地区效应模型规格正确。

表2报告了北欧国家估计的主要固定地区效应。第一行显示基于地区失业率的固定地区效应模型的估计值。在该规格中，如上所述所有“永久”变化被去除，并且系数仅反映“短期”效应。所有的工资弹性都很小，而且微不足道。

在接下来的两行中，我们使用都市区和通勤区的失业率报告结果，控制固定的地区效应。这意味着除了围绕地区平均值的短期变化之外，还考虑了各个地区内的都市和通勤地区之间的永久变化。除丹麦外，工资弹性仍然很小且微不足道。然而，考虑丹麦的结果时，要明白这些数据是根据极大数量的观测结果（超过400,000）和非常低的估计值（低于2%）得出的。

因此似乎可以得出结论，一旦引入固定的地区效应，北欧国家的工资曲线就会消失。结果也很明确：当考量到各地区的永久性差异，就没有发现与地区失业率有关的显著工资弹性。

表 2 私营部门具有固定地区效应的工资曲线结果，失业率对数的系数。

360 **因变量：时薪的对数**

	丹麦	芬兰	冰岛	挪威[a]	瑞典
观察的年份：	1980～1991	1989、1991、1993	1992～1996	1989、1991、1993	1981、1991
失业率变量：					
地区失业率	-0.0011	0.0198	-0.0068	0.0011	0.0313
	(0.0060)	(0.0183)	(0.0087)	(0.0235)	(0.0322)
都市失业率	-0.0154*	-0.0068	n. a	-0.0158	-0.0059
	(0.0021)	(0.0105)		(0.0226)	(0.0121)
通勤区[b] 失业率	-0.0184*	-0.0044	n. a	-0.0161	0.0059
	(0.0042)	(0.0132)		(0.0269)	(0.0211)
观察数量	416,314	6738	61,640	5516	3664

注释：标准差在括号中。* 表示 5% 的显著性。解释变量包括学校教育、工作经验、工作经验的平方、资历、性别、职业虚拟变量、行业虚拟变量和年份虚拟变量。对于冰岛而言，解释变量是性别、职业和行业虚拟变量。a 对挪威都市和通勤区失业率的观察仅为一年（1989 年），涵盖了 2，318 个观察案例。b 通勤地区是根据市区边界的通勤程度将都市组合而成的。

接下来，我们根据跨年度地区特定平均值来展示结果。我们计算数据集中包含的每年的地区特定平均值，并选择这些跨年度地区平均值而不是单独个体作为我们的观察单位。基于这些平均值的最小二乘法回归，纳入地区虚拟变量，可以更准确地估计系数的标准误差，因为观测数量现在与我们数据中出现的地区失业率相同［参见莫尔顿（1986）和卡尔德（1995）的论述］。[9]

表 3 报告了跨年度地区的组平均值结果。我们注意到，对于丹麦、芬兰、挪威和瑞典，固定地区效应估计证实了表 2 的结果，即北欧国家没有短期性工资曲线效应。系数范围从芬兰的 -0.018 到瑞典的 0.012，只有丹麦系数与零显著不同，但同样非常小（-0.0084）。冰岛的结果令人惊讶，这意味着其工资曲线的短期效应为 -6%。该结果与表 2 中的结果需要进一步调查。

如果地区内个体的误差项是相关的，那么当将表 2 第一行与表 3 的标准差进行比较时，可预期到标准差增加。芬兰和瑞典的实际标准差增大，而丹麦和挪威的标准差减小。

表3 具有固定地区效应的工资曲线结果，失业率对数系数。
因变量：平均地区工资对数 361

	丹麦	芬兰	冰岛	挪威	瑞典
观察的年份	1980～1991	1989、1991、1993	1992～1996	1989、1991、1993	1981、1991
解释性变量：					
地区失业率	-0.0084*	-0.0184	-0.0625*	0.0033	0.0121
	(0.0035)	(0.0270)	(0.0250)	(0.0213)	(0.0365)
观察案例数量	192	36	40	57	48

注意：标准差在括号中。*表示5%的显著性。解释变量包括年份虚拟变量、地区跨年度特定平均受教育年限、工作经验、工作经验的平方、资历和性别。对于冰岛而言，控制变量是性别和职业虚拟变量。

根据横截面数据估算的北欧工资曲线（如上一节汇总样本所报告的）似乎是工资水平与各地区失业率长期差异之间的负相关关系的结果。相对失业率的短期性波动不会导致地区之间相对工资的变化。当然，或许有人认为，缺乏短期工资曲线效应可能是由于失业率的地区变化太小。[10]

但是，点估计量的大标准误差无法解释我们未能发现短期工资曲线效应。除冰岛外，我们所有的点估计值都非常小，估计值都不在基准弹性-0.10的2个标准误差范围内。我们认为将美国和英国明显缺乏地区工资灵活性归因于北欧国家现行的中央化议价制度是合理的。

上一节的结果显示，北欧国家工资—失业率弹性的汇总样本估计大多低于布兰奇弗劳尔和奥斯瓦尔德（1994）-0.10的首选估计值。低弹性的原因并不是当被呈正的长期弹性混淆时，短期弹性向下偏倚。相反，因短期弹性接近于零，所以我们必须预期北欧国家的长期弹性为负。这将在下一节中进一步探讨。

六、工资与失业率之间的长期和总体关系 362

根据前两节的结果，北欧国家的地区工资与失业率之间的长期关系必然与美英的数据不同。我们利用第三节中讨论的系数之间的“地区”估计，提出关于地区工资和失业率之间更长期关系的一些估计。

此外，短期内缺乏工资灵活性似乎与几个北欧国家在时间序列研究中报告的实际工资灵活性形成了鲜明对比。因此，我们以更规范的形式表明各地区的工资刚性可能与总体工资灵活性高度一致，以此来总结本节，这主要是因为这两种方法借鉴了数据的不同变化维度。结论是，北欧国家的实际工资灵活性是通过中央议价制度对总体就业条件做出反应，而不是通过适应地方劳动力市场条件的地方工资设定来获得的。

表4报告了地区平均特定工资水平和地区特定失业率的两种不同测量法的弹性。针对这些回归数据，我们将全部数据进行汇总，使每个地区仅有一次观察。

表4　平均工资地区变化的工资曲线结果，地区失业率对数的均值系数

	丹麦	芬兰	冰岛	挪威	瑞典
观察的年份	1980～1991	1989、1991、1993	1992～1996	1989、1991、1993	1981、1991
因变量:					
平均工资水平	-0.0571	-0.1682 *	0.0144	-0.2464 *	-0.0864 *
	(0.0679)	(0.0556)	(0.0849)	(0.1009)	(0.0302)
平均工资残值[a]	-0.0719	-0.1357 *	0.0070	-0.0987 *	-0.0585 *
	(0.0484)	(0.0178)	(0.0696)	(0.0520)	(0.0185)
观察案例数量	16	13	8	19	24

注意:标准差在括号中。*表示5%的显著性。回归包括该地区平均失业率的对数和一个常数。平均工资水平的回归也包括年份虚拟变量的平均值。a残差来自单个回归,具有以下解释变量:年份虚拟变量、受教育年限、工作经验、工作经验的平方、资历、性别、职业虚拟变量和行业虚拟变量。对冰岛而言,解释变量是年份、性别、职业、年龄和行业虚拟变量。

363 第一行给出了地区工资的平均对数与失业率对数(包括年度平均值)的回归结果。冰岛的弹性为正但微不足道,为0.014。其他国家的地区工资弹性为负,从丹麦微不足道的-0.06到挪威非常显著的-0.25。

下一行显示了平均对数工资残差对失业率对数的回归结果。工资对数残差是来自汇总个人工资回归的残差的特定地区均值,包括学校教育年限、工作经验、工作经验的平方、资历、性别、行业和职业虚拟变量以及年份虚拟变量。冰岛的工资弹性仍然成正。丹麦的估计弹性在本规格中略高，为 -0.07，但仍然不显著。至于其余国家，我们发现地区工资与失业率之间存在显著的负相关关系。

这些系数既可以反映工资与失业率之间短期和长期的相互作用，也可以解释为迄今为止报告的短期和长期工资曲线的混合。丹麦、芬兰、挪威和瑞典的所有短期工资弹性均接近于零（表 2 和表 3），因此结论似乎如下：

在丹麦、芬兰、挪威和瑞典都可以看到工资曲线效应。地区失业率上升导致地区工资水平下降，但是这种关系在短期内不起作用，只有在较长时间中才起作用。如上所述，我们将缺乏短期工资灵活性归因于这些经济体的工资制度相当中央化。然而，需要对观察到的长期关系进行更仔细的讨论。

与美国的结果相反，我们发现这四个国家没有任何迁移均衡的痕迹，即从长远来看，工资与失业率之间存在正相关关系。根据卡尔德（1995，第 789 页）的研究，美国“……各州的平均失业率水平与平均工资之间的关系是微弱的正相关关系……”。美国的证据毫不含糊地指向了这样一个横截面的正相关性，但这种证据是间接的，而且不幸的是，我们在本研究中引用的参考文献似乎并未包含与表 4 中北欧国家评估结果相当的美国定量评估。[11] 卡尔德（1995）继续指出：“对于英国的数据，地区虚拟变量的加入几乎不影响工资曲线弹性估计，这也许反映了英国失业率的地理分布存在更大程度的‘永久性’……”[12]

北欧国家各地区相对表现的持久性程度高，可以理解为促进这些国家劳 364
动力流动的平衡力量要慢于美国的较高劳动力流动性。工资与失业率之间缺乏这种呈正的横截面关系可能是由于北欧国家的劳动者流动程度较低，特别是与美国相比。但是，我们并没有任何其他经验证据可支持这一主张。[13]

不过对于冰岛，我们确实在表 3 中找到了一个呈负的临时工资曲线，而表 4 中呈正但不显著的系数可能表明冰岛的工资与失业率之间存在长期正相关关系。理论上讲，这可能是因为冰岛的劳动力流动性强于其他北欧国家。[14]

对于丹麦、芬兰、挪威和瑞典来说，这一问题仍然存在：如果长期地区工资差异不是从短期调整中得出的，那么它们如何产生。我们之所以得出前述的研究结果，可能是由于一些遗漏变量从长远角度会导致工资与失业率之间存在负相关关系。但我们似乎有理由认为，根据理论模型，在议价制度不那么中央化的国家起作用的租金分享机制（和效率工资）等力量也存在于北欧国家，只是因为工资变化的很大一部分出现在议价制度更加中央化的地方，这种力量的调整速度较慢。实际上，表3中的地区固定效应结果可以作为这一假设的证据：我们在丹麦（有12年的数据可用）发现了一个小的显著影响，而芬兰、挪威和瑞典（仅有2~3年的数据可用）则不然。加上地区流动性较低，缓慢的调整速度可能会造成地区失业率与工资之间的长期负相关系。此外，布兰奇弗劳尔和奥斯瓦尔德（1994）在挪威和瑞典的工资曲线中发现的相关性，我们将在下一节进行讨论。

同时，根据我们所研究的国家和国际跨国研究的时间序列文献，北欧劳动力市场的实际工资灵活性水平相当高。我们怎样才能将这些发现与观察结果相协调？答案可能是，作为对总体失业率的回应，北欧国家的工资灵活性在总体水平上产生，而美国的工资灵活性源于地方一级的工资灵活性。[15]

我们通过提供一个表格来结束本节，该表总结了北欧工资曲线按照上述分析范围的结果。表5的A组显示了根据地区特定平均值（表4）估算的弹性与固定地区效应估计值（表2）之间的差异。

365 如上所述，该差值代表了等式（7）中系数 d 的无偏估计，即长期的地区工资曲线效应。[16]在第3节等式（10）的符号中，我们发现 d 为 $\delta_{between}$ 和 δ 之间的差异。我们为芬兰、挪威和瑞典找到了一条显著的大型长期地区工资曲线。对丹麦而言，各地区的工资弹性也是呈负值的，但微不足道。对冰岛而言，我们观察到工资与失业率之间存在呈正值但微不足道的长期关系。[17]

表5的B组显示了尼蒙等人（1998）获得的丹麦、芬兰、挪威和瑞典的时间序列估计。这是最近在另一个北欧项目中进行的宏观层面的工资形成调查。报告的估计值是相对于整体失业率的工资弹性（包括劳动力市场计划

参与者)的长期估计,使用来源是 1960 ~ 1994 年制造业工资的误差修正模型。

表 5　工资曲线不同维度的估算,地区失业率对数的均值系数

	丹麦	芬兰	冰岛	挪威	瑞典
观察的年份	1980 ~ 1991	1989、1991、1993	1992 ~ 1996	1989、1991、1993	1981、1991
维度:					
A 组:					
1. 地区特定平均值(表 4)	-0.0571	-0.1682*	0.0144	-0.2464*	-0.0864*
	(0.0679)	(0.0556)	(0.0849)	(0.1009)	(0.0302)
2. 固定地区效应(表 2)	-0.0011	0.0198	-0.0068	0.0011	0.0313
	(0.0060)	(0.0183)	(0.0087)	(0.0235)	(0.0322)
3. "长期地区工资曲线"(1 减 2)	-0.0560	-0.1880*	0.0212	-0.2475*	-0.1177*
	(0.0682)	(0.0585)	(0.0853)	(0.1036)	(0.0441)
B 组:					
1. "总时间序列估计"(尼蒙等,1998)	-0.123*	-0.048*	n. a.	-0.138*	-0.170*
	(0.036)	(0.022)		(0.018)	(0.058)
2. 固定地区效应(表 2)	-0.0011	0.0198		0.0011	0.0313
	(0.0060)	(0.0183)		(0.0235)	(0.0322)
3. "国家工资曲线"(1 减 2)	-0.122*	-0.068*		-0.139*	-0.201*
	(0.036)	(0.028)		(0.030)	(0.066)

注释:标准差在括号中。* 表示 5% 的显著性。使用独立分布变量的标准公式计算差异的标准误差。[a]时间序列估计是尼蒙等人(1998)报道的长期弹性。时间序列估计来自 1960 ~ 1994 年仅对制造业的观察,且包括总失业率。由于(1)和(2)的规格不同,这里报告的弹性不完全对应于文中讨论的估计量。

由于他们的样本和规格都与我们不同,因此在解释表中报告的计算 366
"汇总工资曲线"时应谨慎。

表格的这一部分的运用对应第 3 部分的等式(12)。表格 5 的 B 组第一行的时间序列估计对应于等式(12)左侧的 δ_{time}。第二行包含对应于 δ[等式(12)右侧的第一项]的地区固定效应模型的系数。最后一行对应于等式(12)右侧的第二项 *D*,计算方式为第一行和第二行之间的差。该项反映了地区间共同的工资水平与失业率之间的差异,因此被称为"国家工资曲线"。就第二节的议价模型而言,它应被解释为中央式议价制度所产生的影响。换言之，表 5 的 B 组将工资弹性的总时间序列估计分解为工资弹性［布兰奇弗劳尔和奥斯瓦尔德（1994）关注的焦点］和在国家层面工资对失业率的回应。

根据时间序列研究，丹麦、挪威和瑞典 3 个国家的工资—失业率弹性大致相同，其中点估计值与 -0.15 差别不大，而芬兰的估计值则稍小（-0.05）。根据第 2 行中的数字，因工资的地区差异而产生的这种变化的组成部分很小。与其正相反，总体时间序列的主要变化源于工资和失业率的变化，这在各地区是相同的（表格 5 的 B 组的第 3 行）。换句话说，北欧国家的工资灵活性产生于国家层面，而不是地区层面。

七、证据核对

本节尝试将我们的结果与布兰奇弗劳尔和奥斯瓦尔德（1994）研究中所包含的唯一北欧国家——挪威的结果进行核对。如本文绪论中所述，《工资曲线》一书明确提到挪威的工资曲线与美国的“非常相似”。该书包含挪威的一个列出了 6 项弹性估计值的表格。这些数据来自 1989 年、1990 年和 1991 年的调查，汇总样本中共有2,599个观测案例。估算中包含不同的控制变量，且不考虑地区一级的组群。

367 前 3 个估计是每个样本年份的弹性，第四个是汇总的样本估计，包括这 3 年的时间虚拟变量组合，产生了 -0.10 的弹性，其中 t 统计量为 2.64。第五个估计是使用地区虚拟变量的固定效应估计值，并且由于 t 统计量为 0.12，因而产生的工资弹性是微不足道的，为 -0.01。布兰奇弗劳尔和奥斯瓦尔德（1994，第 335 页）其后注意到“在总共十九个地区虚拟变量中，只有 4 个与其余 15 个有显著差异”。[18]因此，当仅包括这四个地区虚拟变量时，我们获得了第 6 个和最后 1 个估计，并且这产生了 -0.08 的弹性，其中 t 值为 2.19。这个估计值是首选，因为它包含于布兰奇弗劳尔和奥斯瓦尔德（1995）的介绍性文章中的挪威估计，其中涵盖一个名为

“十二个国家的工资曲线”的表格，该表格展示了每个国家的工资—失业率弹性。布兰奇弗劳尔和奥斯瓦尔德在其研究（1994，第334页）中得出结论：“根据表格，估计挪威的工资失业率弹性与书中检验的其他国家的估计一致。”

布兰奇弗劳尔和奥斯瓦尔德（1994）为挪威报告的这些定量结果，实际上似乎与目前对挪威等北欧国家更详细的研究中提出的结果不一致。但挪威的汇总样本结果为-0.06，处于布兰奇弗劳尔和奥斯瓦尔德（1994）的点估计值（-0.10）的5%置信区间内。挪威的固定效应结果为0.00，与布兰奇弗劳尔和奥斯瓦尔德（1994）的-0.01基本相同。

汇总样本结果与固定效应结果之间存在差异的原因是地区虚拟变量与地区失业率之间的相关性。当大多数地区虚拟变量被删除，并且在估计中仅保留一小部分时，那么很自然地，-0.08的估计结果更接近于汇总样本结果，而非固定效应结果。

然而，根据布兰奇弗劳尔和奥斯瓦尔德（1994）的资料，我们无法将这项运用的结果与美国的类似结果进行比较。在美国固定效应估计中，在整本书中似乎使用了对应于各种数据源中的50个州或不同地区的全套虚拟变量。现在，在控制失业率和工作经验、学校教育、性别、婚姻状况、种族、在私营部门工作、从事兼职工作和所属行业等个人特征之后，美国各州的平均工资可能与美国总体的平均工资水平相差不大。一个合理的猜想是，工资率没有与美国平均工资率显著不同的州的虚拟变量结合，很可能会使固定效应工资弹性（-0.10）向汇总的样本结果偏倚，即朝向零。[19]

一些手段会消除美国数据中呈正的横截面变化，若将其消除，则必然 368
将这种变化再次引入数据中。

因此，布兰奇弗劳尔和奥斯瓦尔德（1994）对挪威的最终估计是基于一种不适用于美国情况的程序。[20]当用于计算挪威数据时，用获得美国“工资曲线”估算的方法产生的估计值几乎为零。因此，我们认为可以合理地得出结论，即布兰奇弗劳尔和奥斯瓦尔德（1994）提出的关于挪威工资与失业率之间短期地区差异的证据实际上与本研究的证据一致。[21]

这也适用于不同的劳动者亚群。布兰奇弗劳尔和奥斯瓦尔德（1994）研究的一个创新特点是，他们利用微观数据追踪劳动力市场亚群的工资对失业率的不同反应。例如，他们报告说，对于受教育程度较低的劳动者，工资灵活性大于那些受过高等教育的劳动者。相对于年龄较大的劳动者，这一点似乎也适用于年轻的劳动者。在卡尔德（1995）的综述中，这个关于劳动力市场异质性的证据也被集为表格形式，该表格显示了劳动者亚群的工资弹性。此外，这一表格最近在勃朗宁等（1999，第580页）的论述中再次出现并得到应用。

可以想象，这种不同劳动者亚群的工资反应的异质也会出现在北欧国家。然而，在控制固定地区效应后，短期地区工资变化中则没有发现这种异质性。卡斯滕·阿尔伯克等（1999）将样本分成许多子样本后，没有发现群体之间存在系统性关系和显著差异。

八、地区工资形成的动态方面

与美国和英国报告的各种估计数相比，用地区失业率估算的北欧国家的工资形成似乎与地方劳动力市场状况的反应不同。如果失业率能很好地捕捉经济状况的影响，并且工资率的变动不会受其他因素的显著影响，那么预期北欧国家的工资率会显示出高度的地区持续性。

369 持续性意味着如果一个时期的工资水平很高，那么下一个时期的工资水平也可能很高。调查是否是这种情况的一种自然方式是将前一时期的工资水平包括在描述当前时期工资水平的等式中。正如布兰奇弗劳尔和奥斯瓦尔德（1994）所指出的，这种方法可让我们测试工资曲线规格与菲利普斯曲线，即工资等式的左侧是否应处于水平或水平变化（另见第二节中的论述）。

丹麦观察结果的数据分布时间最长（12 年）。在表 6 中，我们根据各种工资规格（包括滞后工资）报告丹麦的结果。前两列报告了工资水平等式的结果，其中包括滞后一个时期的地区工资和地区失业率。工资变量是控制个体特征后残差的地区平均值。此外，我们用每个地区和每年的样本个体数量对回归加权。

第 1 栏不包括地区虚拟变量，其中滞后工资水平系数为 0.9750，这表明持续性非常高。失业率的系数为负，但非常小，与零没有显著差异。下一栏则包括地区虚拟变量。

表 6　1980 ~ 1991 年丹麦私营部门的平均地区工资、收入、工作时间和地区失业率之间的关系

因变量：	工资 (1)	工资 (2)	收入 (3)	收入 (4)	时长 (5)	时长 (6)
解释变量：						
滞后依赖变量	0.9750*	0.5191*	0.9881*	0.3668*	0.6422*	0.0201
	(0.0124)	(0.0641)	(0.0162)	(0.0682)	(0.0607)	(0.0710)
失业率对数	-0.0003	-0.0025	-0.0019	-0.0057	-0.0076*	-0.0017
	(0.0019)	(0.0031)	(0.0019)	(0.0044)	(0.0025)	(0.0033)
地区虚拟变量	No	Yes	No	Yes	No	Yes
R^2	0.9752	0.9821	0.9603	0.9751	0.4963	0.7326

注释：标准差在括号中。* 表示 5% 的显著性。因变量和滞后因变量是年度特定最小二乘法工资回归对数的地区平均残差。控制变量包括学校教育、工作经验、工作经验的平方、资历、性别、职业虚拟变量和行业虚拟变量。12 年内 16 个地区（即 176 个观测值）的平均值根据416,314份个人工资观察案例计算。回归根据个别观察样本评估，按地区就业人数加权。

滞后工资变量的系数下降，但仍然非常显著且相当大（0.52）。系数 370
的大小仍指向工资水平具有相当高的持续性，尽管其与前一个等式（不包括地区虚拟变量）的程度不同。

这些结果与布兰奇弗劳尔和奥斯瓦尔德（1994）的主要发现形成鲜明对比。他们的方程式包括地区虚拟变量和滞后工资变量，对美国和英国都产生了接近于零的系数。因此他们得出结论，菲利普斯曲线规格是时间序列数据中工资形成分析的传统规格，并不是微观数据工资形成分析的有效规格。为了区分使用微观数据和使用宏观数据的工资形成分析，他们创造了“工资曲线”一词（也是这本书的书名），这是一条应该取代菲利普斯曲线的曲线。从目前的结果可以看出，从丹麦数据获得的证据不支持滞后工资变量系数为零的主张。

滞后工资变量系数的绝对值大，其中与工资曲线形成鲜明对比的是菲利普斯曲线，布朗查德和卡茨（1997）报告中也有提及。他们使用了美国的工资数据，而布兰奇弗劳尔和奥斯瓦尔德（1994）研究的是美国收入数据。为了调和不同的结果，布兰查德和卡茨（1997）重复了对当前人口调查收入数据的分析，并获得了滞后收入变量的一个小系数。这导致布兰查德和卡茨（1997，第 64 页）认为布兰奇弗劳尔和奥斯瓦尔德（1994）得到滞后内生变量的小系数的原因是他们使用收入代替工资。换言之，当使用收入而不是工资时，因变量中的计量误差可能会导致工资形成过程的动态规格出现问题，从而导致滞后收入变量系数的估计值较低。

为了进一步阐明这一问题，表 6 第 1 栏和第 2 栏在接下来的两栏中再论，并以收入取代了工资。根据第 3 栏中省略地区虚拟变量的结果，收入的持续性与工资的持续性大致相同（第 1 栏）。但是，当第 4 栏中添加地区虚拟变量后，滞后收入变量的系数降至 0. 37。尽管从第 2 列到第 4 列的系数缩小大约是两个标准差，但滞后收入变量的系数仍然与零显著不同，且大于美国数据报告的系数。根据丹麦的数据，当使用收入代替工资时，
371 持续性仍然很强。收入和工资之间的差异，即测量误差，来自工作时长。因此，在表格的最后两列中，我们研究了工作时间的持续性。根据第 5 栏的结果，不同地区的工作时间持续程度相当高。然而，如第 6 栏结果所示，大部分这种影响是由地区虚拟变量获得的。[22]

值得注意的是，当纳入地区固定效应，表 6 中滞后右侧变量的系数偏向零。时间段的数量越小，偏差越大。在这种情况下，12 年是一个相当大的数字，因此可以想象，偏差并不能解释在有和没有固定效应的情况下估

计的系数之间的所有差异。[23]值得注意的是，布兰查德和卡茨（1997）的研究即使是纳入地区固定效应后，获得的美国数据滞后工资率的系数也接近于1。对于英国，贝尔（1997）也报告了工资的显著自回归。[24]

丹麦的数据是唯一允许我们在相对较长时间内追踪工资形成调整过程的数据集。至于其他国家，我们的观测数量较少，而芬兰和挪威的观测结果并不相近，观测结果之间存在两年的滞后期。

在表7中，我们报告了来自芬兰、冰岛和挪威的滞后规格（瑞典的两个观测值之间的间隔长达10年，故省略）。[25]芬兰和挪威的数据包括3个时间点的观测资料，每次调查之间有两年的间隔。因此，先在丹麦数据集上复制这两个国家的3点两年样本框架，以观察我们的规范是否能够通过不同的抽样方案提供可靠的结果。表7第1列复制了整个采样期间丹麦的结果，如表6所示。第2和第3列报告了丹麦的两个数据集的结果，复制了芬兰和挪威的抽样方案（即3年，观察案例之间存在两年的滞后期）。表格中的第1行报告了估算方程中滞后工资的系数和标准差。第2行显示数据中观察值存在两年滞后的情况下，计算为第1行中系数的平方根的一年效应。丹麦计算的一年效应与第1栏中报告的系数非常接近。[26]因此，我们将芬兰和挪威的结果纳入其中，尽管抽样计划与丹麦和冰岛的抽样计划不同。

事实证明，对于研究中心4个国家而言，滞后工资系数大而显著，从0.73（冰岛）到接近1（丹麦）不等。[27]

这清楚地表明，北欧劳动力市场的地区工资水平持续存在。因此，短 372
期工资曲线规格虽然符合上一节中对固定地区效应模型的观察，但我们还是否定了它。

一方面，滞后工资率的系数非常接近于1，因此研究者可能会考虑将工资曲线替代为菲利普斯曲线。[28]另一方面，对数失业率的系数非常小而且微不足道，这导致我们又否定了菲利普斯曲线模型。总而言之，短期内北欧国家的地区相对工资没有过多变化。

这与布兰查德和卡茨（1997）对美国的研究结果形成对比。在这篇研究中，含有滞后地区工资率的方程式中的失业率系数与零显著不同。根据贝尔（1997）的研究，对于英国，当考虑到工资率的自回归时，失业率系数将达到显著程度。

然而，本研究提出的结果并不意味着我们可以否定北欧国家工资形成过程的菲利普斯曲线描述。

表 7　北欧国家私营部门的动态模型。
因变量：地区工资对数

	丹麦	丹麦	丹麦	芬兰	冰岛	挪威
观察时间段	1980 ~ 1991	1981、1983、1985	1986、1988、1990	1989、1991、1993	1992 ~ 1996	1989、1991、1993
解释变量：						
滞后依赖变量	0.9750 *	0.9454 *	0.9625 *	0.7663 *	0.7323 *	0.7280 *
	(0.0124)	(0.0325)	(0.0256)	(0.1227)	(0.1975)	(0.1059)
计算的一年系数（平方根系数）	—	0.9723 *	0.9811 *	0.8754 *	—	0.8532 *
		(0.0167)	(0.0131)	(0.0701)		(0.0621)
失业率对数	-0.0003	0.0004	-0.0007	-0.0017	-0.0016	-0.0147
	(0.0019)	(0.0047)	(0.0048)	(0.0014)	(0.0412)	(0.0237)
地区虚拟变量	No	No	No	No	No	No
观察数量	176	32	32	32	32	37
R^2	0.9752	0.9417	0.9652	0.3218	0.3218	0.4467

注释：标准差在括号中。* 表示 5% 的显著性。因变量和滞后因变量是年度特定最小二乘法工资回归对数的地区平均残差。控制变量包括学校教育、工作经验、工作经验的平方、资历、性别、职业虚拟变量和行业虚拟变量。回归根据个别观察样本评估，按地区就业人数加权。工资的一年自回归系数的标准差通过 delta 方法计算。

373 表 6 和表 7 中的失业率系数不能与基于时间序列数据的相应系数进行比较。

正如前一节所讨论的那样，我们已经通过包含年份虚拟变量来消除微数据的总时间变化。[29]这使我们再次得出结论，北欧国家观察到的实际工资灵活性源于国家层面对劳动力市场总体状况的反应，可能是由于相当中央化的工资形成系统。

九、结论

本研究基于布兰奇弗劳尔和奥斯瓦尔德（1994）现有著名研究，使用了微观数据分析北欧国家在地区一级的工资形成，建立了不同地区和不同时期工资水平与失业率之间的负相关关系。这个主要结果来自微观层面的分析，被他们称为“工资曲线”。

布兰奇弗劳尔和奥斯瓦尔德（1994）估计许多国家的工资相对于失业率的弹性约为 -10%。他们认为，这种工资灵活性是在短期内运作的，这表明地区失业率的短期变化也能转化为工资变化。不同于地区工资与失业率之间的长期关系，后者源于迁移均衡，其中较高的永久性失业率水平需要较高的工资水平来弥补地方较差的劳动力市场条件。

我们关于北欧工资曲线的研究结果可归纳如下。

首先，对五个北欧国家，省略了地区固定效应的工资曲线来汇总数据。私营部门工资在失业率方面的估计弹性范围为 -5% ~ -10%，芬兰的工资对失业率地区差异的反应最强。公共部门的工资对地方劳动力市场状况不敏感，因此我们将所有后续分析局限于私营部门的工资。

然后，我们将固定的地区效应引入分析。这意味着工资水平和失业率的所有持续的地区差异基本上被消除，并且仅对各地区的工资和失业率的逐年变化进行分析。因此，结果将被解释为捕捉工资对地区失业率短期变化的依赖性。的确，根据布兰奇弗劳尔和奥斯瓦尔德（1994）的说法，这是尝试探索工资曲线时的恰当方法。

在控制了固定的地区效应之后，我们再也无法在任何北欧国家检测到 374
工资曲线。换句话说，地区失业率的短期变化似乎并未转化为各地区相对工资的变化。北欧工资曲线在引入固定地区效应后并不存在。不使用目前的数据集，因为对某些国家来说这些数据集是有限的。

而且，地区工资与失业率之间似乎存在长期的负相关关系，而非正相关关系。这表明最简单的迁移—均衡模型并不适用于北欧国家，并且可能表明地方生产力和劳动力市场条件对相对工资有持久影响。

本研究提出关于北欧国家工资形成的证据实际上似乎与布兰奇弗劳尔和奥斯瓦尔德（1994）对挪威的有限分析不一致。为了获得挪威的标准弹性结果 -0.10，布兰奇弗劳尔和奥斯瓦尔德（1994）采用了一种不适用于美国和英国的程序，而英美两国是他们研究的重点。

最后，我们通过在等式中纳入滞后工资率来考虑工资形成的持续性。在布兰奇弗劳尔和奥斯瓦尔德（1994）提出的结果中，这个变量的系数接近零，他们认为这可以进一步支持工资曲线的存在，从而导致他们否定菲利普斯曲线。相比之下，对于北欧国家而言，滞后工资率的系数与零显著不同。这表明北欧国家在地区工资形成方面存在相当大的持续性。然而，滞后工资变量的估计值依旧不足以支持菲利普斯曲线关系。

失业率对北欧国家地区一级工资灵活性的短期影响，这些负面结论并不一定意味着这些国家没有任何工资灵活性。工资形成的微观层面分析中纳入年份虚拟变量，有效地消除了失业率对工资的任何宏观影响。因此，工资形成的宏观灵活性可能很好地与失业率在地区层面影响作用共存。

我们的结论与理论模型一致，中央工会决定国家工资变化以保持总体失业率的目标水平，以及地方劳动力市场条件会影响地方工资的浮动。

致谢

本项目由北欧部长理事会、北欧劳工市场委员会赞助，拨款号 41.07.07.00。在 TemaNord 系列（卡斯滕·阿尔伯克等，1999）中发表的致部长会议的报告包含比本文更详细的结果。感谢在赫尔辛基、哥本哈根、奥斯陆等地举办的研讨会的参与者以及 1999 年在波士顿举行的 SOLE 会议参与者给予的评论。我们还要致谢一位不知名的审阅人和史蒂芬·尼克尔的有益评论，以及托尔·埃里克松、理查德·弗里曼、卡尔·约翰森、雅克·佩赫肯依、欧德比约恩·劳姆和强尼·泽特贝格对本文早期草稿提出的建设性评论。本研究的一大部分是艾琳·巴尔斯访问哈佛大学和 NBER 时完成的，他在此感谢两家机构的热情款待。

注释 375

1. 以前对工资曲线的北欧国家研究包括研究丹麦的尼科莱森和特拉内斯（1996）、研究芬兰的帕尔扬（1997）和佩卡里宁（1998）、约翰森（1997）、劳姆和伍德尔弗斯伯格（1997）、朗瓦和劳姆（1998）、迪尔斯塔德和约翰森（1999），研究挪威的约翰森（1999），研究瑞典的奥斯特罗斯（1990）、埃登等（1993）和布洛姆斯克格（1997）。

2. 但是，国家增量可能因行业而异，行业可能会因地区而系统性不同，这可能会产生一些地区差异。这一点也可能适用于劳动者资质。但是在实证分析中，劳动者资质和行业的地区差异在很大程度上被控制不变。

3. 为简单起见，我们在此节不区分名义实体和真实实体。

4. 文献中的术语并非一致。通常，“工资曲线”一词在广义上用于工资回归的水平，而不是工资水平变化中的菲利普斯曲线回归。布兰奇弗劳尔和奥斯瓦尔德（1994）似乎将“工资曲线”一词的使用局限于包含固定效应的水平回归。这种狭义的含义（如本文的标题中）是可以理解的，但我们也使用了这一术语的广义含义，并且上下文应该可以清楚地看出术语“工资曲线”应用于广义还是狭义角度。

5. 可以证明，地区间和地区内的变化数据是正交的，$\delta_{between}$和 δ 的估计是独立的（同样适用于 $\beta_{between}$和 β 之间）。这意味着二者差异的标准误差可以简单地计算为估计系数的方差之和的平方根。

6. 挪威的结果取自表 7.17 中的模型 4，布兰奇弗劳尔和奥斯瓦尔德（1994）。瑞典的数据由埃登等（1993）报道，见 355 ~ 356 页。

7. 有关本研究中所使用数据的说明，请参阅附录。

8. 北欧国家公共部门各地区的工资标准差远小于私营部门工资的地区差异，参见阿尔伯克等（1999）报告中的评估。

9. 在布兰奇弗劳尔和奥斯瓦尔德（1994）以及本文中都没有尝试对方差分量模型进行可行的广义最小二乘估法估计。

10. 事实上，两个选定年份之间的地区失业率相关性很高，范围处于 0.46（挪威）到 0.9（芬兰）之间。

11. 尽管布兰奇弗劳尔和奥斯瓦尔德（1994）列出了很多表格，但该数据来源似乎并未包含对美国各地区工资和失业率横截面变化幅度的评估。然而，正相关确实出现在如表4.6处，其中地区的平均失业率的回归系数为正，年度地区工资率作为因变量，年度地区失业率包括在右侧。

12. 然而，贝尔（1997）实际上在回归中获得了相对较小但显著为正的横截面弹性，其中也包含了该地区的平均房价。

376 13. 在这方面，可能有必要指出，为防止北欧国家远离主要经济中心地区的人口减少的政策措施在这些国家中发挥了重要作用。

14. 然而，由于个人（表2）和地区（表3）的固定效应回归没有产生类似的结果，我们不愿从这些结果中得出任何有力的结论。

15. 我们强调的集中议价效应似乎与北欧国家的工资浮动现象不一致。在关于北欧国家工资浮动的实证文献中，主题大多涉及集中议价结果被相应的工资漂移所抵消的程度。最近，霍尔顿和伯克兰（1995）调查北欧国家制造业后得出结论（不考虑其论文题目）："对于所有国家而言，工资浮动没有或者只在很小程度上抵消了核心增长。"然而，工资浮动数额可能会受到失业率的影响，而地方失业率、行业失业率、不同受教育群体的失业率和总失业率导致的工资浮动相对强度会是未来研究的主题。

16. 这些模型与上面讨论的模型不完全相同，因为长期模型不包括单个变量的均值。如果个体特征的平均值与工资和失业率相关，则可能会使报告的系数产生偏差。

17. 请注意，如果我们使用地区交叉时间规格中的固定效应模型，我们对冰岛的长期估计将更大且显著呈正。

18. 布兰奇弗劳尔和奥斯瓦尔德（1994）提供的表中可能包含一个印刷错误，导致第五次估计的地区虚拟变量的数量是19而不是18（根据表格列出的地区虚拟数量计算）。如果改正这个错误，该表就会与指出"在20个地区测量了失业率"的文本相符。

19. 为了比较和讨论美国的汇总样本和固定效应估计之间的差异，如参见布兰奇弗劳尔和奥斯瓦尔德（1994），第121～122页。关于美国各地区工资—失业率间的长期正相关的陈述，参见第181页。

20. 实际上，为了产生布兰奇弗劳尔和奥斯瓦尔德（1995）的首选估计数，似乎只有其他两个国家的地区虚拟变量被删除。就奥地利而言，若省略8个地区虚拟变量中的5个，其主要影响是点估计精确度有所增加；工资—失业率弹性发生了微小的变化，从 -0.08 变为 -0.09，参见布兰奇弗劳尔和奥斯瓦尔德（1994），第 316 页。然而就荷兰而言，省略 11 个虚拟变量中的 4 个，工资—失业率弹性的点数估计将从无关紧要的 -0.06 变成显著的 -0.17，参见布兰奇弗劳尔和奥斯瓦尔德（1994），第 323 ~ 324 页。

21. 我们的证据得到了迪尔斯塔德和约翰森（1999）最近研究的支持。他们将地区和总体失业率纳入了挪威地区制造业的工资等式中，并得出结论，失业率影响工资的主要方式是中央政府的安排，而不是公司层面的工资设定。

22. 应该注意，工资和工时等式的系数相加后并不等于收入方程中的系数，这是静 377
态规格中省略滞后工资水平的原因。

23. 见尼克尔（1981）的分析结果。横截面和时间序列维度中的观察案例很少，因此在尝试校正偏差估计值时应用GMM方法是不可行的。

24. 与本文表 6 第 1 列和第 2 列中最接近的规格产生的滞后工资系数为 0.9753（没有固定地区效应）和 0.7155（包括固定地区效应），这与丹麦差别不大。

25. 我们没有提供包括地区固定效应时得出的结果。由于本表中的年数很少，偏差很大，因此系数不可信。

26. 我们仅显示丹麦的两个不同实验的结果：1981 ~ 1985 年和 1986 ~ 1990 年。但所有其他可能的四年组合给出了与该规格非常相似的结果。

27. 通过应用 delta 方法，我们使用两年滞后系数计算了一年滞后系数与工资的方差。公式为 var（X.） = var（X.2）/4X.2，其中 X. 是滞后一年的工资水平系数。

28. 标准误差在零、无一阶自回归过程下有效，并且从系数到 1 的距离小于或接近两个标准误差。

29. 北欧在调查宏观层面工资形成时，一般采用一种误差修正模型，其中工资水平的变化因工资水平与工资曲线的偏差而回归。在这种情况下通常获得的误差校正项的显著系数被解释为否定了菲利普斯曲线，参见莱德赛斯和尼蒙（1999）。

378 # 参考文献

Albæk, K., Asplund, R., Blomskog, S., Barth, E., Gudmundsson, B. R., Karlsson, V., & Madsen, E. (1999). *The Wage Curve in the Nordic Countries. An Analysis of the Relationship between Regional Wages and Unemployment using Micro Data*. TemaNord 1999:597, Copenhagen: Nordic Council of Ministers.

Alogoskoufis, G., & Manning, A. (1988). On the Persistence of Unemployment. *Economic Policy, 7*.

Bell, B. (1997). *Notes on the Wage Curve*. Mimeo, Nuffield College, Oxford.

Blanchard, O., & Katz, L. (1997). What We Know and Do Not Know About the Natural Rate of Unemployment. *Journal of Economic Perspectives, 11*(1), 51–72.

Blanchard, O., & Katz, L. (1999). Wage Dynamics: Reconciling Theory and Evidence. *The American Economic Review, 89*(2), 69–74.

Blanchflower, D. G., & Oswald, A. J. (1994). *The Wage Curve*. Cambridge, Mass: MIT Press.

Blanchflower, D. G., & Oswald, A. J. (1995). An Introduction to the Wage Curve. *Journal of Economic Perspectives, 9*(3), 153–167.

Blomskog, S. (1997). The Wage Curve for Different Worker Categories. The Case of Sweden, *Essays on the Functioning of the Swedish Labour Market*. Swedish Institute for Social Research, Stockholm University.

Browning, M., Hansen, L. P., & Heckman, J. J. (1999). Micro Data and General Equilibrium Models. In: J. B. Taylor & M. Woodford (Eds), *Handbook of Macroeconomics* (Ch. 8, Vol. 1A, p. 543–633). Amsterdam: Elsevier.

Card, D. (1995). The Wage Curve: A Review. *Journal of Economic Literature, 33*(2), 785–799.

Dyrstad, J. M., & Johansen, K. (1999). Regional Wage Responses to Unemployment and Profitability. *Oxford Bulletin of Economics and Statistics* (forthcoming).

Edin, P.-A., Holmlund, B., & Östros, T. (1993). *Wage Behaviour and Labour Market Programs in Sweden: Evidence from Micro Data*. Working Paper 1993:1, Department of Economics, Uppsala University.

Fjortoft, R. (1995). *Arbeidsmarkedstiltak og ledighed efter fylke, 1980–1994 (Labour Market Programs and Unemployment by County, 1980–94)*. Working Paper No. 7/95, SNF-Oslo.

Harris, J., & Todaro, M. P. (1970). Migration, Unemployment, & Development: A Two-Sector Analysis. *The American Economic Review, 60*(1), 126–142.

Holden, S. (1998). Wage Drift and the Relevance of Centralized Wage Setting. *Scandinavian Journal of Economics. 100*(4), 711–731.

Holden, S., & T. Birkeland (1995). *Wage Drift and the Irrelevance of Centralized Wage Setting*. Working paper No. 1, Institute of Economics, University of Oslo.

Johansen, K. (1997). The Wage Curve: Convexity, Kinks and Composition Effects. *Applied Economics, 29*(1), 71–78.

Johansen, K. (1999). Wage Flexibility for Skilled and Unskilled Workers: New Evidence on the Norwegian Wage Curve. *Labour, 13*(2), 413–432.

Layard R., Nickell, S., & Jackman, R. (1991). *Unemployment. Macroeconomic Performance and the Labour Market*. Oxford: Oxford University Press.

Longva, P., & Raaum, O. (1998). *Unemployment and Relative Earnings of Immigrants*. Memorandum 2–98, Department of Economics, University of Oslo.

Moene, K. (1988). Unions' Threats and Wage Determination. *The Economic Journal, 98*(391), 471–483.

Moulton, B. (1986). Random Group Effects and the Precision of Regression Estimates. *Journal of Econometrics, 32*(3), 385–397.
Nickell, S. J. (1981). Biases in Dynamic Models with Fixed Effects. *Econometrica, 49*(6), 1417–1426.
Nicolaisen, S., & Tranæs, T. (1996). Lønkurve for Danmark (A Wage Curve for Denmark). *Nationaløkonomisk Tidsskrift, 134*(3), 233–237.
Nymoen, R., Rødseth, A., Raaum, O., & Wulfsberg, F. (1998). *Lønnsdannelse og arbeidsmarked-spolitikk i Norden (Wage Formation and Labour Market Policy in the Nordic Countries).* TemaNord 1998:512, Copenhagen: Nordisk Ministerraad.
Östros, T. (1990). *Lönestruktur i verkstadsindustrin – en empirisk studie (The Wage Structure in Manufacturing – an Empirical Study).* Working Paper No. 33, Trade Union Institute for Economic Research, Stockholm.
Parjanne, M-L. (1997). *Työmarkkinat murroksessa (The Finnish Labour Market in Transition).* ETLA (The Research Institute of the Finnish Economy), Series B 135, Helsinki (in Finnish with English summary).
Pekkarinen T. (1998). *The Wage Curve: Finnish Evidence*. Labour Institute for Economic Research, Discussion Paper 144, Helsinki.
Raaum, O., & Wulfsberg, F. (1997). *Unemployment, Labour market Programmes and Wages in Norway*. Working Paper 11/97, Central Bank, Norway.
Rødseth, A., & Nymoen, R. (1999). *Nordic Wage Formation and Unemployment Seven Years Later.* Memorandum 10/99. Department of Economics, University of Oslo.

附录、数据和样本统计

工资曲线的估算基于北欧国家的可比数据集。这些数据代表了私营部门（不包括农业和渔业部门）以及公共部门，估算中使用的关键变量尽可能以可比较的方式定义。时薪的计算方式：劳动者的年收入除以报告的工作时长。对于所有国家的学校教育、工作经验和资历都以年为单位，行业分类遵循国际标准行业分类的命名法。

丹麦和冰岛的数据来自登记数据，芬兰、挪威和瑞典的数据来自调查且主要是自主报告。但是，芬兰的收入和教育完成信息来自登记数据。表 A1 提供了关键变量定义的更详细信息。

丹麦的样本是从丹麦统计局收集且包含登记数据的一个劳动力市场数据库（IDA）中随机抽取的。1991 年使用的样本包括34,723名劳动者。芬兰的数据来自 1989 年、1991 年和 1993 年的劳动力调查，使用的样本是芬兰统计局从全体人口抽取的随机样本。1993 年的样本包括 3468 名雇员。

冰岛数据来自冰岛雇主协会收集的行政数据的抽取样本，1992 年包括12,799名雇 380
员。挪威的数据来自 1989 年和 1993 年的挪威组织和雇员研究（NSOE）以及 1991 年的生活水平调查（LLS），这些调查均由挪威统计局进行。在 1989 年、1991 年和 1993 年三年中，该样本总共包括5,516名员工。瑞典数据来自瑞典社会研究和统计研究所进行的生活水平调查（LNU），观察案例包括了随机挑选出的年龄在 16 ~ 76 岁的人，所用样本在 1991 年包括3,198名雇员。

县级和市级的失业率来自以下来源。丹麦的失业率来自每年 11 月收集、由丹麦统计局公布的登记数据。芬兰的县失业率是芬兰统计局计算的年平均水平，而市失业率是指劳工部每年 10 月发布的失业率数据。冰岛的失业率来自冰岛国家经济研究所。挪威的地区失业率主要来自费约托弗特（1995）根据劳工目录（Arbejdsdirektoratet）采用的数据。瑞典的相应数据来自瑞典国家劳动力市场委员会。表 A2 列出了五个国家关键变量的样本均值和标准差。

表 A1　变量定义和收集方法

时薪	丹麦	用年度应税收入的税务登记信息除以工作时长的估算值（根据对养老基金的缴款计算）
	芬兰	用年度应税收入的税务登记信息除以正常的自我报告工作时长
	冰岛	由雇主报告个人的工资
	挪威	自我报告的收入除以自我报告的工作时长
	瑞典	自我报告的收入除以自我报告的工作时长
		自我报告的信息与税务申报的年度收入登记表进行比较和控制
教育[a]	丹麦	在教育机构注册的数据
	芬兰	关于最高完成学历的官方登记数据
	冰岛	无法得到
	挪威	关于最高完成学历的登记数据
	瑞典	自我报告的受教育年数
工作经验	丹麦	作为体力劳动者的年数，根据养老基金缴款计算
	芬兰	自我报告的工作经验年数
	冰岛	无法得到
	挪威	自我报告的工作经验年数
	瑞典	自我报告的工作经验年数
资历[b]	丹麦	从被匹配的工厂劳动者数据中计算
	芬兰	自我报告
	冰岛	无法得到
	挪威	自我报告
	瑞典	自我报告
职业：		每个国家 4 ~ 5 个主要类别
行业		在所有 5 个国家的 2 位奥斯瓦尔德行业虚拟变量

注释：[a] 估算中使用的教育变量定义为学校教育的总年数。

[b] 当前雇佣关系的年数。

表 A2　上一个取样年度中私营部门雇员的平均统计数据样本 381

变量	丹麦 (1991 年)	芬兰 (1993 年)	冰岛 (1992 年)	挪威 (1993 年)	瑞典 (1991 年)
时薪	146.87	63.60	544.56	102.21	83.25
	(60.86)	(28.65)		(43.81)	(30.97)
地区失业率	9.79	17.45	3.0	5.64	3.02
	(2.60)	(3.03)		(0.87)	(0.72)
市	9.91	19.84	n. a.	5.67	3.17
	(2.52)	(3.66)	(1.21)	(1.23)	
教育经历(年)	11.38	11.13	n. a.	11.42	11.19
	(2.52)	(1.87)	(2.10)	(2.80)	
工作经验(年)	15.59	18.54	n. a.	18.57	18.00
	(10.08)	(10.42)	(11.37)	(12.52)	
资历(年)	3.93	10.03	n. a.	9.77	8.99
	(3.88)	(9.07)	(8.83)	(9.52)	
性别	0.34	0.45	0.50	0.35	0.35
	(0.47)	(0.50)	(0.48)	(0.48)	
蓝领劳动者	0.43	0.45	0.74	0.39	0.51
	(0.50)	(0.50)	(0.49)	(0.50)	
样本量	34,723	1,487	12,799	2,034	1,741

注释：标准偏差在括号中。

向下名义工资刚性的程度和后果*

约瑟夫·G. 阿尔托尼　保罗·J. 德弗卢 383

一、绪论

我们将在本节讨论两个问题：第一，名义工资在多大程度上具有向下刚性？第二，这种刚性对工资水平、工资变化、辞职、裁员和晋升有多大影响？这些问题的答案很重要，一方面，遵循凯恩斯主义传统的宏观经济学家长期以来一直认为名义刚性在工资和失业的动态中起着关键作用，另一方面，他们的答案对于了解通货膨胀对劳动力市场的影响以及确定正通胀的成本和收益至关重要。

虽然有大量采用时间序列的文献谈到了工资、价格和就业动态的相互作用，但基于个人工资数据的研究却十分有限。麦克劳林（1994）的最新文献提到的一些前期研究，开启了关于名义工资刚性的研究。麦克劳林总结说，工资一般都是灵活的。他发现，17%的年度工资变动涉及名义工资削减，并认为即使考虑到计量误差，也至少有12%的工资变化涉及名义工资削减。卡恩（1997）的文献表明，关于名义工资变化落入任意范围的概率，当其终点定义为“中位数工资变化减去 r 个百分点”和“中位数工资变化减去 r+1 个百分点”时，这一概率与指标变量呈负相关关系，而这一变量是关于该范围内的薪酬变化是否涉及名义工资削减。

* 《劳动者福祉》，Emerald 出版社，2000 年，383～431 页。

384 卡尔德和希斯洛普（1997）假设工资变化分布相对于工资中位数变化是对称的，并且分布的上半部分不受名义刚性的影响。其后他们计算出，工资变化分布下半部分的结果是反事实的，即在没有工资刚性的情况下“工资变化分布相对于工资中位数变化是对称的”这一假设才是正确的。他们发现向下刚性的存在对实际工资增长影响不大。尽管卡恩和卡尔德以及希斯洛普的研究都讨论了测量误差对其结果的可能影响，但他们的方法都隐式假定工资报告中没有测量误差。[1] 然而，麦克劳林（1999）提供了一些证据，否定了“观察到工资变化分布的上半部分是对称的”这一假设，表明卡尔德和希斯洛普的方法可能夸大了名义刚性。阿克尔洛夫、狄更斯和佩里（1996）通过采用一个小工资样本来研究测量误差的重要性，其中很少有名义上的工资削减和干扰数据。他们发现错误测量的数据包含与工资动态的小组研究中相似的名义工资削减百分比。[2] 谢伊（1997）将工资动态的小组研究中的工会成员劳动者样本与特定长期合同的条款进行匹配。虽然只有1.3%的样本含有真正的名义工资削减，但21%报告了名义工资削减。这些结果意味着测量误差造成了报告中几乎所有的名义工资削减。格罗生和施韦策（1999）使用通货膨胀引起的职业间工资变化来确定向下名义刚性的影响。

总的来说，自麦克劳林的重要研究以来的研究表明，美国的名义工资削减不如麦克劳林发现的那样常见。[3] 但是，其后的研究并没有为我们提供有关普遍的名义工资削减的精确估计，或者有关它们发生的时间。主要的困难在于，工资报告存在的测量误差使我们很难确定名义工资削减在何时发生。

我们在两个方面为关于名义工资刚性程度的文献做出了补充。第一种方法，我们使用一家大型金融公司人事档案中假定无差错工资数据来检验有多少工人受到工资削减。我们发现只有约0.5%的受薪工人和2.5%的小时工名义工资减少。一方面，几乎所有这些工资减少都与兼职/全职工作状态的变化有关，或者是转向涉及绩效激励的报酬计划。另一方面，我们确实发现年薪减少在受薪劳动者中非常普遍。

但是这一人事资料有一点缺陷：来自家庭调查数据的干扰可能使我们研究的公司工资政策无法代表整个劳动力市场。

我们的第二种方法建立在早期研究的基础上，使用工资动态的小组研 385
究，但使用计量经济学模型，允许对工资设定过程和测量误差进行更一般的处理。麦克劳林（1994）将正态分布的测量误差添加到灵活的工资模型中，而我们的计量经济模型嵌套了一个灵活的工资模型、一个向下的刚性模型以及一个允许在某些情况下进行名义工资削减的模型，并允许我们在其间进行测试。我们使用劳动者特征、价格水平和州失业率来获得有关在没有名义工资刚性情况下的工资变化信息。例如，年轻人的实际工资增长速度更快意味着名义工资下限不太可能对他们具有约束力。我们使用模型估计来确定遭受工资削减和工资冻结的工人比例，并衡量向下刚性对工资水平和工资变化的影响。我们对测量误差的处理允许部分个体正确地报告他们的工资，这是具有正常测量误差的模型中的零概率事件。我们认为该模型的一个版本也允许小范围内的名义工资刚性（如改变工资的菜单成本所示），以及这种情况：并非所有公司的工资都有向下的灵活性。

几乎没有微观数据研究能解决我们的第二个问题：向下的名义刚性会影响工资结构和劳动力市场结果，例如裁员、辞职和晋升吗?[4] 我们通过检验这些变量与工资估算之间的关系来解决这个问题。名义工资刚性影响特定劳动者工资的程度模型。我们还分析了低通胀环境下的名义工资刚性是否会压缩工资分配。为进行分析，我们先检验了预计工资增长较快的劳动者与预计工资增长缓慢的劳动者之间的工资增长差距是否取决于通货膨胀率。

最强有力的发现是名义工资在美国经济中显示出大幅下降的名义刚性，有一些假设支持工人在受到名义最低工资保护时不太可能辞职。我们对名义工资刚性对裁员和晋升的影响的估计以及对通货膨胀对相对工资增长率的影响的估计不够精确，因而不足以得出结论。

本文结构如下：第二节检验了大型金融公司中名义工资削减的频率。第三节描述了名义工资变化模型，并讨论应如何估计它。第四节论述本研
386 究中使用的工资动态小组研究数据。第五节提出了模型的结果以及模型对工资削减、工资冻结、工资水平和工资变化的影响。第六节测试向下刚性是否影响辞职、裁员和晋升，并且关注名义刚性对工资结构的影响。第七节进行总结。

二、大公司的名义工资削减

如果住户调查中的受访者正确报告了工资，那么我们将能直截了当地衡量年度工资削减的发生率。不幸的是，在这种调查中工资得不到充分的衡量。因此，我们利用美国一家大型金融公司的人事记录对该问题进行初步检验。

图 1a 显示了 1996 年 5 月至 1997 年 5 月年薪对数的变化频率，其中 32138 名受薪劳动者在两个时间点都很活跃。可以看出，几乎没有劳动者（0.47%）受到工资削减，11.36% 没有工资变化，2.49% 的劳动者工资增加幅度在 0 ~0.02，47.8% 的劳动者工资增加幅度在 0.02 ~0.05，21.91% 的劳动者工资增加幅度在 0.1 ~0.2，3.65% 的劳动者工资增加幅度大于 0.2。有一部分人工资没有变动的可能原因是没有在年内进行工资审查。[5] 但是这些结果表明，名义减薪在这家公司中很少见。

图 1b 显示了两年中 1723 名小时工时薪变化的频率。这些劳动者共有 2.5% 经历过工资缩减。有趣的是，其中约有 7/8 变化范围在 -0.2 ~0.5，而只有 1/8（5 名劳动者）的缩减范围在 -0.1 ~0。

我们将工资和时薪的变化与包含报酬变更原因的文件进行交叉制表。其结果表明，几乎所有的工资减少都与全职/兼职状态变化相关，或者与报酬是否包括绩效激励有关。

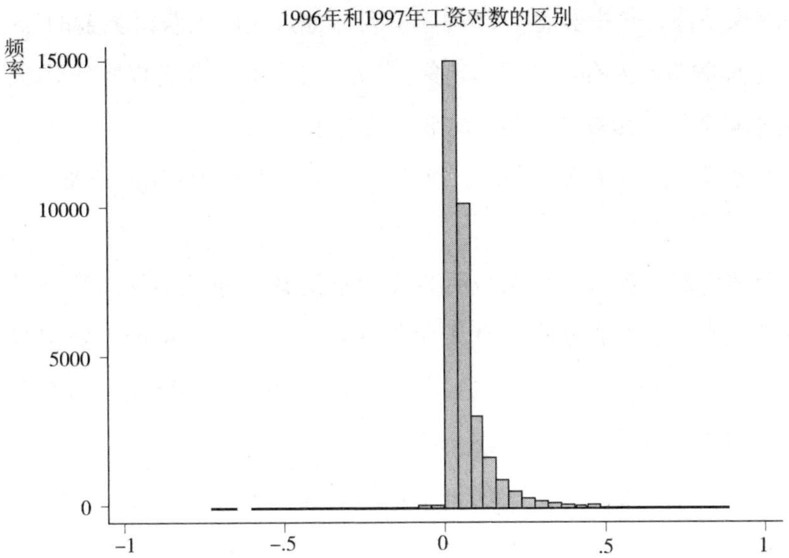

图 1　(a) 受薪劳动者年薪的变化频率

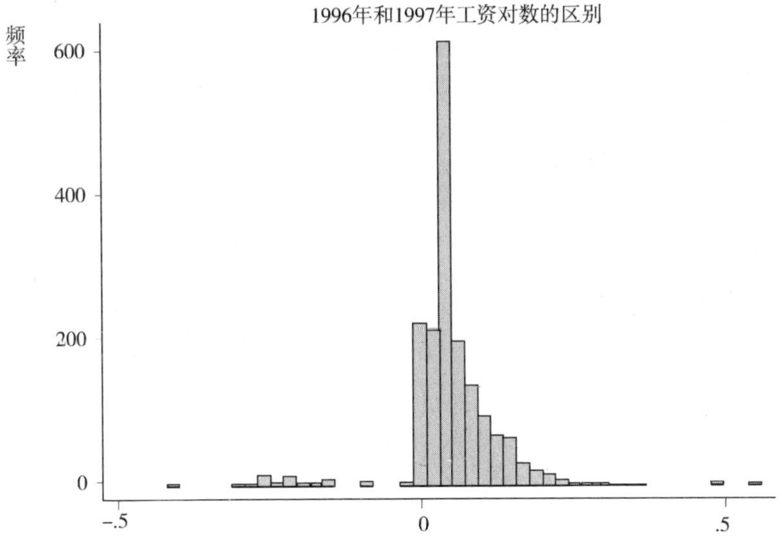

图 1　(b) 小时工每小时工资的变化频率

鉴于公司中的一些劳动者会获得奖金，设问“他们是否可以为公司规避工资刚性提供方法”是很自然的。4% 的受薪劳动者的奖金和年薪总额出现名义下降，其中奖金下降占其中大部分。这两年获得奖金的7,494人中，有8.69%的人有名义下降现象。“奖金”一词意味着报酬是暂时性的，因此“奖金”自然较少受制于向下名义刚性。

388 基本没有小时工获得奖金，因此奖金对该组薪酬变化的分布几乎没有影响。

总体而言，我们的结果表明名义工资的减少非常罕见。特别是对于受薪劳动者而言，报酬中的0变化相当普遍，它与少量的工资削减共同证实了名义工资刚性是真实的。奖金有助于减少名义刚性，但在这家公司中，很少有不涉及兼职状态变化或绩效激励变化的名义减少。未来研究的一个有趣主题是奖金的使用是否与名义工资底线具有约束力的概率呈正相关。

三、存在向下刚性和测量误差的工资经济学模型

不幸的是，我们研究的公司的工资政策可能无法代表整个劳动力市场。为了研究美国经济中名义工资刚性的程度，我们研究了工资动态的小组研究和观察到的名义工资变化的实证模型，该模型包含了测量误差并允许名义刚性，但也与灵活的工资变化相一致。不幸的是，很少有向下名义工资刚性的连贯经济模型。最大的困难在于，大多数经济模型的属性都使研究人士关心真实变量而非名义变量。因此，关于隐性契约和激励在工资设定中如何作用于实际工资动态的丰富文献，却都没怎么谈及名义工资。这些文献中的一个例外是麦克劳德和马尔科森（1993），他们合理解释了名义工资合同。我们采取使用名义工资刚性的实证模型的方法，其表述吸引作用很直观，随后我们证明这个模型与麦克劳德和马尔科森的表述相一致。在A节中，我们展示了一个模型，它包括了两个特殊情况：完全向下工资刚性和完全灵活的工资。B节表明麦克劳德和马尔科森模型也适合我们的框架。C节将测量误差纳入分析中。D节描述了我们如何处理工资的

永久异质性所带来的问题。

A. 模型

该模型假设公司希望在期间 t 中没有向下名义刚性的情况下实施最优工资，但可能考虑到今天选择的工资将限制后期工资选择的事实。

我们将这种工资称为“理论工资”。[6] 向下刚性施加的限制可能意味着， 389
如果名义工资发生负向变动，公司就不会实施理论工资。我们将理论工资的对数（w_{it}^*）写为解释变量向量（x_{it}），参数向量（β）和正态分布误差项（ε_{it}）的函数。

$$w_{it}^* = x_{it}\beta + \varepsilon_{it}$$

令 w_{it}^0 为时间 t 时的名义工资对数。我们构建模型以证实，如果理论工资变化意味着名义工资增加，那么实际工资变化等于理论工资变化。请记住，β 的值受雇主是否考虑到在设定当前工资时未来受到向下刚性约束可能性的影响。[7] 在以名义工资刚性为特征的劳动力市场中的 β 值可能与工资完全灵活时的 β 值不同。

如果理论工资变化是介于 $-\alpha\sim0$ 的负值，则该模型指定实际工资变化为 0。参数 α 为需要估计的常数。该模型允许名义工资削减在理论工资缩减足够大时发生。该模型是：

$$\begin{aligned}
&w_{it}^0 - w_{it-1}^0 = x_{it}\beta - w_{it-1}^0 + \varepsilon_{it} && \text{if} \quad 0 \leq x_{it}\beta + \varepsilon_{it} - w_{it-1}^0 \\
&w_{it}^0 \quad w_{it-1}^0 = 0 && \text{if} \quad -\alpha < x_{it}\beta + \varepsilon_{it} - w_{it-1}^0 \leq 0 \qquad (1) \\
&w_{it}^0 - w_{it-1}^0 = \lambda + x_{it}\beta - w_{it-1}^0 + \varepsilon_{it} && \text{if} \quad x_{it}\beta + \varepsilon_{it} - w_{it-1}^0 \leq -\alpha
\end{aligned}$$

参数 λ 是一个呈正的常数，用于确定当工资削减量适当时工资变化对理论工资变化的响应。当 $w_{it}^* - w_{it-1}^0 = -\alpha$, $w_{it}^0 - w_{it-1}^0 = \lambda - \alpha.$。图 2 中的粗线是实际工资变化 $w_{it}^* - w_{it-1}^0$ 与模型（1）所暗示的理论工资变化 $w_{it}^* - w_{it-1}^0$ 之间的关系图。该图还确定了 $w_{it}^* - w_{it-1}^0$ 的值的范围，对应于灵活工资、冻结和削减。工资模型包含完全工资灵活性模型和向下的完全名义工资刚性模型，作为工资模型的特殊情况。在具有完全灵活性的情况下，λ 和 α 均为零。对于向下的完全名义工资刚性，λ 是任意的，α 接近正无穷。因为这两个模型都嵌套在一般模型（1）中，所以可以测试完全刚性或完全灵活性所暗示的限制是否与数据一致。

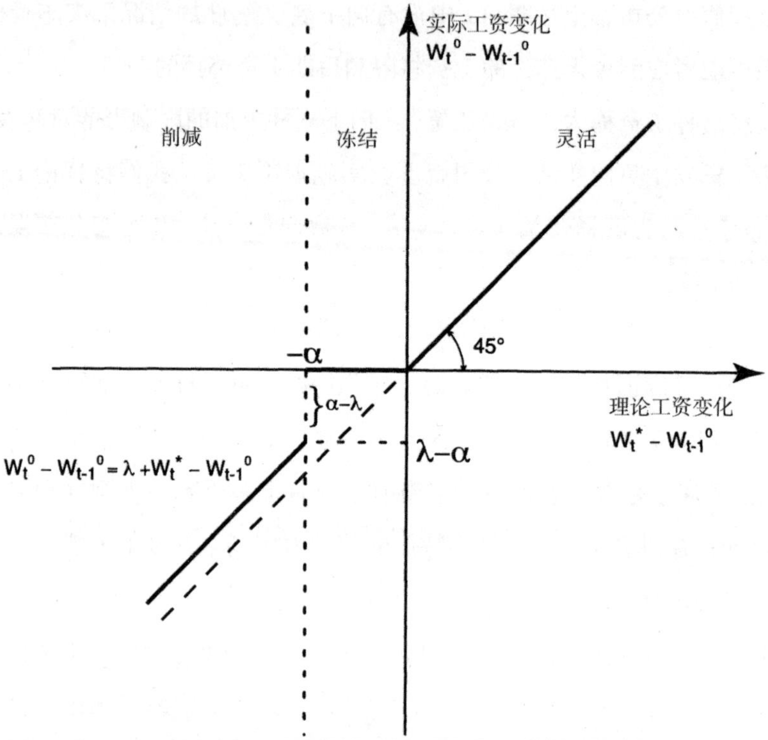

图 2　实际工资变化与理论工资变化之间的关系

B. 麦克劳德和马尔科森模型

本节展示了我们的模型如何嵌套麦克劳德和马尔科森（1993，下文简称为 MM）的工资合同模型。MM 模型考虑固定工资合同，其中 $w = w^c$，只有经双方同意才能重新谈判工资。劳动者和公司分别有外部选择$\underline{w}$（t）和$\overline{w}$（t）。只要$\underline{w}$（t）小于$\overline{w}$（t），匹配就可以继续。*MM* 的模型具有用名义条款确定的合同工资（w^c），且每当$\overline{w}$（t）大于 w^c 时重新协商到$\overline{w}$（t），并且每当$\overline{w}$（t）小于 w^c 时重新协商到$\overline{w}$（t）（所有数据均为对数）。由于通货膨胀率较高，后者不太可能发生，因此名义工资通常会严重下降。

MM 模型可以放在我们的框架中，如下所示：

$$\begin{aligned} &w_{it}^{0}=w_{it-1}^{0} \quad && \text{if} \quad \underline{w}(t)\leqslant w_{it-1}^{0}\leqslant \overline{w}(t) \\ &w_{it}^{0}=\underline{w}(t) \quad && \text{if} \quad w_{it-1}^{0}\leqslant \underline{w}(t) \\ &w_{it}^{0}=\overline{w}(t) \quad && \text{if} \quad w_{it-1}^{0}\geqslant \overline{w}(t) \end{aligned} \tag{2}$$

根据 x 变量和回归误差指定 $\underline{w}$（t）和$\overline{w}$（t）的函数形式，最终由此得 391
到一个名义刚性模型，该模型在结构上与上述实证模型非常相似。考虑以下 MM 模型的参数化：

$$\underline{w}(t)=x_{it}\beta+\varepsilon_{it}$$

$$\overline{w}(t)=\alpha+x_{it}\beta+\varepsilon_{it} \text{ where } \alpha>0$$

我们现可将（2）重写为：

$$\begin{aligned} &w_{it}^{0}=x_{it}\beta+\varepsilon_{it} \quad && \text{if} \quad w_{it-1}^{0}\leqslant x_{it}\beta+\varepsilon_{it} \\ &w_{it}^{0}=w_{it-1}^{0} \quad && \text{if} \quad x_{it}\beta+\varepsilon_{it}\leqslant w_{it-1}^{0}\leqslant \alpha+x_{it}\beta+\varepsilon_{it} \\ &w_{it}^{0}=\alpha+x_{it}\beta+\varepsilon_{it} \quad && \text{if} \quad w_{it-1}^{0}\geqslant \alpha+x_{it}\beta+\varepsilon_{it} \end{aligned} \tag{3}$$

比较模型（1）和（3），可观察到模型（3）是模型（1）的特例，其中 λ 被约束为等丁 α。因此，当直观模型包含 MM 模型即为特例。

C. 测量误差

由于报告工资有误，我们对报告的工资（w_{it}）作为真实工资和测量误差分量的函数 u_{it}进行参数化。

$$w_{it}=w_{it}^{0}+u_{it}$$

将该等式代入模型（1），可得到以下模型，该模型用报告的工资不是真实工资表示。

$$\begin{aligned} w_{it}-w_{it-1}&=x_{it}\beta-w_{it-1}+\varepsilon_{it}+u_{it} \quad && \text{if} \quad x_{it}\beta-w_{it-1}+\varepsilon_{it}+u_{it-1}\geqslant 0 \\ &=u_{it}-u_{it-1} \quad && \text{if} \quad -\alpha<x_{it}\beta-w_{it-1}+\varepsilon_{it}+u_{it-1}\leqslant 0 \\ &=\lambda+x_{it}\beta-w_{it-1}+\varepsilon_{it}+u_{it} \quad && \text{if} \quad x_{it}\beta-w_{it-1}+\varepsilon_{it}+u_{it-1}\leqslant -\alpha \end{aligned} \tag{4}$$

我们对 u_{it}的分布使用了两种替代规格，第一个是标准规格，其中 u_{it}是 i_{id}常量，独立于模型中的其他变量。这几乎意味着 $u_{it}-u_{it-1}$的分布正常。

该规格有两个缺点：第一，工资和工资的验证研究表明很大一部分劳动者准确地报告了他们的工资，但如果u_{it}通常以正方差分布，则这一事件概率为零。第二，这一形成与大部分受访者在相邻年份报告相同工资的事实不一致。

392 因此，我们的大部分结果都是基于一个规格：u_{it}等于1，概率为p，并且等于具有概率（$1-p$）的N（0，$\sigma_{u^*}^2$）随机变量u_{it}^*。我们将此规格称为测量误差的混合模型。请注意，混合规格假设报告真实工资的概率在不同时期是独立的。但我们已经测试了一些规格，这些规格允许测量误差中的时间相关性存在，并获得了与我们报告相似的结果。

D. 估计问题

未观察到的异质性是该模型估计的主要问题。因为未观察到的能力与w_{it-1}［cov（w_{it-1}，ε_{it}］>0）相关，所以ε_{it}的分布取决于w_{it-1}。因此，在估计模型时，w_{it-1}不能视为预定变量。我们以两种方式处理这个问题。

在方法1中，我们用给定滞后值x的条件期望替换w_{it-1}。基本思路如下。模型（1）暗示w_{it-1}^0是w_{it-2}^0和w_{it-2}^*的函数。由于w_{it-2}^0同样是w_{it-3}^0和w_{it-3}^*的函数，那么w_{it-1}^0是第一份工资和从那时起工资的所有理论价值的复杂非线性函数。由于以这种方式计算w_{it-1}^0的预期值所需的代数的复杂性以及测量误差带来的额外问题，我们通过对其期望值$\hat{w}_{it-1}$建模，使之成为关于x_{it-1}、x_{it-2}和x_{it-3}的非线性函数，以此来接近w_{it-1}^0。然后我们代替模型（2）中的w_{it-1}，将其写作：

$$w_{it-1}=w_{it-1}^0+u_{it-1}=\hat{w}_{it-1}+\mu_{it-1}+u_{it-1}$$

将其替换之后，模型（4）变成：

$$\begin{aligned}
w_{it}-w_{it-1}&=x_{it}\beta-\hat{w}_{it-1}+e_{it}+m_{it} &\quad \text{if} \quad & x_{it}\beta-\hat{w}_{it-1}+e_{it}\geqslant 0\\
&=m_{it} &\quad \text{if} \quad & -\alpha\leqslant x_{it}\beta-\hat{w}_{it-1}+e_{it}\leqslant 0\\
&=\lambda+x_{it}\beta-\hat{w}_{it-1}+e_{it}+m_{it} &\quad \text{if} \quad & x_{it}\beta-\hat{w}_{it-1}+e_{it}<-\alpha
\end{aligned} \qquad (5)$$

其中$m_{it}=u_{it}-u_{it-1}$且$e_{it}=\varepsilon_{it}-\mu_{it-1}$。模型（5）是我们估计的模型。

我们假设m_{it}和 e_{it}通常是分布式零均值随机变量。注意，尽管在给定 x 滞后变量和误差项的情况下总是可以将w_{it-1}^{0}分解为条件期望，但误差项 μ_{it-1}不太可能是同方差的、正态分布的随机变量，因为 w_{it-1}是 ε_{it-1}、ε_{it-2}等的非线性函数。为了方便起见，这样设定是正常的。我们通过使用最大可能性来估计模型。[8]

方法 2 假设 w_{it-1}大约等于 w_{it-1}^{*}来估计模型。在这种情况下，可以使用 393
方程 $w_{it-1} = x_{it-1}\beta + \varepsilon_{it-1} + u_{it-1}$来从模型中消除 w_{it-1}。当 w_{it-1}是工作中第一个观察项时，人们可以证明这一假设，因为为新员工设定工资时公司不受过去工资的限制。但是，如果名义工资刚性限制了 $t-2$ 和 $t-1$ 之间的工资变化，那么 w_{it-1}可能会超过 w_{it-1}^{*}。出于这个先验理由，我们更倾向于方法 1。

这些估算方法有几点需要注意。首先，未观察到的异质性可能会使 x 变量上的系数产生偏差。幸运的是，系数值不是本文的重点。对我们的目的而言，重要的是工资估算捕获特定变量对控制其他观察变量的工资的总影响。因此，我们定义了系数向量 β 和误差项 ε_{it}，使得 ε_{it}与 x_{it}正交。其次，样本选择包括了那些两年内连续为同一雇主工作的人。下文中使用我们的模型来研究工资刚性对辞职和裁员的影响。由于辞职和裁员可能会受到名义工资底线是否具有约束力的影响，因此当我们对留存者进行分析时，可能存在选择偏差。我们的实证结果初步表明，这可能是辞职的一个问题，并不支持关于裁员的强有力的结论。[9] 再次，该模型假设没有向上的名义刚性，因为它假设如果理论工资大于先前的工资，则实施理论工资。出于先验原因，我们对此持怀疑态度：菜单成本会导致企业避免每年调整工资。然而，当一些公司的理论增长非常小时（例如不到0.5%），有可能不去调整工资。我们估计模型的版本是假设如果理论工资变化增加小于1%，工资就不会增加。该工资形成过程的结果与我们通过排除菜单成本而从模型中报告的结果非常相似。最后，我们忽略了对实际工资或报告工资进行四舍五入而可能造成的影响。

E. 识别

在本节中，我们提供了一种推测，说明识别工资刚性参数 α 和 λ、测量误差参数 p 和 σ_{u*} 以及理论工资误差 σ_e 的方法可能过度简化问题。当缺乏回归量或年份虚拟变量的情况，在这种情况下，工资变化分布在不同年份是相同的。我们将名义工资变化的横截面分布拟合为测量误差组分和理论工资变化误差的混合。

394 该模型暗示 $-\alpha$ 和 0 之间理论工资变化的实际变化是零。根据理论工资误差的方差，阈值参数（α）和正确报告工资（p）的概率在拟合大部分工资变化为 0 时发挥了关键作用。更高的价值 α 意味着更多的工资冻结和更少的工资削减。更高的 p 值会增加真实工资冻结的比例，这实际上表现为数据中的零变化。位置偏移参数 λ 有助于捕获观察到的工资变化的左尾和右尾之间的差异。然而，正如我们在几个点上所强调的那样，如果在 α 非常大的情况下工资削减很罕见，那么 λ 就不会被识别出来。如果给定测量误差方差，理论工资变化的均值和方差必须与工资正向变化的分布一致，但也部分由工资变化为零和负的概率密度来识别。

在理论工资方程中存在可观察量指数 $x_{it}\beta$ 意味着（$x_{it}\beta - \hat{w}_{it-1}$）的变化有助于识别模型。识别不仅仅源于我们假设工资误差和测量误差组分是正态分布的，时间的推移和 $x_{it}\beta$ 中的横截面变化也有助于确定模型。使用估计方法 1，（$x_{it}\beta - \hat{w}_{it-1}$）的最小值和第 5 百分位值分别是 -0.395 和 -0.095。然而，利用估计方法 2，$x_{it}\beta$ 的最小值是 0.001 并且 $x_{it}\beta$ 的第 5 百分位值是 0.025。这反映了一个众所周知的事实，即使用家庭调查中的一组可观察量不容易预测工资变化。因此，我们的分配假设确实在识别中发挥了重要作用。麦克劳林（1999）提供了一些证据表明，观察到的工资变化分布偏向右。这可能源于测量误差与名义工资刚性的结合，但它也反映了理论工资变化分布的偏差。我们的计量经济模型或将向右倾斜的现象解释为向下的刚性。

四、模型的含义

A. 工资刚性对工资水平和变化的影响

由于测量误差的问题，该模型允许我们估计几个无法直接从工资数据中推断出的有趣变量。首先，我们可以估算每年遭受名义工资削减的劳动者比例。根据模型参数的估计，可能性为 x_{it} 和 $\hat{w}_{it-1}$，且当我们使用方法 1 的估计模型时，条件为 $x_{it}\beta - w_{it-1} + \varepsilon_{it} < -\alpha$；当我们使用方法 2 的估计模型时，条件为 x_{it} 和 x_{it-1}。

其次，我们采用样本成员的平均概率。根据模型中 β 和 α 的估计， 395
我们计算出具有给定 x 的劳动者获得名义工资削减的概率，并以此计算出得到工资削减的劳动者的比例。同样，我们使用该模型来估计名义工资冻结的比例以及每年增加名义工资的比例。接受工资削减和接受工资冻结的总体比例等于工资变化受到向下名义刚性制约的劳动者比例。

该模型意味着实际工资至少与理论工资一样大。由于测量误差，在某些情况下，测量工资可能低于理论工资，但平均而言，它将高于理论工资，因为测量误差的平均值为零。我们使用模型估计来计算 $E(w_{it}^{0} - w_{it}^{*})$，即工资实际值与理论值之间差异的预期值。$E(w_{it}^{0} - w_{it}^{*})$ 的计算细节见附录 A。

最后，我们计算了当前时期没有向下刚性时的工资变化。该模型提供了 t 时工资的理论价值和 t - 1 时工资的实际价值估计，并且通过前者减去后者，估计了理论工资变化。通过将这一估计与报告的名义工资变化进行比较，我们估计了向下刚性对平均工资变化的影响。但是请记住，理论工资这一术语是当前期间没有工资刚性，但是当前工资设定对未来约束存在影响时的最优工资。例如，即使公司可以自由选择受薪劳动者竞争限制的起始工资，新员工的工资也可能低于他们在没有名义工资刚性时的工资。[10]

尤其是实际工资与理论工资之间的差距并不是名义工资刚性对工资水平的影响，因此应有所保留地看待这些计算。

B. 名义刚性对裁员、辞职和晋升的实际影响

名义工资刚性有意义的主要原因之一是它可能会对裁员、辞职和晋升等实际变量产生影响。实际上，如果名义工资刚性存在但对就业动态没有影响，那么它对经济就不可能具有重要性。例如，梭伦、怀特利和史蒂文斯（1997）提出了一个案例，即通过在公司内部进行晋升和降级的战略性使用，大大削弱了职位内工资黏性的影响。[11]

396 我们采用的方法是使用结构估计的估计值来对在 $t-1$ 时受雇的所有劳动者计算 w_{it}^* 预估值，然后检验裁员的概率如何取决于 w_{it}^* 和 w_{it}。由于在 t 和 $t-1$ 时受雇于不同雇主的劳动者没有观察到 w_{it}，我们使用工资调整模型来估计 $w_{it}^0-w_{it}^*$ 的预期值，如附录 A 所述。该方法预期 $w_{it}^0-w_{it}^*$ 的预期值越大，雇主解雇劳动者的概率越高，劳动者辞职的可能性就越低。我们在一整套解释变量和 E（$w_{it}^0-w_{it}^*$）或每个劳动者获得工资冻结的概率上对裁员、辞职和晋升指标进行了回归。

五、数据

我们使用从工资动态的小组研究中 1971～1992 年这一时间段中提取的数据。该样本由在 t 与 $t-1$ 时岗位相同，且为小时工、非自雇人员、年龄在 18～64 岁的劳动者组成。工资动态的小组研究包含随机样本和贫困样本，我们在分析中仅使用随机样本，并分出两个子样本：一是仅限于非工会成员的白人男子；二是包括所有种族的男性和女性以及无论是工会成员还是非工会成员的劳动者或称其为“组合”子样本。数据来源于 1976～1992 年，因为在 1976 年之前，妻子的可获得信息不能满足我们的研究目的。

在工资动态的小组研究中，小时工有两种潜在的工资指标：报告时薪和年平均时薪，而我们选择使用报告时薪，因为它针对的是当前工作且报告准确性更高。由于 1978 年以前的时薪最高标准化数据为 9.98 美元，因此这些年的许多工资观察都是最高标准化数据。以此为前提，本年度的平均时薪用于预测工资。[12] t 年的工资增长为 t 年和 $t-1$ 年工资对数之差。我们使用 *GNP* 平减指数来构建通胀指标，并将通货膨胀率计算为 $t-1 \sim t$ 时该指数的对数差。

通过排除每个尾部 1% 的工资变化观察来修正两个子样本，其逻辑是排除最有可能受测量误差影响的工资变化。对白人男性样本，修正排除了留存者的工资变化，这些变化涉及超过 23% 工资削减和超过 51% 工资增加。对于未修正的大样本，这些数字是超过 26% 工资削减，超过 45% 工资增加。在表 1 中，我们给出了两个子样本中选定变量的平均值。

表 1　非工会成员的白人男性样本的描述性统计（4,485个观察案例） 397

变量	平均值	标准差	最小值	最大值
名义时薪对数	2.0123	0.4422	0.4055	4.1744
名义时薪对数的变化	0.0746	0.0910	−0.2231	0.5108
受教育年限	11.7939	2.1826	2.5	17
任职时间	8.0290	6.9073	1	42.2440
工作经验	18.4964	10.8935	3	47.3333
已婚	0.8832	0.3213	0	1
来自南部	0.3579	0.4794	0	1
年	83.7652	5.6910	72	92
价格水平对数	4.4334	0.3107	3.7087	4.8251
价格水平对数的变化	0.0527	0.0191	0.0296	0.0983
州失业率的变化	0.0698	1.3782	−5.9333	6.4333
州失业率	6.6898	2.0211	2.2667	15.2
名义工资削减指标	0.0883	0.2838	0	1
名义工资冻结指标	0.13601	0.3428	0	1

组合样本的描述性统计（15,234个观察案例）

变量	平均值	标准差	最小值	最大值
名义时薪对数	2.0388	0.45515	0	4.576668
名义时薪对数的变化	0.0703	0.089932	-0.2551	0.448025
受教育年限	11.8948	2.078078	2	17
任职时间	8.9540	7.610207	1.083333	45.6916
工作经验	18.1277	0.16682	2	47.5
已婚	0.8222	0.382323	0	1
女性	0.4177	0.493194	0	1
白人	0.8861	0.317688	0	1
工会会员	0.3543	0.478308	0	1
来自南部	0.2966	0.456791	0	1
年	84.9183	4.695698	76	92
价格水平对数	4.5063	0.235794	3.975936	4.825109
价格水平对数的变化	0.051381	0.018662	0.029569	0.098345
州失业率的变化	0.022489	1.394761	-5.93333	6.933333
州失业率	6.998659	2.116549	2.266667	15.2
名义工资削减指标	0.111461	0.314713	0	1
名义工资冻结指标	0.117435	0.321948	0	1

398 图3和图4提供了一些工资动态的小组研究数据中工资变化性质的进一步描述。在图3中，我们绘制了非工会会员的白人样本的条形图，与图1中人事数据中工资变化的表示方式相同。图3和图1之间的显著差异在于工资动态的小组研究中的名义工资削减数额远高于人事档案中的名义工资削减数额。我们试图用计量经济模型解决的关键问题是：这是实际削减还是工资报告中的计量误差。

图4a显示了非工会成员的白人男性样本中工资削减和冻结的比例如何随通货膨胀率而变化。其模式很清晰；削减和冻结的比例与通货膨胀率成反比。图4b显示了相对于通货膨胀率的平均名义工资变化。在高通胀时期，名义工资再次明显增加。

对于非工会成员的白人样本，x 变量包括常数、教育年限、t 时的任职时间、t 时的任职时间平方、t 时的劳动力市场经验、t 时的劳动力市场经验平方、价格水平的对数、t时的国家失业率、时间趋势以及劳动者是否在t时结婚并在南部生活的几个单独指标。

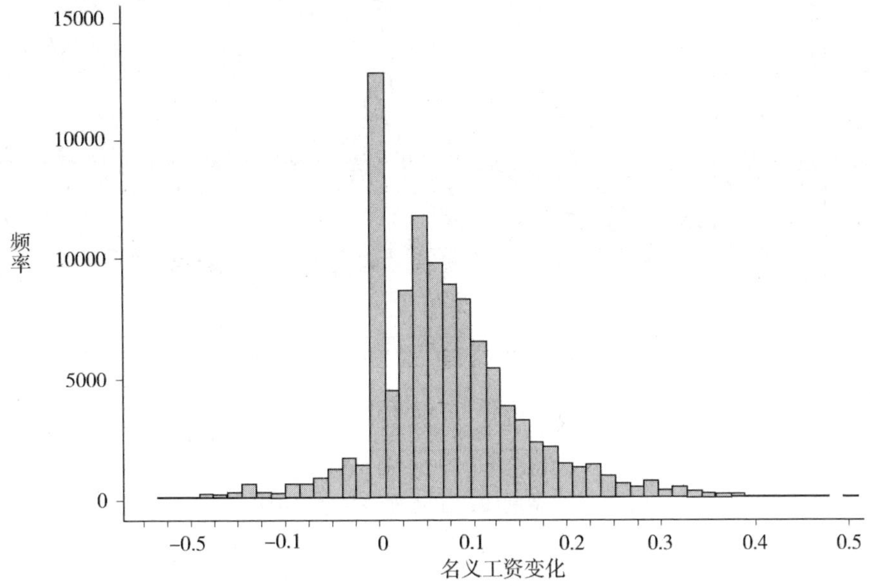

图3　名义工资变化的频率分布，非工会成员的白人男性的工资动态的小组研究

向下名义工资刚性的程度和后果 399

在组合样本中，我们添加了女性、白人；女性任职的时间和工作经验的相互作用，白人任职时间和工作经验的相互作用这些控制变量。 401

在估算 $\hat{w}_{it-1}$时，对 $t-1$ 时的任职时间、$t-1$ 时任职时间的平方、$t-1$ 时为工会成员、在 $t-1$ 时已婚、$t-1$ 时的工作经验、$t-1$ 时工作经验的平方、$t-1$ 时的价格水平、$t-1$ 时身处南部、$t-1$ 时的州失业率、$t-1$ 时的年份等指标，我们对 w_{it-1}进行回归。回归还包括 $t-2$ 时的州失业率、$t-1$ 时的通货膨胀率、$t-2$ 时的通货膨胀率，以及这三个变量之间的相互作用以及所有其他解释变量的相互作用。此后，$\hat{w}_{it-1}$就是该回归中 w_{it-1}的预测值。表 A1（位于附录）中报告了完整的回归。

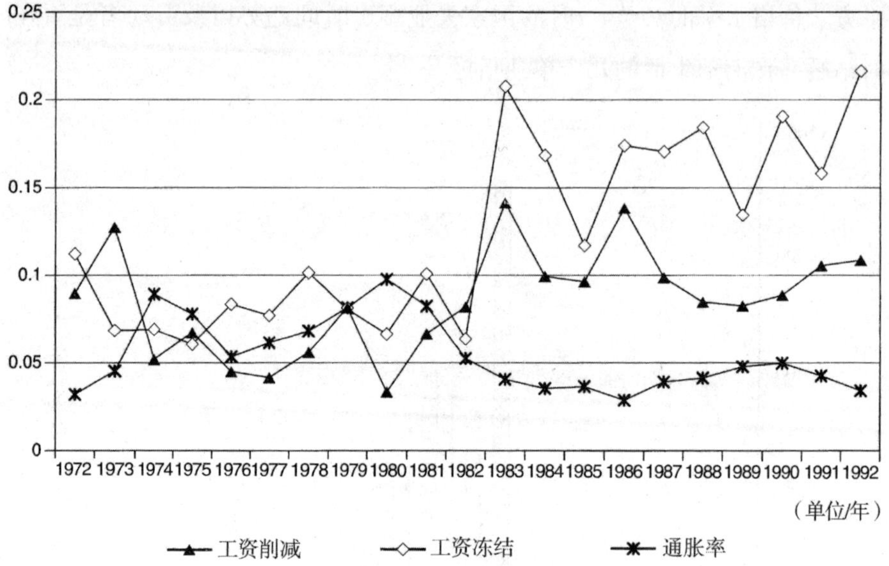

图 4a　工资削减、工资冻结和通胀率比例

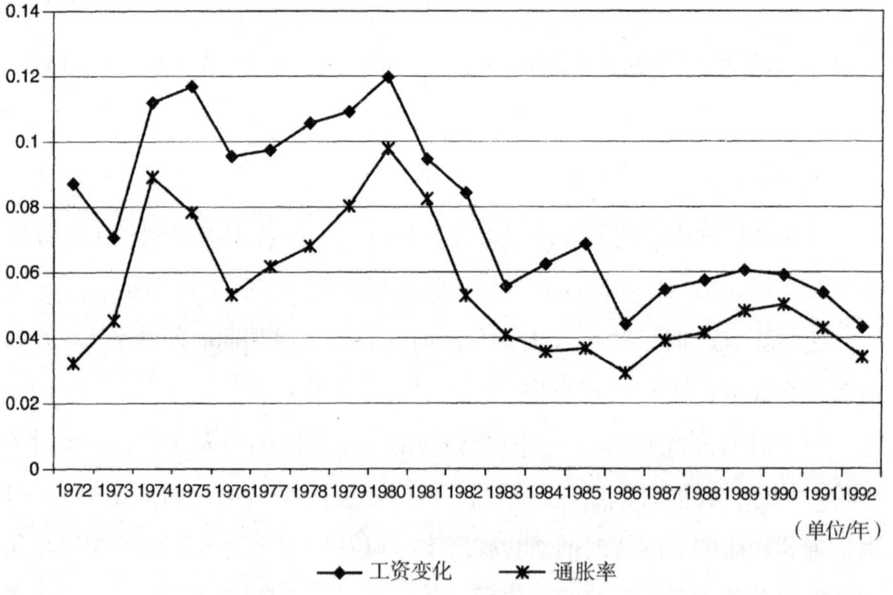

图 4b　名义工资变化和通胀率比例

六、工资和工资变化的结果

首先我们表明，将完全向下的工资刚性假设与数据相对应所需的测量误差量和现有证据一致；其次，我们表明灵活工资模型的对数可能性远低于一般模型和完全向下工资刚性模型；最后，我们讨论了工资刚性模型的关键参数的估计。

A. 测量误差和完全向下工资刚性的假设

调和数据中观察到的名义工资削减与实际上没有名义工资削减的假设由多大的测量误差造成？我们通过比较模型在特殊情况下测量误差方差的估计来解决这个问题，模型中存在完全向下名义工资刚性，以及基于匹配的雇主/雇员工资报告的估计。对于使用组合样本的完全工资刚性模型，报告真实工资的概率 p 的最大似然估计在各个时期为 0.5823，u_t^* 的标准差为 0.0697（表 2，第 4 栏）。[13]工资变化中，测量误差 $u_t - u_{t-1}$ 的方差的隐含估计值为 0.0041。[14]该样本中报告的工资变化方差为 0.0081。因此，测量误差包括未改变雇主的男女小时工组合样本的工资变化方差的（0.0041/0.0081）×100 = 51%。[15]对于非工会成员的白人男性样本，p 的最大似然估计值为 0.666，σ_{u*} 的估计值为 0.0675（表 4，第 3 栏）。工资变化中测量误差方差的隐含估计值为 0.0030。

相比之下，该样本中名义工资变化的差异为 0.0083。因此，测量误差 403
的方差约为名义工资变化方差的 36%。

据我们所知，这里使用的特定工资指标，即小时工劳动者报告的时薪，从未在测量误差研究中得到验证。然而，在其他学者对工资计量误差的研究中，邦德和克鲁伊格（1991）估计，测量误差的方差是总工资变化方差的 28%。邦德、布朗、邓肯和罗杰斯（1994）（以下简称 BBDR）的研究结果与收益对数相似。但对收益对数的变化量除以小时数，BBDR 发现

402 表2 使用组合样本的工资模型的估计（方法1）

变量	一般模型	λ=0	λ=α（MM模型）	刚性模型（没有工资削减）
常数	-2.7551	-2.7378	-2.7096	-2.7684
	(0.0290)	(0.0290)	(0.0284)	(0.0288)
教育	0.0604	0.0604	0.0603	0.0606
	(0.0007)	(0.0007)	(0.0007)	(0.0007)
任职时间	0.0185	0.0196	0.0233	0.0185
	(0.0009)	(0.0009)	(0.0009)	(0.0009)
任职时间平方/100	-0.0409	-0.0409	-0.0436	-0.0418
	(0.0022)	(0.0022)	(0.0021)	(0.0022)
已婚	0.0226	0.0248	-0.0029	0.0176
	(0.0036)	(0.0036)	(0.0035)	(0.0036)
工作经验	0.0210	0.0205	0.0154	0.0208
	(0.0008)	(0.0008)	(0.0008)	(0.0008)
经验平方/100	-0.0322	-0.0320	-0.0285	-0.0313
	(0.0014)	(0.0014)	(0.0014)	(0.0014)
价格水平对数	1.2259	1.1641	1.2084	1.1627
	(0.0371)	(0.0371)	(0.0364)	(0.0370)
南部	-0.0381	-0.0381	-0.0365	-0.0368
	(0.0031)	(0.0031)	(0.0030)	(0.0031)
州失业率	-0.0016	-0.0014	-0.0019	-0.0008
	(0.0007)	(0.0007)	(0.0007)	(0.0007)
年	-0.0227	-0.0197	-0.0215	-0.0193
	(0.0019)	(0.0019)	(0.0019)	(0.0019)
工会成员	0.2486	0.2484	0.2476	0.2489
	(0.0032)	(0.0032)	(0.0032)	(0.0032)
女性	-0.2612	-0.2600	-0.2663	-0.2624
	(0.0058)	(0.0058)	(0.0057)	(0.0058)
白人	0.1850	0.1871	0.1492	0.1883
	(0.0079)	(0.0079)	(0.0077)	(0.0078)
女性×任职时间	0.0044	0.0046	0.0012	0.0046
	(0.0006)	(0.0006)	(0.0006)	(0.0006)
女性×工作经验	-0.0038	-0.0039	-0.0023	-0.0038
	(0.0004)	(0.0004)	(0.0004)	(0.0004)
白人×任职时间	0.0027	0.0014	-0.0007	0.0030
	(0.0007)	(0.0007)	(0.0007)	(0.0007)

续表

变量	一般模型	λ = 0	λ = α (MM 模型)	刚性模型 (没有工资削减)
白人 × 工作经验	-0.0043	-0.0038	-0.0004	-0.0046
	(0.0005)	(0.0005)	(0.0005)	(0.0005)
σ_e	0.1129	0.1131	0.1120	0.1129
	(0.0013)	(0.0013)	(0.0013)	(0.0013)
σ_{u*}	0.0697	0.0695	0.0702	0.0697
	(0.0008)	(0.0008)	(0.0009)	(0.0008)
α	0.6536	0.6135	0.3193	
	(0.1703)	(0.6340)	(0.0171)	
λ	0.0442			
	(2094.8934)			
p	0.5825	0.5804	0.5855	0.5823
	(0.0067)	(0.0067)	(0.0068)	(0.0067)
概率（冻结）	0.4303	0.4314	0.4188	0.4296
概率（削减）	0.0000 1	0.00003	0.0087	0
对数（L）	7015	7011	6914	7010

测量误差构成了留存者总工资变化的 62%。我们的计量差异处于这些估计的中位。不出所料，当我们将修正后的工资观察恢复到样本中时，测量误差的方差会大大增加。在非工会成员的白人男性样本中，估计值上升到 0.012，测量误差贡献了工资变化方差的 67%，即 0.0178。该测量误差估计刚好在校验研究建议的范围之外。刚性模型的总体结论是，在修正极值后，造成实际名义工资削减的测量误差的方差不在我们所知的验证研究提供的估计范围内。

卡尔德和希斯洛普（1997）报告了 1977 年 1 月当期人口调查验证研究的结果，该研究收集了劳动者自己报告的工资信息以及来自雇主的匹配信息。他们报告称，在小时工劳动者的所得高于最低工资的情况下，雇主和雇员报告的工资有 44% 完全相同。鉴于雇主报告可能被误测但准确度可能与劳动者报告相同，可认定能准确报告其工资的劳动者比例在 44% ~ 66.3%。[16]我们使用方法 1 的研究结果是 p 值等于 0.666，这位于上述范围的上限。我们用方法 2 得出的估计值高于该范围。

B. 灵活工资模型的似然比检验

由于完全刚性模型和灵活模型都嵌套在通用模型中，因此可以使用标准测试过程来测试嵌套模型所隐含的限制。我们使用正常测量误差规格对两个样本进行了这些测试，其中劳动者报告正确工资的概率为 0。在这种情况下，工资变化中的测量误差呈正态分布。我们之所以选择这种测量误差规范，是因为它更支持灵活的工资模型。[17]

404 使用估计方法 1 的组合样本的估计值在表 A2 中。一般模型、刚性工资模型和灵活工资模型的对数似然值分别为 14,580、14,520 和 12,124，似然比检验绝大多数否定灵活模型而偏向一般模型。[18]完全工资刚性模型在常规显著性水平上也被强烈否定，但完全刚性模型的对数似然值远高于灵活模型，这意味着完全向下刚性更接近现实灵活性而不是完全灵活性。当我们使用非工会会员白人样本估计刚性工资模型时，得到了类似的结果（见表 A3）。

通过比较灵活和刚性工资模型的方差参数估计值，可以了解刚性模型如何解释测量工资变化的方差。在灵活工资模型中，测量误差的方差（$u_t - u_{t-1}$）和误差（e_t）的方差 $w_t^* - w_{t-1}^*$ 未被单独识别，而是总误差方差则被识别。一般模型的 e 的估计方差为（0.123）$^2 = 0.0151$，实际上超过了基于灵活工资模型得到的总方差（$\sigma_e^2 + 2\sigma_u^2$）的估计值 $0.1092 = 0.0119$（见表 A2）。该灵活模型中总方差（$\sigma_e^2 + 2\sigma_u^2$）的估计值仅为其他模型中的总误差方差的 60% 左右。刚性模型中理论工资过程误差的总方差偏大，因为向下刚性通过将工资削减转化为工资冻结来减少实际工资变化的方差。

C. 对工资刚性参数 α 和 λ 的估计

我们现在关注工资刚性的替代模型的估计值，返回到测量误差的混合规格。需要记住的一个关键事实是，如果工资削减很少，即工资削减阈值参数 α 很大，那么 α 的具体值和 λ 的值很难确定，特别是考虑到我们已经修正了数据。基本上，α 值为 0.35 和 λ 值为 5000 都意味着工资削减几乎从未发生过。如果工资削减几乎不会发生，那么参数 λ 就不会影响工资变化的分布。因此，在考虑 α 和 λ 的估计标准误差时要有所保留。当估计不限制任何参数的一般模型时，非工会成员的白人样本中出现了数值问题，我们认为这反映了真正的名义工资削减是罕见的。

表 2 给出了使用方法 1 的组合样本的模型估计，其中涉及使用给定 405
滞后值 x 的预测值 w_{it-1} 来解决模型中滞后工资的内生性。一般模型的似然性对数为7,015，略高于 λ = 0 时的值7,011和刚性模型中的7,010。似然比检验在 0.01 的显著性水平下否定完全刚性模型与一般模型。α 的估计值为 0.6536（0.1703），λ 的估计值为 0.0442，且 λ 的估计标准误差很大。λ 的估计值中的这种不精确性并不令人惊讶，因为如上所述，当 α 很大时，λ 将无法识别。MM 规格估计 α 和 λ 为 0.319（0.0171），其将 α 限制为等于 λ。MM 规格的似然值对数略低于其他规范的对数似然值。比较表 2 和表 A2 中的结果可得出，混合测量误差规格的使用改善了完全刚性模型的相对性能。对于所有四个规格，名义工资削减的估计概率基本上为 0，并且正如我们将看到的，该估计意味着大部分劳动者经历了名义工资冻结。

表 2 还报告了 β 的估计值，即关于 w_{it}^* 的等式（1）中出现的 x 变量的系数。这些估计对工资刚性的规格不敏感，且与估算灵活工资模型时所获得结果的非常相似（未显示）。例如，教育系数为 0.06，工会系数为 0.2486，女性系数为 -0.2612。价格水平对数系数的值为 1.226，这是我们获得的典型值。价格水平超过 1.00 的事实可能与我们在时间趋势上获得为 -0.023 的异常大负系数这一事实有关，并且价格水平具有强烈的呈正趋势。在解释价格水平系数、时间趋势和州失业率时应该记住，我们没有试图考虑这样的动态或者说事实，即当前的总价格水平可

能没有在名义中预先确定工资回归。因此，不应该对这些系数进行结构性的解释。

表 3 报告了基于方法 2 的估计，由于方法 2 使用 $w_{it-1}^{0}=w_{it-1}^{*}$的假设，因此从模型中消除了 w_{it-1}。使用方法 2，一般模型和 MM 模型产生非常相似的结果。两个规格都暗示 α 和 λ 的估计约为 0. 06。使用方法 2 获得的较小值与工资削减概率的较大估计值（0. 035）和工资冻结概率的较小估计值（0. 149）密切相关。p 和 α 的值之间存在反比关系：允许模型拟合 0 工资变化的观察数量。较小的 α 值意味着工资落入冻结范围的概率降低，因此模型需要“较大”的 p 值以“匹配”报告了 0 工资变化的观察案例百分
407 比。一般模型和完全刚性模型的似然值分别为9,201和9,113，作为充分证据表明其具有完全刚性。

与表 2 中的方法 1 结果相反，表 3 中 x 变量的系数是指对理论工资变化的影响而不是理论工资水平的影响。它们与表 2 中的工资水平系数不具有直接可比性。这些估计值对工资刚性规格或是否使用混合 / 正常测量误差规范不敏感。较小的点估计值会引起对工资动态的小组研究等调查中不幸事实的关注——很难以可用的回归量来预测名义工资的变化。表 3 中使用的 x 变量的名义工资变化其最小二乘法回归的 R^2 仅为 0. 068，且组合样本中预测的名义工资变化的最小值为 0. 016（样本均值为 0. 070）。这些事实意味着我们在很大程度上识别依赖于假设 ε_{it}正常分布。

表 4 和表 5 报告了 1971 ~ 1992 年非工会会员的白人男性样本的相应估计值。基本上，估计值与组合样本的估计值大致相似，为了节省篇幅略去详细讨论。[19]这一事实表明工会合同不是名义工资刚性的主要来源。在这个非工会会员的白人男性样本或组合样本中，只有少数关于 w_{it-1}的观察结果等于或低于联邦最低工资标准，其中只有 3 个涉及 0 工资变化。因此，最低工资似乎也不是名义工资刚性的重要因素。

表3 使用组合样本的工资模型估算（方法2） 406

变量	一般模型	λ=0	λ=α（MM 模型）	刚性模型（没有工资削减）
常数	0.2497	0.2209	0.2497	0.2192
	(0.0179)	(0.0174)	(0.0178)	(0.0172)
教育	0.0012	0.0012	0.0012	0.0013
	(0.0003)	(0.0003)	(0.0003)	(0.0003)
任职时间	-0.0029	-0.0025	-0.0029	-0.0025
	(0.0003)	(0.0003)	(0.0003)	(0.0003)
任职时间平方/100	0.0068	0.0061	0.0068	0.0061
	(0.0009)	(0.0009)	(0.0009)	(0.0009)
婚姻状态变化	0.0003	-0.0003	0.0003	-0.0011
	(0.0036)	(0.0034)	(0.0036)	(0.0034)
工作经验	-0.0011	-0.0009	-0.0011	-0.0009
	(0.0003)	(0.0003)	(0.0003)	(0.0003)
工作经验平方/100	0.0016	0.0010	0.0016	0.0011
	(0.0007)	(0.0006)	(0.0007)	(0.0006)
通胀率	0.6448	0.6254	0.6402	0.6311
	(0.0475)	(0.0457)	(0.0473)	(0.0456)
南部	0.0010	0.0016	0.0010	0.0016
	(0.0015)	(0.0014)	(0.0015)	(0.0014)
州失业率变化	0.0023	0.0017	0.0022	0.0017
	(0.0005)	(0.0005)	(0.0005)	(0.0005)
年	-0.0025	-0.0022	-0.0025	-0.0022
	(0.0002)	(0.0002)	(0.0002)	(0.0002)
工会成员	0.0048	0.0085	0.0048	0.0083
	(0.0016)	(0.0016)	(0.0016)	(0.0016)
女性	0.0047	0.0045	0.0047	0.0045
	(0.0014)	(0.0014)	(0.0014)	(0.0014)
白人	-0.0003	0.0002	-0.0003	0.0019
	(0.0020)	(0.0020)	(0.0020)	(0.0020)
σ_e	0.0619	0.0581	0.0617	0.0581
	(0.0007)	(0.0006)	(0.0007)	(0.0006)
σ_{u*}	0.1255	0.1111	0.1253	0.1111
	(0.0030)	(0.0017)	(0.0031)	(0.0017)
α	0.0596	0.2159	0.0597	
	(0.0000)	(11.89)	(0.0025)	
λ	0.0590			
	(0.0033)			
p	0.8497	0.7931	0.8487	0.7933
	(0.0059)	(0.0046)	(0.0067)	(0.0046)
概率（冻结）	0.1493	0.1689	0.1491	0.1689
概率（削减）	0.0358	0	0.0353	0
对数（L）	9,201	9,113	9,193	9,113

D. 模型估计对工资增长、工资冻结和工资削减的影响

本节将进一步探讨模型估计对工资增长的影响。我们将使用一般模型的估计值进行此应用，由于各个模型的估计值相似，选择哪种模型就并不重要。以估计方法 1 计算的非工会会员白人男性样本，我们无法估计其一般模型。在这种情况下，我们使用 MM 模型的估计。表 6 的第 2 列和第 3 列提供了通货膨胀率和报告的名义工资变化的年份，即组合样本。其余列报告了理论工资变化的平均值，即 $w_{it}^{*}-w_{t-1}^{i}$ 模型的估计值、工资削减概率、冻结概率和 $E\ (w_{it}^{0}-w_{it}^{*})$ 的平均值。后一个值是给定当前和滞后的 x 值时 $w_{it}^{0}-w_{it}^{*}$ 的条件期望值（见附录 A）。

408 表 6 中的结果涉及组合样本，并且针对具有最高似然值的一般模型。第 4、5、6 和 7 列基于方法 1 参数估计，而第 8 ~ 11 列参考方法 2。[20] 表 7 包含小样本的等效结果。

表 4　使用非工会会员白人男性样本的工资模型的估计（方法 1）

变量	$\lambda=0^{*}$	$\lambda=\alpha$（MM 模型）	刚性模型（没有工资削减）
常数	-2.3152	-2.3603	-2.3437
		(0.0389)	(0.0391)
教育	0.0538	0.0538	0.0536
		(0.0011)	(0.0011)
任职时间	0.0263	0.0263	0.0264
		(0.0010)	(0.0010)
任职时间平方/100	-0.0491	-0.0486	-0.0493
		(0.0035)	(0.0035)
已婚	0.0897	0.0927	0.0913
		(0.0067)	(0.0067)
工作经验	0.0216	0.0212	0.0215
		(0.0009)	(0.0009)
经验平方/100	-0.0475	-0.0469	-0.0474
		(0.0020)	(0.0020)
价格水平对数	1.4826	1.3417	1.3932

续表

变量	λ=0*	λ=α（MM模型）	刚性模型（没有工资削减）
		(0.0518)	(0.0520)
南部	-0.0688	-0.0680	-0.0690
		(0.0047)	(0.0047)
州失业率	-0.0008	0.0002	0.0013
		(0.0012)	(0.0012)
年	-0.0395	-0.0316	-0.0346
		(0.0029)	(0.0029)
σ_e	0.1096	0.1093	0.1095
		(0.0021)	(0.0021)
σ_{u*}	0.0674	0.0678	0.0675
		(0.0019)	(0.0019)
α	1.3573	0.4417	
		(0.5004)	
λ			
p	0.6653	0.6678	0.6665
		(0.0126)	(0.0125)
概率（冻结）	0.3817	0.3792	0.3804
概率（削减）	0.0002	0.0000	
对数（L）	2007	2003	2005

注释：* 由于奇点，不能计算标准差。

表5　使用非工会会员白人男性样品的工资模型的估计（方法2） 409

变量	一般模型	λ=0	λ=α（MM模型）	刚性模型（没有工资削减）
常数	0.2322	0.2299	0.2363	0.2300
	(0.0253)	(0.0247)	(0.0252)	(0.0247)
教育	0.0014	0.0016	0.0014	0.0016
	(0.0006)	(0.0006)	(0.0006)	(0.0006)
任职时间	-0.0043	-0.0039	-0.0043	-0.0040
	(0.0006)	(0.0006)	(0.0006)	(0.0006)
任职时间平方/100	0.0112	0.0103	0.0111	0.0108
	(0.0020)	(0.0020)	(0.0020)	(0.0020)
婚姻状态变化	0.0034	0.0044	0.0032	0.0037

续表

变量	一般模型	λ=0	λ=α（MM 模型）	刚性模型（没有工资削减）
	(0.0055)	(0.0053)	(0.0055)	(0.0053)
工作经验	-0.0011	-0.0013	-0.0011	-0.0009
	(0.0005)	(0.0005)	(0.0005)	(0.0005)
经验平方/100	0.0015	0.0002	0.0014	0.0008
	(0.0011)	(0.0010)	(0.0011)	(0.0010)
通胀率	0.7636	0.7023	0.7496	0.7077
	(0.0774)	(0.0749)	(0.0769)	(0.0750)
南部	0.0032	0.0042	0.0030	0.0026
	(0.0025)	(0.0025)	(0.0025)	(0.0025)
州失业率变化	0.0001	-0.0001	0.0001	0.0001
	(0.0009)	(0.0009)	(0.0009)	(0.0009)
年	-0.0023	-0.0023	-0.0023	-0.0023
	(0.0003)	(0.0003)	(0.0003)	(0.0003)
σ_e	0.0633	0.0609	0.0631	0.0609
	(0.0011)	(0.0010)	(0.0011)	(0.0010)
σ_{u*}	0.1362	0.1216	0.1351	0.1214
	(0.0059)	(0.0036)	(0.0059)	(0.0036)
α	0.0725	0.2213	0.0734	
	(0.0000)	(0.0001)	(0.0053)	
λ	0.0715			
	(0.0064)			
p	0.8775	0.8396	0.8752	0.8391
	(0.0086)	(0.0072)	(0.0093)	(0.0072)
概率（冻结）	0.1601	0.1746	0.1602	0.1748
概率（削减）	0.0254	0.0000	0.0242	0.0000
对数（L）	2585	2561	2582	2561

表 6　组合样本中每年的预计工资削减、预计工资冻结、报告工资变化和实际工资变化

年	通胀率	报告工资变化均值	样本 1 名义工资变化均值	样本 1 工资削减预测概率	样本 1 工资冻结预测概率	样本 1 $E(w_{it}^0 - w_{it}^*)$	样本 2 名义工资变化均值	样本 2 工资削减预测概率	样本 2 工资冻结预测概率	样本 2 $E(w_{it}^0 - w_{it}^*)$
(1)	(2)	(3)	(4)	(5)	(6)	(7)	(8)	(9)	(10)	(11)
1976	5. 3963	0. 0925	0. 0779	0	0. 2705	0. 0236	0. 0818	0. 0145	0. 0925	0. 0029
1977	6. 1838	0. 0977	0. 0806	0	0. 2714	0. 0235	0. 0853	0. 0123	0. 0834	0. 0026
1978	6. 8169	0. 0875	0. 0365	0	0. 3857	0. 0366	0. 0867	0. 0115	0. 08	0. 0024
1979	8. 0676	0. 0985	0. 055	0	0. 3323	0. 0306	0. 0936	0. 0084	0. 0652	0. 0019
1980	9. 8345	0. 1067	0. 0866	0	0. 2416	0. 0189	0. 1083	0. 0042	0. 041	0. 0011
1981	8. 3216	0. 099	0. 0809	0	0. 2688	0. 0233	0. 0954	0. 0077	0. 0617	0. 0018
1982	5. 3066	0. 087	0. 0498	0	0. 3538	0. 0354	0. 0777	0. 0169	0. 1024	0. 0033
1983	4. 1207	0. 0644	0. 0222	0	0. 4287	0. 0396	0. 0662	0. 0277	0. 1379	0. 0049
1984	3. 6244	0. 0618	0. 002	0	0. 4918	0. 0502	0. 0541	0. 0458	0. 1829	0. 0072
1985	3. 7122	0. 0626	0. 006	0	0. 4809	0. 0501	0. 0569	0. 0407	0. 1719	0. 0066
1986	2. 9569	0. 0448	-0. 0244	0	0. 5715	0. 066	0. 0505	0. 0526	0. 1975	0. 008
1987	3. 9781	0. 053	0. 0012	0	0. 496	0. 055	0. 0529	0. 0477	0. 1874	0. 0074
1988	4. 2101	0. 056	-0. 0032	0	0. 5072	0. 0563	0. 0519	0. 0497	0. 1917	0. 0076
1989	4. 8653	0. 0606	0. 0165	0	0. 4472	0. 0443	0. 054	0. 0455	0. 1829	0. 0071
1990	5. 0745	0. 0588	0. 0115	0	0. 4645	0. 0463	0. 0539	0. 0458	0. 1835	0. 0072
1991	4. 3319	0. 0611	0. 0018	0	0. 4942	0. 05	0. 0505	0. 0527	0. 1973	0. 008
1992	3. 512	0. 0514	-0. 0191	0	0. 5615	0. 0609	0. 0425	0. 0722	0. 2317	0. 0101
Overall	5. 1381	0. 0703	0. 0234	0	0. 4303	0. 0437	0. 0657	0. 0358	0. 1493	0. 0057

注释：第 4 - 7 栏的结果是使用表 2 方法 1 的一般模型中的隔年估计均值。第 8 - 11 栏的结果基于使用表 3 方法 2 的一般模型中的估计值。见第六节 D。

表 7 非工会会员白人男性样本中每年的预计工资削减、预计工资冻结、报告工资变化和实际工资变化

年	通胀率	报告工资变化均值	名义工资变化均值	工资削减预测概率	工资冻结预测概率	$E(w_{it}^0 - w_{it}^*)$	名义工资变化均值	工资削减预测概率	工资冻结预测概率	$E(w_{it}^0 - w_{it}^*)$
			样本 1				样本 2			
(1)	(2)	(3)	(4)	(5)	(6)	(7)	(8)	(9)	(10)	(11)
1972	3. 238	0. 0877	0. 0675	0	0. 2948	0. 0241	0. 0717	0. 0165	0. 1374	0. 0048
1973	4. 552	0. 0709	0. 0891	0. 0001	0. 2525	0. 0223	0. 08	0. 0114	0. 1105	0. 0037
1974	8. 955	0. 1117	0. 1331	0	0. 1541	0. 0109	0. 1095	0. 0028	0. 0463	0. 0013
1975	7. 823	0. 1174	0. 126	0	0. 1669	0. 0114	0. 0997	0. 0045	0. 0625	0. 0018
1976	5. 3963	0. 0961	0. 0659	0	0. 2906	0. 0214	0. 0857	0. 0091	0. 0952	0. 0031
1977	6. 1838	0. 0983	0. 0654	0. 0001	0. 3041	0. 0261	0. 0892	0. 0077	0. 0859	0. 0027
1978	6. 8169	0. 106	0. 044	0. 0001	0. 3585	0. 0314	0. 0934	0. 0063	0. 076	0. 0023
1979	8. 0676	0. 109	0. 0626	0	0. 3003	0. 0231	0. 1001	0. 0046	0. 0624	0. 0018
1980	9. 8345	0. 1202	0. 0826	0	0. 2403	0. 0169	0. 1098	0. 0028	0. 0455	0. 0013
1981	8. 3216	0. 0957	0. 0833	0	0. 2515	0. 0181	0. 0958	0. 0054	0. 0699	0. 0021
1982	5. 3066	0. 0856	0. 037	0	0. 3895	0. 0332	0. 0739	0. 0145	0. 1279	0. 0044
1983	4. 1207	0. 0561	0. 046	0	0. 3653	0. 0308	0. 0634	0. 0229	0. 1662	0. 0062
1984	3. 6244	0. 063	0. 0175	0. 0001	0. 4545	0. 044	0. 0577	0. 0293	0. 1899	0. 0074
1985	3. 7122	0. 0689	0. 024	0. 0003	0. 429	0. 0434	0. 0558	0. 0319	0. 1984	0. 0079
1986	2. 9569	0. 0445	-0. 0027	0. 0004	0. 503	0. 0504	0. 0493	0. 0415	0. 2279	0. 0095
1987	3. 9781	0. 0556	0. 0139	0. 0003	0. 4492	0. 0433	0. 0525	0. 0364	0. 213	0. 0087
1988	4. 2101	0. 0582	0. 019	0. 0002	0. 4341	0. 0396	0. 0526	0. 0362	0. 2125	0. 0086
1989	4. 8653	0. 0613	0. 0308	0. 0002	0. 3928	0. 0346	0. 0546	0. 0334	0. 2035	0. 0081
1990	5. 0745	0. 0601	0. 0313	0. 0002	0. 3911	0. 0336	0. 0542	0. 0341	0. 2054	0. 0083
1991	4. 3319	0. 0554	0. 0114	0. 0002	0. 4576	0. 0412	0. 0483	0. 0442	0. 2335	0. 0099
1992	3. 512	0. 0439	-0. 0211	0. 0007	0. 5669	0. 0585	0. 0411	0. 0593	0. 2693	0. 0123
0verall	5. 2707	0. 0746	0. 0397	0. 0002	0. 3792	0. 0341	0. 0688	0. 0254	0. 1601	0. 0063

注释：第 4－7 栏的结果是使用表 4 方法 1 的一般模型中的隔年估计均值。第 8－11 栏的结果基于使用表 5 方法 2 的一般模型中的估计值。见第六节 D。

如前述，表6可见，当使用方法1时，名义工资削减的估计概率基本 412
为0。估计值低于使用公司人事档案测算出的小时工获得的2.5%的值（如前述，几乎所有该公司的名义削减都与混合状态和兼职状态之间的变化有关，或者在较小程度上，以激励为基础报酬的是否变化）。模型中薪酬削减概率很低，与名义工资变化显示的11.1%和8.8%形成鲜明对比，这些变化涉及组合样本和非工会会员白人男性样本的工资削减（分别）。该模型意味着基本上所有报告的名义工资削减都是由测量误差造成，而不是实际的名义削减。这些估计也意味着名义工资冻结的发生概率很高。对于所有年份的组合样本，43%的工资变化估计涉及名义工资冻结。与组合样本中报告的11.7%的工资冻结百分比和非工会会员白人男性样本中的13.6%相比，这一估计值非常高。鉴于测量误差，可以预期工资冻结的估计概率超过原始数据中观察到的部分，但其估计值也远高于我们从特定公司获得的小时工劳动者的12.71%。使用方法2中意指工资冻结百分比为14.9%，其值依旧相当大。我们不能理解为什么方法1和方法2会产生对工资冻结百分比的这种不同估计。但作为算术问题，这一差异与以下事实密切相关：使用方法2，我们得到更高的p估计值和更低的α估计值。

名义工资削减和/或名义工资冻结的比例多年来存在很大差异。当通货膨胀率较低时，如20世纪80年代中期和90年代初期，更有可能发生工资削减和冻结。当我们根据方法2对有关冻结概率/通货膨胀率下降/国家失业率的变化进行年度估计数的回归时，我们获得了

$$\begin{aligned}\text{工资削减概率} &= \underset{(0.0076)}{0.0585} - \underset{(0.0013)}{0.0067} \times \text{通货膨胀率} \\ &\quad + \underset{(0.0023)}{0.0022} \times \text{州失业率变化}\end{aligned}$$

$$\text{工资冻结概率} = \underset{(0.0258)}{0.3331} - \underset{(0.0080)}{0.0338} \times \text{通货膨胀率}$$

$$+0.0080 \times \text{州失业率变化}$$
$$(0.0074)$$

413 对于方法 1，我们仅报告工资冻结概率的回归，因为工资削减概率在所有年份基本为 0。回归估计是

$$\text{工资冻结概率} = 0.5733 - 0.0399 \times \text{通货膨胀率}$$
$$(0.0501)\quad(0.0089)$$
$$-0.0021 \times \text{州失业率变化}$$
$$(0.0153)$$

名义工资刚性对留存者工资增长率的影响是什么？根据表 6 第 3 栏和第 4 栏中的方法 1 估计，留存者的实际名义工资变化超过理论工资增长 $w_t^* - w_{t-1}$，平均为 0.0469。这种平均差异对我们来说似乎很大，可能无法准确估计，但应该记住，增长差异不会随着时间的推移而累积。

为与模型一致，差距的大小是通货膨胀率的负函数，这反映了当通货膨胀率很高时工资冻结不太常见这一事实。第 8 栏和第 9 栏中基于方法 2 的估计遵循相同的模式，但实际工资增长与理论工资增长之间的差异较小，而且对通货膨胀的绝对值较不敏感。这反映出当我们使用这种估算策略时，发生工资冻结的可能性要小得多，而工资削减则更为常见。由于估计的变化，我们没有得出关于向下刚性对留存者平均工资变化具有强有力影响的这一结论。

E. 工资变化分布

图 5 和图 6 提供了工资模型如何适应工资变化分布以及对模型运作方式的研究。我们使用模型中的参数估计来模拟理论工资变化分布、真实工资变化分布和观察到的工资变化分布，为此我们通过绘制模型参数中 e_{it} 和 u_{it}^* 的分布来实现。因此，如方法 1 的理论工资变化分布是通过将每种情况的（$x_{it}\hat{\beta} - \hat{w}_{it-1}$）加到平均值为 0 和标准差为 0.1129 的正态分布的抽取结果中（表 2，第 2 栏）。我们对组合样本同样进行此分析。图

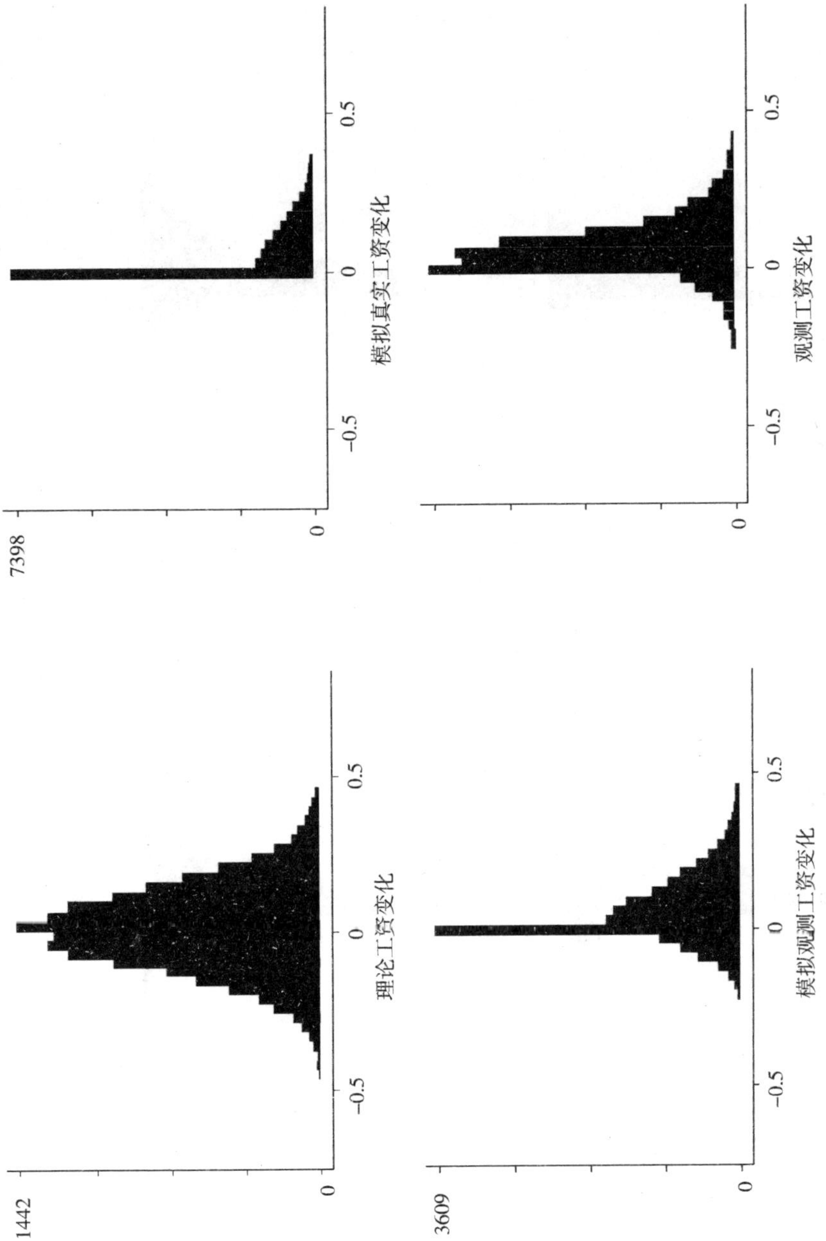

图5 组合样本（方法1）中工资变化的频率分布

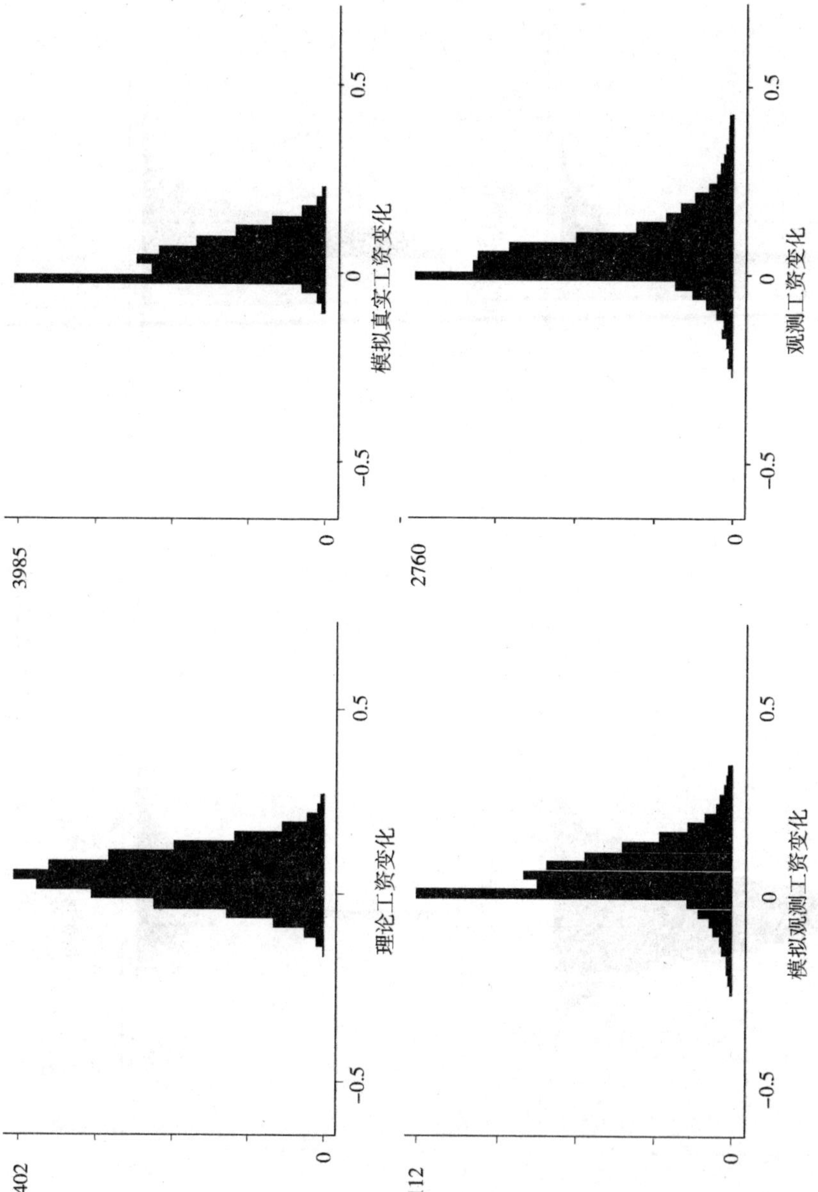

图6 组合样本（方法2）中工资变化的频率分布

5 第一组显示了模型预测的理论工资变化分布。根据模型假设和参数估计，名义工资变化正常分布，平均值 0.024，标准偏差 0.138。43% 理论工资变化为负数，而且由于分布正常，理论工资变化都不是 0。图 5 第二组显示了该模型预测的实际工资变化分布。

这种分布在零时有峰值且峰值很大（43%）并且不存在名义工资 416
削减。

左下图显示了将测量误差添加到该模型预测的实际工资变化分布时的分布情况。测量误差扭曲了工资变化分布，使工资冻结比例降至 15%，工资削减数量跃升至 20%。麦克劳林（1994）通过使用均值保留展型来校正观测到的测量误差分布，以便新分布的方差与没有测量误差的工资变化方差相同。模拟观察到的工资变化分布以图表方式证明了这种方法的局限性。对这种均值保留展型的分布不能让我们得出真正的工资变化分布。实际上，当压缩左下方小组的分布以使其与真实分布具有相同的方差时，工资削减的比例为 17%（略低于 20%，但远大于实际工资变化分布中的 0%）。我们认为这解释了尽管测量误差参数与麦克劳林所使用的相似，我们对基本工资变化分布的结论却为什么仍然非常不同。

为了解模型是如何拟合的，将模拟观察到的工资变化分布（由模型预测）与最后一组中数据中的工资变化分布进行比较是有益的。我们看到该模型将峰值过高估计为零，并且质量不足仅为零。这表明，为了有足够的测量误差来在观察到的工资分布中填充左尾部，模型必须着重于右尾部。

方法 2 的等价分布如图 6 所示。理论工资变化分布的平均值（0.06）和标准差（0.066）高于方法 1 的理论工资变化分布。第二组显示仅超过 3% 的案例涉及真实工资削减。该模型似乎可以很好地拟合观察到的工资变化分布。两种分布的平均值、标准差和工资削减和工资冻结的比例非常接近。

F. 真实与理论工资削减之间联系的异质性

另一种可能性是，并非所有雇主都会避免名义工资削减。理论工资削减为名义工资削减与愿意实施工资削减的雇主普遍性之比。假设实施削减的概率是一个不依赖于理论工资削减幅度的常数。如果实施理论工资削减，则完全实施。该模型如下（q 是实施理论工资削减的概率）：

$$\begin{aligned}
&if\quad x_{it}\beta+\varepsilon_{it}-w_{it-1}^{0}\geqslant 0\quad then\quad w_{it}^{0}-w_{it-1}^{0}=x_{it}\beta-w_{it-1}^{0}+\varepsilon_{it}\\
&if\quad x_{it}\beta+\varepsilon_{it}-w_{it-1}^{0}\leqslant 0\quad then\quad w_{it}^{0}-w_{it-1}^{0}=0\qquad w.p.\ (1-q)\\
&\qquad\qquad\qquad\qquad\qquad\qquad\quad\ w_{it}^{0}-w_{it-1}^{0}=x_{it}\beta-w_{it-1}^{0}+\varepsilon_{it}\quad w.p.\ q
\end{aligned}$$

417 我们估计了这个模型，以检查它是否给出了与我们规格类似的结果，发现确实可得。使用方法 1，我们估计已经实施的名义工资削减的比例是 0，这个结果与前文估计一致。使用方法 2，我们发现当使用白人男性样本时，会实施的削减比例为 13%。这意味着大约 2% 的案例涉及名义工资削减，这一结果非常接近我们在表 5 中发现的 2.5%。该模型的其他参数值也与前面表格中的值非常相似。因此，模型的确切规格似乎对结果无关紧要，重要的是该模型允许向下工资刚性的可能性。

七、名义刚性对裁员、辞职、晋升及相对工资的实效

A. 名义刚性对裁员、辞职和晋升的影响

本节测试了 $t-1\sim t$ 发生的裁员、辞职和晋升是否受到劳动者在 t 时因向下名义刚性而获取的薪水偏高的影响。有人可能会认为，在 t 时劳动者的薪水偏高程度越大，当 $t-1\sim t$ 他的雇主就越有可能将他解雇。如果劳动者在当前的工作中薪水偏高，那么劳动者辞职的可能性应该较小。向下刚性对晋升的影响不太明显，但有人建议雇主严格对待职位内工资，使用职位变动的方式来进行工资调整。在这种情况下，刚性程度会影响晋升的概率。

表 8 估计了裁员、辞职和晋升概率的单独线性概率模型。右侧变量是 $E\ (w_{it}^{0}-w_{it}^{*})$ 和一组控制变量，包括教育、$t-1$ 时的任职时期、$t-1$ 时的任职时期平方、t 时的工作经验、t 时的工作经验平方、已婚、$t-1$

时处于南部、t 时国家失业率的变化，以及一组年份虚拟变量。

我们抑制控制变量的系数。使用组合样本估计的方程式对女性、白 419
人和工会会员有额外的控制效果。在一些规格中，我们将 $E\ (w_t^0 - w_{it}^*)$ 替换为劳动者名义工资冻结的估计概率。我们使用工资刚性的一般模型的估计来计算 $E\ (w_t^0 - w_{it}^*)$ 变量和冻结变量的概率。表格的每个单元格代表一个单独的回归，并报告指定因变量、样本和估计方法的系数变量（标准差）。

估算结果差别大小，取决于方法 1 或方法 2 是否用于工资模型的估算。

表 8　工资冻结和 $E\ (w_t^0 - w_t^*)$ 的概率对辞职、裁员和晋升的影响。
线性概率估计（标准误差在括号中） 418

样本、w_{t-1} 内生性的处理、工资刚性模型	工资刚性衡量法	辞职	裁员	晋升
A. 组合样本，方法 1，一般模型	$E\ (w_t^0 - w_t^*)$	−0.0862	−0.0055	−0.0235
		(0.0982)	(0.0550)	(0.0656)
	工资冻结概率	−0.0374***	−0.0084	0.0005
		(0.0153)	(0.0085)	(0.0102)
B. 组合样本，方法 2，一般模型	$E\ (w_t^0 - w^*)$	−3.5691	2.6834*	−2.5851
		(2.6559)	(1.4872)	(1.7752)
	工资冻结概率	−0.6675***	0.1939	−0.2108
		(0.2288)	(0.1282)	(0.1530)
C. 非工会会员白人，方法 1，马尔科森和麦克劳德模型	$E\ (w_t^0 - w^*)$	−0.1619	−0.0003	0.1728*
		(0.1922)	(0.1197)	(0.1207)
	工资冻结概率	−0.0256	0.0027	0.0318*
		(0.0286)	(0.0178)	(0.0180)
D. 非工会会员白人，方法 2，马尔科森和麦克劳德模型	$E\ (w_t^0 - w^*)$	−5.4599	−0.6039	−2.2212
		(3.5954)	(2.2383)	(2.2602)
	工资冻结概率	−0.6782**	−0.1267	−0.2583
		(0.3072)	(0.1913)	(0.1931)

注释：表中的系数（标准误差）是来自 $E\ (w_t^0 - w_t^*)$ 或工资冻结概率和一组控制变量这两列中因变量单独回归的线性概率系数。$E\ (w_t^0 - w_t^*)$ 是给定模型参数和期间 t 中劳动者 i 的特征的实际工资和名义工资之间的预期差距。附录 A 描述了该变量的创建。工资冻结概率是工资冻结发生的条件概率。所有等式控制了年份虚拟变量和教育、任职时期、任职时期平方、工作经验、经验平方、婚姻状况变化、州失业率变化和在南部居住。使用组合样本估计的方程式对女性、白人和工会会员具有额外的控制效应。组合样本的样本量为19,841，非工会成员白人样本的样本量为 6134。符号 *、** 和 *** 表示基于双尾测试在以下水平中的统计显著性：0.10、0.05 和 0.01。

方法 1 的结果表明，名义刚性对辞职的影响很小。$E\ (w_t^0 - w_{it}^*)$ 的系数在组合样本（组 A）中为 -0.086（0.098），在非工会会员白人样本（组 C）中为 -0.162（0.192），但两者均无统计学显著性。工资冻结概率为负值，并且在组合样本中的 0.01 水平上具有统计学显著性。裁员等式中的系数符号有正有负，绝对值非常小，都不具有统计意义。[21]刚性测量系数的符号在晋升回归中有所不同，但对于非工会会员白人（C 组），其在 0.10 的水平上是呈正和显著的（C 组）。

使用方法 2，当采取工资冻结概率作为工资刚性的衡量方法时，辞职回归中的系数总是呈负值并且具有统计显著性，且非常大。例如，对于组合样本，$E\ (w_t^0 - w_{it}^*)$ 的第 10 百分位数是 0.0013，第 90 百分位数是 0.0101。因此，规格中 -3.6 的系数与时间趋势能够表明，如果劳动者从第 10 百分位数变为第 90 百分位数，则辞职的概率将下降约 0.03（3.6 × 0.009）。鉴于平均辞职概率约为 0.10，这相当于名义刚性对辞职概率的实质影响。方法 1 对裁员的影响估计值较小且有正有负。晋升的估计通常是微不足道的，但有迹象表明，薪水偏高的劳动者不太可能晋升。

鉴于方法 1 和方法 2 之间估计的绝对值差异很大，我们对名义刚性影响辞职和其他转变的程度还没有太大了解。但鉴于辞职规格中数据符号一致且在许多情况下具有统计意义，因此对名义刚性导致劳动者薪资相对过高而使之不太可能辞职的假设给予了适度的支持。

420 辞职的结果符合我们的预期，并暗示向下的名义刚性确实对劳动力市场结果产生实际影响。

B. 通货膨胀对工资结构的影响

将 x_t 分为（x_{1t}，π_t），其中 π_t 是通货膨胀率，x_{1t}是其他工资增长决定因素。（1）中的名义工资变化等式可以改写为

$$w_t^* - w_{t-1}^* = (x_{1t} - x_{1t-1})\beta_1 + \pi_t\beta_2 + \varepsilon_t - \varepsilon_{t-1}$$

名义工资刚性的模型意味着保持通货膨胀率不变，$x_t\beta$ 值更高的劳动

者工资增长更加不太可能受到名义工资底线的限制。这意味着名义工资底线倾向于压缩工作工资增长中的差异。此外，通货膨胀率越高，工资底线对任何给定的 $x_t\beta$ 值的约束概率越低，压缩程度越小。这种推理意味着 π_t 和指数 $z_t b_1$ 之间的相互作用将以负值进入工作工资等式，形式为

$$w_t - w_{t-1} = z_t b_1 + \pi_t b_2 + (z_t b_1 \cdot \pi_t) \cdot b_3 + \nu_t$$

其中 z_t 包含劳动力市场变量的当前和滞后值以及预测公司内工资增长的有关人和工作特定匹配的变量，v_t 是一个复合误差项。在表 9 中，我们报告了 3 个样本的非线性最小二乘估计 b_3。第一个是本文使用过的非工会会员白人小时工男性的样本。第二个是组合样本，包括对 1976～1992 年的小时工男性和女性的观察案例。第三部分是小时工或受薪男性和女性，我们已经报告了他们在 1971～1992 年的工资数据，这使我们能够最大化样本量以及通货膨胀率的变化（我们没有关于 1975 年之前受薪劳动者的数据，也没有关于 1976 年之前已婚女性的数据）。我们将通货膨胀衡量为价格指数对数的变化。

表 9　实际工资增长对预测工资增长的反应受通货膨胀的影响（b_3） 421

样本	b_3 的估计值（标准差）
非工会会员白人，小时工，1971～1992 年	2.35 (4.72)
男性和女性，小时工，1976～1992 年	−3.98 (1.48)
男女户主，小时工，1971～1974 年，小时工和受薪 1975～1992 年，已婚女性，小时工和受薪 1976～1992 年	4.0 (4.8)

对于最大样本，第 3 行中 4.0 的点估计值意味着当通货膨胀为 0～0.07 时，价格对数变化增加 0.10 会使工资对数变化增大 0.05，此影响很大。然而，b_3 的估计并不总是具有正确的符号且估计并不精确。因此，我们无法得出关于"名义工资刚性是否与通货膨胀相互作用，进而影响相对工资增长"的结论。

八、结论和未来研究

在本文中，我们探讨了向下名义工资刚性在美国经济中的普遍度，为此使用了两种截然不同的工资数据。第一种是个人数据，虽然可能没有测量误差数据，但缺乏全国代表性。第二种是来自工资动态的小组研究的工资数据，其具有全国代表性，但存在测量误差。

我们通过估计工资确定模型来接近工资动态的小组研究数据，这种模型纳入了向下的名义刚性和灵活工资，并直接在工资报告中纳入了一个有计量误差的模型。为与复制研究的证据一致，我们发现，受访者有时准确报告工资的混合分布会更好地描述工资的计量误差，而并非正态分布测量误差更标准的假设。但是应该指出，我们没有考虑数据的四舍五入或测量误差与实际工资相关的可能性。

工资动态的小组研究数据压倒性地否定了完全灵活性的假设。还有一些证据反对完全向下名义工资刚性的假设，而是支持一个包含向下刚性但承认可能会出现一些名义工资削减的更为一般的模型，尽管一般模型的许多规格暗示了名义工资削减的概率基本为零。

422 我们发现真正的工资变化比报告的工资变化少得多，以我们偏好的方法进行点估计，甚值基本上为0～0.035。我们还发现了比名义工资0变化更多的名义冻结。但估计范围很广，为0.15～0.43，具体取决于估算方法和样本。

我们对一家大型金融公司人事档案中的工资和薪资数据的分析也表明，名义工资的减少非常罕见，特别是对于受薪劳动者而言。公司中薪酬变化为0相当普遍，而工资削减并不常见。这些研究结果表明，存在向下的名义工资刚性。奖金有助于减少名义工资刚性，但是在这家公司中，基本工资或时薪的减少不会涉及兼职状态的变化或绩效激励的变化。未来研究的一个有趣主题是奖金的使用，如在低通胀期间，是否与名义工资底线具有约束力的概率正相关。我们的发现与贝克尔、吉布斯和霍姆斯特姆（1994）的名义工资削减很少的研究结果一致，他们同样使用了人事数据。将来使用此类数据作为研究原则时，需要进一步要求文章中提供关于工资削减和冻结频率、四舍五入和对称菜单成本的作用，以及发生工资削减和冻结的情况的更精确的信息。这样处理会使将来处理住户调查中的干扰数据更有助益。

以往研究和本文的累积证据构成了名义工资刚性在美国劳动力市场普遍存在的一个有力证据。名义工资刚性是否重要，人们对此知之甚少。我们发现这一假设得到了适度的支持，即由于名义工资刚性而报酬偏高的劳动者不太可能辞职。然而，我们对名义工资刚性如何影响裁员、晋升和相对工资增长率的分析尚无定论。

关于名义工资刚性是否对就业、流动模式和相对工资产生实际影响的研究值得高度重视研究。

在最后指出，我们需要一种更加结构化的工资刚性研究方法。在削减名义工资成本高昂的环境中，企业在设定当前工资时应考虑到未来可能出现的限制。关于在名义工资刚性存在的工资设定行为的结构模型可能是研究工资和就业动态以及通货膨胀对劳动力市场影响的有用工具。

致谢

我们感谢伊斯特万·孔亚在研究方面提供的鼎力帮助。我们收到了一位不知名的审稿人、威廉·狄更斯、迪安·希斯洛普、卡尼卡·卡普尔、约翰·凯南、肯尼思·麦克劳林、戴尔·莫顿森、克里斯·泰伯以及加州大学洛杉矶分校、加州大学伯克利分校、加州大学圣迭戈分校、纽约联邦储备银行、西北大学的研讨会参与者和1999年冬季计量经济学会会议的参加者等人提供的宝贵意见。本研究得到了花旗行为科学研究委员会、阿弗雷德·P. 斯隆博士论文奖学金（德弗卢）和政策研究所（阿尔托尼）的支持。我们为本文中表达的观点以及任何遗留的错误完全负责。

423 ## 注释

1. 利用工资动态的小组研究，勒博、斯托克顿和瓦舍尔（1995）也发现了名义工资变化分布为零的证据，并解释了工资变化分布的不对称性至少部分是由于名义刚性。比尤利（1997）根据雇主调查提供的证据表明名义工资削减并不常见，但也有一些证据表明公司不愿意削减工资。另外，使用雇主调查，布林德和崔（1990）发现名义工资削减常见得令人惊讶。我们应该在一开始就强调，对于“为什么会有向下的名义工资刚性”这个遗留已久但仍未解决的理论问题，我们缺乏新的说法。

2. 他们还对名义工资刚性的最新研究提供了一个很好的总结。

3. 我们不知道其他国家在名义工资削减问题上进行的基于微观数据的研究。然而，史密斯（2000）最近的一篇论文分析了英国家庭小组的数据，并得出结论，工资削减在英国很常见。该数据集包含一个指标，表明受访者在报告薪资水平时是否检查了他们的工资单。史密斯得出结论认为，名义工资削减是普遍存在的，因为在根据工资单报告工资的人群中，有18%的人报告了名义削减。她认为基于工资单的报告是准确的。但缺点是薪水的衡量方法是周薪总额而不是基本时薪。史密斯提到了并且在很大程度上否定了时长变化、加班和奖金可能导致工资削减被夸大的可能性，但我们并未充分信服这一证据，特别是在时长变化方面。

4. 阿克罗夫等（1996）使用经济学的模拟模型来分析名义工资刚性的成本，并得出结论认为它们是很可观的。

5. 在西北大学，对豁免和非豁免工作人员的工资审查于6月进行。它们于9月1日生效。多种情况下，7月1日开始工作的人在第二年的9月1日之前不会遭受工资变动。然而，我们对零工资变化发生率的估计对于分析1995年5月之前加入公司的劳动者并不敏感。工资动态的小组研究中的有些观察结果涉及的采访时间不到一年，但是我们没有将这些结果删除。勒博等人的结果（1995）说明我们每隔一年会略微夸大工资冻结。

6. 理论工资可以被认为是一种效率工资，能够最大化公司的预期利润。或者，人们也可以将其视为劳动者的保留工资，在该模型中，雇主知道该保留工资，雇主向劳动者提出或保留工资报价，并且公司忽略了名义工资刚性可能会限制未来工资这一事实。

7. 在这种正式的公司行为模式中降低名义工资的成本以及劳动者的边际收益产出

是随机的，制定这一模式是我们采取的方法的自然延伸。名义工资刚性在宏观文献中存在突出作用，但是文献中却没有对“当削减名义工资成本高昂时，前瞻性公司应如何设定工资”这一问题的严格处理方法，这让我们很意外。

8. 另一种方法是指定（$\varepsilon_{it} \mid w_{it-1}$，$X_{it-1}$）分布的函数形式，并通过最大似然性来估计模型参数以及该条件分布的参数。问题是该模型表明条件分布不太可能是正常的。

9. 原则上，人们可以对控制选择谁停留在公司的模型做出估计，但我们没有尝试这样做。 424

10. 阿克尔洛夫等（1997）用来评估名义模拟模型效果而使用的模拟模型忽略了这种类型的行为，这将减弱向下名义工资刚性产生过高的实际工资分布的倾向。

11. 德弗卢（2000）表明，在工资动态的小组研究的最新数据中，几乎没有证据表明职位变化用于调整工资周期。

12. 我们样本中的最高标准化工资很少：在小样本中，1978 年有一个最高标准化值。在合并样本中，1977 年有 10 个最高标准化案例，1978 年有 12 个最高标准化案例。我们将受薪劳动者排除在分析之外，这是因为某些工资变化可能是由于工作时间的变化，而标准工时水平则用于将报告的工资转换为时薪。勒博等（1995）、卡恩（1997）和麦克劳林（1999）关于工资动态的小组研究的结果都表明，受薪劳动者的工资刚性可能较低，但这些研究都没有涉及发生极差测量误差或小时偏差的可能性。我们对一家公司的研究结果则表明了与之相反的结果（若有）。

13. 渐近标准差不考虑给定个体的观察结果之间的序列相关性，或者在方法 1 的情况下，$\hat{w}_{t-1}$是估计的回归量这一事实的序列相关性。

14. 使用公式 $var(u_t - u_{t-1}) = 2 \cdot p \cdot (1-p)\sigma_{u*}^2 + 2 \cdot (1-p)^2 \cdot \sigma_{u*}^2$获得该估计。

15. 虽然具有正常分布的测量误差和 $p=0$ 的模型与工资变化分布在 0 处的峰值不一致，但计算这些模型所暗示的测量误差方差仍然是有趣的。在附录表 2 中，对于组合样本，我们记录了 σu 的标准偏差为 0.0466 var（$u_t - u_{t-1}$）的隐含估计值 = 2（0.0466）2 = 0.0043，比基于混合测量误差模型的 0.0041 的估计值高约 6%。正如阿尔托尼和德弗卢（1998）所证明的，未修正样本中 var（$u_t - u_{t-1}$）的估计值显著更高。

16. 让 p_f 表示公司正确回应的概率，并假设公司和劳动者犯错误是独立的。后得 $p \cdot p_f = 0.44$。如果 $p \leq p_f$（公司至少与劳动者一样准确），那么 $p = p_f = 0.663$ 是 p 的上限。

17. 灵活的模型无法解释工资变化在 12% 的观测值中恰好为 0 的事实，除非随机分量 ε_t 的变化分布不是正常分布的，而是取决于工资指数（$x_t - x_{t-1}$）的分布，其方式是以产生 0 的质量点。当 ε_t 正常时，灵活模型的似然函数对于 0 工资变化观察是 0，因此灵活工资模型样本的对数似然未定义。允许刚性工资的模型与 0 的质量点一致，条件是一部分受访者正确报告两个时期的工资。将两种模型限制在经典正态分布的测量误差的情况下，可能会使灵活模型和刚性模型更好地一较高下。尽管这种比较会很有趣，但我们没有将刚性工资模型与对称菜单成本模型进行比较，在后者中如果理论工资变化接近 0，则真实工资变化为 0。我们的公司样本和工资动态的小组研究中存在许多小的正工资变化，这引发了对对称菜单成本模型的怀疑。另外，史密斯（2000）对英国小组数据的分析表明，这种模型具有实证相关性。无论如何，我们对一般模型的估计对于小型理论工资变化更强的向上刚性并不敏感。

425 18. 请注意，两个测量误差规范的似然函数值不具有可比性。表 A2 中具有正常测量误差的刚性模型的似然值超过混合测量误差模型的似然值的事实不要求引起我们关注，或意味着 p 的真实值为 0。实际上，当我们估计 p 约束为 0.01 的模型时，具有混合误差结构的刚性工资模型的可能性值仅为 -5669，而最大值无约束时则为 7010。

19. 对于这个样本，我们无法使用方法 1 估计一般模型。α 的值很大意味着没有工资削减能将 λ 和 α 区分开。请参阅表 5 第 2 列。在第 1 列中，我们注意到计算这一不限制 α 而将 λ 限制为 0 的模型的标准差时遇到困难。

20. 当我们使用方法 1 时，其他版本模型的结果非常相似。在使用方法 2 的情况下，当我们像一般模型那样将 λ 限制为等于 0 时，工资削减的概率较低（基本上为 0）。表 6 报告了白人男性样本的结果。这些模式类似于组合样本的模式，因此我们关注组合样本的结果。

21. 因为我们没有考虑到有意义的变量是预测值或线性概率模型中的异方差性这一事实，所以标准差可能被低估了。

参考文献

Altonji, J. G., & Devereux, P. J. (1998). *The Extent and Consequences of Nominal Wage Rigidity.* Mimeo, Northwestern University.

Akerlof, G. A., Dickens, W. T., & Perry, G. L. (1996). The Macroeconomics of Low Inflation. *Brookings Papers on Economic Activity*, 1–76.

Baker, G., Gibbs, M., & Holmstrom, B. (1994). The Wage Policy of a Firm. *Quarterly Journal of Economics, CIX*, 921–955.

Bewley, T. (1997), *A Depressed Labor Market as Explained by Participants.* Unpublished manuscript, Department of Economics, Yale University.

Blinder, A. S., & Choi, D. H. (1990). A Shred of Evidence on Theories of Wage Stickiness', *Quarterly Journal of Economics, 105*(4), 1003–1015.

Bound, Jo., & Krueger, A. (1991). The extent of measurement error in longitudinal earnings data: Do two wrongs make a right? *Journal of Labor Economics 9*, 1–24.

Bound, J., Brown, C., Duncan, G., & Rodgers, W. (1994). Evidence on the validity of cross-sectional and longitudinal labor market data. *Journal of Labor Economics, 12*, 345–368.

Card, D., & Hyslop, D. (1997). Does Inflation Grease the Wheels of the Labor Market? In: C. D. Romer & David H. Romer (Eds), *Reducing Inflation: Motivation and Strategy.* National Bureau of Economic Research Studies in Business Cycles, v30.

Devereux, P. J. (2000). Task Assignment over the Business Cycle. *Journal of Labor Economics, 18*. 98–124.

Groshen, E. L., & Schweitzer, M. E. (1999). Identifying Inflation's Grease and Sand Effects in the Labor Market. In: M. Feldstein (Ed.), *The Costs and Benefits of Price Stability.* The University of Chicago Press, Chicago.

Kahn, S. (1997). Evidence of Nominal Wage Stickiness from Micro-data. *American Economic Review, 87*(5), 993–1008

Lebow, D. E., Stockton, D. J., & Wascher, W. L. (1995). *Inflation, Nominal Wage rigidity, and the Efficiency of Labor Markets.* Finance and Economics Discussion Series 94–95. Washington: Board of Governors of the Federal Reserve System, Division of Monetary Affairs (October).

McLaughlin, K. J. (1994). Rigid Wages? *Journal of Monetary Economics, 34*, 383–414.

McLaughlin, K. J. (1999). *Are Nominal Wage Changes Skewed Away from Wage Cuts?* Mimeo, Hunter College CUNY, March.

MacLeod, W. B., & Malcomson, N. M. (1993). Investments, holdup, and the form of market contracts. *American Economic Review, 83*(4), 811–837.

Shea, J. (1997), Comment on Does Inflation Grease the Wheels of the Labor Market?. In: C. D. Romer & D. H. Romer (Eds), *Reducing Inflation: Motivation and Strategy.* National Bureau of Economic Research Studies in Business Cycles, v30.

Solon, G., Whatley, W., & Stevens, A. H. (1997). Wage Changes and Intrafirm Job Mobility over the Business Cycle: Two case studies. *Industrial and Labor Relations Review, 50*, 402–415.

Smith, J. C. (2000). Nominal Wage Rigidity in the UK. *Economic Journal*, forthcoming.

附录 A

计算 $E\ (w_{it}^{0}-w_{it}^{*})$

请再次考虑模型（5）。

$$
\begin{aligned}
w_{it}-w_{it-1} &= x_{it}\beta-\hat{w}_{it-1}+e_{it}+m_{it} && if \quad x_{it}\beta-\hat{w}_{it-1}+e_{it}\geqslant 0\\
&= m_{it} && if \quad -\alpha\leqslant x_{it}\beta-\hat{w}_{it-1}+e_{it}\leqslant 0\\
&= \lambda+x_{it}\beta-\hat{w}_{it-1}+e_{it}+m_{it} && if \quad x_{it}\beta-\hat{w}_{it-1}+e_{it}<-\alpha
\end{aligned}
$$

427 如同以往，$w_{it}^{*}=x_{it}\beta+\varepsilon_{it}$

这些一起意味着：

$$
\begin{aligned}
w_{it}-w_{it}^{*} &= u_{it} && if \quad x_{it}\beta-\hat{w}_{it-1}+e_{it}\geqslant 0\\
&= u_{it}-(x_{it}\beta-\hat{w}_{it-1}+e_{it}) && if \quad -\alpha\leqslant x_{it}\beta-\hat{w}_{it-1}+e_{it}\leqslant 0\\
&= \lambda+u_{it} && if \quad x_{it}\beta-\hat{w}_{it-1}+e_{it}<-\alpha
\end{aligned}
$$

使用 u_{it}的期望值为零的事实并且 u_{it}和 e_{it}之间的零协方差的假设，得到以下表达式（6）

$$
\begin{aligned}
E(w_{it}^{0}-w_{it}^{*}) = &-E(x_{it}\beta-\hat{w}_{it-1}+e_{it}\mid -\alpha\leqslant x_{it}\beta-\hat{w}_{it-1}+e_{it}\leqslant 0)\\
&\cdot Prob(-\alpha\leqslant x_{it}\beta-\hat{w}_{it-1}+e_{it}\leqslant 0)+\lambda Prob(x_{it}\beta-\hat{w}_{it-1}+e_{it}\leqslant -\alpha)
\end{aligned} \tag{6}
$$

表达式中的术语可以进一步定义如下：

$$E(x_{it}\beta-\hat{w}_{it-1}+e_{it}\mid -\alpha\leqslant x_{it}\beta-\hat{w}_{it-1}+e_{it}\leqslant 0)=x_{it}\beta-\hat{w}_{it-1}-\sigma_{e}\frac{A}{B}$$

$$Prob(-\alpha\leqslant x_{it}\beta-\hat{w}_{it-1}+e_{it}\leqslant 0)=B$$

$$A=\varphi\left(\frac{\hat{w}_{it-1}-x_{it}\beta}{\sigma_{e}}\right)-\varphi\left(\frac{\hat{w}_{it-1}-x_{it}\beta-\alpha}{\sigma_{e}}\right)$$

$$B=\Phi\left(\frac{\hat{w}_{it-1}-x_{it}\beta}{\sigma_{e}}\right)-\Phi\left(\frac{\hat{w}_{it-1}-x_{it}\beta-\alpha}{\sigma_{e}}\right)$$

$$Prob(x_{it}\beta-\hat{w}_{it-1}+e_{it}\leqslant -\alpha)=\Phi\left(\frac{\hat{w}_{it-1}-x_{it}\beta-\alpha}{\sigma_{e}}\right)$$

忽略选择问题，对于在 $t-1$ 工作的任何劳动者群体，如果他们仍为同一雇主工作，表达式（6）可用于预测理论工资与 t 时的实际工资之间的差异。为了评估表达式，我们需要知道所有劳动者在 t 时的 x 变量值，包括那些不为同一雇主工作的人。t 时的通货膨胀率和国家失业率的值并不构成问题，因为它们为所有劳动者所知并且不依赖于劳动者是否变更了工作。对于任职时间和工作经验，我们将取 t 时的任职时间和工作经验并加 1，以便在假设劳动者仍为同一雇主工作的前提下得到这些变量的值。我们假设如果劳动者在 t 之前仍为同一雇主工作，那么工会状态在 $t-1 \sim t$ 之间不会改变。

通过这种方式，我们得到 t 时的一组 x 值，用于在 $t-1$ 工作的所有小时工。然后我 428
们假设他们在 $t-1$ 时仍为同一雇主工作，并用等式（6）估算每个劳动者的 E（$w_{it}^{0}-w_{it}^{*}$）值。

表 A1 用于创建 $\hat{w}_{t-1}$ 的回归

变量	小样本		合并样本	
	参数估计	标准差	参数估计	标准差
截距	-3.71411	0.414638	-3.81148	0.764871
教育	0.053684	0.010309	0.110686	0.006122
$t-1$ 时的任职时间	0.005948	0.009048	0.034051	0.005118
$t-1$ 时的任职时间平方	0.000785	0.000336	-0.00057	0.000164
$t-1$ 时为工会会员			0.313941	0.029309
$t-1$ 时已婚	0.03643	0.064861	-0.02211	0.030753
$t-1$ 时的工作经验	0.015013	0.008689	0.030913	0.005328
$t-1$ 时的工作经验平方	-0.00043	0.000191	-0.00053	0.000118
$t-1$ 时的价格水平对数	1.584433	0.196958	1.502994	0.282144
$t-1$ 时在南部	0.117196	0.04993	0.172135	0.029028
$t-1$ 时的州失业率	0.057668	0.020008	0.035224	0.010861
$t-2$ 时的州失业率	0.112079	0.058388	0.036295	0.045164
$t-1$ 时的通胀率	12.78718	8.917637	12.27066	12.15867
$t-2$ 时的通胀率	-4.99105	7.871795	-1.48044	7.746704
女性			-0.09782	0.027641
白人			0.261568	0.041613
$t-1$ 时的通胀率 × 教育	-0.15233	0.1701	-0.24002	0.109356
$t-1$ 时的通胀率 × $t-1$ 时的任职时间	0.230539	0.162102	-0.04785	0.091465
$t-1$ 时的通胀率 × $t-1$ 时的任职时间平方	-0.01083	0.00596	-0.00025	0.003057
$t-1$ 时的通胀率 × $t-1$ 时为工会成员			-0.38581	0.513628
$t-1$ 时的通胀率 × $t-1$ 时已婚	0.485202	1.168798	0.113039	0.572249

续表

变量	小样本		合并样本	
	参数估计	标准差	参数估计	标准差
$t-1$ 时的通胀率 × $t-1$ 时的工作经验	-0.36863	0.141367	-0.24835	0.090887
$t-1$ 时的通胀率 × $t-1$ 时的工作经验平方	0.007386	0.003088	0.005683	0.002077
$t-1$ 时的通胀率 × $t-1$ 时价格水平对数	-1.21082	1.922158	-0.74169	2.462397
$t-1$ 时的通胀率 × $t-1$ 时在南部	-1.41131	0.77933	-1.53012	0.497981
$t-1$ 时的通胀率 × $t-1$ 时的州失业率	-0.68811	0.364525	-0.42076	0.209464
$t-1$ 时的通胀率 × $t-2$ 时的州失业率	0.526387	0.388167	0.297496	0.244019
$t-1$ 时的通胀率 × $t-1$ 时的通胀率	-33.1245	27.45393	-16.9217	20.09195
$t-1$ 时的通胀率 × $t-2$ 时的通胀率	46.3455	40.87874	20.24589	39.00604
$t-2$ 时的通胀率 × 教育	0.011547	0.160364	-0.34724	0.101167
$t-2$ 时的通胀率 × $t-1$ 时的任职时间	-0.04568	0.151336	-0.14397	0.084354
$t-2$ 时的通胀率 × $t-1$ 时的任职时间平方	-0.00135	0.005491	0.002708	0.002818
$t-2$ 时的通胀率 × $t-1$ 时为工会会员			-0.80352	0.476699
$t-2$ 时的通胀率 × $t-1$ 时已婚	0.802646	1.087046	0.131119	0.527249
$t-2$ 时的通胀率 × $t-1$ 时的工作经验	0.231664	0.13249	0.073915	0.084007
$t-2$ 时的通胀率 × $t-1$ 时的工作经验平方	-0.00461	0.002918	-0.0026	0.001921
$t-2$ 时的通胀率 × $t-1$ 时价格水平对数	0.742176	1.618211	1.189473	1.528412
$t-2$ 时的通胀率 × $t-1$ 时在南部	0.312444	0.727527	-0.26624	0.456651
$t-2$ 时的通胀率 × $t-1$ 时的州失业率	0.015985	0.307743	0.181332	0.199188
$t-2$ 时的通胀率 × $t-2$ 时的州失业率	-0.34621	0.332731	0.042817	0.224306

续表

变量	小样本		合并样本	
	参数估计	标准差	参数估计	标准差
$t-2$ 时的通胀率 × $t-2$ 时的通胀率	-14.3927	23.42115	-14.276	24.03076
$t-1$ 时的通胀率 × 白人			-0.87038	0.68078
$t-1$ 时的通胀率 × 女性			-0.91415	0.488754
$t-2$ 时的通胀率 × 白人			-0.78849	0.626616
$t-2$ 时的通胀率 × 女性			-1.18442	0.46007
$t-1$ 时女性 × 任职时间			0.004427	0.000941
$t-1$ 时女性 × 工作经验			-0.00436	0.000676
$t-1$ 时白人 × 任职时间			0.00404	0.001307
$t-1$ 时白人 × 工作经验			-0.00476	0.000977
			0.002083	0.003785
			-0.00624	0.002529
$t-2$ 时的州失业率 × 教育	0.000823	0.001027	$-1.3E-05$	$1.49E-05$
$t-2$ 时的州失业率 × $t-1$ 时的任职时间	0.002375	0.000863	0.002884	0.002784
$t-2$ 时的州失业率 × $t-1$ 时的任职时间平方	-0.00011	$3.09E-05$	0.003891	0.002987
$t-2$ 时的州失业率 × $t-1$ 时为工会成员			0.000157	0.000497
$t-2$ 时的州失业率 × $t-1$ 时已婚	-0.00011	0.006345	$4.28E-06$	$1.14E-05$
$t-2$ 时的州失业率 × $t-1$ 时的工作经验年数	0.002228	0.000848	-0.0065	0.008506
$t-2$ 时的州失业率 × $t-1$ 时的工作经验年数平方	$-3.3E-05$	$1.91E-05$	-0.01578	0.002826
$t-2$ 时的州失业率 × $t-1$ 时的价格水平对数	-0.03246	0.010644	-0.00286	0.000887
$t-2$ 时的州失业率 × $t-1$ 时在南部	-0.01951	0.004987	0.001593	0.000763
$t-2$ 时的州失业率 × $t-1$ 时的州失业率	-0.00257	0.001664	-0.00267	0.000592
$t-2$ 时的州失业率 × $t-2$ 时的州失业率	0.000508	0.001418	-0.00031	0.000459
年份	-0.03019	0.009079	-0.03562	0.007839
观察案例数量	6,134		19,841	

表 A2　来自模型的估算，其中测量误差是正态分布的，组合样本（标准误差在括号中）

变量	一般模型	灵活模型	刚性模型
σ_e	0.1319		0.1230
	(0.0014)		(0.0015)
σ_u	0.0379		0.0466
	(0.0004)	(0.0003)	
α	0.3248		
	(0.0067)		
λ	0.1726		
	(0.0114)		
$\sigma_e^2+2\sigma_u^2$		0.0119	
		(0.0001)	
工资冻结概率	0.4456	0.0000	0.4789
工资削减概率	0.0158	0.2888	0.0000
对数（L）	14580	12124	14520

注意：有关模型中变量的列表，请参阅表 2。

表 A3　来自模型的估算，其中测量误差是正态分布的，
431 **非工会会员白人男性（标准误差在括号中）**

变量	一般模型	灵活模型	刚性模型
σ_e	0.1213		0.1194
	(0.0018)		(0.0024)
σ_u	0.0286		0.0410
	(0.0008)		(0.0006)
α	0.2337		
	(0.0090)		
λ	0.1187		
	(0.0123)		
$\sigma_e^2+2\sigma_u^2$		0.0103	
		(0.0001)	
工资冻结概率	0.3658	0.0000	0.4330
工资削减概率	0.0247	0.2635	0.0000
对数（L）	4490	3902	4473

注意：有关模型中变量的列表，请参阅表 4。

图书在版编目（CIP）数据

劳动者福祉 / (美) 所罗门 · W.波拉切克编；范泽思译. —北京：
中国工人出版社，2020.3
书名原文: Worker well-being
ISBN 978-7-5008-7336-5

Ⅰ. ①劳… Ⅱ. ①所… ②范… Ⅲ. ①劳动经济—研究—美国 Ⅳ. ①F249.712

中国版本图书馆CIP数据核字（2020）第035761号

This translation of ***Worker Well-Being***–Research in Labor Economics volume 19 by **Solomon Polacheck** is published under licence from Emerald Publishing Limited of Howard House, Wagon Lane, Bingley, West Yorkshire, BD16 1WA, United Kingdom

著作权合同登记号　　01-2018-7236

劳动者福祉

出 版 人	王娇萍
责任编辑	董佳琳　邢　璐
责任印制	黄　丽
出版发行	中国工人出版社
地　　址	北京市东城区鼓楼外大街45号　邮编：100120
网　　址	http://www.wp-china.com
电　　话	（010）62005043（总编室） （010）62005039（印制管理中心） （010）62004005（万川文化项目组）
发行热线	（010）62005049　（010）62005041　（010）62046646
经　　销	各地书店
印　　刷	天津嘉恒印务有限公司
开　　本	710毫米 × 1000毫米　1/16
印　　张	28.75
字　　数	400千字
版　　次	2020年4月第1版　2020年4月第1次印刷
定　　价	88.00元